풍요의 시대,
무엇이 가난인가

풍요의 시대,
무엇이 가난인가

숫자가 말해 주지 않는 가난의 정의

루스 리스터 지음
장상미 옮김

갈라파고스

사랑과 감사를 담아, J에게

각자의 방식으로 반빈곤 운동에 크게 기여한
모레인 로버츠와 피터 타운센드를 기리며,
제2판은 두 사람에게도 함께 바칩니다

제1판 서문

나는 어린이빈곤행동단체Child Poverty Action Group와 빈곤참여권력위원회Commission on Poverty, Participation and Power 활동을 거치며 빈곤에 관한 이해를 쌓아 왔다. 그 과정에서 빈곤을 경험한 사람과 그렇지 않은 사람을 포함해 일일이 나열할 수 없을 만큼 많은 사람에게 배우는 특권을 누렸다. 이 책 작업을 직접 도와준 사람들을 언급하기에 앞서 피터 타운센드 교수에게 경의를 표하고 싶다. 그는 내가 이 길을 걷도록 영향을 주었을 뿐 아니라, 평생 반빈곤 운동에 헌신해 수많은 사람에게 영감을 주고 있다.

이 책을 쓰면서 1년 동안 잰 플래어티를 시간제 연구보조원으로 고용하는 행운을 누렸다. 업무를 훌륭히 수행하고 원고에 혜안을 더해 준 데 깊은 감사를 전한다. 책에 의견을 보태 준 여러 친구와 동료에게도 감사하다. 프랜 베넷, 짐 킨케이드, 에이드리언 신필드는 너그럽게도 시간을 들여 초안 전체를 읽어 주었다. 존 클라크와 데이비드 테일러는 6장 여러 부분에 대해 의견을 주었다. 데니스 스미스, 피터 골딩, 마이클 피커링 등 사회과학부 동료들이 장마다 해 준 조언은 다학제적 학부에서 연구하는 것이 얼마나 유익한 일인지를 실감케 했다. 지면 제약으로 충분히 담지 못하지만 의견을 보태 준 동료와 친구 모두에게 감사하다. 위기가 닥쳤을 때 용기를 북돋우고 현명한 조언을 해 준 앤드루 아든, 솔 베커, 제인 루이스에게, 그리고 인내심을 가지고 온화한 도움의 손길을 베풀어 준 폴리티출판사 담당 편집자 루이즈 나이트에게도 감사를 전한다.

2004년 3월

제2판 서문

초판을 내놓은 후 빈곤에 관한 수많은 문헌이 쏟아져 나왔다. 제2판에서는 그런 문헌들을 두루 다루고자 노력했다. 특히 빈곤 관련 논쟁에 깊이를 더할 참여연구와 심리사회적 저술이 늘어나, 그 성과를 반영할 수 있었다. 초판과 마찬가지로 빈곤의 관계적이고 상징적인 차원을 거듭 강조하되, 이번에는 빈곤의 인간성 파괴 효과와 인권에 대한 더 깊은 논의를 더하고 불안정성에 한층 더 큰 관심을 기울였다. 초판에 미처 담지 못한 중요한 지점이다. 또한 결론에서는 정책 수립과 실행의 함의도 더욱 확장해서 다뤘다. 이렇게 늘어난 내용을 반영하기 위해 별도의 장으로 있던 '사회적 배제' 관련 내용을 다른 장에 통합했다.

제2판 출간까지 오랜 시간이 걸렸다. 특히 상원 활동에 바빠서 마감을 미루고 또 미루는 동안 고맙게도 인내심을 갖고 기다려 준 편집자들, 특히 조너선 스커렛과 카리나 야쿱스도티르에게 신세를 졌다.

이 서문을 쓰는 현재는 코로나19 대유행이 시작된 지 수개월째다. 전 세계에서 빈곤 문제에 유례없는 관심이 쏠리고 있는 만큼, 대중이 빈곤을 이해하는 데 이 책이 도움이 되기를 바라는 마음이다.

수년에 걸쳐 자료 수집을 도와준 모든 사람, 내게 배움을 선사한 제4세계국제빈곤퇴치운동ATD Fourth World 회원들과 '경험에 기반한 전문가들', 2장에 귀한 도움을 준 폴 도년, 초안에 유용한 조언을 보태 준 프랜 베넷과 익명의 검토자들, 그리고 한결같이 사랑과 지지를 보내 준 J에게 감사하다.

2020년 5월

차례

제1판 서문　　7

제2판 서문　　9

들어가며　　13

1장 빈곤의 정의　　28

2장 빈곤의 측정　　65

3장 불평등, 사회적 범주, 서로 다른 빈곤 경험　　85

4장 빈곤 담론: 타자화에서 존중까지　　116

5장 빈곤과 행위주체성: 견뎌내기에서 조직화까지　　157

6장 빈곤, 인권, 시민권　　221

나가며: 개념에서 정치로　　250

옮긴이의 말　　272

주　　276

찾아보기　　369

일러두기

- 각주는 모두 옮긴이주다.
- 이해를 돕기 위해 삽입한 구문 중 지은이의 삽입구는 ()로, 옮긴이의 삽입구는 []로 묶었다.

들어가며

고통에 목소리를 빌려주려는 욕구가 모든 진실의 조건이다.

− 테오도어 아도르노, 『부정변증법』

부유한 나라에나 가난한 나라에나 여전히 빈곤으로 고통받는 사람이 많다. 국제연합UN 지속가능발전목표Sustainable Development Goals, SDGs에서는 빈곤을 '선진국과 개도국 모두를 포함해 전 세계'가 풀어야 하는 '가장 거대한 전 지구적 과제'라고 설명한다.[1] 물질적으로 실재하는 빈곤은 수많은 여성, 남성, 어린이의 삶을 망가뜨리고 억누른다. 빈곤은 예방 가능한 '사회적 해악social harm'이다.[2] 그런 빈곤이 지속되는 데는 이를 묵인하거나 방조하는 비빈민non-poor, 즉 빈곤하지 않은 사람들의 책임이 크다. 빈곤에 관해 글을 쓰는 많은 이들이 빈곤이라는 단어에 도덕적, 정치적 요구가 담겨 있다고 강조하는 것은 놀랄 일이 아니다.

'빈곤'이라는 단어에 빈곤을 해결하기 위해 행동해야 한다는 암시와 도덕명령이 담겨 있다면, 빈곤 연구는 개인과 사회의 태도나 행동에 영향을 미칠 경우에만 정당성을 인정받을 수 있다. 빈곤을 정의한다고 하면서 단어의 의미와 통계치에 골몰하는 학문적 논쟁에만 빠져들지 않도록 주의 깊게 살펴야 한다. 그러한 논쟁은 소모적이고 관음적이며 아무짝에도 쓸모없을 뿐 아니라, '빈민the poor'을 호의든 악의든 관심이 필요한 수동적 대상으로 취급함으로써 해법은커녕 문제의 일부가 된다.[3]

귓가에 울리는 경고를 되새기며 이 책을 쓴다. 비교적 부유한 입장에서 빈곤에 관한 책을 쓸 때에 뒤따르는 윤리 문제도 있다. 자기 견해를 밝힐 기회를 거의 갖지 못한 채 빈곤 상태로 살아가는 사람들이 목소리 낼 공간voice-space을 가로막거나 빼앗고 그들을 대상화할 위험 같은 것이다. 테오도어 아도르노가 말했듯이 '고통에 목소리를 빌려준다'는 것이 고통받는 이들이 내는 '진실'의 목소리를 지우는 것이어서는 안 된다.

따라서 빈곤에 관한 이론을 만들고 연구하는 학자들이 지닌 전통적인 전문성 못지않게 경험에서 우러나는 또 다른 형태의 전문성이 있다는 사실을 인정하는 것이 중요하다. 이 두 가지 전문성을 모두 활용하는 것이 내 목표다. 나는 학술 문헌뿐 아니라 16년 동안 사회운동 및 자선 단체인 어린이빈곤행동단체에서 일한 경험, 피터 베리스퍼드와의 참여연구, 독립 기구로서 위원 중 절반을 빈곤 경험자로 구성한 빈곤참여권력위원회의 위원 활동 등을 통해 빈곤에 대한 이해를 넓혀 왔다. 특히 빈곤참여권력위원회 활동은 나처럼 빈곤을 직접 경험한 적 없는 사람이 늘 빈곤 상태로 살아가는 이들로부터 배우고 빈곤을 더 깊이 이해하게 하는 '특별한 여정'이었다.[4] 뒤이어 (지속적인 빈곤 상태에 놓인 사람들과 함께하는 인권 단체인) 제4세계국제빈곤퇴치운동 회원들과의 만남, '빈곤 계급 학자들'[5]의 학문적 성과, '내부자'[6]의 저술, 그리고 '가난하다는 것이 무엇인지 알리려 한' 안팎에서의 유명한 시도들[7]에서도 배움을 얻었다.

그간 참여 기법으로 빈곤 이론 및 연구에 빈곤 경험자의 관점을 결합시키는 작업은 북반구보다 남반구에서 더 중요하게 다루어진 편이다. 남반구의 이런 시도를 통해 빈곤이 무엇을 뜻하는지, 그리고 빈곤을 겪는 당사자가 무엇을 느끼는지 새롭게 이해할 수 있게 되었다. 이 책에서 주로 초점을 맞추는 지역은 북반구다. 전 지구화로 인해 빈곤의 원인과 결과가 지구상 어디에서나 점차 비슷해지고 있으며[8] UN에서도 지속가능발전목표를 보편적으로 적용할 수 있다고 강조한[9] 지금, 남반구에서 거둔 이러한 성과는 북반구의 빈곤 분석에도 중요한 교훈을 준다. 2020년 코로나19 대유행에 유독 빈곤층*과 주변화된 집단이 피해를 입은 현실도 이러한 공통성을 뼈아프게 되새기게 했다. 남반구와 북반구라는 지리적 장벽을 허물자 빈곤을 더 풍부하고 활발히 사고할 수 있게 되었다.[10]

나는 영국인의 시각에서 글을 쓰지만, 남반구에서 얻은 교훈을 분석에 반영하고 유럽 대륙과 미국에서 나온 자료도 폭넓게 참고하려 한다. 그렇지만 가난하다는 것이 무엇을 의미하는지는 남반구와 북반구에서 다르고, 미국과 북유럽 국가 등 각 사회에 따라 상당히 다르게 나타날 수 있다는 점을 명심해야 한다. 우리는 사회경제적 구조와 문화를 바탕으로 빈곤을 경험하고 이해한다. 다만, 이 책의 중심 주제를 뒷받침

---

* 저자는 사회적으로 통용되는 부정적 의미를 고려해 책 전반에서 '빈곤 상태에 놓인 사람people in poverty'이라는 표현을 쓰고 있는데, 우리말로 옮길 때는 '빈곤층'이라는 용어와 변갈아 사용했음을 밝혀 둔다.

하는 전 지구적 규모의 연구 결과에 따르면 "물적 조건은 사회에 따라 상당히 다르지만, 빈곤층에 대한 망신주기와 낙인찍기, 차별적 관행이 빚어내는 심리사회적 빈곤 경험은 어디서나 비슷하다."[11] 이처럼 "빈곤은 문화에 좌우되는 동시에 보편적이다."[12]

개념들, 정의들, 측정들

여기서 설명하는 개념, 정의, 측정이라는 단어는 모두 복수형이다.* 역사와 문화의 맥락에서 벗어난 단일한 빈곤 개념이란 존재하지 않는다는 뜻이다. 빈곤은 개별 사회가 빚어내는 구성물이고, 한 사회에서도 집단에 따라 다르게 형성될 수 있다. 하지만 '빈곤이 사회적으로 구성된다는 견해는 빈곤의 현실을 부정하려는 것이 아니라 빈곤이 갖는 의미의 본질에 사회 전체를 관련짓고자 하는 것이다.'[13] 여기에 더해 빈곤이라는 단어에 담긴 도덕명령과 그것이 사회 안팎의 자원 분배에 미치는 영향으로 인해서 빈곤은 정치적인 개념이고, 그렇기에 상당히 논쟁적이다. 미국 역사학자 마이클 B. 카츠의 표현에 따르면 "사회가 빈곤을 정의하고 사고하는 방식 때문에, 결국 빈곤 퇴치에 쏟을 노력도 그 안에서 결정되며, 그렇기에 빈곤은 국가의 책임이 된다."[14] 개념에는 암묵적인 해석이 담기고 그 해석이 사회정책의 바탕을 이루기에, 빈곤 개념은 현실에 영향을 미친다. 각 개념이 사회경제적·구조적 조건, 권력 관계, 문화, 개인의 행동 중에서 어느 쪽을 강조하는가는 제각기 다르

---

* 원문에는 개념, 정의, 측정이라는 단어에 모두 복수형인 '-s'가 붙어 있는데, 우리말로는 소제목에만 '-들'을 표기했다.

다. 한 사회에서 통용되는 지배적인 빈곤 개념이 그 사회의 빈곤 대응 정책에 반영된다. 이러한 개념을 실질적으로 형성하는 것은 정의와 측정인데, 이 세 용어가 혼용되는 경우가 많기 때문에 잘 구별해야 한다. 넓은 의미와 좁은 의미의 빈곤 개념 사이에서 벌어지는 혼란과 불필요한 대립을 피하려면 개념, 정의, 측정을 명확히 구분하는 것이 좋다.

개념들: 빈곤의 의미

빈곤 개념은 상당히 보편적인 수준에서 쓰인다. 빈곤의 정의와 측정 방식도 개념의 틀 안에서 결정된다. 근본적으로 빈곤 개념은 빈곤을 겪는 사람과 그 사회 내의 여러 집단에게 빈곤이 갖는 의미를 나타낸다. 예를 들어 빈곤을 '개인이나 가족이 기본적인 책임을 행하고 기본적인 권리를 누리는 데 필요한 요소가 한 가지 이상 부재한 상태'[15]로 이해하여 '기본적인 안정성 부족'으로 보는 개념을 쓰는 경우가 있다. 뒤에서 보겠지만, 빈곤과 결합한 불안정성은 중간 소득층에서 점차 늘고 있는 불안정성에 비해 훨씬 더 강렬하게 나타난다.[16]

빈곤 개념 연구는 빈곤에 관해 이야기하고 시각화하는 방식, 즉 언어와 이미지를 통해 드러나는 '빈곤 담론'도 아우른다. 이러한 담론은 다양한 공론장에서 형성되는데, 정치권, 학계, 언론이 대표적이다. 이 각각의 공론장은 사회 전반이 빈곤을 이해하는 방식에 영향을 미친다. 일반적으로는 빈곤 당사자가 아니라 그보다 더 큰 권력을 가진 집단이 빈곤을 어떻게 이해하는지에 따라서 그 사회의 지배적인 빈곤 개념 구성, 즉 개념화conceptualization가 이루어진다. 아래 내용은 지속빈곤persistent poverty 상태로 사는 사람들이 "빈곤이란" 뒤에 써넣어 완성한 문장들이다. 앞으로 살펴볼 빈곤의 물질적 측면과 심리사회적 측면이 모두 담겨 있다.

빈곤이란,

'누구나 갖는 꿈을 똑같이 갖고 있지만
실현할 방법이 전혀 없는 것.'
'아이들에게 허구한 날 안 된다고 말하는 것.'
'아이들의 실망한 눈빛 때문에 해마다 돌아오는 성탄절과
생일을 두려워하는 것.'
'남이 쓰던 침대에서 자고 헌 옷을 입으면서
고마워하라는 요구를 받는 것.'
'매일매일, 금방이라도 무너질 듯한 상태로 사는 것.'
'쓸모없는 존재, 그보다 더 못한 존재로 취급당하면서
그걸 받아들이는 것.'
'내면에 희망이라고는 하나도 남아 있지 않은 상태.'
*출처: 제4세계국제빈곤퇴치운동 워크숍, 서리, 날짜 없음.

정의들: 빈곤 상태 구별

빈곤 정의에는 빈곤과 가난 상태, 빈곤과 가난하지 않은 상태가 어떻게 다른지 엄밀하게 구별하는 진술이 담긴다(담겨야 한다). 단, '빈민과 비빈민 사이에 확고한 경계'[17]가 있다는 뜻은 아니다. 5장에서 살펴보겠지만 이 두 범주를 넘나드는 경우가 많기 때문이다. 빈곤 연구자들

풍요의 시대, 무엇이 가난인가

은 보통 피터 타운센드의 선구적인 연구[18]에 따라, 사회가 인정하는 필요를 채우기에는 부족한 자원을 가진 상태라는 상대적인 기준으로 빈곤을 정의한다. 그러나 뒤이어 살펴보겠지만, 빈곤 정의는 절대적인가 상대적인가 하는 기준뿐 아니라 정의하는 폭에 따라서도 달라진다. 그래서 실제로는 정의와 개념이 어느 정도 겹치기도 한다. 예를 들어 빈곤을 폭넓게 정의하는 UN의 일부 기구에서는 가난한 상태에서만 특별히 나타나는 것은 아니지만 그와 관련이 있는 현상인 기본권과 인간 존엄의

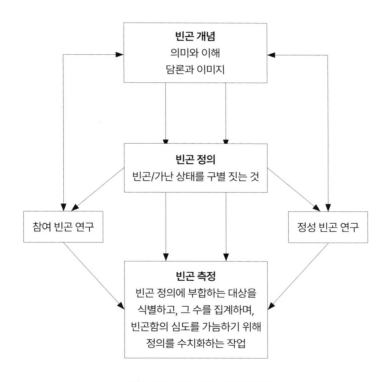

그림 1 빈곤 개념, 정의, 측정의 관계

침해 등을 빈곤 정의에 포함시킨다. 이런 경우는 정의보다는 개념화로 이해하는 편이 더 나을 것이다.

측정들: 정의에 따른 집계

빈곤 측정은 정의에 따라 빈곤한 대상을 식별하여 집계하고 그 심도를 가늠할 수 있도록 정의를 측정 가능한 형태로 변환, 즉 조작화operationalizing하는 방법을 가리킨다. 측정은 특히 정부의 책임을 묻는 데에 중요하다. 공식적으로는 소득을 근거로 하여 빈곤을 측정하는 경향이 있지만(박탈 지표deprivation indicators로 보완하기도 한다), 일회성 조사에서는 생활수준living standards 및 박탈 관련 각종 지표를 활용하는 경우가 더 많다. 이를테면 하루 두 끼를 먹지 않거나 먹을 여력이 없는지, 친구와 가족을 만나는 데 쓸 자원이 부족한지 등이다. 빈곤을 제대로 측정하려면 소득과 생활수준을 아울러야 한다는 주장이 점차 늘고 있다. 가장 좋은 지표는 빈곤층에게 직접 자기 자신을 어떻게 생각하는지 듣는 것이라는 주장도 나왔다.[19]

왜 개념이 중요한가

그림 1이 보여 주듯이 개념에서 측정으로 넘어가는 과정은 초점을 좁히는 작업의 연속이다. 개념을 폭넓게 검토하지 않고 정의와 측정으로 곧장 넘어갈 경우 정의와 측정에 담긴 개념의 전반적인 의미와 그 함의를 놓칠 수 있다. 특히 정성qualitative 기법과 참여 기법으로 얻은 빈곤에 대한 이해를 반영하지 못할 가능성이 있다. 이런 기법은 소득

풍요의 시대, 무엇이 가난인가

과 물질적 생활수준에 초점을 맞추는 정의의 범위에 속하지 않아 시계열time series 조사 또는 국가별 추세 파악을 위한 조사로는 잘 잡히지 않는 빈곤의 측면을 강조하는 경우가 많다.[20] 마찬가지로 그림 제일 아래에 있는 측정부터 시작하는 경우에는 측정과 정의를 혼동하여 측정에 관한 논쟁을 정의에 관한 논쟁으로 착각하는 일이 생기기도 한다. 예를 들어 유럽연합EU과 영국에서 공식 통계에 사용하는 중위소득의 60퍼센트라는 측정 기준을 정의로 삼는 경우가 많은데, 이런 식으로 접근하면 방법론과 가용 데이터의 한계에 갇혀 빈약할뿐더러 대단히 제한적인 기술적 정의를 내리게 된다. 그러면 측정값이 분석을 대체할 위험이 있다.

두 경우 모두 개념 검토를 건너뛴 결과 빈곤의 규모(때로는 심도) 측정에 몰두할 뿐 빈곤이 어떻게 경험되고 이해되는지 간과하는 근시안적이고 기술관료적technocratic인 접근법에 젖어 들 수 있다. 그리하여 빈곤은 '눈물 자국이 지워진 사람들'[21]이라고 묘사되는 비인간적인 통계 자료로 축소된다. 우리는 '빈민'의 수를 세는 데만 골몰하여 '집계되지 않는 사람들의 범주'[22]로 그들이 존재하는 방식과 고통을 보지 못한다. '미국의 뒷줄'에 관해 쓴 책의 말미에서 크리스 아네이드는 아무리 의도가 좋다 해도 그런 작업은 '그저 숫자에 불과한 존재로 바라봄으로써 그들을 폄하'하는 것이라고 경고한다.[23] 엘세 외원이 주장하듯이, '측정 연구'에 쏟는 역량의 일부만이라도 빈곤층에게 빈곤이 어떤 의미인가 하는 측면에서 '빈곤 이해' 수준을 높이는 데 투입한다면 좋을 것이다.[24] 빈곤을 더 잘 이해하고자 한다면 개념 검토에 충분히 주의를 기울여야 한다.

여기서 관건은 물질적 측면뿐 아니라 비물질적 측면으로도 나타나는 빈곤의 징후다. 빈곤을 불리하고 불안정한 경제 **조건**으로서만이 아니라, 수치스럽고 유해한 사회관계로 이해하도록 관점을 바꾸는 것이다.[25] 그러면 '사회계층의 심리적 지형'의 일부인 빈곤의 심리사회적 측면이 드러난다.[26] 이 심리적 지형의 심장부에는 사회적 고통, 즉 "가장 힘없는 사람들을 … 덮치는 사회의 해악과 그것이 내면과 관계에 가하는 상처의 생생한 체험"[27]이 자리한다. 빈곤이 관계에 상처를 내는 것은 "빈곤 경험은 자기뿐 아니라 타인에 의해서도 결정된다"[28]는 사실 때문이다. 빈곤층은 정치 및 언론이 형성하는 빈곤 담론을 포함한 사회 속에서, 그리고 정책을 실행하는 공무원 및 전문가와의 만남을 포함한 대인 관계 속에서 상처를 입는다.[29] 이 점에서 빈곤층보다 더 큰 권력을 지닌 사람들이 물질적 및 비물질적 측면에서 다중적인 불이익의 관계망을 형성하는 것으로 빈곤 상태를 이해하자는 제안이 있었다.[30] 이 망에 걸린 사람에게는 빈곤의 물질적 차원과 심리사회적 차원이 일상적 빈곤 경험과 사회적 고통 속에 '뒤얽혀' 존재한다.[31]

　　관계적 관점을 주제로 한 저술에서 폴 스파이커는 빈곤을 "계층, 낮은 지위, 사회적 배제, 불안정, 권리 부족 같은 사회적 관계에 의해 **구성되는 것**"[32]이라고 개념화한다. 이것을 전 지구적으로 적용하여 '관계적 관점'에서 보면 북반구와 남반구에서 국가 간 유사성이 드러난다고 주장한다.[33] 관계적 관점은 특히 남반구에서 발달한 참여 접근법에서 두드러지게 쓰였다. 물질적 빈곤이 극심한 남반구에서 목소리 부족, 비존중, 굴욕, 존엄과 자긍심에 대한 타격, 수치와 낙인, 권력 부재, 권리 부정, 시민권 축소와 같은 빈곤의 비물질적 측면을 부각하는 이러한 접근법을 쓴다는 것이 놀라울 수도 있다. '관계적 평등'[34]에 어긋나는 이런 조건을 나는 빈곤의 '관계적·상징적' 측면이라고 부를 것이다. 이 측면은 낸시 프레이저가 '상징적 부정의'라고 이름 붙인 것의 한 예로, '재현, 해석, 소통의 사회적 양식에서 기인'한다.[35] 다르게 표현하자면, 빈곤층과 사회 전반의 일상적 상호작용 속에서, 또 정치인, 공무원, 언론, 그 밖의 영향력 있는 기구가 빈곤층을 언급하고 대응하는 방식에서 나타나는 부정의다. 실제로 '빈민the poor', '영세민poor people' 같은 개념은 그 자체로 인간성을 파괴하고 '타자화'하는 결과를 빚을 수 있다. 그래서 여기서는 사용을 자제하되, 맥락에 맞는 경우에만 따옴표를 붙여 쓴다.

캐럴라인 모저가 말했듯이, 개발 분야의 문헌에서는 빈곤을 측정 가능한 소득으로만 판단하는 '전통적'이고 '객관적'이며 '기술관료적'인 접근법과 빈곤층이 스스로 이해하는 데 따라 소비를 분석하는 '주관적'인 참여 접근법을 구분하는 이분법을 설정하는 경우가 있다.[36] 발 딛고 있는 철학적 토대가 다르기는 하지만, 이 두 접근법이 양립 불가능하지 않고 상호 보완적이라고 보는 것도 충분히 가능하다. 밥 볼치가 한 작업이 바로 이것이다.[37] 그는 이 두 가지 접근법을 피라미드 형 그림으로 설명하는데, 피라미드 꼭대기에는 개인의 소비 또는 소득을 배치하고 아래로 내려가면서 공적 자원과 편의, (교육과 같은 인적 자본을 포함한) 자산 접근권을 차례차례 더한다. 그다음은 '참여형 빈곤 측정에서 현지 주민이 강조하는' '존엄'을, 마지막 층에서는 '자율성'까지를 포괄한다. 볼치가 지적하듯이, 피라미드의 아래쪽 두 층은 피라미드 구조가 갖는 '암묵적 위계에 문제를 제기'한다.[38]

피라미드 구조가 위계적이라는 점을 감안해, 여기서는 그림 2와 같이 빈곤의 물질적 측면과 관계적·상징적 측면을 동등하고 의존적인

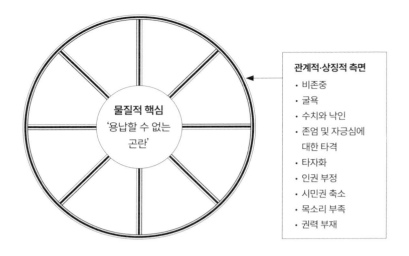

그림 2 물질적·비물질적 빈곤 수레바퀴

관계로 표현하는 '빈곤 수레바퀴'를 대안으로 제시한다. 수레바퀴의 중심부에는 빈곤의 물질적 핵심이 자리한다. 스파이커가 개발한 대안적 체계에서는 이를 '용납할 수 없는 곤란함'이라고 칭한다.[39] 수레바퀴의 바깥쪽, 둘레 부분은 용납할 수 없는 물질적 곤란에 처한 사람들이 겪는 빈곤의 관계적·상징적 측면을 나타낸다. 중심부와 둘레 모두 사회적·문화적 관계에 의해 형성된다. 따라서 중심부에 있는 물질적 필요는 사회적·문화적으로 정의되고, 관계적·상징적 둘레를 통해 매개되고 해석된다. 그리고 이 둘레 자체가 수레바퀴를 따라 사회적·문화적 공간 안에서 돌아가면서 사회적 고통을 유발한다.

장별 주제

이 책은 빈곤의 개념을 다룬다. 경우에 따라 빈곤의 원인과 정책 대안을 논의하는 데 필요한 일반적인 참고 자료를 제시한다. 빈곤에 대한 설명과 정책 대응, 그리고 개념과 정의, 측정이 어떻게 서로 관련되는지는 이 책에서 주로 다루는 주제는 아니지만 염두에 두어야 하는 중요한 사항이다.[40] 책의 구성은 앞서 본 그림과 같이 물질적 빈곤을 중심에 두고 관계적·상징적 빈곤이라는 둘레로 향하는 수레바퀴 구조를 따른다. 1장에서는 빈곤 관련 교재에서 기본적으로 다루는 빈곤의 정의를 검토하고, 까다로운 질문을 몇 가지 던진다. 또 현재 빈곤을 논의하는 흐름을 살펴보고, 사회적 배제 관련 자료를 포함해 사회과학 연구 전반에서 비교적 엄밀한 정의 방식을 찾아본다. 2장에서는 빈곤을 측정하기 위해 정의를 조작화하는 과정을 주제로 하여, 점차 정교해지는 측정 관련 문헌을 훑어본다.

3장에서는 구조적으로 교차하는 불평등을 검토하고, 이것이 빈곤을 어떻게 틀 짓고 영향을 미치며 상호작용하는지 살펴본다. 전 지구적으로, 또 각 사회 내에서 보편적으로 나타나는 사회경제적 양극화 상황에 더해, 빈곤이 성별·인종별 현상이 되는 과정을 상세히 설명한다. 또한 장애와 연령에 따라 빈곤이 어떻게 작용하는지, 개인·가구·지역사회 차원에서 빈곤 경험이 어떻게 달라지는지 살펴본다. 4장에서는 수레바퀴의 둘레, 즉 관계적·상징적 측면에서 발생하는 빈곤 경험을 다룬다. 빈곤 담론이라는 개념을 통해, 정치 및 학술 담론과 언론이 제시하는 이미지에서 '빈민'이 어떻게 재현되는지 살펴본다. 그리고 '타자'와 '빈민'이라는 고정관념을 빚어내는 빈곤의 언어와 그 역사적 연관성을 현대의 담론과 함께 짚어 본다. 사회가 빈곤층을 인식하고 대우하는 방식과 당사자의 자기 인식에서 언어와 이미지가 얼마나 중요한지 주의 깊게 살펴본다.

이러한 빈곤 담론이 빈곤과 관련한 문화적 의미를 만들어 내는데, '빈민'을 수동적 존재로 그리며 온순한 '피해자' 아니면 악의적인 '복지 의존자'라는 꼬리표를 붙이는 경우가 너무나 많다. 사회적 행위자로서 빈곤층은 바로 이런 조건 속에서 행위주체성agency을 행사하게 된다. 5장에서는 3장에서 논의한 내용을 바탕으로, 빈곤 연구뿐 아니라 현대 사회학 및 국제 개발 이론을 활용해 빈곤층을 자기 삶에서부터 정치 영역에 이르기까지 행위주체성을 발휘하는 행위자로 인식하게 만들 방안을 탐구한다. 이어지는 6장에서는 인권, 시민권, 목소리, 권력에 주목한다. 빈곤을 권력 부재와 기본권 부정으로 이해하고, 공론장에서 빈곤층의 목소리를 드러내야 한다는 주장이 점차 늘고 있는데, 이는 현대 빈곤 정치학이 거둔 대단히 인상적인 발전이다.

결론에서는 이상의 내용이 빈곤 연구와 정책에 갖는 함의를 논의하면서 몇 가지 핵심 주제를 이끌어 낸다. 이 주제들은 빈곤을 개념화할 때 다음의 네 가지 핵심 요소에 마땅한 관심을 기울여야 함을 보여 준다. 첫째, 빈곤의 물질적 핵심뿐 아니라 관계적·상징적·문화적 측면과 논쟁적인 측면, 둘째, 구조적 제약 속에서 빈곤 상태로 사는 사람의 행위주체성, 셋째, 결과 못지않은 과정과 역동의 중요성, 마지막으로 이 각각을 뒷받침하는 빈곤 경험자의 시각과 견해다. 일부 연구자는 이런 요소를 충분히 고려해 빈곤 개념을 구성하면, 빈곤의 물질적·경제적 측면과 상징적·문화적·관계적 측면을 이분하는 그릇된 시각을 극복하고, 재분배와 인정recognition을 빈곤과 결합시켜 분배적 평등과 관계적 평등을 통합하는 정치를 뒷받침할 수 있다고 주장한다.[41] 더 넓은 틀에서 이러한 빈곤 개념화의 목적은, 너무 쉽게 주변화되는 빈곤층의 관심사를 시민권, 민주주의, 좋은 사회에서의 인류 번영에 관한 폭넓은 정치적·이론적 논쟁으로 통합시키고, 학제를 뛰어넘는 더 넓은 사회과학적 틀 안에서 빈곤을 분석하도록 이끄는 것이다.

1장
빈곤의 정의

빈곤 개념은 세밀한 정의와 측정 과정을 거쳐 빈곤 정책에 반영된다. 서론에서 말했듯이 정의와 측정을 혼동하지 않는 것이 중요하다. 다만, 그간 제기된 쟁점 중에는 정의와 측정을 아울러 개념화까지 거슬러 올라가는 문제도 몇 가지 있다. 이 장에서는 빈곤을 정의하는 다양한 방식을 개괄적으로 살펴보고, '절대적' 빈곤과 '상대적' 빈곤이라는 기존의 대립적인 정의와 이 둘을 조화시키려는 대안적인 정의 방식을 검토한다.

빈곤을 정의하는 방식

빈곤을 어떻게 정의할 것인가는 빈곤 개념에 관한 정치적·정책적·학술적 논쟁의 핵심이다. 정의는 해석과 밀접하게 연관되며 해법에도 영향을 미친다. 여기에는 가치 판단이 수반된다. 따라서 정의를 내린다는 것은 사회과학적일 뿐 아니라 정치적인 행동으로 보아야 하며, 그런 만큼 논란도 자주 일어난다. 단 하나의 '올바른' 정의란 없다. 이제는 거의 모든 연구자가 어떤 정의든 부분적으로는 특정한 사회, 문화, 역사의 맥락에서 이해해야 한다는 점을 받아들인다. 이는 매우 다른 여러 사회의 빈곤을 비교하는 연구에서 참고할 지점이다.

넓게 보는가, 좁게 보는가

빈곤 정의는 그 범위에 따라 다양하다. 좁게는 물질적 핵심과 그 핵심의 속성에만 국한하는 경우가 있고, 넓게는 빈곤과 관련된 관계적·상징적 요소까지를 아우르는 경우도 있다. 브라이언 놀런과 크리스토퍼 웰런은 정의를 지나치게 넓게 내리면 '빈곤의 핵심 개념'이 뚜렷이 드러나지 않을 위험이 있으므로 최대한 협소하게 정의해야 한다고 주장한다.[1] 이들은 타운센드의 뒤를 이어 (최저subsistence 수준의 필요에 국한하는 '절대적' 정의보다는 넓은) 사회참여 불능inability이라는 측면에서 빈곤을 정의하지만, 그 불능의 원인을 '자원 부족'에 둔다는 점에서 타운센드의 정의와는 다르다고 강조한다.[2] 빈곤을 "삶 속에서 주로 재정 형편에 따라 소비 또는 참여를 결정하는 영역"으로 국한하는 것이다.[3] 빈곤을 "사회참여를 포함해, 최소한의 필요를 채우기에는 주로 물질적인 면에서 자원이 현저하게 부족한 상태"[4]라고 보는 영국의 주요 반빈곤 단체 조지프라운트리재단Joseph Rowntree Foundation의 정의가 이런 방식을 보여 준다.

초점을 더 넓히기 위해서 다차원적으로 빈곤을 서술하는 경우가 늘고 있는 최근의 흐름[5]을 무색케 하는 정의 방식이지만, 그러한 흐름과 절대로 양립 불가능한 것은 아니다. '빈곤'으로 규정되는 상태와 그렇지 않은 상태('비빈곤')를 구별하는 것이 정의의 기능이라고 할 때, 이처럼 최대한 협소한 범위로 한정해 빈곤을 **정의**하는 것은 일리가 있다. 이러한 정의에서는 UN에서 주로 사용하는 정의에 담긴 '의사결정 참여 부족', '인간 존엄 침해', '권력 부재', '폭력 민감성' 같은 비물질적 요소[6]가 암묵적으로 제외된다. 빈곤층 당사자들이 중요시하는 목소리·존중·자긍심 부족, 고립, 굴욕 같은 비물질적 측면도 마찬가지다. '의사결정 참여 부족', 폭력 민감성', '굴욕' 같은 요소는 빈곤 상태에서만 나타나는 것이 아니며, 백인이 주류인 사회에서 흑인으로 존재하거나 장애를 구조적 차별로 만드는 사회에서 장애인으로 살기와 같은 다른 상태와 결합하기도 하기 때문이다. 그러나 협소한 정의 방식으로는 자칫하면 빈곤 상태의 다차원성, 그리고 물질적 측면과 관계적·상징적 측면의 상호 침투성을 간과할 위험이 있는 만큼, 이 책에서 전개하는 전반적인 빈곤 **개념화**와 동떨어지지 않은 선에서 빈곤을 정의해야 한다.

물질적 자원인가, 생활수준인가

측정 관련 문헌에서 사용하는 빈곤 정의가 제각기 달라지는 또 다른 이유는 기반으로 삼는 개념화가 서로 다르다는 데 있다. 빈곤의 개념을 잡을 때 개인이 가진 물질적 자원, 특히 소득 수준에 주목하는지, 아니면 생활수준과 사회 활동이라는 측면에서 그 사람이 실제로 영위하는 삶의 수준에 주목하는지에 따라 정의도 달라진다는 것이다.[7] 스테인 링엔이 말했듯이, "첫 번째 방식에서는 생활양식way of life을 결정하는 요인을 통해 간접적으로 빈곤을 정의하고, 두 번째 방식에서는 생활양식을 통해 직접적으로 빈곤을 정의한다."[8] 실제로는 이 두 가지 방식을 상호 보완적으로 사용하는 경우가 많다. 앞서 살펴본 놀런과 웰런이 그랬고, 이후에 살펴볼 타운센드도 그랬다. 그러니 링엔이 이 두 방식을 결합해 '자원이 불충분하여 박탈 상태로 살아간다는 의미에서 저생활수준low standard of living'을 빈곤으로 정의한 것은 이상한 일이 아니다.[9] 간단히 말해, 누군가 '저생활수준과 저소득으로 사는 경우'에 그 사람은 '빈민'이라는 것이다.[10]

토니 앳킨슨은 링엔과 비슷하지만 더 근본적으로, 빈곤 정의를 생활수준에 주목하는 방식과 시민으로서 '최소한의 자원을 누릴 **권리**'[11]에 주목하는 방식으로 각각 구별한다. 생활수준을 고려하는 방식은 여러 문헌에서 흔히 나타나며, 실증연구empirical research의 기준으로 쓰인다. 최소한의 자원을 누릴 권리에 주목하는 방식은 소득 척도상 빈곤 여부를 가르는 특정 지점을 설정하는 방식, 또는 사회부조 제도에서 규정하는 소득 수준을 바탕으로 빈곤을 측정하는 방식에 암묵적으로 담겨 있다고 볼 수 있다. 이런 권리가 빈곤 정의에 명시되는 경우는 흔치 않지만 전반적인 빈곤 개념화에서는 하나의 구성 요소로 가치가 있다. 우리가 '시민으로서', '적극적인 자유를 보장받는 차원에서 사회참여의 전제 조건이라고 볼 만한', '자기 몫의 최저 소득을 배분받을 자격이 있다'는 의미를 갖기 때문이다.[12] 이처럼 빈곤을 인권과 시민권의 부정으로 개념화하는 경향이 점차 늘고 있다.

빈곤을 이런 식으로 개념화하면 여성 빈곤을 이해하고 퇴치하는 데에도 도움이 된다. 앳킨슨에 뒤이어 스티븐 젱킨스는 여성주의적 빈곤 개념을 '경제 자립을 이룰 최소한의 **개인적 권리** 부족'으로 표현할 수 있다고 말한다.[13] 제인 밀러와 캐럴라인 글렌디닝은 권리라는 단어를 직접 쓰지는 않았지만 "타인에게 재정적으로 의존해야 하는 상태인 사람은 빈곤에 취약하다고 보아야 한다"[14]는 점에 기반해 자립할 수 있는 개인적 역량에 초점을 맞추어 여성주의적 빈곤 정의를 내린다. 여기서 쓰인 빈곤 취약성vulnerability이라는 개념은 넉넉한 생활수준을 누리면서도 독립적인 소득은 갖지 못하는 여성의 상황을 이해하는 데 도움을 준다. 같은 맥락에서 프랜 베닛과 메리 데일리는 '적정 소득에 대한 통제권이 없는' 상태를 최소한 (대체로 성별화된) 빈곤 위험 상태로 보자고 제안한다.[15] 이들은 또한, 이처럼 적정 소득에 대한 통제권이 없는 상태도 전반적인 재정 불안정성precarity의 한 측면에 해당한다고 말한다. 빈곤에 취약하다는 것은 이른바 '프레카리아트precariat[불안정 노동계급]' 시대에 노동시장의 불안정성에 대처할 재정적 자원이 부족한 사람이 늘어난다는 뜻이기 때문이다.[16] 전반적인 재정 불안정과 빈곤 취약성이 어느 정도인지는 코로나19 대유행을 통해 고통스럽게 확인했다.

물질적 자원인가, 역량인가

지금까지 저소득과 저생활수준으로 인한 사회참여 불능이라는 측면에 집중하는 빈곤 정의 방식을 간단히 살펴보았다. 아마르티아 센 (그리고 마사 누스바움)은 빈곤 정의에서 저소득이 차지하는 위치를 다르게 바라보는 관점을 제시한다. 이들의 작업은 국제 개발 분야에 엄청난 영향을 주었다. 경제성장과 GDP 상승에 머무르지 않고 '견딜 만한 삶을 사는 데 필요한 선택과 기회의 부정으로서의 빈곤'에 집중하는 방향으로 개발의 패러다임을 바꾸도록 도운 것이다.[17] 북반구에서는 이들의 관점이 빈곤에 관한 사고와 연구에 처음부터 큰 영향을 미치지는 않았지만, 점차 관련 학문과 정책에 두루 스며들었다.[18] 이들의 사상은 북반구에서 빈곤을 개념화하는 데 도움이 되는 통찰을 제공했고, 절대와 상대라는 문제에 이목을 집중시키는 역할도 했다.

센은 소득과 생활수준에 집중하는 관점에서 한 걸음 물러나 그것이 왜 중요하냐고 묻는다. 소득과 생활수준 자체는 정말로 중요한 것, 즉 한 사람이 누릴 수 있는 삶과 그 삶을 영위하는 데 쓸 수 있는 선택과 기회를 위한 도구에 불과하다는 것이다. 센의 접근법에서 가장 중요한 부분은 삶을 '존재와 행위'로 이해하는 것이다. 이를 표현하기 위해서 센은 '기능화functionings'와 '역량capabilities'이라는 두 가지 핵심 용어를 사용한다. '기능화'는 기초적인 영양 섭취부터 공동체에 참여하기나 자부심 획득 같은 복잡한 단계에 이르기까지, 한 사람이 무엇을 하거나 어떤 존재가 되기 위해서 **기능을 발휘**하는 것을 뜻한다. '역량'은 한 사람이 할 **수 있고** 될 **수 있는** 것, 즉 그 사람에게 열려 있는 일련의 선택을 뜻한다. 여기서 중요한 것은 '존재나 행위의 가치를 스스로 매길 수 있는 상태, 즉 이 행위를 해야 할지 저 존재가 되어야 할지를 결정할 자유'[19]다. '불이익disadvantage' 개념을 탐구하던 조너선 울프와 아브너 드샬리트는 센의 정의에 불안정이라는 요소를 덧붙여서 불이익을 '안정적으로 기능화하는 데 필요한 진정한 기회의 부족'으로 정의했다.[20]

센에 따르면 돈은 어떤 목적을 위한 수단일 뿐이며, 돈으로 사는 재화와 서비스 또는 '상품'은 기능화를 달성하는 특정한 방법에 불과하다.[21] 기능화를 달성하는 데 돈이 어떤 역할을 하는지는 사회마다 다를 것이다. 사회에서 어떤 재화와 서비스가 얼마만큼 상품화되느냐(즉 돈으로 교환되느냐)에 따라 돈의 쓰임이 달라지기 때문이다. 게다가 여기에 개인이 역량과 기능화를 위해서 돈을 사용하는 방식도 영향을 미친다. 연령, 성별, 임신 여부, 건강, 장애 또는 대사율과 신체 치수까지, 개인적 필요의 수준과 속성을 좌우할 수 있는 다양한 요소에 따라 역량·기능화와 돈의 관계가 달라진다. 예를 들어 어떤 장애인이 비장애인보다 소득 수준이 더 높다고 해도 그 사람이 기능할 수 있는 역량은 비장애인보다 낮을 수 있다. 비슷한 수준의 기능화를 이루는 데에 필요한 것이 비장애인보다 더 많고, 이런 필요를 채우는 데에 추가 비용이 들기 때문이다. 그러므로 빈곤을 소득과 실질 생활수준이 아니라 "최소한으로 용인 가능한 [생활]수준에 도달할 기본 역량의 상실"이라는 측면에서 정의해야 한다는 것이 센의 주장이다.[22]

이와 같이 저소득 또는 물질적 자원 측면에서 빈곤을 정의하는 방식에 반대하며 센이 내놓은 주장에는 크게 두 가지 쟁점이 있다. 우선 좀 더 좁은 범위의 쟁점은 놀런과 웰런이 제기한 것으로, 소득을 역량으로 변환하는 능력의 차이와 관련된 문제다. 이들은 센이 인정한 것처럼 소득 빈곤선income poverty line을 설정할 때 사람마다 달라지는 요건을 어느 정도 고려할 수 있다고 지적한다. 연구해 본 결과, 장애를 제외한 다른 요소 중에서는 "문제를 제기할 만한 변인이 뚜렷이 드러나지 않는다"[23]는 것이 놀런과 웰런의 결론이다. 더구나 소득을 역량으로 전환하는 데 영향을 미치는 신체적 요소를 지나치게 강조할 경우, 사회적으로 구성되는 조건이 아니라 신체적 필요와 그 생리적 측면에만 집중하는 협소한 관점을 조장할 위험이 있다.

더 근본적인 쟁점은 한 사람이 가치 있다고 여기는 삶을 사는 데 필요한 역량과 저소득이 어떤 관계인가 하는 것이다. 소득은 목적이 아니라 목적을 위한 수단임을 상기시키는 센의 정의 방식은 여러 방면에

풍요의 시대, 무엇이 가난인가

서 도움이 된다. 여기서 목적이란 사람이 할 수 있고 될 수 있는 무언가를 가리키는데, 로드 힉은 그 목적의 '본질적인 중요성'을 강조하면서 그것이 "규범적, 윤리적 차원을 강조하는 관점을 가지고 빈곤 분석에 임하게 해 준다"[24]고 평한다. 개인에게 초점을 맞추기 때문에 성별 불평등이 더 잘 드러나는 특성도 있다.[25] 그리고 센은 인간을 행위주체성을 지닌 존재로 보는데, 이런 사람에게는 자기가 무엇이 되고 싶고 무엇을 하고 싶은지, 가용 자원을 어떻게 활용할 것인지 등을 선택할 수 있는 자유가 근본적으로 중요하다. 그러므로 센의 방식을 활용하면 "인간의 다양성과 그를 둘러싼 상황의 복잡성을 더 잘 담아낼 수 있다."[26] 게다가 최근에는 권리를 **행사**할 역량에 관심을 갖고 '개인의 존엄과 자유에 집중'하여 역량과 인권 접근법을 연결시키는 문헌이 점차 늘고 있다.[27]

중요한 것은, 누스바움의 표현으로 '인간 존엄에 걸맞은 삶'이다.[28] 실제로 역량 이론가들은 '번영'을 달성하지 못하게 막는 물질적 자원 부족이라는 소극적 측면보다는 번영을 위해 달성하고자 하는 삶이라는 적극적 측면에 초점을 맞춘다.[29] 이렇게 해서 일부 빈곤 운동가의 염원[30]을 반영하는 동시에, 빈곤을 별도의 영역으로 두지 않고 사회 구성원 전체와 사회과학 문헌 전반의 관심사에 통합시킨다. 남반구에서는 '인간 개발'과 '행복well-being'이라는 구상을 통해 이런 접근법을 적용한다.[31] 이 중에서 '행복' 개념은 북반구에서도 통용되기에 이르렀고,[32] '삶의 질quality of life' 개념과 인간 번영을 강조하는 '사회적 해악'*[33]이

---

* '사회적 해악'은 주로 개인이 끼치는 해악을 사법 체계상 범죄 또는 비범죄로 파악하는 기존 범죄학을 넘어, 범죄를 저지른 개인을 특정하기 어렵더라도 실재하는 해악, 즉 국가가 방치하는 환경오염이나 초국적 기업의 유해한 노동 조건과 같이 '인간 번영을 훼손하는' 더 큰 범위의 해악을 고찰하는 펨버턴 등의 최신 이론을 가리킨다.

라는 새로운 연구 분야에서도 이와 비슷한 접근법을 찾아볼 수 있다. 이
역시 '부정적 시각에서 긍정적 시각으로 전환'[34]을 시도한다. 센과 누스
바움은 자신들의 역량 접근법을 직접 '행복'과 '삶의 질' 개념에 연결시
켰는데, 센의 주장에 따르면 이런 개념을 "가치 있는 기능화를 이룰 역
량이라는 측면에서 … 평가하도록"[35] 하기 위해서다. 두 사람은 북유럽
지역 사회과학자들이 수행한 '생활수준' 조사가 자신들의 연구와 일맥
상통한다고 말한다.[36] 빈곤이 아니라 불평등을 폭넓게 고려하려는 목적
으로 수행한 이 조사는 개인이 '능동적인 존재'로서 '[자기] 삶의 조건을
조절하고 의식적으로 관리하기 위해서' (물질적·비물질적) 자원을 어떻
게 사용할 수 있는가에 초점을 맞춘다.[37]

　　센과 누스바움의 접근법과 맥이 닿는 사례로 '사회 또는 사회관
계의 질'을 평가하기 위해 유럽 사회과학자들이 개발한 '사회의 질social
quality' 개념을 들 수 있다.[38] 그러나 사회의 질이라는 관점으로 역량 상
실 개념을 살펴보면, 이 개념이 긍정적인 방향에 주목한다는 강점만이
아니라 빈곤 **정의**로서 갖는 약점도 동시에 드러난다. 사회의 질은 '사람
이 자기의 행복과 개인적인 잠재력을 키우면서 공동체의 사회적, 경제
적, 문화적 삶에 참여할 수 있는 정도'[39]로 정의된다. 빈곤이 '사회의 질
개념의 중심'이고 빈곤 경감이 사회의 질을 판단하는 척도가 되기는 하
지만, 빈곤은 사회의 질을 저해하는 수많은 조건 중 하나일 뿐이며 단일
한 측정 기준으로 쓰일 수 없다.[40] 게다가 행복의 반대는 불행인데, 이것
이 반드시 빈곤과 관련되지는 않는다.[41]

　　빈곤을 역량 상실이라고 정의하면 역량이나 삶의 질, 행복, 사회
의 질이라는 전반적인 조건을, 기존에 이해하던 방식처럼 빈곤 상태이

거나 아니라는 한 가지 요소로 뭉뚱그리는 문제가 발생한다. 만약 이 둘을 동의어로 취급한다면 기존에 이해하던 의미에서의 빈곤을 역량, 행복, 사회의 질을 저해하는 다른 조건으로부터 분리할 수 없게 되거나, 이 둘의 인과관계를 구별할 수 없게 된다. 센 자신은 "소득 부족이 한 사람의 역량을 박탈하는 주원인일 수 있기 때문에 … 역량-빈곤 관점에서는 저소득이 분명" 빈곤의 주요소라는 "합당한 견해를 어떤 식으로든 부인하지 않는다"[42]고 인정한다. 또한 저소득이 단지 역량에만 영향을 주지 않는다는 점도 분명히 밝힌다. 그렇다면 저소득과 아무 상관없는 역량 박탈 상황을 빈곤으로 묘사하는 것이 합당하냐는 질문이 나온다. 예를 들어, 부유한 사람이 심각한 병 때문에 존재와 행위에 제약을 당하는 경우에 이를 빈곤 상태라고 칭하는 것은 적합하지 않다.

이 문제를 푸는 한 가지 방법은, 센이 종종 그랬듯이 '역량'과 '소득 빈곤'이라는 개념을 '역량 불충분으로서의 빈곤'과 '저소득으로서의 빈곤'으로 구별하는 것이다.[43] 이와 비슷하게 국제연합개발계획UNDP[44]에서는 역량에 기반한 '인간' 빈곤을 '소득' 빈곤과 구별한다. 그러나 이렇게 해도 여전히 물질적 자원 부족과 무관한 상황을 '빈곤'에 포함시킬 수 있다. 따라서 센이 이따금 쓰듯이[45] 이런 경우는 '역량 박탈'로 표현하여 빈곤과 구별하는 편이 합당할 것이다. 그러면 앞에서 논의한 빈곤의 의미를 더 또렷하게 유지할 수 있다. 비슷한 맥락에서 힉은 역량과 관련해서는 '박탈'을 사용하고, '빈곤'은 '자원 부족을 핵심으로 하는 협소한 의미'로 남겨 두는 방법을 제안한다.[46] 울프 등이 철학적으로 빈곤을 검토하고 내린 결론도 이와 같다. "빈곤을 역량 박탈로 재정의하기보다는 자원 관련 박탈을 뜻하는 용어로 남겨 두고, 그것을 인간 박탈의 한 부분으로만 받아들이는 것이 더 명확한 방향이다."[47]

센이 제대로 지적했듯이 소득은 수단일 뿐 목적이 아니다. 하지만 상품화된 임금 기반 사회에서 돈이 갖는 상징적이고 실질적인 중요성을 과소평가해서는 안 된다. 돈은 소득이나 재산·저축이라는 형태로, 또는 그것의 결핍으로 존재감을 드러낸다. 카를 마르크스가 이해한 바와 같이, 돈은 수단이라고 할 수 있지만 거기에는 반드시 권력이 따른다. "〔돈은〕 주머니에 넣어 갖고 다닐 수 있는 보편적인 사회적 권력이다. … 돈은 이 권력을 사사로이 활용하는 개인의 손에 사회적 권력을 쥐어 준다."[48]

소득의 중요성을 간과한 채로 빈곤을 정의하면, 빈곤층의 소득 증대에 반대하는 측에서 자신들의 정치적 입장을 정당화하는 데 그 정의를 활용할 위험이 있다. 역량 접근법이 공공 정책의 초점을 "금전적 불평등 경감에서 '역량' 불평등 경감으로 바꾸도록 요구한다"는 주장이 제기되었듯이 말이다.[49] 센은 이런 해석을 지지하지 않겠지만, 여전히 빈곤에 대항할 소득과 자원을 더 공평하게 분배하는 것이 중요하다고 믿는 사람들에게는 경각심을 불러일으키는 주장이다. '역량 박탈' 개념이 빈곤 개념화에 유용한 만큼, 기존의 자원 기반 정의를 대체하기보다는 보완하는 쪽으로 사용해야 한다.

나아가 타운센드는 개인의 행위주체성에 집중하는 역량 접근법이 "신자유주의 경제에 뿌리를 둔 개인주의의 정교한 적응을 뜻한다"[50]고 혹평했는데, 이런 비판을 피하려면 역량 접근법을 분명히 전반적인 구조 분석 안에 두어야 한다. 역량도 기능화도 구조와 동떨어져 있지 않고, 구조적 위치와 복지 제도 및 전체적인 복지 공급 수준에 따라 형성된다.[51] 그리고 물질적 자원을 기능화로 바꾸는 능력도 이러한 조건으로부터 영향을 받는다. 따라서 역량 개념틀을 사용하면 시장의 불평등은 못 다루더라도[52] 개인이 맞닥뜨리는 구조적인 제약과 기회는 담아낼 수 있다.[53]

　　이 단락에서 나는 센의 역량 접근법을 통해 빈곤을 더 잘 이해할 수 있지만 한편으로는 그것이 왜 빈곤의 정의가 될 수 없는지, 따라서 왜 주의 깊게 활용해야 하는지 설명했다. 이어서는 '절대적' 빈곤과 '상대적' 빈곤의 구별이라는 맥락에서 다시 센의 작업을 검토할 것이다.

절대와 상대의 이분법을 넘어

'절대적' 빈곤과 '상대적' 빈곤

　　절대적 빈곤과 상대적 빈곤의 구별이 제2차세계대전 이후 빈곤을 정의하는 방법을 두고 벌어진 논쟁의 핵심이었다. 19세기 말에서 20세기 초, 현대 빈곤 연구의 개척자인 찰스 부스와 시봄 라운트리는 빈곤을 기초적인 신체적 필요basic physical needs를 채울 만큼 돈이 충분치 않은 상태라고 했다. 그런 면에서 이들이 '절대적' 정의를 사용했다고 보는 경향이 있다. 절대적 빈곤이란 근본적으로는 생존이 어려운 상태로 정의되겠지만, 보통은 생산(임금노동)과 재생산(임신 및 양육)에 필요한 기초적인 신체 능력이라는 측면에서 최저 생활subsistence 수준에 처한 경우를 가리킨다. 여기서 중심이 되는 요소는 영양 섭취다. "절대적 수준은 빈민이 아닌 사람의 지출 규모에 기반하는 것이 아니라 빈민의 실질적인 필요를 바탕으로 설정하는 것이다. 식생활을 감당할 수 없다면 그 가족은 빈민이다."[54]

위 문장에서 나타나듯이, 이러한 정의 방식은 타운센드가 대안으로 개발한 '상대적' 정의를 암묵적으로 배제한다. 상대적 정의를 가장 충실히 담아낸 기념비적 저작 『영국의 빈곤Poverty in the United Kingdom』(1979)에서, 타운센드는 절대적 빈곤 정의의 기반을 이루는 최저 수준의 필요는 사회의 맥락에서 동떨어진 협소한 개념이라고 비판한다. 그리하여 대안으로 제시한 상대적 정의는 다음과 같다.

> 자기가 속한 사회에서 통용되는 관례에 잘 맞거나, 적어도 사회에서 장려하거나 승인하는 식단으로 먹고, 그런 활동에 참여하고, 생활 조건과 편의를 누릴 만한 자원이 부족할 경우, 그런 개인, 가족, 집단은 빈곤하다고 할 수 있다. 실제로 이런 사람들은 일반적인 개인이나 가족에게 필요한 수준보다 심각하게 자원이 부족한 탓에 평범한 생활양식과 활동에서 배제된다.[55]

EU의 정의도 이와 비슷하다. "자기가 사는 사회에서 용인되는 생활수준을 누릴 수 없을 만큼 소득과 자원이 지나치게 부족할 경우 빈곤 상태로 산다고 말한다. … 이들은 다른 사람에게는 일반적인 (경제적·사회적·문화적) 활동에서 배제당하거나 무시당하는 경우가 많고, 기본권을 향유하기 어려울 수 있다."[56] 참여라는 차원은 타운센드가 정립한 빈곤 정의의 토대가 되는 '상대적 박탈' 개념의 핵심이다. 상대적 박탈은 '사람이 역할을 맡고 관계를 맺고 사회 구성원으로서 부응해야 할 덕목에 걸맞은 관례적인 행동을 하는 데 필요한 삶의 조건, 즉 식단,

편의, [생활]수준, 서비스 등을 전혀 또는 충분히 확보할 수 없을' 때 발생한다.[57]

따라서 상대적 박탈은 '삶의 주요한 영역을 모두' 포함하는 다차원적인 개념이다.[58] 물질적 자원이 부족해서 상대적 박탈 상황에 놓인 사람은 빈곤하다고 할 수 있다. 타운센드는 앞서 우리가 소득과 생활수준의 관계에 대해 논의한 것과 같은 선상에서 이 둘을 구분하는 것이 중요하다고 강조하면서, 박탈이 '[그 사람이 처한] 조건 또는 경험한 활동의 수준에 좌우된다'면 빈곤은 '소득과 즉시 쓸 수 있는 자원에' 좌우된다고 말한다.[59] 또한 '물질적' 박탈과 '사회적' 박탈도 구별한다. 물질적 박탈은 재화와 편의를 가리키는 반면 사회적 박탈은 '평범한 사회 관습, 활동, 관계'를 가리킨다.[60] 실제로 이 둘은 밀접하게 연결되어 있다. 타운센드가 연구하던 당시에는 쓸 수 없었던 다량의 자료와 통계 기술을 활용한 최근 연구에 따르면 '[영국에서] 가장 빈곤한 30퍼센트는 기본적 필요와 사회적 활동 참여를 모두 누리지 못하고 둘 중에서 하나를 선택해야 한다'.[61] 더 나아가 타운센드는 박탈이라는 용어를 '주관적'으로 '다른 사람에 비해 박탈된 느낌'에 사용한 W. G. 런시먼의 용법과 구분하여, '객관적'으로 '다른 사람에 비해 박탈된 조건'을 가리키는 데 사용한다.[62]

상대적 빈곤 및 박탈 개념에 쓰이는 '상대적'이라는 말에는 다양한 의미가 담겨 있으므로 자세히 풀어 볼 필요가 있다. 크게는 실제로 빈곤한지 여부를 판단하는 데 사용하는 **비교**의 속성, 그리고 인간의 **필요**라는 속성으로 나눌 수 있다. 이 두 범주는 서로 밀접하게 연결되어 있으며, 앞으로 하나씩 살펴볼 것이다. 먼저 상대적 빈곤에 담긴 **비교**

요소의 핵심은, 어떤 사람이 상대적으로 빈곤한지 아닌지는 같은 시대, 같은 사회에 사는 타인들과 비교할 때에만 판단할 수 있다는 것이다. 이를 다시 역사적, 국제적, 국내적으로 나누어 볼 수도 있다. 예를 들어, 1930년대 영국에서 끔찍한 고난을 겪어 본 사람들은 이제 '진짜' 빈곤은 사라졌다고 말하곤 한다. 빈곤을 상대적으로 바라보는 관점에서 이러한 비교는 잘못된 것이다. 21세기에 적당한 생활을 하려면 무엇이 필요한지에 대해서 시사하는 바가 전혀 없기 때문이다. 이보다 짧은 기간으로 보아도 일반적인 생활수준이 계속 향상하고 기술 변화가 빠르게 일어나고 있기에, "속도를 따라잡을 수 없는 사람들에게 무슨 짓을 하고 있는지 생각하지 않은 채, 우리가 다수의 생활수준을 끌어올리는 동안 새로운 형태의 빈곤이 계속 등장한다."[63] 이를테면 값비싼 난방 방식이나 감당하기 힘든 고급 슈퍼마켓에서부터 개인용 컴퓨터, 태블릿과 스마트폰 같은 새로운 기술의 확산,[64] 인터넷 접속에 이르기까지 다양하며 최근에 등장한 이러한 항목이 특히 코로나19 대유행 상황에서 취학 어린이에게 대단히 중요한 것으로 드러났다. 따라서 영국의 중도 우파 연구 집단인 경제문제연구소Institute for Economic Affairs에서도 인정하듯이 "자산 가치가 상승하는 상황에서 빈곤 기준을 사회에 알맞게 적용하려면 시간의 흐름에 따라 기준을 상향 조정할 필요가 있다."[65] 이런 지적은 빈곤 추세를 추적하기 위해 측정 방식에 참고할 만하다.

북반구에 있는 부유국에 빈곤이 만연하다고 하면 흔히 나오는 또 한 가지 반응은 남반구의 심각한 빈곤을 지적하는 것이다. 이런 국제적 비교 역시 북반구의 풍족한 소비사회에서 그 사회의 요구, 기대, 생활비를 감당하며 사는 사람에게 빈곤이 무엇을 의미하는지 이해하는 데 도움이 되지 않는다. 그렇지만 이런 지적을 통해 북반구와 남반구를 나누어 비교하는 방식에 의문을 제기할 기회가 생긴다. 무역 체계, 전자 통신, 문화 관계망, 이주자 집단을 통해 각국이 더욱 가까이 묶이는 전 지구화 시대가 도래한 만큼, 앞으로는 '국가의 자원뿐 아니라 전 세계적인 필요 역시 상대적이라는 사실을 받아들여야' 할 것이다.[66] 이렇게 보면 남반구의 빈곤 문제에 깔린 전 지구적 불평등이라는 맥락이 뚜렷하게 드러난다.

　　마지막으로 국내적인 비교란 빈곤을 사회 **내부**에 깔려 있는 불평등의 맥락에서 비교하는 것이다. 저소득과 고소득, 여성과 남성, 소수민족과 다수민족 같은 집단을 서로 비교하면 반드시 그 사이에 존재하는 물질적 자원의 불평등이 선명하게 드러난다. 상대적 빈곤과 불평등은 '서로가 서로를 강화'할 뿐 아니라 '인간 존엄을 침해하는 면에서 떼어놓을 수 없는 관계'[67]일 수 있다. 하지만, 그렇다고 해서 일부에서 주장하듯이 이 두 개념이 동의어라고 말하는 것은 아니다. 불평등은 오직 집단 간의 빈곤을 비교할 때에만 고려하는 요소다. 국내적 차원에서의 상대적 빈곤이란 사회참여까지 포함하는 폭넓은 의미에서 필요를 채울 수 없는 불능 상태라는 개념을 집단 간 비교에 덧붙이는 것이다.[68] 실제로 존재하지는 않겠지만, 빈곤이 없는 사회, 즉 모든 구성원이 사회에 충분히 참여할 자원을 갖고 있는 사회라고 해도 대단히 불평등할 수 있다는 생각은 논리적으로 볼 때 무리가 없다.

필요의 이해

상대적 빈곤 개념에 담긴 다양한 비교 요소에는 인간의 필요human needs를 이해하는 나름의 방식이 깔려 있다. 빈곤은 누군가가 특정한 상태에 도달하는 데 필요한 물질적 자원이 부족할 때 발생한다. 여기서 특정한 상태란 인간으로서 충만한 삶을 누리려면 꼭 필요하다고 여겨지는 가치를 온전히 실현한 상태를 뜻한다.[69] 이러한 필요를 이해하는 방식이 절대적 빈곤과 상대적 빈곤이라는 이분법에, 그리고 이 이분법을 넘어 논쟁을 풀어 가는 과정에 결정적인 지점이었다. 아래는 존 바이트윌슨이 인간의 필요에 담긴 사회적·심리적 측면을 강조하며 내린 정의다.

> [인간의 필요란] 한 사람이 자기가 속한 사회에 온전히, 자발적으로, 충분히 참여하는 성인으로서 장기간에 걸쳐 생산, 유지 관리, 재생산을 달성하는 데 필요한 무형 자원 및 물질적 자원 전반[을 가리킨다.] … 물질적 자원으로 신체를 지탱할 수는 있지만, 인간성을 경험하기 위해서는 전반적인 사회적·심리적 자원이 필요하다.[70]

또 다른 글에서 바이트윌슨은 '존엄을 확보하고 유지하며, 자기가 속한 사회에서 존중받을 만하고 인정받는 위치를 차지할 가능성을 부여한다는 면에서' 이러한 자원이 정당성을 갖는다고 정의한다.[71] 사회 참여를 통해 사회적 필요를 채우지 못하면 수치를 당하고 그로 인해 고통을 겪는다는 사실이 여러 사회에서 확인되었다.[72] 따라서 인간의 필요는 서론에서 설명한 빈곤 수레바퀴의 물질적 중심부뿐 아니라 관계적·상징적 둘레에도 존재한다. 최근에는 인간의 필요를 사회정책에 적용할 이론으로 만드는 작업이 중요하다는 인식이 나타났다.[73] 빈곤을 정의하는 데 핵심적인 문제는 필요를 '객관적 사실'로 파악할 수 있는가, 아니면 (이론의 여지가 있는) 해석하고 이름 붙이는 과정의 산물 즉 '사회적으로 형성되는' 것으로 이해해야 하는가이다.[74] 이와 관련해, 인간이라면 누구나 갖는 '보편적' 필요가 존재하는가, 아니면 필요란 모두 사회적·역사적·문화적 맥락에 따라 좌우되는가라는 질문을 아래에서 논의할 것이다.

필요의 본질을 설명한 내용[75]을 보면 타운센드는 확실히 필요가 사회적으로 형성된다는 관점을 지닌 쪽이다. 인간은 신체적인 동시에 사회적인 존재로서, 우리의 필요에는 생리적 필요뿐 아니라 다양한 사회적 기대와 책임, 그리고 법제도적 원칙이 반영된다. 영국의 연구 결과에 따르면 대중은 이렇게 필요를 상대적으로 이해하는 입장을 지지하는 것으로 보인다. 2012년 영국빈곤및사회적배제조사British Poverty and Social Exclusion에서는 열 가지 조사 항목 중 일곱 개 이상이 성인의 필수재로 평가되었다. 그중에는 기초적인 영양, 의복, 주거 관련 항목뿐 아니라 세탁기와 전화기 같은 물품과 특별한 날의 축하, 취미나 여가 등도 포함되었다. 가정용 컴퓨터처럼 '사치스러운' 항목을 필수재로 판단하는 사람은 소수에 불과했지만 그 비율은 1990년에 실시한 비슷한 조사에 비해 크게 늘어났고, 응답자 중 3분의 2가 숙제를 해야 하는 어린이에게는 컴퓨터와 인터넷이 필수재라고 판단했다. 코로나19 대유행으로 수많은 저소득 가구의 어린이가 심각한 교육상의 불이익을 받는 현상이 나타나자 이런 품목의 필요성이 너무나도 뚜렷해졌다. 한편 '현대 생활에 필수적'이라고 평가된 항목은 1983년 첫 조사 이래로 꾸준히 늘어났는데, 1999년부터 '경제 상황이 더 어려워진' 2012년 사이의 조사에서는 특히 사회 활동과 여가 생활 관련 항목을 선택하는 비율이 다소 줄어들면서 증가 추세가 꺾였다.[76] EU와 그 밖의 지역에서 실시한 조사에서도 정도만 다를 뿐 "대중은 상대주의적 태도를 보인다."[77]

가족과 빈곤에 관한 북아일랜드의 한 연구는 '절대적', '상대적' 필요의 경계가 실제로 얼마나 '흐릿한'지를 보여 준다. "어린이의 사회 활동을 위한 지출이 좋은 사례다. 이런 지출은 필수적이지 않으니 우선순위로 삼지 않는다는 입장과 그래도 오늘날에는 사회 활동이 어린이의 성장과 발달에 필수적이라고 느끼는 입장 사이에서 저소득층 양육자는 가장 큰 도덕적 갈등을 겪는다."[78] 인터넷과 텔레비전 [채널] 가입에 대해서도 비슷한 고민이 나타나는데, 어린이의 숙제를 중시하는 쪽에서는 이런 지출을 필수로 여기지만 가족이 함께하는 놀이와 상호작용을 중시하는 쪽에서는 그렇지 않다. 이 갈등은 타인이 '도덕적 판단과 정당성이라는 측면에서 [빈곤층의] 소비 선택'에 의문을 표할 때 첨예해진다.[79]

타운센드의 주장에 담긴 또 하나의 요소는 영양과 같은 생리적 필요조차도 사회적·역사적·문화적 맥락과 떨어져 있지 않다는 것이다.

> 섭취하는 음식의 양과 비용은 사람들이 수행하는 사회적 역할과 보편적인 식생활 관습뿐 아니라 생산 및 유통 접근성에 따라 그 사회에서 확보할 수 있는 음식의 종류에도 좌우된다. 간단히 말해 음식은 어떤 사회에서든 '사회화'된다. … 식생활에서 최소한의 필요를 충족할 비용을 산정하는 일은 어느 사회에서나 한 사람에게 부여되는 모든 역할, 참여해야 하는 관계, 관습을 이행하는 데 드

풍요의 시대, 무엇이 가난인가

는 비용을 산정하는 일만큼이나 어려운 문제다.[80]

　필요는 물질적이면서 심리사회적이다.[81] 산업화된 사회에서 푸드뱅크가 성장하는 현상과 함께 점차 공통적으로 나타나는 '식품 빈곤'과 '식품 불안정'을 다룬 최근 연구도 이 점을 보여 준다.[82] 이런 연구를 보면, '사회적으로 부여받는 음식 문화'[83] 속에서 사람들이 '영양이 아니라 음식'[84]을 소비한다는 중요한 사실이 더욱 부각된다. 엘리자베스 다울러와 수지 레더는 "음식은 그 사람이 누구이고 무엇에 가치를 두는지, 그리고 기본적인 필요를 채울 능력을 갖고 있는지를 드러낸다"고 말한다.[85] 음식은 '정체성을 표현하는 도구이며 소속감의 중심'이다.[86] (가격대가 높고 재고가 부족할 때가 많은 지역 식품 매장에서) 저렴한 식품을 구하기 위한 발품 팔이, 특히 자녀가 있는 경우에 평소와 같은 식단을 유지하려는 노력, 가족이 못 먹거나 버리기라도 하면 대책이 없는 상황에서 새로운 식단을 시도하는 위험, 식사를 사회 활동으로 즐길 여력이 없는 상태 등은 모두 빈곤층에게 음식이 생리적 필요로만이 아니라 사회적인 필요로 나타나는 사례다.[86]

　타운센드[88]가 인정하듯이 필요에 대한 그의 개념화는 새로운 것이 아니다. 하지만 그간 그 함의가 충분히 논의되지 않은 것도 사실이다. 실제로 타운센드는 (당대의 수많은 학자와 마찬가지로) 경제학자 애덤 스미스가 18세기 말에 쓴 다음 글을 인용한다.

　나는 필수재라는 말을, 삶을 지탱하는 데 필수적인 물품뿐 아니라 최하층민이라고 하더라도 건실한 사람으로서는 부적절하다는 사

회적 인식이 있는 관행을 삼가는 행위도 포함하는 뜻으로 이해한
다. 예를 들어 리넨 셔츠는 엄밀히 말해 생활의 필수재가 아니지
만 … 오늘날에는 … 날품팔이를 하는 건실한 노동자가 리넨 셔츠
를 입지 않은 채 공공장소에 나타나면 창피를 당할 것이다.[89]

　　스미스가 꼽은 또 다른 사례는 가죽 구두였다. 오늘날이었다면
아마 특히 '건실한' 청소년에게 해당하는 물건으로 유명 브랜드 운동화
를 꼽았을 것이다. 그러나 이와 관련한 심층 연구에서는 영국 대중이 유
명 브랜드 운동화를 구비할 여력이 없는 상태를 빈곤의 표지로 볼 정
도로 상대적인 관점을 지니지는 않는다며, 빈곤층이 생각하는 필수재
는 타인의 판단과는 다를 수 있다고 말한다.[90] 필요가 사회적·문화적으
로 조건 지어지는 현상은 [스미스의 시대보다는] 현대 소비사회의 맥락
에서 더 뚜렷이 드러난다. 문화적인 관점에서 소비는 상대적 박탈이 발
생할 수 있는 장인 동시에 정체성을 드러내는 기표가 된다. 무엇을 갖고
있느냐에 따라 정체성을 규정하는 경향이 늘어나면, "빈민은 … '결함
있는 소비자'로 재구성된다."[91] 주로 어린이와 청소년을 대상으로 하는
텔레비전 광고의 압력이 '보편적인 구매 문화culture of acquisition'를 조
성하는 탓에, 빈곤층 양육자가 자녀의 필요를 충족시키기 어려워진다.[92]
브랜드와 상표가 물품 자체보다 중요한 의미를 지닐 때, 적은 돈으로는
가장 기본적인 의류와 신발의 필요를 충족할 수 없게 된다. 어떤 물건을
살 수 있느냐가 아니라 (중고 물품이냐, 유명 브랜드냐, 자체 상품이냐
같은) 품질, 그리고 (다수가 이용하는 소매점이냐, 중고품 매장 같은 비
공식 경로냐 같은) 출처가 문제가 된다. 영국 저소득 가정에 관한 한 연

풍요의 시대, 무엇이 가난인가

구에서는 "저렴한 '자체 브랜드' 상품을 갖고 있다는 이유로 … 낙인찍히는 상황"에 '분개'하며, "사회적 정체성이 갈수록 지출에 따라 규정된다"고 평했다.[93] '낙인찍기의 사회적 효과를 피하려는' 마음에 "자녀가 '알맞은' 브랜드 상품을 가질 수 있도록" 보장하는 '과시적 소비'를 하는 전략도 있다.[94] 그렇지만 바로 이러한 회피 전략이 도리어 '낙인찍기를 부채질'할 수 있고,[95] 그 실패의 대가로 어린이와 청소년은 수치와 굴욕, 괴롭힘, 외면을 당할 수도 있다.

조크 영[96]은 대중문화의 쾌락이 그것을 즐길 수단이 없는 사람들의 눈앞에서 어른대는, '문화적 포용'과 '구조적 배제'가 공존하는 과정을 설명한다. 당장 이런 현상에 직면한 것은 북반구의 산업화된 부유국들이지만, 전 지구화로 인해 다른 지역도 이 현상에서 자유롭지 못하다. 마셜 울프는 "이제 전 세계 사람들이 다양하고 계속 변화하는 소비 규범을 담은 메시지에 노출"되며, 극심한 빈곤층 사이에도 "소비문화의 요소가 어울리지 않는 방식으로 스며든다"고 평한다.[97]

절대적 빈곤 개념의 함의 다시 읽기

가장 기본적인 생리적 필요조차도 사회적 조건에 좌우된다는 점을 이해하면 절대적 빈곤에 대한 통념이 허물어진다.[98] 부스와 라운트리가 절대적인 최저 수준의 빈곤이라는 정의를 세웠고 거기에 타운센드가 상대적 접근법으로 강하게 도전했다는 전통적인 통념에 많은 학자가 의문을 제기했다. 20세기 후반에 절대적 정의에서 상대적 정의로 사고의 패러다임 전환이 일어났다는 정설은 이 선구자들의 작업을 오독한 탓에 생겨난 신화라는 것이다.

지금도 느껴질 정도로 라운트리가 빈곤 연구에 미친 영향은 엄청나다.[99] J. C. 킨케이드의 연구[100]에서 이미 비슷한 취지의 해석이 등장하기는 했지만, 라운트리를 가장 세밀하게 재해석한 연구 성과는 '재활'에 관한 바이트윌슨의 논문[101]에서 찾아볼 수 있다. 바이트윌슨은, 라운트리가 '1차' 빈곤과 '2차' 빈곤을 구별하고 '1차' 빈곤을 측정하기 위해서 '순전히 신체적 효율'에 근거한 최저 수준을 사용했다는 인식은 대부분 심각한 오해라고 주장한다. 라운트리 본인은 최저 수준의 '1차 빈곤' 상태로 사는 사람만이 가난하다고 믿지 않았다. 다만 빈곤층의 상당수가 사회적 필요는커녕 기본적인 신체적 필요조차 채우지 못하고 있다는 사실을 사회 전반에 납득시키기 위해 이 기준을 사용했다. 그러므로 "빈민의 생활양식은 소득이 낮아서 나타나는 현상"이지 널리 퍼진 인식처럼 "생각 없이 낭비한 결과가 아니다."[102]

　　이후에 라운트리가 했던 연구 중에서 '빈민층은 부족한 소득을 왜 음식이 아니라 오락에 쓰는가?'라는 질문에 답한 내용을 보면, 그가 기본적인 필요는 단지 신체적일 뿐 아니라 사회적이기도 하다는 점을 이해하고 있었다는 사실이 드러난다.

　　　노동자들은 그저 더 많은 돈을 가진 사람과 똑같은 인간일 뿐이다. [인간은] '배만 겨우 채우며' 살 수 없다. 그들도 우리와 다를 바 없이 휴식과 오락을 갈망한다. 그러나 … 그런 것은 신체적 건강에 필수적인 무언가를 줄여야만 얻을 수 있기 때문에 그들은 결핍을 감수한다.[103]

라운트리는 어쩌면 오늘날 메리 데일리와 그레이스 켈리가 말하는 '도덕경제moral economy'를 인지했는지도 모르겠다. "양육자들이 핵심적인 지출을 포기하고 외부의 맹비난을 감수하면서까지 자녀에게 여가 생활을 누릴 기회와 '특별한 선물'을 마련해 주고 값비싼 물건을 사 주려고 분투"하는 데서 보이듯이, 도덕경제에서는 '절대적' 필요와 '상대적' 필요에 해당하지 않는 부분이 많다.[104] 비슷한 맥락으로 북유럽 지역의 연구에서는 저소득층 양육자가 '자녀에게 경험과 재미를' 선사하려는 욕구 때문에 겪는 도덕적 갈등을 부각시켰다.[105] 그리고 린다 티라도는 개인적인 경험을 토대로, "소소한 기쁨이 결여된 황량한 삶이 아무런 가치를 지니지 못하는" 이유를 설명한다.[106]

게다가 라운트리가 '1차' 빈곤을 측정하기 위해 사용한 최저 수준의 필수재 목록에는 차茶가 들어 있었다. 영양학적으로 아무런 가치가 없기는 해도 차는 영국에서 사회적, 심리적으로 중요한 식품이었다.[107] 사실 타운센드도 신체적 필요에서뿐 아니라 사회적·심리적 필요에서 비롯하는 필수재 인식의 사례로 차를 사용했다.[108] 나중에 사회규범의 변화와 생활수준 향상을 인지한 라운트리는 그에 맞추어 생필품 목록을 조정했다. 마찬가지로 부스는 관례적인 생활수준과 관련해 빈곤을 정의했다. 따라서 라운트리와 부스는 타운센드만큼 세부적인 수준까지 정교하게 상대적 빈곤 개념을 발전시키지는 않았지만, 타운센드가 한 작업은 이들의 연구 성과를 뒤집은 게 아니라 발전시켰다고 하는 편이 더 정확하다.

절대적 정의와 상대적 정의의 통합

절대적이라고 여겨지던 빈곤의 정의마저도 상대성이라는 요소와 얼마나 밀접한지 확인했으니, 이제는 절대와 상대의 이분법을 넘어서는 또 다른 자료를 살펴볼 차례다. 절대적 빈곤을 부정하는 것이 아니라 상대적 빈곤과의 관계를 재형성하고, 그로써 이 둘을 경쟁 관계에 놓지 않고 하나의 틀로 통합하려는 사람들이 있다. 이들은 빈곤 정의를 이렇게 틀 지으면 부유한 나라든 가난한 나라든 모두 활용할 수 있다고 주장한다. 이 중에서 특히 중요한 것은 앞서 살펴본 센의 작업이며, 이 작업을 활용해 렌 도열과 이언 고프[109]가 인간의 필요에 관한 영향력 있는 이론을 정립했다.

센과 '절대론적 핵심'

상대적 관점으로만 빈곤을 정의하면, 인구 대부분이 적정 생활에 필요한 자원이 부족한 상태로 살아가는 국가라고 해도 (전 지구적 맥락에서 볼 때와 다르게) 그 안에서 가장 낮은 계층만이 가난한 상태로 분류되는 문제가 발생한다. 이렇게 해서는 남반구의 빈곤 경험에 담긴 본질을 잡아낼 수 없다. 이러한 난제를 '절대적, 상대적 빈곤 개념을 통합'[110]하는 방법으로 해결한 것이 센의 공로다. 센은 상대적 빈곤 개념이 절대적 빈곤 개념을 밀어내는 것이 아니라 확대한다고 주장해 논쟁을 불러 일으켰다. 센은 '빈곤 개념에는 줄여서는 안 되는 절대론적* 핵심'이 있고, 그 핵심을 가장 뚜렷하게 보여 주는 징후가 굶주림과 영양실조

---

* 이 책에서 절대론, 절대주의라는 표현은 철학적 사상보다는 절대와 상대라는 이분법적 관점을 가리키는 용어로 쓰인다.

라고 주장했다.[111] 이 절대론적 핵심은 주로 역량에 영향을 미치지만, '생필품 측면에서는 상대적 형태'로 나타나기도 한다.[112] 달리 말해 무엇을 할 수 있고 어떤 존재가 될 수 있는가를 뜻하는 역량은 보편적인 **절대성**에 관한 문제지만, 역량을 실제 존재와 행위로 전환하는 데 필요한 재화를 논할 때는 **상대성** 영역으로 넘어가게 된다. 존재하고 행위하는 데 필요한 것은 문화적·역사적 맥락에 따라 다양하기 때문이다.

앞에서 보았듯이 센은 **상대적 빈곤**의 본질을 입증하기 위해서 애덤 스미스의 노동자를 사례로 들었다. 사실 센은 '생필품'이라는 측면에서 보면 리넨 셔츠는 관례나 타인과의 비교에 따라 좌우되는 물품이므로 빈곤은 상대적 형태를 띤다고 인정했다. 그러나 '역량'이라는 측면에서는 수치를 면해야 하는 **절대적** 요구가 존재한다고 주장했다. 즉 '남들과 같은 수준의 수치를 겪는 것이 아니라 절대적으로 수치를 당해서는 안 된다'는 욕구가 있다는 것이다.[113] 센은 '기능화' 개념을 소개한 후, 수치를 당하지 않고 대중 앞에 설 수 있게 하는 생필품을 마련할 비용은 국가의 경제 수준에 따라 다양하다며 그 주장에 담긴 상대주의적 측면을 상세히 설명했다.[114] 종합적으로 내린 센의 결론은 이러했다.

피터 타운센드가 말하는 '전적인 상대성'이 생필품과 자원에 관한 것이라면, (역량과 생활수준에 관한) 빈곤 개념에서 줄일 수 없는 절대적 요소와 상충하지 않는다. … '공동체 활동에 참여'하는 데 필요한 자원을 추산하는 타운센드의 작업은 사실상 절대적 필요를 채우는 데 필요한 다양한 자원을 추산하는 것과 다르지 않다.[115]

타운센드는 이에 동의하지 않았고, 이후 둘 사이에는 문제를 해결하기는커녕 더 큰 반발을 야기하는 듯한 논쟁이 이어졌다.[116] 때로는 서로 다투는 것처럼 보이기도 했다. 문제는 '절대적', '상대적'이라는 개념을 각자 다른 의미로 해석한 데 있었다. 일례로 타운센드는 영양 섭취의 필요에 매몰되어 최저 수준이라는 협소한 빈곤 개념을 영속시킨다고 센을 비난했다. 그러자 센은 자기가 사용한 '절대적' 개념은 기존의 최저 수준과 달리, 비교 여부를 떠나 필수적으로 존재하고 행위할 기본적인 기회가 부족한 상태를 가리킨다고 명확히 밝혔다.

> '절대성'이라고 해서 언제까지나 변하지 않는 것이 아니고, 어느 사회에서나 동일하지도 않으며, 음식과 영양 섭취에만 해당하지도 않는다. 사회 안에서 타인이 누리는 수준과 비교하는 순전히 **상대적인** 개념이 아니라 … 절대적 측면에서 개인의 박탈을 판단하는 방식이다.[117]

애초에 '상대적'이라는 말을 꺼낸 이들이 그 안에 담긴 서로 다른 의미(다양한 비교 요소로서의 성질, 필요가 사회적으로 구성된다는 시각 등)를 구분하고 명시했다면 두 사람은 동문서답식 논쟁을 피할 수 있었을 것이다. 상황이 그렇지 않았기에 센은 주로 순전히 상대적인 접근법을 비판하면서 그 방식은 비교에 있어서나 그 자체로나 불평등과 빈곤을 합쳐 놓는다고 주장했다(사실 타운센드는 이 둘을 주의 깊게 구별했다). 그리고 "절대적 필요 개념은 유지되지 못할 것"이라는 타운센드의 평가를 부정하면서도,[118] 필요의 사회적 본질에 대한 견해에는 동의를 표하기도 했다.[119] 그런데 이러한 필요 개념이 타운센드의 주장에서 핵심적인 요소였다. 앞서 살펴보았듯이 타운센드는 가장 기본적인 물질적 필요조차 사회적으로 결정된다고 보기 때문에 센의 '절대적 핵심' 개념을 거부했다. 따라서 타운센드는 이렇게 질문했다. "사람들은 시대와 문화에 따라 다른 직업적 역할을 부여받는데, 영양상의 필요는 여기에 좌우되지 않는가?" "'주거지shelter'에 대한 관념은 그 지역의 기후와 온도만이 아니라 사회가 주거지의 용도를 어떻게 설정하는가에 달려 있지 않은가?"[120]

도열과 고프: 인간의 필요 이론

이렇게 혼란에서 벗어날 방법을 제시한 것이 바로 도열과 고프가 정립한 인간의 필요human needs 이론이다. 정확히는 빈곤에 관한 이론이 아니지만 센의 역량 개념틀을 끌어다 더욱 단단하게 다듬은 이 이론은 사회적·문화적·역사적 맥락을 고려한 보편적인 인간의 필요가 무엇인지를 명확히 밝힌다.[121] 도열과 고프는 기본적인 인간의 필요가 "성공적으로 … 사회적 삶에 참여하기 위한 … 보편적인 전제 조건"이므로 인간의 필요를 보편적인 것으로 개념화해야 한다고 주장한다.[122] 여기서 전제 조건이란 (사회에 참여하기에 충분한) '신체적 건강'과 '행위주체성을 자율적으로 행사할 수 있는 상태' 또는 '무엇을 해야 하며 그 일을 어떻게 해야 하는지를 잘 알고 선택할 역량'을 가리킨다.[123]

이 전제 조건으로서의 필요 개념은 센의 역량 및 기능화와 비슷하지만, 수치를 피할 필요까지는 포함하지 않는다. 도열과 고프가 보편적이라고 주장한 인간의 필요란 어떤 사회에서든 특정한 가치를 지닌 목표를 이루는 활동에 효과적으로 참여하려면 누구나 미리 갖추어야 하는 것이다. 그런데 이런 필요는 너무나 일반적이어서 사회정책에 참고하기에는 그다지 유용하지 않다. 이것만으로는 기본적 필요를 충족하는데 무엇이 필요한지 알 수 없기 때문에 '매개적intermediate' 필요라는 층위가 추가된다. 매개적 필요란 '신체적 건강 및 자율성 향상에 기여하는 필요 충족자need satisfier의 특성'이다.[124] 이를테면 적정한 영양을 공급하는 음식과 물, 적정한 보호 기능을 하는 주거지, 경제적 안정, 기본적인 교육 등을 말한다. 이러한 매개적 필요는 "보편적인 기본적 필요와 [그것들을] 채우는 사회적으로 상대적인 충족자 사이에서 중요한 다리 역할을 한다."[125] '사회적으로 상대적인 충족자'란 이러한 필요를 충족시키는 실제 생필품을 가리키는데, 그 항목은 분명 시기와 장소에 따라 다르고 사회와 집단에 따라서도 다를 것이다. 단일한 문화적 규범을 공유하는 미분화된 사회를 상정한 것으로 보이는 기존의 상대적 박탈 개념에서는 점점 다양해지는 사회에서 이러한 충족자의 다양성이 갖는 중요성이 충분히 다루어지지 않았다는 지적이 있었다.[126] 그럼에도 불구하고 영국빈곤및사회적배제조사에서는 '최소한의 생활수준을 구성'하는 것이 무엇인지에 대한 '사회계층 및 소득 계층, 그리고 성별, 교육 수준, 인종을 가로지르는 강한 공감대'가 나타났다.[127]

　　센의 개념틀에서 보면 매개적 필요는 역량 공간의 절대적 핵심과 생필품 사이를 연결한다. 여기서 역량 공간은 특정한 상대적 맥락 속에서 역량이 실제 행위와 존재로 전환되는(기능화하는) 공간이다. 도열과 고프처럼 필요를 여러 층위로 개념화할 경우, 자신의 절대주의적 핵심과 타운센드의 상대주의를 통합할 수 있다고 한 센의 주장에 힘이 실린다. 이후 타운센드가 다음과 같은 주장을 담은 빈곤 관련 국제적 성명을 지지한 것으로 볼 때, 그도 결국 센의 주장에 동의한 듯하다. "제도, 문화, 지역에 따라 충족시키는 방법이 다르다고 할지라도, 절대적 또는 기본적인 물질적 필요와 사회적 필요는 어느 사회에서든 동일하다."[128]

영국에서 극빈destitution을 연구하는 이들은 빈곤의 '스펙트럼'에서 '절대적 또는 기본적인' 물질적 필요를 채우지 못하는 불능 상태가 '극도로 주변적인 위치'에 해당한다고 본다.[129] 이들은 극빈을 "먹고, 따뜻하고 쾌적하게 머물고, 위생 상태를 유지하는 데 필요한 절대적인 필수재를 구입할" 능력이 없는 상태, 그리고 "자력으로 기본적인 생리적 기능을 하기 위한 핵심적인 물질적 필요를 채울 수 없을 정도로 낮은 소득 수준"으로 정의한다.[130] 미국에서 "현금이 아예 바닥나는 경우가 잦은 … 빈민 중에서도 가장 가난한 계층"에 대한 캐스린 에딘과 H. 루크 셰퍼의 연구는 이러한 극빈의 현실을 생생하게 보여 준다.[131] 국제적으로는 제4세계국제빈곤퇴치운동 창립자 조제프 레신스키를 따라 '극도의 빈곤extreme poverty'이라는 개념을 많이 사용한다. 극빈은 남반구에만 있는 것이 아니다. 게다가 '심리사회적 빈곤 경험'은 정도는 다를지언정 빈곤 스펙트럼의 전 영역에서 비슷하게 나타난다.[132]

사회적 배제

사회적 배제[133] 개념은 때로 빈곤 스펙트럼에서 '극도로 주변적인 위치'를 가리키는 말로 쓰였다. 그러나 정도나 심도의 문제가 아니라 질적 차이, 즉 '나머지 사회와의 관계에 있어서 파열적이거나 파국적인 단절'이라는 뜻으로 쓰이는 경우도 있다.[134] 이 밖에도 사회적 배제의 의미, 그리고 빈곤과 사회적 배제의 관계에 대해서는 수많은 이견이 있다. 특정한 집단, 특정한 존재 상태 또는 과정을 묘사하면서 사회적 배제가 실재하는 현상이라고 말하는 사람도 있고, 그보다는 개념이나 정치적 담론 수준에서 더 잘 이해할 수 있는 용어라고 주장하는 사람도 있다. 이 용어는 프랑스에서 정치적 담론으로 처음 등장했는데, 1980년대 후반 들어 EU집행위원회European Commission, EC가 공식 용어로 채택했다. 여기에는 '빈곤'이라는 단어를 꺼리는 일부 회원국을 받아들이려는 목적도 어느 정도 작용했다.[135] 개별 회원국들은 정도는 달라도 대체로 이 용어에 열띤 호응을 보였다. 스코틀랜드에서 그랬고 EC 자체도 점차 그러했듯이, 오스트레일리아에서는 사회적 **포용**inclusion에 더 강조점을 두었다.[136] 영국 정치권에서 나타난 열광적 반응은 신노동당 시대*와 밀접한 관련이 있다.[137]

힉은 사회적 배제가 '부정적인 암시로 가득 차 있지만 공통의 의미를 전혀 전달하지 못하는 수사적 장치'가 아닌가 하는 의문과 더불어, 이와 정반대로 학문적 개념으로서의 지위를 갖는지에 대해서도 의문을 제기한다.[138] 유연하고 모호한 이 개념은 확실히 분석적인 명확성보다는 정치적 편의성에 더 잘 맞는 편이었다. 연구자들은 이러한 모호함, 그리고 차원이 다른 여러 가지 배제가 동시에 발생하지 않는다는 실증적 연구 결과를 고려해, '사회적으로 배제당한 집단'을 식별 가능한 범주로 두기를 거부했다.[139]

그럼에도 불구하고 브랜리와 베일리[140] 같은 몇몇 빈곤 분석가는 사회적 배제 개념이 (특히 사회참여, 사회 통합과 사회적 고립, 사회적

* 1990년대 토니 블레어 집권부터 2000년대까지 이어진 노동당 재집권기를 말한다.

권리 부정과 관련한) 관계적 관점, 사회적 범주, (상대적 박탈과 비슷하지만 상호작용하며 누적되는 차원에까지 초점을 맞추기 위해서 그보다 더 나아가는) 다차원성을 강조하는 폭넓은 분석을 촉진해 빈곤의 중요한 측면을 드러내는 데 기여했다고 믿는다. 게다가 사회적 배제라는 관점은 경제적·사회적 배제뿐 아니라 정치적·문화적 배제의 유형과 그 배제가 발생하는 장까지 아우르는 다차원성을 부여한다. 예를 들어 사회적 배제를 금하는 프랑스 법은 "모든 문화에 접근함으로써 동등한 기회를 누릴 권리를 인정"한다.[141] 나아가 사회적 배제의 주창자들은 개인적인 삶의 궤적도, 더 큰 범위의 사회적 힘도 모두 진행 중인 **과정**이라는 특성을 고려하여 '정적인 분석에서 동적인 분석으로' 바꾸어야 한다고 강조한다.[142] EU의 빈곤 '해설서'에서는 이렇게 말한다.

> 사회적 배제는 사람을 사회의 가장자리로 몰아가는 과정을 강조하기 위해 사용하는 개념이다. 그 과정에서 사람들은 자원과 기회에 접근하기 어렵고 평범한 사회적·문화적 삶에 참여할 수 없어 소외되고 무력하고 차별받는다고 느끼게 된다.[136]

이 개념은 또한 개인적·사회적 배제의 주체가 갖는 **행위주체성**을 암시적으로, 때로는 노골적으로 강조한다. '배제'라는 명사는 '배제하다'라는 능동형 동사와 연결되는데, 이 동사는 '누가, 또는 무엇을 배제하는가'라는 질문으로 이어진다. 그리하여 관심의 초점을 배제의 결과와 개인적인 삶의 궤적이 아니라 사회적·경제적·정치적 구조와 제도가 작동하는 방식, 그리고 더 큰 권력을 지닌 이들이 행사하는 행위주체성으로 옮겨 놓는다.[144] 종합하자면, 개념으로서 사회적 배제는 상대적 이해를 바탕으로 빈곤의 중요한 측면에 명확히 초점을 맞추게 하는 렌즈로서 유용한 기능을 했고, 이 책에서도 옹호하는 폭넓은 분석틀을 발전시키는 역할도 했다.

대중의 인식과 정치적 기능

'절대적' 빈곤과 '상대적' 빈곤의 관계에 대한 각종 논의로 다시 눈을 돌려 보면, 뚜렷이 구분되는 두 가지 현실이 아니라 인간의 필요에 대한 서로 다른 해석을 바탕으로 빈곤에 대한 서로 다른 설명을 제시하는 데에 이러한 논의가 쓰인다는 점을 알 수 있다. 그리하여 이 개념들은 여전히 정치적으로 기능한다. 또한 빈곤에 대한 대중의 인식을 이해하려는 노력에도 활용된다. 대중의 인식은 그 자체로 개인적 경험과 관찰 결과만이 아니라, 언론을 통해 스며든 학문적·정치적 정의가 뒤섞인 결과물이기 때문이다.

영국에서 나온 조사 결과를 보면, 절대적인 최저 수준으로 보는 빈곤과 상대적 현상으로서의 빈곤이 여전히 다르게 인식되고 있음을 알 수 있다. 앞서 논의했듯이 인간의 필요에 대한 상대주의적 이해가 널리 퍼져 있어서 이 둘이 반드시 명확히 구분되지는 않지만 말이다. 해마다 실시하는 영국사회태도조사British Social Attitudes Survey에서는 꾸준히 비슷한 결과가 나타난다. "정말로 필요한 것은 구입할 수 있지만 대다수가 당연시하는 것을 소비할 여유는 부족한" 경우를 가리키는 전적으로 상대적인 빈곤 정의를 받아들일 의향이 있는 사람은 인구 중 3분의 1이 채 안 되고, 그와 반대로 "빚을 지지 않고는 먹고살기 충분치 않은"

풍요의 시대, 무엇이 가난인가

상태를 빈곤으로 보는 절대적 견해에 동의하는 사람은 10명 중 9명에 달한다. 그리고 "먹고살기는 충분하지만, 그 밖의 필요한 것을 구입할 여유는 부족한" 사람이 빈곤 상태라는 데에는 절반 정도가 동의한다.[145]

그렇다면 당연히 이 마지막 문장에 담긴 '그 밖의 필요한 것'이 무엇이냐는 의문이 생긴다. 여기에는 두 가지 입장이 있다. 하틀리 딘과 마거릿 멜로즈는 이를 '최저 생활수준breadline 정의'라 칭하고, "그러므로 대중은 '강경한' 정의를 선호"한다고 결론 내린다.[146] 반대로 존 힐스는 영국사회태도조사의 다른 결과를 볼 때, 사람들이 "시간이 흐름에 따라 실질적으로 상승하는 빈곤선을 염두"에 두고 있다는 사실이 드러난다고 주장한다. 따라서 '그 밖의 필요한 것'은 단순한 최저 수준을 넘어서는 '일종의 상대적 정의 형태'를 암시한다는 것이다.[147] 앞서 보았듯이 인구 중 다수가 꾸준히 상대적으로 용인 가능한 최소한의 생활수준에 동의하는 것으로 나타난 빈곤및사회적배제조사 결과가 이 견해를 지지한다.[148] 그러나 영국에서 빈곤에 대한 태도를 탐구한 정성 조사에 따르면 소비주의적 요구를 반영할 경우에는 이 견해를 받아들이기를 거부하는 경향이 나타났다. 그보다는 필요를 (소비재 같은) '생활양식과 관련된 필요'가 아니라 '모든 사람에게 해당하는 음식, 동력 자원, 주거, 교육, 보건 등 (그리고 때로는 사회에 참여할 역량까지 포함하는) … 기본적 필요'로 이해하고 말하는 방식을 선호했다.[149] 빈곤및사회적배제조사의 사전 정성연구에서도 이와 비슷한 현상이 나타난다. "소비를 촉진하는 압력을 인지할 경우, 참여자 중 일부는 인간 번영에 필요한 것으로 알려진 물품 및 활동과 우리가 살고 있는 소비사회가 장려하는 것으로 알려진 물품 및 활동을 구별했다."[150] 연구를 진행한 파흐미 등은 수많은 정성연구 결과를 바탕으로 '빈곤에 대한 대중의 이해'는 단일하고 고정된 합의가 아니라 '여러 가지 형태로 공존'한다고 결론지었다.[151]

빈곤을 경험한 사람들에 대한 정성연구에서는 빈곤에 대한 절대주의적 이해가 드러난다.[152] 잰 플래어티의 연구에서, 자기가 겪은 박탈과 고난에 대해 이야기할 의향은 있지만 자기를 '빈민'으로 인식하지는 않는 참여자가 많았다.

> [그들은] '빈곤'을 일상생활보다는 코믹릴리프ComicRelief* 같은 빈곤 퇴치 자선단체나 기아 사태를 전하는 뉴스 보도에 나오는 현상에 더 가까운 것으로 보았다. … 필수재에 대한 엄격한 정의, 용인하기 힘들 정도의 삶의 질을 기준으로 자기가 빈곤 상태에 있다고 말한 응답자는 소수였다.[153]

절대와 상대의 논쟁이 촉발한 열기를 이해하려면 내가 앞서 제시한 빈곤 정의의 정치적 함의와 그 개념에 담긴 도덕명령을 상기할 필요가 있다. 이제는 빈곤에 대한 논쟁을 틀 짓는 방식이 중요하다는 인식이 점차 높아지고 있다.[154] '절대'와 '상대'라는 개념은 단순히 빈곤을 서술하는 데서 그치지 않고 서로 대립하는 정치적 입장을 나타내기도 한다. 절대주의적 정의는 전통적으로 정치적 '우파'와 관련이 있고, 상대주의적 정의는 '좌파'와 관련이 있다. 데이비드 그린이 주장하듯이, "빈곤을 정의하는 저자의 태도에서 인간의 조건에 대한 저자의 근본적인

---

* 코믹릴리프는 극에서 심각한 상황이나 분위기를 전환하고 일시적으로 긴장을 풀기 위해 삽입하는 희극적인 장면이나 사건을 가리키는 용어다. 기부 및 자선을 엄숙하지 않은 즐거운 활동으로 인식시키려는 의도가 담긴 단체명이다.

풍요의 시대, 무엇이 가난인가

전제, 그리고 그 사람이 선호하는 정부의 역할이 나타난다."[155]

빈곤을 절대주의적 개념으로 협소하게 정의할 경우에는 사회적 필요와 의무 및 사회 전반이 당연시하는 생활수준을 고려한 정의에 따를 때에 비해서 빈곤 퇴치 정책에 수반되는 정부의 역할과 자원이 상당히 제한된다. 영국 정부가 라운트리의 최저 생활수준을 액면 그대로 받아들여 최저 수준의 급여 설정을 정당화하는 차원에서 전후戰後 사회보장제도에 포함시킨 것도 그 때문이다.[156] 타운센드가 센의 비판에 맞서 자기의 상대주의적 입장을 방어한 것은 [센이] "국가가 최저 수준의 배급을 엄격히 해석하게끔 한다"고 믿었던 까닭이었다.[157] (센은 이에 반박했다.) 반대로 우파는 상대적 빈곤 개념이, 빈곤과 불평등을 결합시켜 빈민의 수를 부풀리고 부유층에 대한 질시를 불러일으켜 국가의 개입 확대를 정당화하기 위해서 좌파가 휘두르는 정치적 무기라고 공격했다.[158] 그렇지만 상대주의적 정의를 지지하는 사람들 중에도 정치적 측면에서는 이것이 명백한 빈곤 정의에 담긴 도덕적 힘을 약화시켜 정치인들이 그 중요성을 묵살하기 쉽게 만들지 모른다고 경고한 이들이 있었다.[159] 빈곤의 상대적 속성을 강조하다 보면 부유한 사회에서조차도 빈곤은 여전히 대단히 현실적인 어려움과 고통을 뜻할 수 있다는 사실을 보여 주기 어려워질 수 있다는 것이다.

결론

이상의 논쟁은 왜 정의의 문제를 그 정의가 정치적으로 활용되는 방식과 떼어 놓을 수 없는지 뚜렷이 보여 준다. 게다가 정의에는 빈곤과 빈곤의 분포에 대한 해석이 담겨 있는데, 여기에는 대체로 개인주의적 관점 아니면 구조적 관점이 반영된다. 개인주의적 관점에서는 빈곤의 주된 책임을 '빈민'에게 지우는 반면, 구조적 관점에서는 전 지구적 수준에서 지역적 수준에 이르기까지 경제적·사회적·정치적 구조와 그 과정이 빈곤을 유발하고 영속시키는 방식을 지적한다.[160] 이러한 해석과 정의(와 이를 바탕으로 하는 측정), 그리고 전반적인 개념화가 한데 결합해 '빈곤'이라는 현상에 대한 정책적 대응을 형성한다.

이 현상은 수많은 인간의 고통스러운 실제 경험이자, 서로 경쟁하는 여러 가지 개념화와 정의, 측정의 결과물로 이해해야 한다. 따라서 '빈민'이라는 범주와 우리가 '빈곤'이라고 묘사하는 것은 어떤 면에서 보면 일종의 인공물이다. 정의의 문제에 접근하는 방식은 빈곤 관련 정책에, 그리고 그 정책이 일반적으로 '빈민' 범주에 해당하는 대상을 대하는 방식에 큰 영향을 미친다. 이 책에서는 모호하지 않은 상대적 방식을 선호하지만, 보편적인 절대적 필요의 존재 역시 인정한다. 다만 이런 접근법은 특정한 역사적·문화적 맥락 속에서만 적용할 수 있다는 사실을 유의해야 한다. 그래야 절대적·상대적 정의 사이에서 벌어지는 무익한 논쟁을 뛰어넘을 수 있다.

나는 빈곤의 고유한 특성을 놓치지 않으려고 물질적 측면에 집중한 정의를 옹호했지만, 이는 어디까지나 이 책에서 전개해 나가는 전반적인 개념화 안에서 보아야 한다. 더 나아가, 이러한 정의는 빈곤이 사회 전반에서 명확히 중요성을 인정받기 어려운 여분의 범주에 갇히지 않도록 '행복', '역량', '인간 번영', '삶의 질', '사회의 질'을 고려하는 폭넓은 사회과학적 틀 안에서 해석되어야 한다.

2장
빈곤 측정

측정은 정의에 따라서 빈곤을 식별하고 집계하는 과정이다. 달리 말해 정의를 조작화operationalize하는 것이다.[1] 이 장에서는 점차 정교해지는 빈곤 측정 관련 문헌에서 나타나는 '왜?', '어떻게?', '무엇을?', '누가?'라는 질문에 대해 논한다.[2] 측정 방식을 선택하는 데는 전반적인 빈곤 개념화, 정의, 가용 자료, 그리고 연구자가 측정을 원하는 이유가 어느 정도 영향을 미친다. 하지만 측정은 개념화, 정의, 목적을 불완전하게 반영한 대용물에 지나지 않기 때문에, 실제로는 측정에 필요한 자원과 실행 가능성에 의문이 제기된다. 때로는 기존의 명확한 개념화나 정의와 동떨어진 채로 빈곤을 정량화하는 경우도 발생한다.

'왜' 또 '어떻게'

근본적으로, 빈곤을 측정하는 작업은 빈곤을 뿌리 뽑기 위해 행동을 취해야 한다는 도덕적·정치적 명령에 의해서만 정당화된다.[3] 빈곤의 증거를 찾는 이유는 빈곤에 대응하도록 정부와 사회 전반을 설득하기 위해서다. 이런 목표를 위해서는 빈곤의 규모와 심도, 그리고 각기 다른 집단에 빈곤이 영향을 끼치는 방식에 관한 정보가 필요하다. 정책의 효과와 사회적·경제적 추세의 영향을 측정하는 데에는 국가 간 비교와 장기간에 걸친 추적이 도움이 된다. 측정 방식이 다르면 결과도 달라질 수 있다. 실제로 자주 사용하는 세 가지 측정 방식을 비교한 결과 방식마다 식별한 '빈민' 범위에 겹치는 부분이 놀랍도록 적었다.[4] 이는 곧, 그저 기술적인 사항으로 보이는 질문이 정치적·정책적으로 중요한 함의를 지닐 수 있다는 뜻이다. 그러니 특히 정부에서는 사회과학적 고려 못지않게 정치적 고려를 반영해 측정법을 선택할 것이다. 너무나 흔히 간과되지만, 기술적 결정에는 가치판단이 담긴다.

특정한 측정 도구에 어떠한 상대적 이점이 있는지에 대해서는 상당한 논쟁이 벌어지지만, 정책의 보조 수단으로서 측정 도구의 필요성 자체는 당연시되는 경향이 있다. 하지만 일부에서는 좀 더 비판적인 입장을 취하기도 한다. 일반적으로 측정은 정량화quantification를 암시하는데, 이는 '객관적인 사실'을 전달하는 것으로 여겨진다. 그러면 측정과 관련된 온갖 문제에도 불구하고 결과가 **그대로** 현실이 된다. 그러나 이 측정 가능한 '현실'이 가장 중요한 문제는 아니라는 주장이 있다.[5] 서론에서 살펴보았듯이 통계는 집계 대상을 시야에서 가릴 수도 있다. 빈곤 활동가들의 말처럼 "우리는 통계의 그늘에서 벗어나 그저 숫자에 불과한 존재가 아닌, 우리 자신을 표현하는 방향으로 나아가야 한다."[6] '빈민'을 통계로 축소하는 행위는 4장에서 다룰 '타자화'에 일조할 가능성이 있다. 또한 '측정 가능성이 갖는 우위'로 인해 정성적·참여적 접근법으로 더 잘 잡아낼 수 있는 다른 유형의 '빈곤 지식'과 '대안적 빈곤 서사'가 밀려날 위험이 있다.[7] 민족지ethnographic 연구를 활용하면 '사려 깊은 경청과 몰입적 공감'을 통해 빈곤의 '생생한 경험'을 전할 수 있지만,[8] 스티븐 크로슬리는 그러한 '두터운 서술'이 도리어 그 생생한 경험을 '구조화하고 거기에 영향을 미치는 전반적인 조건'을 보지 못하게 해서는 안 된다고 조언한다.[9]

더 일반적으로, 정성연구는 정책 개발에 참고할 만한 빈곤 경험의 의미를 드러내고 통찰을 제시할 수 있다. '측정 가능성이 갖는 우위'에 도전하는 것은 이 책에서 채택하는 전반적인 빈곤 개념화에서도 중요하며, 측정이 기술적인 인공물임을 되새기게 하는 유익한 역할도 한다. 그렇다고 여기서 정량적 측정의 필요성을 배제하지는 않는다. 정량적 측정 방식은 일반화가 가능하며, 정책적 목적에 더 초점을 맞춘 빈곤 정의에 걸맞게 조작할 수 있다. 나아가 정량적 빈곤 조사 자체에 참여 기법을 참조할 수도 있는데, 이는 특히 갈수록 그 중요성을 인정받고 있는 실제 빈곤 경험에 기반한 지표 개발에 도움이 된다. 그러나 수치와 낙인 같은 핵심적 영역에서 얻을 수 있는 자료에 격차가 발생하기 때문에, 이 책에서 분석하는 폭넓은 빈곤 이해에 걸맞은 측정 방식으로는 한계가 있다.[10]

'무엇을'

빈곤에 대해 '무엇을' 측정하는가와 관련된 질문은 두 가지다. 하나는 빈곤의 지표가 무엇이냐, 나머지는 (흔히 빈곤선이라 부르는) 지표를 산정하는 기준이 무엇이냐이다.[11] 이 두 질문은 서로 중첩된다.

빈곤 지표

여기서 주요한 문제는 **소득**의 역할이다. 빈곤을 소득 측면에서 측정해야 할까? 아니면 생활수준이나 소비, 지출 측면에서 측정해야 할까? 만약 최소한 부분적으로라도 소득 측면에서 측정해야 한다면, 실제 소득으로 한정해야 할까, 각종 물질적 자원과 자산까지 포함해야 할까?

소득과 생활수준 중에서 어느 쪽을 선택할 것인지는 앞서 논의한 '직접적', '간접적' 빈곤 정의에 따라 달라진다. 그러나 링엔[12]에 따르면, 1980년대의 주류 빈곤 연구에서는 생활수준을 고려하는 **직접적**인 정의를 조작화하기 위해서 **간접적**인 소득 측정 방법을 사용하는 경향이 있었다. 불합리하게도 소득을 소비 또는 생활수준의 대체제로 사용한 것이다. 이제는 저소득을 개인적인 생활수준의 박탈 지표로 삼는 것은 부적합하다고 보는 연구가 늘어나고 있다.[13] 소득을 가구 수준에서 측정할 때, 그리고 생활수준 또는 행복을 개인 수준에서 측정할 때 격차가 특히 두드러지게 발생할 수 있는데 이는 성별에 따른 차이를 시사한다.[14]

일반적으로 누군가 저생활수준에 처하는 것이 꼭 저소득 때문이 아닐 수 있다. 또는 저소득자라도 저축을 깨고, 빚을 지고, 자선단체나 가족의 도움을 얻고, 구걸이나 절도를 하는 등 여러 가지 방법으로 박탈을 피하거나 줄일 수 있다. 이런 경우 생활수준만 측정해서는 그 근원이 되는 소득 빈곤을 포착할 수 없을 것이며, 개인이 이와 같은 대처 전략을 활용하는 데 드는 비용도 얼버무리고 넘어가게 된다. 구걸이나 매혈로 거둔 소득을 임금이나 보조금과 똑같이 보아야 하느냐는 질문을 받은 앳킨슨은 "같은 1달러 소득이라도, 그것을 확보하는 과정과 상관없이 동일하게 취급〔해서는 안 된다〕"고 조언한다.[15] 한편으로 일정 기간 빈곤을 겪은 뒤에 소득이 발생할 경우, 그 소득을 빚을 갚는 데 써야 한다면 생활수준은 소득만큼 상승하지 않을 것이다. 이와 반대로 소득 금액이 계속 달라지거나 간헐적으로 취업을 하는 경우에는 나중에 다가올 저소득 기간에 대비해 소득의 일부를 저축할 수도 있다. 따라서 직접적, 간접적 측정 중에서 어느 쪽에 비중을 두어야 하는가에 대해서는 이견이 있긴 하지만, 생활수준을 빈곤 정의의 일부로 삼을 때는 두 가지 측정 방식이 모두 필요하다는 공감대가 커지고 있다.[16] 이 점을 고려해, 영국 통계청은 생활수준을 산정할 때 현재의 (간접적인) 저소득과 (직접적인) 물질적 박탈 지표를 함께 사용한다. 독립 기구인 사회계측위원회Social Metrics Commission[17]에서는 영국에서 주로 사용하는 소득 측정 방식에 변화가 필요하다고 보고, (장애, 어린이 돌봄, 주거, 각종 부채 상환 같은 불가피한 비용을 공제하고, 언제든지 사용할 수 있는 재정 자산을 추가하는) '총 가용 자원'을 도입하는 방안을 고려하고 있다. 이렇게 하면 통계청 측정 방식에 비해 소득 빈곤과 물질적 박탈이 겹치는 영역이 훨씬 더 늘어난다. 영국 정부는 실험적으로 이러한 접근법을 개발하기로 합의했다.

소득을 정확히 측정하기까지는 소득을 적게 보고한다든지 시간에 따라 소득 금액이 달라진다든지 하는 등 수많은 기술적 문제에 부딪치게 된다. 그래서 일부에서는 '정상' 소득보다 더 믿을 만한 측정치이자 생활수준의 대체재로서 **지출**을 활용하는 편이 나을 수 있다고 주장한다. 그러나 지출도 (이따금 큰 지출이 발생하는 탓에) 들쑥날쑥하다는 점, 빌려 쓰거나 저축하는 금액이 누락되는 점 등 나름의 문제가 있다. 또한 가구가 아닌 개인을 놓고 보면, 이를테면 어머니가 지출하는 돈은 자신보다 가구 내 다른 구성원의 생활수준을 높이는 데에 쓰일 가능성이 있다. 두 가지 방식을 비교하고 결합을 시도한 연구자들은 '소득과 지출에 따른 빈곤 측정 방식이 각각 포착하는 경제적 행복의 측면은 크게 다르다'고 말한다.[18] 소득 측정도 지출 측정도 완전하지 않지만, 빈곤 연구에서는 소득을 더 보편적으로 사용한다.

화폐 중심 경제에서 소득은 대단히 중요한 요소지만, 지표로 쓰기에는 소득을 통해 파악할 수 있는 개인의 물질적 자원의 범위가 너무 좁다. 그래서 타운센드는, 어려운 작업이긴 해도 사회에서 불평등하게 분배되는 물질적 자원 전체를 측정할 필요가 있다고 강조한다.[19] 타운센드는 자원의 형태를 현금 소득뿐 아니라 고정자산, 고용 복지 혜택의 가치, 공공서비스의 가치, 현물 형태의 부수입 등 네 가지로 구별한다. 여러 자원 중에서 남성과 여성에게 중요한 자원의 종류는 다를 수 있다.[20]

자원을 생활수준으로 전환하는 데에는 **시간**, 특히 여성의 시간이 소모된다. 최근까지도 '잊혔던 시간이라는 차원' 역시 일반적으로 이러한 측정의 문제에 영향을 미쳤다.[21] 측정 대상 자원을 추적하는 기간, 특히 소득을 측정하는 기간이 결과에 영향을 줄 수 있다는 것이다.[22] 기간이 짧을수록 소득과 소비를 더 잘 구별해야 한다.[23] 기간을 길게 잡으면, 시간이 흐름에 따라 '소득과 필요 사이의 일시적인 불일치'가 해소되기 때문에 빈곤율 측정값이 더 낮아질 수 있다.[24] 그리고 일회성 조사보다 종단연구longitudinal research*에서 소득과 생활수준의 관계가 더 잘 드러난다. '지속빈곤'을 측정하기 위해 수년에 걸쳐 저소득 상태를 추적하

---

* 시간의 흐름에 따른 변화를 확인하기 위해 특정 현상이나 대상을 일정 기간에 걸쳐 거듭 측정하는 연구 방법을 가리킨다.

풍요의 시대, 무엇이 가난인가

면, 현재의 저소득만 측정했을 때보다 박탈 지표와 저소득 사이의 관련성이 더 강하게 나타난다.[25] 이에 통계청과 사회계측위원회 모두 정기적으로 '지속빈곤' 통계를 발표한다.

　　소득 및 생활수준·소비 측정과 더불어, 비물질적 빈곤 지표를 포함하는 다차원 빈곤 측정에 대한 관심도 늘었다.[26] 소득 및 생활 수준·소비에 대한 조치와 함께 옥스퍼드 빈곤및인간개발계획이니셔티브Poverty & Human Development Initiative와 관련된 비물질적 지표를 포함하는 다차원 빈곤 대책에 대한 관심이 증가하고 있다. 지속가능발전목표에는 다차원 측정에서 중요한 요소로 인식하는 환경적 요소도 담겨 있다.[27] 다차원 접근법을 설명하면서 앳킨슨은 역량 관점이나 권리 관점 모두 '본질적으로 다차원적'이라고 지적한다.[28] 다만 다차원 접근법이 폭넓은 빈곤 개념화를 반영하는 조작화 작업에 도움이 된다고 해도, 빈곤 경험과 관련된 일부 차원에 대해 쓰이는 측정 방식과는 맞지 않는다는 점을 주의할 필요가 있다.

빈곤 기준

　　물질적 빈곤 지표를 빈곤율 집계로 변환하려면, 주로 '빈곤선'이라고 부르는 평가 기준이 필요하다. 빈곤선은 미리 설정한 경계선 아래에 해당하면 '빈민'이라고 판단하는 하나의 기준으로, 이 선을 설정하는 방식은 아주 다양하다. 크게 두 가지로 나누어 볼 수 있는데, 한쪽은 (필요 또는 박탈의 기준과 무관하여) '임의적'이라고 비판받고 다른 한쪽은 '과학적'이라는 평을 받는다. 여기서는 '임의적' 방식을 먼저 검토한다. 전문가에 의지하거나 그보다 더 민주적인 측정 방식에 기반한 '과학적'

방식에 대해서는 아래의 '누가?'라는 문제에서 논의할 것이다. '임의적' 방식은 상대적으로 단순하고 국가 간 비교에 적합하기 때문에 주로 공식적인 집계의 근간이 된다. 그 사례로는 ([당대에] 집계한 필요보다는 역사적 근거를 더 많이 반영하는) 사회부조 제도에서 적용하는 최저 소득 수준minimum income levels, 현재 유럽에서 대체로 중위 비율median 이라 칭하는 평균 소득 비율percentage of average incomes(즉 중간점mid point으로, 이전에 사용하던 방법이며 평균보다 훨씬 높은 일부 소득을 감안하지 못한다), 세계은행의 하루 1.90달러 기준 등이 있다. 어떤 수준을 선택하느냐에 따라 집계치가 크게 달라진다.

시간도 빈곤선에 영향을 미친다. 시간의 흐름에 따른 변화를 추적하기 위해서는 한번 설정한 빈곤선을 고정해 두는 '절대적' 방식(더 정확히는 '고정된anchored' 방식)을 쓰거나, 평균 소득 증가분과 연계시키거나 예상되는 변동치에 따라 주기적으로 수정하는 '상대적' 방식을 쓸 수 있다. 영국 정부는 저소득 측정에 이른바 '절대적', '상대적' 방식을 모두 활용하는데, 여기에 사용하는 중위소득median income 비율이라는 기준 자체가 상대적이어서 혼란이 생긴다. 상대적인 기준과 변동하는 기준선은 상대적 정의를 조작화하는 데 더 적합하다. 그렇지만 이런 기준선은 역설을 낳을 수 있다. 예를 들어 한 국가의 평균 소득이 하락하여 최저 소득 계층이 생계를 유지하기 점점 어려워진다고 느끼더라도 이 기준선으로는 빈곤 증가분을 집계하지 못할 것이다. 2008년 금융위기로 대침체를 겪은 직후인 2010년 영국에서 바로 이런 상황이 나타났다. 중위소득이 하락하면서 '상대적' 빈곤에 처한 어린이가 줄어든 것이다. '절대적' 또는 '고정된' 빈곤 측정 결과는 그렇지 않았다.[29] 그러자 사회계측위원회는 빈곤선에 끼치는 단기적인 '충격'을 '완화'하기 위해 3년간의 평균치를 기준으로 사용할 것을 제안했다.[30]

빈곤선은 '빈민'의 수와 구성('인원수')을 집계하는 데 가장 널리 쓰이는 지표다. 그에 따라 가능한 한 많은 사람을 기준선 위로 끌어올리는 방향으로 정책이 설정된다. 하지만 이렇게 해서는 빈곤선 아래에 있는 사람들의 소득이 어느 정도로 떨어졌는지, 즉 빈곤의 심도 또는 강도가 얼마나 되는지 전혀 알 수 없다.[31] '빈곤 격차poverty gap'를 측정하는 방법이 제시되기는 했지만 인원수 측정에 비해 자주 쓰이지는 않는다. 그래도 이 두 가지 방법을 함께 활용하면 빈곤 추세를 다양하게 파악할 수 있다.[32] 또한 빈곤선 아래에서 평균 소득이 가장 낮은 집단이 다수를 차지하지 않을 가능성이 있기 때문에 두 측정치가 제시하는 정책의 우선순위는 다를 수 있다. 빈곤선 바로 아래에 있는 사람들을 위로 끌어올리는(즉 인원수를 줄이는) 데에 성공적인 정책이 소득이 가장 낮은 사람들을 돕는(즉 빈곤 격차를 좁히는) 최선의 방법은 아닐 수 있다는 것이다. 그리고 사회보장 정책의 영향을 받는 이들 다수가 빈곤선 아래에 있는 경우에 인원수 측정만으로는 사회보장 삭감으로 인한 영향을 온전히 알아보기 힘들다. 또한 빈곤의 심도를 측정하면 가구 내에 숨겨진 (주로 여성의) 빈곤을 더 잘 파악할 수 있다.[33]

일부에서는 근본적으로 빈곤선을 설정하는 것 자체가 문제라고 비판한다. '빈민'과 '비빈민'을 깔끔하게 나누는 분명한 경곗값이 존재하는지, 아니면 양쪽 모두 내부에 다시 단계를 두어 '비빈민'으로 집계된 사람들과 '빈민'으로 집계된 사람들을 연속체로 이해하는 것이 더 나은지가 비판의 핵심이다. 이 두 가지 입장에 선 이들이 각자 자기 입장에 맞는 증거를 제시하면서 논쟁이 계속되고 있다. 제기되는 문제는 과학적이면서도 정치적이다. 이빈곤 경곗값 자체가 어느 정도는 정치적으로 구성되기 때문이다. 빈곤 경곗값을 명확히 설정하는 것이 실증적으로 타당한가를 두고 다투는 사람 중에는, 그럼에도 불구하고 정부의 대응을 판단하는 잣대로서 이 경곗값이 지니는 정치적 가치를 인정하는 이들이 있다. 이와 달리 빈곤선 설정에 매몰되어 분석적으로 빈곤을 정의하는 작업에서 멀어질 뿐 아니라, 빈곤선 바로 아래와 별로 다르지 않은 상황에 처한 빈곤선 위에 있는 다수에 대해서는 관심을 갖지 않는다고 문제를 제기하는 이들도 있다.[34]

'누가'

누가 결정하는가?

바이트윌슨에 따르면, '과학적인' 빈곤 경곗값을 설정하는 방법은 '필수재가 무엇인지를 **누가** 결정하는가'라는 질문에 따라 나뉜다.[35] 크게 '전문가적', '민주적', '참여적'이라는 세 가지 방법이 있다. 하지만 어느 쪽이든 전문가의 판단이 개입되므로 실제로 이 세 가지는 서로 중첩된다. 또한 개별적으로는 인종, 성별, 계층, 장애, 연령과 관련된 여러 관점을 적절히 고려하지 못하는 한계가 각각 다르게 나타난다.[36]

전문가적 결정

'전문가적' 결정의 대표적인 사례는 여러 유형의 가구에서 지출하는 재화와 서비스 비용을 바탕으로 빈곤 경곗값을 설정하는 '예산 기준' 사용법이다. 어떤 항목을 목록에 넣을지, 그 양과 질, 가격은 어떻게 설정할지를 전문가가 판단하는 방식이다. 바이트윌슨은 이를 다시 두 가지 유형으로 구분한다.[37] 먼저, 라운트리가 채택하기도 했던 다소 '권위적'인 원형에서는 "음식, 의복, 주거, 소득 등의 최소한의 기준을 전문가가 지정한다."[38] 미국에서 사용하는 빈곤선도 이 방법에 기초하는데, 1960년 빈곤선을 도입한 이래로 달라진 소비 유형을 반영하지 않는다는 비판을 계속 받아 왔다.

그다음에 나온 것이 '사회과학적' 유형이다. 영국의 조너선 브래드쇼와 미국 국립연구평의회National Research Council가 주도적으로 개발한 사회과학형은 저소득층이 어떻게 **살아야 하는지**를 규정하지 않고 일반 대중이 실제로 어떻게 **사는지**에 대한 실증적인 사회과학적 증거를 바탕으로 삼는다. 예산 기준은 최저 수준을 고려해 잡는 경향이 있지만, 브래드쇼는 어떻게 하면 여기에 사회적 필요를 포함시키고 '실제 생활수준을 분석하는 능력'을 부여할 수 있는지를 입증했다.[39]

민주적 결정

'민주적' 결정 방법은 전문가의 견해에만 의지하지 않고 일반 대중의 견해를 받아들이는 것으로, 형태가 상당히 다양하다.[40] 문헌에서는 '합의적consensual' 방법으로 칭하는 경우가 많다. 그러나 숙의deliberation를 통해 합의에 도달한다는 의미에서 진정으로 합의적인 연구는 흔치 않다. 그중 하나로 최저 소득 기준Minimum Income Standard을 활용한 민주적 예산 연구를 들 수 있다. 용인할 만한 생활수준을 이루는 데 무엇이 필요한지를 일반 대중의 참여로 합의하고, 이 합

의를 통해 파악한 재화와 서비스의 비용에 따라 최저 소득 기준을 설정하는 방법이다.[41]

'합의적'이라는 이름으로 더 널리 알려진 방법은 1985년 맥과 랜슬리가 수행한 영국최저생활수준Breadline Britain 조사에서 처음 등장한 것으로, 가장 최근에는 2012년 영국빈곤및사회적배제조사에 도입되었다.[42] 이 방법의 핵심은 "'전문가'의 견해나 지출 양식 및 생활수준을 관측한 자료에 근거하지 않고 **사회 전반의 견해**에 근거해 용인할 만한 최소한의 생활양식을 파악하는 것"이다.[43] 그러나 이러한 견해는 결국 전문가가 설정한 개념틀 안에서 표현된다.[44] 이 방법은 모두 사회적 조사를 활용한 세 단계를 거친다. 첫째는 다수가 필수재라고 생각하는 항목(재화와 활동)을 파악하는 단계로, 여기서는 합의가 아니라 다수의 견해에 따른다. 둘째는 자원 부족으로 인해 이러한 필수재 없이 생활해야 하는 사람을 파악하는 단계다. 셋째는 필수재를 사지 못할 정도의 소득 수준이 어느 정도인지를 설정하는 단계다.

이 방법은 지출 양식 및 생활수준 관측 자료를 참조하지 않는다는 점에서 타운센드의 방법[45]과 구별된다. 타운센드는 먼저 연구자가 선택한 물질적·사회적 박탈에 관한 일련의 사회적 지표를 활용해 [필수] 항목을 선별한 다음, 그렇게 선별한 목록상의 각 항목을 갖지 못한 사람을 파악하고, 기준 아래로 떨어질 경우 박탈 위험이 커지는 소득 수준을 파악한다. 맥과 랜슬리[46]는 이 경우에 연구자의 문화적 인식이 반영된 해당 목록에서 특정 항목이 결핍되는 상태가 선택 때문인지 제약 때문인지 구별되지 않는다고 비판했다. 이를테면 신선한 고기와 주말 만찬이 없는 생활을 하는 이유가 저소득이 아니라 채식주의일 수도 있다.

지금까지 논의한 민주적 결정 방법은 모두 필수재 목록을 선별하고 그것을 충족하는 데 필요한 소득을 파악함으로써 빈곤 경곗값을 설정하는 것을 목적으로 한다. 이와 다르게 전체 인구 중에서 표본을 추출해 자기 가구에 맞는 빈곤선이 어느 수준이라고 생각하는지 직접 묻는 방법도 있다. 이 방법은 '주관적 빈곤선', '대체소득income proxy 또는 평가 소득', '개인 의견 조사', 또는 출처를 따라 '라이덴Leyden' 기법 등 다양한 이름으로 불린다. 원래는 '빈곤'이라는 단어를 쓰지 않고 응답자에게 자기 가구가 '먹고살 수 있을 정도'의 소득 수준이 어느 정도인지 묻는다. 그렇지만 이것을 정성연구에 그대로 적용하면 응답자가 받는 질문이 너무 복잡해지고, 제각기 다른 해석이 결과에 영향을 미치는 문제가 나타났다.[47] 또한 여성과 남성이 가구 내 자원을 관리하고 통제하는 역할이 달라 성별에 따른 차이가 발생할 가능성도 있다. 이런 한계에도 불구하고 이 방법은 널리 쓰이고 있으며, 때로는 선별한 필수재 목록을 이용하는 방법과 결합해 쓰이기도 한다.

빈곤에 빠지지 않은 상태를 유지하는 데 필요한 소득 수준을 직접 판단하도록 요청하는 방식은 박탈과 빈곤에 관한 주관적 감정을 측정하려는 시도와 다소 겹치는 부분이 있다.[48] 이것은 빈곤 경곗값을 설정하는 데 쓰이지는 않지만 타운센드가 실시한 조사에 포함되었던 요소다. 타운센드에 따르면 조사 결과 객관적 지표와 주관적 박탈 감정 사이에 뚜렷한 관계가 나타났는데, 다만 '극도로 자원이 부족한 상태에서 박탈 감정을 [부정]'하는 응답자도 소수 존재했다.[49] 이런 점 때문에 빈곤 당사자가 낙인이 되는 빈곤이라는 꼬리표를 받아들이려 하겠느냐는 의문이 제기된다. 일반적으로 모든 민주적, 주관적 방법은 '선호-변형preference-deformation' 또는 '적응' 현상에서 자유롭지 않다.[50] 다시 말해 가진 것이 그리 많지 않은 사람은 자기 형편에 적응하는 방식으로 기대와 열망을 줄일 수 있다.[51] 이 문제는 마지막으로 살펴볼 참여적 방법에도 영향을 미친다.

참여적 결정

참여연구는 기법이라기보다는 민주주의, 권력강화, 전환의 원칙을 추구하는 해방 철학에 가깝다.[52] 앞서 논의한 방법들과 달리 참여적 방법은 빈곤선을 설정하는 데는 알맞지 않다. 그렇지만 이 방법을 지지하는 이들은 "'빈민'과 협력하면서 접근할 때, 문제를 기술적으로 더 잘 진단하고 해법도 더 잘 설계하고 실행할 수 있다"고 주장한다.[53] 빈곤층은 '경험에 기반한 전문가experts by experience'이므로, 이상적으로 보자면 단지 정보를 추출당하는 대상이 아니라 주체로서 빈곤층이 지닌 견해를 연구 과정의 전 단계에 반영해야 한다는 믿음이 전제된 것이다.[54] '목소리 강조하기foregrounding voice'는 '실질적' 가치 못지않게 '상징적'인 가치를 지닌다.[55] 전통적으로 북반구의 주류 빈곤 연구에서 참여적 방법이 주목받은 경우는 영향력보다 희소성 때문이었다. 그렇지만 남반구의 참여연구와 제4세계국제빈곤퇴치운동 같은 단체의 활동, 복지 서비스 부문의 이용자 참여 확대 경향, 전통적 연구 패러다임에 대한 장애인 운동의 도전 등의 영향으로 그 영역이 점차 넓어지고 있다.[56] 참여적 기법은 이것 아니면 저것이라는 극단적인 방식이 아니라, 완전히 '해방적인' 연구라는 정점으로 향하는 연속선을 의미한다.[57]

서론에 밝혀 두었듯이 참여연구는 특히 빈곤 개념화를 발전시키는 데 유용하다. 볼치는 개발 분야 "종사자라면 [대부분] 빈곤 측정 방법으로 '두 다리로 걷기' 전략을 권유할 것"이라고 말했는데, [연구자들은 실제로] '빈곤의 주관적인 차원'을 더 잘 파악해 내는 참여적 기법으로 지금까지 논의한 방법들을 보완한다.[58] 북반구 빈곤 연구에서도 다차원적 측정을 발전시키는 작업의 일환으로 이 방식을 도입하지 못할 이유는 없다. 앳킨슨은 참여적 기법이 비금전적 지표 설계에 특히 잘 맞는다고 말한다. 이를테면 여성과 어린이처럼 가구에 기반한 측정으로는 파악할 수 없는 개별적 상황에 처한 사람들의 목소리를 드러낼 수 있기 때문이다.[59] 혁신적인 참여연구 사례로 '빈곤 상태로 사는 사람의 지식과 실천의 병합'이라는 것이 있는데, 이는 빈곤에 처한 사람들과 현장 실무자, 학자가 공동 연구자가 됨으로써 서로 다른 형태의 지식을 병합해 새로운 지식을 창출하는 방법이다.[60] 국제적인 연구 과제에서 사용한 이 방법을 통해 '빈곤의 숨겨진 차원'이 밝혀졌고, 이 책에서 발전시킨 빈곤 개념화의 지표 중에도 여기서 가져온 것이 많다.[61] 이러한 지표들을 활용하면 '빈곤에 대한 인간 경험을 포착'하는 데 도움이 된다.[62] 좀 더 좁게 보면, 빈곤을 겪고 있는 사람들의 견해를 빈곤 대책의 진행 상황을 측정하기 위한 지표 선택에 유용하게 참고할 수 있을 것이다. '빈곤 상태로 사는 사람의 경험'에서 출발하는 유럽빈곤지표사업European Project on Poverty Indicators이 이를 잘 보여 준다.[63]

분석 단위

'누가?'라는 질문은 더 나아가, 가구 단위로 분석할 경우 배제되거나 포괄되는 빈곤 집단에 대해 문제를 제기한다. 가구 조사에서 배제되는 대상이란 '잃어버린 사람들', 즉 노숙인, '집시' 등 소수 유랑인, 망명 신청자와 같이 가장 취약한 환경에 처한 집단들을 가리킨다.[64] 가구에 포괄되는 대상은 대체로 여성과 어린이다. 일반적으로 빈곤을 집계할 때는 개인을 단위로 하지만, 측정 단계에서는 보통 가구/가족 내의 각 **개인**이 아니라 **가구/가족** 소득 전체를 기반으로 삼는다. 이 때문에 측정상의 곤란한 문제가 발생한다. 바로 빈곤 분석과 빈곤을 퇴치하기 위한 정책이 모두 암묵적으로 성별화된다는 점이다.[65]

가구를 단위로 삼는 것은 가구 구성원이 최소한 어느 정도까지는 자원을 한데 모으고 생활수준을 공유하기 때문이다. 이 점을 간과하면 개인 소득 및 생활수준에 대한 왜곡된 상이 그려질 수 있다. 다른 한편으로는 가구 내에서 자원이 공정하게 분배되지 않을 경우, 특히 여성과 어린이 중에서 빈곤 상태로 사는 인구를 과소평가하는 결과를 얻게 되고, 그로 인해 성별화된 빈곤 양태를 편향적으로 서술할 가능성이 생긴다.[66] 실제로 앳킨슨은 측정 단계에서 가구 내 불평등을 고려하지 못하면 "얼마나 많은 여성이 빈곤 상태로 살고 있는지를 전혀 밝히지 못한다"고 경고한다.[67] 게다가 빈곤은 궁극적으로 개인이 경험하는 것이고, 우리가 이루고자 하는 것도 결국 개인의 행복이다.[68] 빈곤을 최소한의 자원을 가질 권리라는 측면에서 이해할 경우에도 개인은 분명 적절한 단위이다.[69]

따라서 개인 단위 빈곤 및 박탈 측정 방식이 등장한 것은 매우 반가운 일이다. 그중 하나가 오스트레일리아에서 개발한 개인박탈측정Individual Deprivation Measure으로, '박탈을 개인 수준에서 산정하고' 전통적인 가구 수준 측정의 '한계를 극복하기 위해 개발한 성인지

풍요의 시대, 무엇이 가난인가

적gender-sensitive이고 다차원적인 새로운 측정 방법'이다.[70] 또 다른 사례는 EU 통계청Eurostat이 개발한 것으로 유럽 전역의 자료를 취합하는 EU소득및생활조건통계EU Statistics on Incomes and Living Conditions를 들 수 있다. 성인인 개인의 박탈 자료를 분석한 이 통계에 근거해, 엘레니 카라기아나키와 타니아 부르하르트는 가구 및 개인 수준의 박탈 자료를 모두 사용하되 "개인 수준 박탈 지표에서 드러나는 가구 내 편차를 놓쳐서는 안 된다"[71]고 결론지었다. 또한 성인 한 명과 배우자만이 아니라 더 많은 성인이 포함된 '복합 가구complex households'의 중요성도 강조한다. 이 외에, 점차 늘어나는 다중 가구multiple households 소속 가구원과 그 가구 사이를 오가는 자원을 어떻게 집계할 것인가라는 문제도 있다.[72]

이 문제와 관련된 것이 서로 다른 형태로 구성된 가구를 비교하는 방법이다. 여기에 활용하는 기술적 장치를 '균등화 지수equivalence scale'라고 부른다. 여러 가지 장치가 존재하지만, 균등화 지수는 규모의 경제, 그리고 성인과 어린이 간 필요의 차이를 고려해 비슷한 것끼리 비교할 수 있도록 만들어 준다. 표준 균등화 지수에는 대체로 센의 역량 접근법에서 강조되었던 장애와 관련한 추가 비용이 고려되지 않는다. 그 결과 장애 인구의 소득 빈곤이 과소 집계되는 문제가 생긴다.[73] 이처럼 균등화 지수 선택은 기술적 문제임에도 불구하고, 결과적으로 '빈민'으로 집계되는 인구수와 구성에 상당한 영향을 미치는 규범적 판단이 작용한다. 그리하여 적지 않은 의견 충돌을 유발하는 요인이 된다.

비교 주체

마지막 '누가?'는 상대적 빈곤을 측정할 때 비교 대상으로 누가 적절한지에 대한 질문이다. 이 질문은 두 가지 형태로 제기된다. 첫째는 비교의 지리적 기준에 관한 것이다. 그동안은 주로 국가를 비교자comparator로 삼아 빈곤을 측정했다. 그런데 레인워터 등[74]이 미국의 경우에는 개별 주 단위(또는 영국의 경우 개별 구성국* 단위)처럼 더 작은 지역 수준에서 비교를 수행할 수도 있지 않겠냐고 의문을 제기했다. 이 방법이 정당하다고 볼 이유로는, 생활수준을 비교하기 위한 준거집단이 국가보다는 지역에 기반한 경우가 더 많다는 점을 들 수 있다. 미국에서 연방이 아니라 주 평균을 집계하면, 예를 들어 어린이 빈곤율은 부유한 주에서 크게 증가하고 가난한 주에서 감소하는 식으로 아주 다른 결과가 나타난다. 이 주장의 한 가지 문제는 이처럼 서로 다른 빈곤율을 초래하는 원인 중 하나일 수 있는 지역 간 경제 불평등을 정책의 방정식에서 깔끔히 지워 버린다는 것이다. 게다가 [오늘날에는] 대중문화와 소통 기술이 확산되어, 사람들이 같은 주나 지역사회 범위 내에서 서로를 비교하는 경향이 줄어들고 있다. 실제로 전 지구화된 세계에서 "비교의 기본 단위를 좁혀야 한다는 주장 못지않게 확장해야 한다는 주장도 강력하다."[75] 이러한 주장은 지속가능발전목표를 뒷받침하는 전 지구적 관점, 그리고 '전 지구적 범위'의 빈곤 측정법을 개발하려는 시도를 통해 강화된다. 앳킨슨은 여기에 역량 접근법을 활용하면 '절대

---

* 주권국으로 인정받는 하나의 정치체 안에 속하되 개별적으로 주권을 갖지는 않는 국가를 구성국country이라 한다. 예를 들어 영국은 자치권을 갖는 잉글랜드, 스코틀랜드, 웨일스, 북아일랜드라는 4개 구성국이 연합해 하나의 주권을 구성하는 왕국kingdom이다.

적', '상대적' 방식 사이의 긴장을 해소하여 '중요한 통합적 성과'를 거둘 수 있다고 본다.[76]

두 번째 문제는 어린이와 관련한 것이다. 어린이 빈곤은 다른 어린이의 생활수준에 비교해서만 측정해야 하는가, 아니면 전체 인구와 비교해서 측정해야 하는가? 이에 대해 "저생활수준으로 인해 사회참여에서 어린이가 당하는 가장 심각한 배제 형태는 다른 어린이들이 일반적으로 누리는 생활양식으로부터의 배제일 것"[77]이라는 주장이 제기된 바 있다. 그럴듯한 주장이지만, 성인보다 어린이가 더 큰 빈곤 위험에 노출되는 나라에서는 이런 비교가 차이를 감추고 어린이 빈곤 추정치를 낮추는 역할을 할 수 있다는 문제가 있다.

결론

여러 문헌에서 제시하는 일반적인 결론은, 완벽한 방법은 고사하고 충분할 정도의 단일한 측정 기법도 존재하지 않는다는 것이다. 어떻게 해도 측정은 빈곤 정의를 불완전하게 대체하는 결과물에 지나지 않는다.[78] 그러므로 여기서 이끌어 낼 수 있는 합의점은 "변동하는 빈곤의 속성과 규모를 이해하고자 한다면, 무엇이 되었든 한 가지 측정법에만 의지하는 것은 현명하지 않다"[79]는 것이다. 그럼에도 불구하고 영국에서는 내가 추천하려는 견해, 즉 공식적인 측정 기준은 어떤 식으로든 저소득을 계속 중심에 두어야 한다는 생각이 다수의 지지를 받는 것으로 보인다.[80] 좀 더 일반적으로 말하자면, 빈곤의 규모, 심도, 구성을 측정하기 위해 빈곤 정의를 조작화할 때는 정확성을 높이기 위해서 여러 가지 기법을 결합시키는 '삼각 검증triangulation' 방식을 사용할 필요가 있다.[81] 나아가 참여 기법과 같은 정성적 기법까지 아울러서 삼각 검증을 실시하면 더 깊고 다차원적이며 다중적인 관점이 담긴 그림을 그려낼 수 있을 것이며, 그 결과물은 측정의 수준을 뛰어넘어 이 책에서 발전시킨 빈곤 개념화와도 부합할 것이다.

3장
불평등, 사회적 범주, 서로 다른 빈곤 경험

　이 장에서는 빈곤을 빚어내고 빈곤과 상호작용하며, 빈곤을 경험하는 방식에 영향을 주는 불평등과 사회적 범주social divisions에 주목한다. 즉, 구조주의적 관점을 반영한다는 뜻이다. 1장에서 논했듯이 빈곤은 사회적·경제적·정치적 구조와 과정으로 보아야 가장 잘 이해할 수 있다. 사회 안에서, 그리고 전 지구적으로는 각 사회 간에 불평등한 자원 분배를 초래하고 지속시키는 것이 바로 이러한 구조와 과정이기 때문이다. 5장에서 살펴보겠지만, 구조주의적 관점이 반드시 인간의 행위주체성을 배제하지는 않는다. 구조적 제약 안에서도 빈곤을 경험하는 개인과 집단은 각자 다른 방식으로 대응하면서 자기 삶을 꾸려 나가는 능동적인 행위주체로 존재한다. 또한 사회적 배제에 관한 일부 문헌에서 강조하듯이 이러한 구조적 제약을 형성하는 데 일조하는 것은 빈곤층이 아니라 더 큰 권력을 가진 집단의 행위주체성이다.[1] 이 장에서는 행위주체성보다 구조를 강조하는 만큼, 읽는 동안 이러한 관점을 염두에 둘 필요가 있다.

먼저 사회경제적 불평등 및 사회적 계층이라는 맥락에서 빈곤을 간단하지만 명확하게 살펴볼 것이다. 그리고 부유한 사회에서 빈곤의 물질적 영향을 대략적으로 그려 보고, 성별과 '인종', 장애와 같은 사회적 범주가 빈곤을 경험하는 방식과 과정에 영향을 주는지 살펴볼 것이다. 샌드라 프레드먼이 지적했듯이, "빈곤 상태로 사는 사람 중에서 [사회적] 지위에 근거한 차별로 인해 고통받는 집단은 [대부분] 불균등하게 나타난다."[2] 구조적 불평등에 더해 생애 주기의 양 끝단, 즉 유년기와 노년기에 빈곤이 어떻게 경험되는지도 살펴본다. 이러한 시각은 개인이 살면서 통과하는 생애 경로의 복잡성을 반영하며, 특히 성별화된 빈곤 이해와 관련이 있다.[3] 실제로 사회적 범주는 서로 교차하고 상호 작용하는데, 각 범주는 생애 경로의 국면에 따라 강해지거나 약해진다.[4] 그러나 분석의 편의를 위해 여기서는 범주별로 나누어 논의할 것이다.

마지막으로 고려하는 차원은 공간이다. 여기서 제기하는 문제는 같은 시기에 빈곤을 경험하는 이들이 속한 범위에 관한 것이다. 빈곤은 기본적으로 특정한 성별, '인종', 민족성, 종교, 사회계층, 연령, 성적 지향, 장애 또는 비장애라는 범주에 속한 개인으로서, 그리고 빈곤의 정도와 속성을 좌우하는 가족 또는 다양한 형태의 가구 내에서, 마지막으로는 거주하는 동네, 그리고 그 동네가 빚어내는 물리적·사회적 환경 속에서 경험된다.[5] 나아가 개인과 집단이 적절한 자원을 누리지 못하도록 막는 권력은 이러한 범위의 안팎에서, 즉 미시적으로는 가구 내에서, 거시적으로는 국가와 전 지구에 걸쳐서 행사된다.[6]

불평등, 사회계층, 양극화

존 스콧은 박탈 및 특권의 형태로 드러나는 이 배제의 과정을 "한 사회의 시민이 누리는 정상 범위의 생활양식으로부터 양극단으로 치우치는 이탈"이라고 분석했다.[7] 불평등 위계의 양 끝에서 누리는 권력과 기회가 다르다는 것은 '궁핍한 계층은 공적 생활에서 배제당하는 반면, 특권층은 자기가 가진 특별한 이점을 바탕으로 대중을 배제할 수 있다'는 뜻이다.[8] 스콧은 박탈과 특권이 단순히 통계적인 위계상 최하위와 최상위를 가리키는 것이 아니라 별개의 '조건 및 사회적 지위'를 의미한다고 강조한다.[9] 그리고 빈곤의 원인과 부의 원인은 떼어 놓을 수 없다고 결론짓는다.[10] "사려 깊은 부유층이 빈곤 문제라고 부르는 것을, 사려 깊은 빈민층은 부의 문제라고 부른다"라는 R. H. 토니의 유명한 격언[11]을 떠올리게 하는 대목이다. 여기서 말하는 '문제'를 불평등이라고 보면 '구조적 변화의 필요성'이 뚜렷해진다.[12]

1장에서 강조했듯이 상대적 관점에서 본 빈곤과 불평등은 동의어가 아니다. 그럼에도 불구하고 빈곤과 빈곤이 지속되는 상황은 불평등과 밀접하게 관련되어 있다.[13] 국가 간 분석에 따르면 빈곤이 심각한 국가에 비해 빈곤 수준이 가장 낮은 국가가 전반적으로 더 평등한 편이다.[14] 불평등이 심할수록 최상층은 빈곤의 현실로부터 멀어지고, 자신을 최하층에 있는 사람들과 동일시하거나 그들의 지위 향상을 위한 구조적 변화와 보호 목적의 재분배 정책을 요구하는 목소리에 공감할 가능성이 낮아질 수 있다.[15] 사회계층은 여전히 '빈곤과 경제적 불평등의 밑바탕'이며,[16] 그 '도덕적 의의'를 통해 빈곤층에게 '구조적 굴욕'을 안긴다.[17] 라이제링과 라이프프리드는 중간층마저도 취약하게 만드는 '신

빈곤'현상을 파악했지만, 그래도 "빈곤에 처할 위험은 경제력이 낮은 계층에 속하는 가족이 확실히 더 높다"고 인정한다.[18] 영국처럼 불평등한 사회에서 사회계층, 그리고 계층과 연관된 물질적 불평등은 기대수명, 건강, 교육, 취업 기회에 지대한 영향을 미치며, 전체적인 사회의 질social quality을 짐작하게 한다.[19]

19세기 후반에서 21세기 초반 사이에 많은 국가에서 소득 및 부의 불평등이 심각해졌다.[20] 사회경제적 양극화 과정이라고 설명할 수 있는 이 현상은 전 지구적 수준에서 마찬가지로 나타났다. 최근의 추세에 대해서는 다소 논쟁이 있지만, 소득과 부의 전 지구적 분배는 여전히 '심각한 불평등' 상태로 남아 있다.[21] 수많은 분석가가 국내뿐 아니라 국제적 수준에서 불평등이 줄어들지 않는 한 빈곤에 효과적으로 대항할 수 없다는 결론에 다다랐다. 부당할 정도의 불평등은 필연적인 결과라 할 수 없다.[22]

빈곤 경험

빈곤과 불평등은 물질적·사회적 측면에서의 박탈 경험에 따라 구별된다. 이 박탈의 심도와 속성은 빈곤의 지속 기간과 반복 여부에 좌우될 것이다. 심리적으로, 그리고 빈곤을 견디는 방법 면에서 빈곤이 차지하는 중요성 또한 빈곤이 언제 끝날지를 뚜렷이 알 수 있는지 아닌지에 따라 달라진다.

영국에서는 빈곤의 물질적 영향에 대한 정량연구 및 정성연구가 잇따라 나왔다. 그중에서 가장 최근에 실시된 영국빈곤및사회적배제조사 결과에 따르면, 소득 부족으로 인한 박탈, 예를 들면 주거 조건과 난방, 음식, 필수적인 가정용품과 의복, 평범한 사회 활동에 참여할 역량 등과 관련된 박탈이 만연한 상황이다.[23] 정성연구는 이러한 박탈을 경험하는 사람들에게 박탈이 무엇을 뜻하는지 더 잘 드러내 준다. 그 내용은 보통 지속적인 제약 상태, 없는 대로 버티기, 주말이면 돈이 떨어지는 상태, 빚, 한정된 선택지, 덫에 걸린 기분, 즉흥적으로 행동할 여지가 없는 상태, 망가진 가족 관계 중 하나에 해당한다.[24] 영국의 102개 정성연구를 검토한 결과에 따르면, 가장 핵심적인 주제는 '많은 가구에서 느끼는〔재정 상황의〕취약함'이었다. "아무리 꼼꼼히 대비해도 비교적 사소한 예상 외의 사건이나 지출로 인해 예산이 한계 상태에 다다르는" 상황이라는 것이다. 압도적으로 "불안정하다는 느낌이 … 저소득층 삶의 질에 상당한 영향을 미칠 뿐 아니라, 세상을 보는 '시각'을 결정하는 것으로 나타났다."[25] 그로 인한 압박감과 불안이 빈곤층의 신체적, 정신적 건강에 해로운 영향을 주었다. 빈곤의 물질적 영향을 설명하면서 그들은 "사는 것이 아니라 생존하는 것"이라고 반복적으로 말했다.

　　이러한 영향을 주관적으로 어떻게 경험하는지는 그 사람이 속한 집단에 따라 달라질 것이다. 후퍼 등은 직접 실시한 정성연구를 바탕으로, 빈곤의 물질적 차원과 사회적 차원 또는 관계적 차원이 '곳곳에서 교차한다'는 점을 인식하면 "빈곤 경험을 이해하는 데 있어 다양성이라는 문제가 점점 더 중요해진다"고 지적한다.[26] 이러한 관점이 앞으로 살펴볼 이 장의 논지, 생애에 걸쳐 교차하는 사회적 범주와 지위가 빈곤의 영향과 경험을 구조화한다는 주장을 뒷받침한다.

성별

성별은 가장 결정적인 구별 범주다. 빈곤이 성별에 따라 불평등하게 발생하는 양상 자체는 완화된 나라가 많은데, 성별을 고려해 빈곤을 분석하는 작업은 이러한 발생 양상보다는 빈곤의 원인과 효과가 성별과 깊이 관련되어 있다는 사실을 드러내는 데 더 집중한다. 달리 말하자면 '빈곤 자체가 성별화되어 있다'는 것이다.[27] 개념적으로나 방법론적으로나 단지 '여성을 포함'하는 수준을 훨씬 뛰어넘는 대응이 필요한 지점이다. 빈곤과 성별의 관계를 보여 주는 증거를 분석한 연구에서는 "성별이라는 렌즈로 바라본 결과 … 빈곤 상태로 빠져드는 과정과 빈곤에서 벗어날 수 있는 경로로 향하는 과정이 성별화되어 있어 … 사회적, 경제적 관계와 제도를 점검해야 한다"고 설명한다.[28] 타운센드가 인정했듯이 "[성별은] 근원적인 수준에서 영향을 미친다."[29] 게다가 성별을 고려해 빈곤을 분석하면 빈곤과 여성의 관계뿐 아니라 빈곤과 남성의 관계도 그려 낼 수 있는데, 이 점은 느리긴 해도 차차 받아들여질 것이다.[30] 특히 전통적인 성 정체성이 빈곤의 사회적 관계에 스며들 가능성이 있다.[31] 예를 들어 '가장' 역할을 맡고 있다고 인식하는 남성은 가족을 적절히 돌보지 못할 때 수치심 또는 죄책감을 느낄 가능성이 더 높은 반면, 어머니는 소비주의 사회의 낙인으로부터 자녀를 보호하지 못한다는 사실 또는 자녀를 돌보기 위해 복지 기관에 의지해야 한다는 사실로 인해 수치심을 느끼는 경우가 많다.[32]

"빈곤의 여성화"?

일찍이 EU와 미국에서 나온 증거에 따르면, 남성보다 여성이 빈곤을 겪을 위험이 훨씬 더 컸다. 다만 위험의 정도는 다양하고, 스웨덴처럼 뚜렷한 예외도 있다.[33] 최근 들어서는 적나라하던 성별 빈곤 격차가 좁혀져, 늘 뚜렷이 보일 정도로 격차가 발생하지는 않는다.[34] 이보다 더 눈에 띄는 현상은 여성이 이끄는 것으로 분류되는 가구, 특히 홀로 자녀를 양육하는 여성이나 유일한 연금 수령자인 여성이 책임지는 가구의 빈곤이다.[35] 영국에서의 분석에 의하면, 자녀가 있는 경우에는 남성보다 여성이 이끄는 가구에서 빈곤을 겪을 가능성이 더 높다.[36] (특히 고강도) 돌봄 노동자처럼 여성이 주를 이루는 집단 역시 위험에 처해 있다.[37] 연구 대상자들을 장기간 추적한 종단연구에서는 여성이 지속빈곤 및 반복빈곤recurrent poverty에 더 많이 노출되는 것으로 나타났다.[38]

이 같은 양태를 표현하는 말로 '빈곤의 여성화'라는 문구가 널리 쓰인다. 이 문구는 (1978년 다이애나 피어스에 의해) 미국에서 위험에 처한 여성 주도 가구가 늘어나는 현상을 설명하는 데 처음 쓰였다. 문구 자체가 가진 힘 덕분에 미국뿐 아니라 국제적으로도 그간 가려졌던 여성 빈곤을 드러내는 데 유용히 쓰였다. 하지만 이 문구에는 오해의 소지가 많다. 의미상 두 가지 문제가 있는데, 주로 '과정보다는 상태'[39]를 가리키는 데 쓰이면서 그 둘을 혼동하게 만든다는 점, 그리고 이것이 색다른 현상이라는 잘못된 암시를 준다는 점이다. 실비아 챈트에 따르면, 이 문구가 "이론적으로나 의미 전달에 있어서, 심지어 서술적으로도 유용성이 거의 없는 막연한 표현"이라는 인식이 커지고 있다.[40] 그런 이유로 이 표현보다 성별화된 빈곤이라는 개념을 선호하는 경우가 늘고 있다.

'빈곤의 여성화'론에 담긴 문제 중 하나는 가구 내 개인이 아니라 가장을 기준으로 한 통계에 주로 의존하거나,[41] 개인별 통계를 대략

'어림짐작해' 사용해야 한다는 점이다.[42] 가장 대표적인 사례로 전 세계 빈민 중 70퍼센트가 여성이라는 UN의 주장을 들 수 있는데, 널리 인용되는 이 주장은 "사실보다 더 사실 같다"는 평가를 들은 바 있다.[43] 여성 주도 가구의 빈곤 위험에만 집중하면 집단 내의 이질성, 국가별로 서로 다른 가구 형태(예를 들어, 여성 주도 가구는 더 큰 대가족 가구의 일부여서 집계되지 않을 수 있다), 그리고 가장 중요한 남성 주도 가구 내의 여성 빈곤을 볼 수 없게 된다.[44] 개인을 집계한다고 주장하지만 사실은 가구 소득을 기반으로 하며, 가구 내에서 소득이 공평하게 배분된다는 과도한 추정에 기댄 빈곤 집계 방식은 여성 빈곤을 과소평가할 가능성이 있다.

숨겨진 빈곤

기타 센은 "누가 정말로 가난한지 이해하려면 가구 내 불평등을 인식하는 것이 매우 중요하다"고 주장한다.[45] 가족 내에서 소득과 소비가 불평등하게 분배된다는 것은 남성 배우자는 가난하지 않은데 여성이 가난하거나, 여성이 더 강도 높게 빈곤을 경험한다는 뜻일 수 있다. 재정 관리에 대한 영국의 수많은 연구를 살펴보면 가족 내에서 소득이 언제나 공평하게 배분되지는 않으며, 여성의 '개인 지출금'이 남성보다 적다는 사실이 드러난다.[46] 이런 연구는 대부분 규모가 작은 정성연구지만, 결론을 내리는 데 정량 조사 결과도 근거로 삼는다.[47] EU 차원의 분석에 따르면, 가구 내 자원을 공유하는 것으로 추정되었지만 실제로는 그렇지 않은 가구가 전체의 3분의 1에 달한다.[48]

소비와 박탈 측면에서 정성연구 결과를 보면, 음식과 같은 일상

적인 필수재와 자동차 같은 내구소비재 모두에 남성이 '특권을 지닌 소
비자'로서 역할을 하는 경향이 있다. 나아가 밀러와 글렌디닝이 지적했
듯이 "해당 재화를 통해 얻는 혜택과 자유를 고려할 때, '그 남자의' 자
동차와 '그 여자의' 세탁기를 동등하다고 보기는 무척 어렵다."[49] 제한
적으로나마 가구 내 불평등을 측정할 수 있게 된 영국빈곤및사회적배제
조사에 따르면 성별 박탈 격차는 1999년 이래로 줄어들고 있지만, 자녀
가 있는 경우에는 격차가 더 두드러진다.[50] 유럽의 문헌을 간략히 검토
한 카라기아나키와 부르하르트는, 여성에게 불리한 가구 내 박탈 불평
등이 존재한다는 증거는 명확하지만, 그 정도는 문화적, 경제적, (특히
복지국가의) 정책적 맥락에 따라, 가족과 가구의 형태에 따라 다양하다
고 결론짓는다. 특히 "개인이 가구에 투입한 소득을 나누는 문제는 자
원 통제권과 관련이 있고, 배우자 간에는 여성에게 할당되는 소득이 남
성보다 적은 경향이 있다"고 지적한다.[51] 카라기아나키와 부르하르트가
분석한 EU소득및생활조건통계 자료에 따르면 "유럽 내 가구의 성인 구
성원 사이에서 불평등한 박탈의 결과를 안고 사는 성인의 비율이 상당"
한데,[52] 단일 가족 단위를 넘어서는 '복합 가구'인 경우에 특히 그러하
다. 더욱 중요한 점은 "모든 나라에서 가구 내 박탈 불평등의 정도가 전
반적인 박탈 수준에 상당한 영향을 미친다"는 사실이다.[53]

경제적 의존

숨겨진 여성 빈곤에는 두 가지 측면이 있다. 하나는 여성의 경제
적 의존과 남성의 권력에 관련된 구조적인 요소이고, 다른 하나는 다른
가족 구성원, 특히 자녀를 위해서 자기 필요를 희생하는 여성의 행위주

체성이다. 여성의 (전적이거나 부분적인) 경제적 의존은, 여전히 남성이 임금노동에서 더 큰 몫을 차지하고 여성이 무급 가내 노동을 더 많이 맡는 성별화된 노동 분업하에서 돌봄을 수행하기 위해 여성이 치르는 대가다. 이런 조건으로 인해 여성이 적정 수준의 소득을 독립적으로 취하지 못하고, 남성이 경제적 독립성과 권력을 확보하는 상황이 지속된다.[54] 이는 곧 성별에 따라 빈곤에 처할 위험이 달라진다는 뜻이기도 하다.[55] 이제는 경제적으로 남성 배우자에게 완전히 의존하는 상태가 예전만큼 흔치 않고, 가족이 빈곤 상태에 빠지지 않도록 하는 데에 여성의 수입이 점점 더 중요해지고 있다.[56] 여성의 경제적 의존 범위와 정도는 생애와 집단, 국가별로 다양하다.[57] 예를 들어 영국과 미국 모두 역사적으로 흑인 여성의 경제적 의존 정도가 백인 여성보다 덜했는데, 대체로 북유럽 국가에서는 이런 현상이 영국과 미국만큼 뚜렷하게 나타나지 않았다.

그렇지만 대부분의 국가에서 (실제로 점점 늘고 있는, 2인 소득원에 의존하는 가족인 경우에) 여성의 수입, 특히 시간제 직종으로 벌어들이는 수입은 가구 내에서 경제적 권력의 균형을 이루거나 독립적으로 빈곤하지 않은 가구를 유지할 역량을 갖춘다는 의미에서의 진정한 경제적 독립을 얻기에는 충분치 않을 때가 많다.[58] 이는 여성의 경제적 의존이라는 관념이 비록 줄어들고는 있지만 여전히 통용된다는 뜻이고, 여기에는 여성에게 남성 부양자가 있다는 전제가 깔려 있다. 이런 관념은 공적 영역인 노동시장에서나 사적 영역인 가정에서나 열등한 여성의 지위를 정당화하는 데 일조한다. 따라서 일반적으로 볼 때 이 관념의 물질적 영향에서 자유로운 여성은 특권층밖에 없다.

여성의 경제적 의존이 미치는 영향은 가족 내에서 소득과 자원이 불평등하게 배분된 결과인 숨겨진 빈곤에 그치지 않는다. 자원이 공평하게 배분된다고 해도 본인의 노력만으로 자기와 자녀의 필요를 채우기에는 소득이 충분치 않다면, 그 여성은 빈곤에 취약하다. [경제적으로] 배우자의 재량에 의존해야 하는 데다 동반자 관계가 깨지는 상황에 대비도 안 된 상태이기 때문이다. 생애적 관점이 중요한 또 한 가지 이유가 바로 이런 유형의 재정적 불안정에서 파생되는 결과를 이해하기 위해서다.[59] 영국의 조사 결과에 따르면, 많은 여성이 전적이거나 부분적인 경제적 의존 상태에서 전형적으로 나타나는 자원 통제권 부족, 권리 부족, 그리고 의무와 복종이라는 의식이 깔린 불평등한 권력관계를 경험한다.[60] 또한 경제적 의존은 가정 폭력에 더욱 취약하게 만드는데,[61] 여기에는 "여성이 돈에 손을 거의 댈 수 없는 탓에 삶의 주요한 측면에 대한 통제권을 남편에게 빼앗기고 근본적으로 자유를 제한당하는 … 경제적 폭력"[62]도 포함된다. 이제는 경제적 학대의 심각성이 인식되고 있다. 이런 학대는 물리적 형태의 가정 폭력과 결합되는 경우가 많아,[63] 가구 수입이 줄어들지라도 통제권을 갖고 홀로 양육하는 편을 선호하는 여성들이 있다.[64] 나이 든 여성도 남성 배우자나 심지어 헤어진 전 배우자로부터 경제적 학대를 경험할 수 있다.[65]

자기희생

숨겨진 빈곤의 두 번째 측면은 여성의 자기희생이 빚어내는 결과로서, 역사가 아주 긴 현상이다.[66] 저소득 가족이 생활을 지탱해 나가는 방법에 관한 최근 연구에 따르면 소득이 불충분한 탓에 생기는 어려움을 다른 가족 구성원, 특히 자녀가 겪지 않게 하려고 음식, 의복, 난방을 포기하는 어머니가 많다.[67] 이 '피치 못할 이타주의'는 많은 경우에 당연하게 여겨진다.[68] 일반적으로 저소득 가정에서 돈을 관리하는 책임이 여성에게 지워지기 때문에 이미 빈곤과 빚을 감당하고 있으면서 빈곤에 뒤따르는 충격을 막는 역할까지 여성이 도맡는 경향이 있다는 사실을 보여 주는 대목이다.[69] 돈 관리를 맡는다는 자부심을 드러내는 여성도 일부 있지만, 이런 역할로 인한 압박감이 신체적·정신적 건강에 해로운 영향을 미칠 수 있다.[70]

시간

빈곤을 감당하는 데는 시간이 많이 소모된다. 하지만 "가난한 사람의 시간은 가치 없는 것으로 여겨진다."[71] 부유한 사람은 노동을 절감해 주는 재화나 서비스를 구매하여 돈으로 시간을 대체하는 경우가 많은데, 빈곤 상태에 놓인 사람은 그와 반대로 돈을 아끼려고 시간을 소모한다.[72] 그리고 이렇게 소모되는 시간은 주로 여성의 것이기에, 여성은 소득뿐 아니라 시간도 남성에 비해 부족한 경우가 많다. 이런 상황은 일하면서 홀로 양육하는 여성을 특히 취약하게 만든다.[73] "여성은 근무일을 늘리고 노동에 상당한 시간을 소모함으로써 빈곤의 비용을 스스로 부담하며", 이런 조건이 개인적인 행복에 영향을 미친다.[74] 시간을 잡아먹는 돌봄 노동과 마찬가지로 소득을 포기하고 가내 노동에 투입하는 여성의 시간은 식사와 깨끗한 의복 등 다른 가족 구성원이 누리는 생활 수준으로 변환된다. 그래서 타니아 부르하르트[75]는 여성이 지는 이 같은 책임에는 그에 합당한 자원이 함께 배분돼야 한다고 주장한다.

이는 빈곤 개념화와 측정에 고려할 만한 지점이다.[76] 시간은 재정적 자원과 상호작용하는 자원이다. 빈곤의 성별화된 속성을 충분히 이해하려면 여성과 남성이 각각 소득을 생활수준으로 변환하는 데에, 또는 센의 표현처럼 역량과 기능화로 변환하는 데에 이런 자원을 얼마나 소모하는지 알 필요가 있다. 따라서 가구 내에서는 소득과 소비 측면만이 아니라, 이처럼 가내 노동에 시간을 쓰고 나서 '자기 삶의 목표를 추구할' 비교적 '실질적인 자유', 즉 역량을 쌓는 데 필요한 자유 시간과 기력에 있어서도 여성이 남성보다 더 가난할 수 있다.[77] 물론 물질적으로 빈곤하지 않은 경우에도 시간 빈곤을 겪을 수 있다. 하지만 두 가지 조건이 공존한다는 것은 빈곤의 악영향이 배가된다는 뜻이며, 때로는 시간 빈곤을 대가로 치러야만 물질적 빈곤을 피할 수 있다.[78] 더 나아가 이동성mobility이라는 문제도 물질적 빈곤과 시간 빈곤 모두에 영향을 미친다. 여성은 빈곤을 감당하는 과정에서 특히 대중교통에 크게 의지하는데,[79] 대중교통이 미비할 경우에는 시간 빈곤이 가중된다.[80]

개인인가, 가구인가

성별을 고려하는 관점이 빈곤 개념화와 측정에 던지는 또 하나의 중요한 시사점은, 가구가 아니라 개인이 경험하는 빈곤을 강조하는 것이다. 특정 시점에 어떠한 물질적 생활수준을 누리든 간에, 자원에 대한 통제권과 자기를 부양할 독립적 수단이 부족하다면 그 여성은 빈곤에 취약하다.[81] 따라서 여성의 빈곤을 살펴볼 때에는 개별적 관점이 내재된 센의 역량 접근법과 행복 개념이 도움이 된다.[82] 그러나 내가 앞에서 빈곤을 정의하는 핵심 요소는 저소득이라고 주장한 만큼, 우리 앞에는 여전히 방법론적 문제, 즉 개인이 책임져야 하는 지출과의 관련성을 고려하면서 가구 내 개인 소득을 어떻게 측정할 것인가라는 문제가 놓여 있다.[83]

더모트와 판타지스[84]는 개인 차원과 가구 차원의 빈곤을 모두 측정해야 한다고 결론짓는다. 나아가 여성의 숨겨진 빈곤이 어떤 면에서 다른지를 밝히는 데 필요한 개인주의적 관점과, 이러한 빈곤이 여성이 다른 가족 구성원과 맺는 감정적·도덕적 관계에서 비롯한다는 관점,[85] 더 일반적으로는 성별 관계에서 비롯한다는 관점[86]은 서로 충돌할 가능성이 있다. 개인을 구별하지 않는 가구 분석이 명제이고 개인 차원의 분석이 반명제라고 한다면, 개인이 경험하는 빈곤을 관계적 맥락 안에서 이해하는 합명제를 도출할 필요가 있다. 논평자들이 지적하듯이, 개인 차원의 분석이 시사하는 자기의 자원과 인격을 통제하고자 하는 욕구를 이기주의와 원자화로 오인해서는 안 된다.[87]

가족, 노동시장, 국가

여성의 숨겨진 빈곤은 여성이 처한 권력상의 열위를 드러낸다. 그 배경에는 성별화된 노동 분업, 계속되는 성차별 및 성별에 따른 유형화stereotyping, 그리고 여성의 경제적 의존 관념과 그 현실이라는 세 가지 조건이 있다. 이것들이 모두 노동시장, 가족 관계, 복지국가에서 여성의 지위를 뒷받침하며, 이 세 조건의 상호작용에 따라 일생 동안 여성의 경제적 지위가 결정되고 여성 빈곤과 남성 빈곤의 원인이 크게 달라진다. 이러한 자원의 체계가 정확히 어떻게 배열되는가는 그 사회의 노동시장 정책, 복지 정책, 가족 정책을 반영하는 복지 제도에 따라 다르다.[88] 베넷과 데일리는 EU 조사 결과를 볼 때, 성별에 따른 노동시장과 가족 간의 상호작용을 남성 노동자와 여성 노동자가 상당히 다르게 경험한다고 말한다. 즉 "남성은 (자기 소득이 없는 배우자의 존재를 포함해) 가족이 처한 상황 때문에 '일을 하면서in-work' 빈곤 [즉 노동빈곤] 상태로 살 가능성이 높은 반면, 여성은 (저임금, 시간제 노동에 들이는 시간 등) 고용 상태 자체의 문제로 인해 빈곤 상태로 살 가능성이 더 높다"는 것이다.[89]

여성 빈곤에 효과적으로 대응하려면 노동시장과 복지 서비스, 생활 보조 제도를 조합하여 [여성이] 노동시장 및 국가로부터 적정한 독립 소득을 확보할 수 있도록 보장하는 정책을 수립하는 동시에 성별화된 노동 분업에 맞서는 행동을 취해야 한다. 독립 소득을 확보하면 자율적으로 가구를 구성할 능력이 생길뿐 아니라 동반자 관계에서의 경제적 지위도 강화된다. 이러한 조건은 가정 폭력과 학대를 겪는 경우에 특히 중요하다.

'인종'과 민족성

지금까지 성별에 따라 빈곤이 발생하는 과정뿐만 아니라 그 원인과 영향이 어떻게 달라지는지 살펴보았다. 이렇게 성별화된 빈곤 경험은 대표적으로 '인종'과 같은 또 다른 사회적 범주에 거듭 영향을 받는다. 흑인 혹은 소수민족 집단에 속한 여성은 유달리 빈곤을 겪을 위험이 높으며, 그들이 경험하는 빈곤은 특유한 형태를 띤다.[90] 빈곤은 크게 발생, 인종차별과 인종주의의 역할, 인종에 따른 유형화와 관련된 세 가지 의미에서 인종화된 현상이다.

발생

북반구에서나 남반구에서나 빈곤은 인종과 민족에 따라 다르게 나타난다. 백인 주도 사회에서는 비백인 집단이 훨씬 더 가난하고, 그중에서도 이주민, 망명 신청자, '집시' 등 소수 유랑인 집단, 선주민 집단이 특히 빈곤에 취약하다.[91] 북반구에서는 (빈곤층의 다수 집단을 차지한 적이 전혀 없는) 비히스패닉 백인보다 흑인과 히스패닉의 빈곤율이 훨씬 더 높은 미국에서 이런 현상이 가장 잘 드러난다.[92] 유럽에서는 그간 빈곤과 '인종' 사이의 관계를 기록한 자료가 그리 많지 않았다. 영국의 공식 집계치를 보면, 집단별로 다양하기는 하지만 대체로 "백인보다 모든 소수민족 집단에서 빈곤이 훨씬 많이 발생한다."[93]

인종차별과 인종주의

빈곤이 이처럼 인종에 따라 다르게 나타나는 이유는 무엇인가? 분석가들은 대부분 인종주의와 차별이 핵심 요소라고 본다. 예를 들어 세계은행은 '교육, 취업 기회, 정보의 차별이 누적되어 나타나는 효과'와 심리적인 영향이 백인 주도 사회에 사는 흑인[94]과 '집시' 등 소수 유랑인 집단[95]의 경제적 지위를 약화시킨다는 사실을 인정한다. 이들이 쇠퇴 구역deprived areas으로 몰리는 공간 집중 현상도 경제적 불이익을 악화시키는 요소다.[96] 소수민족 집단 간 노동시장 경험의 격차가 커지고는 있지만, 실업과 임금, 일자리의 질을 따져 볼 때 영국에서 이들이 처한 지위가 대체로 불리하다는 증거는 차고 넘친다.[97] 유럽 전반으로 보아도

풍요의 시대, 무엇이 가난인가

마찬가지다. 칼완트 보팔[98]은 '백인 특권'이 지속적인 인종 불평등의 근원이라고 지적한다.

복지국가에서도 소수민족 집단은 불리한 입장에 처하는 경향이 있다. 이들이 처하는 불리한 입장에는 여러 가지가 있는데, 이를테면 1세대 이주자에 대한 차별, 문화적 차이를 수용하지 못하는 보편 서비스universal services, 공무원의 인종주의적인 태도, 소수민족 공동체의 낮은 수급자 비율 등이다.[99] 더불어 이주자와 망명 신청자들의 복지 수급권을 줄이려는 경향도 확산되어 왔다. 복지 기관과 접할 가능성이 더 높은 흑인 이용자, 특히 여성에 대한 모욕적인 대응은 일상 속의 인종주의가 빈곤 경험을 어떤 식으로 악화시킬 수 있는지 보여 주는 한 가지 사례다.

인종에 따른 유형화

이러한 인종주의는 인종화racialization 과정과 밀접하게 연결되어 있다. 일반적으로 이해하듯이, 인종주의는 빈곤을 구조적으로 분석하지 않고 개인적인 '복지 의존'으로 연결 지어 흑인에 대한 고정관념과 낙인 형성에 일조했다. 다른 한편으로는 '복지'와 흑인을 인종주의적으로 연결 지어 '복지' 수급자에게 낙인을 찍을 수도 있다.[100] 이러한 이중적 과정은 미국에서 가장 뚜렷이 나타난다. 미국에서는 "빈곤을 인종화하는 것이 빈민을 정치적으로 비합법화하고 진압하는 데 핵심적인 요소로 쓰"였고, 그리하여 근원에 깔린 부의 불평등은 가려졌다.[101] 이와 동시에 진행된 (성별화된) '복지의 인종화' 과정은 1990년대 들어 복지권 해체에 기여했다.[102]

이 과정에 언론 매체가 중요한 역할을 했다.[103] 언론은 특히 (미국적 맥락에서) '하층민underclass'에 대한 철저히 인종화된 인식을 확산시켰다. 평론가들은 규모가 더 큰 백인 빈민 집단은 외면하고 흑인 10대 출산 여성과 실업 청년에 유독 관심을 쏟으면서, 자신들이 "자격 없는 빈민이라는 오래된 편견을 덧씌우고자 하는 대상인 도심 지역 흑인을 가리키는 몹쓸 동의어에 불과한" '하층민'이라는 관념을 널리 활용했다.[104] "흑인 하층민 관념은 기존의 인종 불평등을 정당화하는 데 기여했을 뿐 아니라 도심 지역 흑인을 비인간화하고 온갖 사회적 해악의 원인을 그들에게 돌리게 했다."[105]

그런데 인종화에는 또 다른 측면에 있다. 백인성whiteness 또한 '인종화된 담론'이라는 사실이다. 이머전 타일러가 제대로 지적했듯이, 나는 초판에서 이 점을 간과했다.[106] '백인 쓰레기', '트레일러 쓰레기trailer trash',* '차브chav'** 같은 꼬리표는 "노동계급을 인종화하여 다른 유형의 백인성과는 거리가 있다는 인식을 조성할 수 있다."[107] 이 '용인할 수 없는 백인성'[108]은 빈곤으로 얼룩진 상태와 주변화된 지위를 특징으로 한다. 즉 기존의 인종화된 집단과 더 가깝다거나,[109] 미국에서처럼 외딴 농촌 지역에 사는 '힐빌리들hillbillies'이나 저소득자들의 이동식 주택이 몰려 있는 공원과 관련이 있다는 인식이다.[110] 이런 식으로, 흑인으로 인종화된 집단이든 백인 노동계급이든 이들이 겪는 곤란은 구조적 불평등 때문인데도 그 원인을 문화적 결핍에서 찾는다. 그 결과, 계층은 '인종'과 뒤섞이고 가려진다.[111] 따라서 흑인에게나 백인에게나, 빈곤과

---

*   트레일러(이동식 주택)에 사는 빈곤층을 가리키는 속어.
** 영국에서 빈곤층을 가리키는 말로, 특히 '복지 정책에 의존해 생각 없이 사는' 계층이라는 인식이 담겨 있다.

'복지 의존'에 대한 인종화는 '하층민'이라는 꼬리표를 활용하는 전략과 함께 '피해자를 비난'하는 고전적인 기능을 수행했다.

장애

빈곤의 발생, (어느 정도는 차별의 결과이기도 한) 특유의 빈곤 유발 요인, 장애인에 대한 사회 전반의 대우를 고려할 때, 빈곤과 장애의 관계는 빈곤과 '인종'의 관계와 비슷하다. 장애는 특히 성별화된 빈곤과 중첩되는데, 장애인의 다수가 여성이기 때문이다.*[112]

발생

장애가 반드시 빈곤을 발생시키는 것은 아니지만, 유발 요인으로서나 결과로서나 장애와 빈곤은 북반구와 남반구에서 각기 다른 방식으로 밀접히 연관된다. 영국의 자료를 보면 유년기에 겪는 사회경제적 불이익 때문에 장애가 만성화될 가능성이 높아지는 한편, 장애로 인해 빈곤이 발생할 위험도 크다.[113] 그러나 대체로 이런 조사 자료는 장애인을 지원하기 위해 설계된 급여는 포함하지만 장애로 인해 드는 추가 비용은 반영하지 않기 때문에 장애인이 겪는 빈곤의 수준을 과소평가한다는 인식이 있다.[114] EU 자료를 살펴보면 비장애인에 비해서 장애인이 빈곤에 처할 위험이 꾸준히 더 높게 나타나는데, 장애인이 겪는 위험이 비장애인보다 얼마나 더 높은지는 [국가에 따라서] 크게 다르다.[115] 장애인

---

* 한국의 경우 보건복지부가 발표한 등록장애인 통계에 따르면 2021년 말 기준. 남성 장애인은 153만 명(57.8퍼센트), 여성 장애인은 112만 명(42.2퍼센트)으로 남성이 다수를 차지한다.

본인만이 아니라 가족 구성원, 특히 돌봄을 제공하느라 노동시장 활동에 제약을 받는 (주로 여성) 가족 역시 빈곤에 취약하다.[116]

유발 요인

돌봄 제공자가 받는 영향은 때로 장애의 간접적 영향으로 서술된다. 장애인에게는 근본적으로 장애와 관련된 추가적인 필요로 인해 다른 저소득층은 부담하지 않는 비용이 발생한다. 이를테면 특별한 식단, 장비 마련 또는 적응, 이동할 수 없기에 필요한 추가 난방, 교통비 등이다. 게다가 장애인은 일반 대중보다 정보 기술 접근권을 필수로 여기는 경우가 더 많다.[117] 1장에서 언급했듯이 센[118]은 소득을 역량으로 전환하는 방식이 집단에 따라 어떻게 다른지 보여 주기 위해 장애 관련 비용을 예로 들었다. 다른 모든 조건이 동일할 때, 일정 규모의 소득이 비장애인에게는 적정하다고 해도 장애인은 장애로 인해 들어가는 추가 비용 때문에 역량 부족 상태에 놓일 수 있다. 즉 장애인이 같은 소득으로 살아가는 타인보다 물질적 박탈을 경험할 가능성이 훨씬 더 크다는 뜻이다.[119]

장애인은 비용이 더 많이 들 뿐 아니라 노동시장에서 지위가 불리하기 때문에 소득이 더 낮은 편이다.[120] 같은 실력을 지닌 비장애인보다 장애인이 유독 실업률이 높고 임금이 낮은 경향이 있다. '장애로 인한 채용 불이익'의 정도는 유럽 전역에서 다양하게 나타난다.[121] 장애인이 노동시장에서 처하는 불리한 지위는 사회계층 및 학력 부족이라는 공통 요소와 장애 특유의 요소가 함께 작동한 결과다.

배제와 차별

장애 특유의 요소를 이해하는 가장 좋은 방법은 사회적 장애 모델을 틀로 삼는 것이다. 물리적·정신적 장애를 지닌 사람이 사회적·경제적·정치적 활동의 주류로 참여하지 못하게 만드는 배제의 원인을 개인적이고 의료적인 측면이 아니라 사회의 반응 또는 무반응에서 찾는다는 뜻이다. 장애인이 노동시장에서 불리한 지위에 처하는 것은 개인의 역량이 부족해서가 아니라, 작업 공간과 대중교통 구조를 적절히 조정하지 못한다든지 하는 제도적이고 환경적인 차별 때문이다. 빈곤은 그런 제도적 차별이 빚어내는 결과 중 하나다.[122] 장애와 성별 부정의가 교차하는 상태에 놓인 장애 여성은 "장애 남성 및 비장애 남성과 여성보다 경제적으로 더 어려운" 처지에 놓일 가능성이 더 높다.[123]

신체적 장벽만이 아니라 장애인이 이룰 수 있는 성취에 대한 이해 부족과 낮은 기대치 등 부정적 태도의 장벽 역시 빈곤과 장애의 연관성을 강화한다.[124] 이러한 사회적 장벽은 장애인을 배제하고 주변화하는 원인이 된다. 장애인은 부정적이고 적대적인 태도와 행동으로 인해 대인 관계에서 차별을 겪는다. 극단적인 경우, 이는 언어 및 신체적 학대라는 형태로 나타난다.[125] 영국 언론이 내놓는 장애 급여 수급자에 대한 부정적인 보도는 '경멸이나 증오, 적개심에 기인'하는 '혐오 범죄' 같은 문제로 연결되기도 하며,[126] '존중이 결여된' 사회의 이면을 드러낸다.[127] 인종주의와 마찬가지로 이런 태도는 빈곤으로 인해 이미 존중을 거부당하는 빈곤층을 더욱더 곤란에 빠트린다.

연령

　생애 후반기가 되면 많은 이들이 장애를 겪는다.[128] 이 점이 우리에게 생애의 각 단계에 빈곤이 어떻게 영향을 미치는가 하는 질문을 던져 준다. 라운트리는 유년기, 양육기, 노년기를 저점으로 하는 '빈곤의 생애 주기' 도식을 제시했다.[129] 이 그림은 불완전하기는 해도 여전히 '생애 주기' 개념에서 파악되는 복잡하고 역동적인 형태의 진실을 담고 있다. 특히 인생의 시작과 끝부분에서는 특별한 형태의 빈곤을 경험하게 된다. 연령에 따른 빈곤은 불평등 및 구조화된 사회적 범주라는 주제에서 다소 벗어나기는 하지만, 이를 통해 개인이 생애 전반에 걸쳐 어떤 경로를 통과하는지 살펴볼 수 있다.

노년기

　전통적으로 빈곤과 노년기의 강한 관련성은 전 세계에 걸쳐 나타났다. 하지만 여러 국가에서 이 관련성이 약해지고 있다. 영국에서는 이제 연금 수령자가 상대적으로 빈곤에 처할 위험이 전체 인구 집단보다 낮다. 이로써 생애 경로에 따라 그려지는 빈곤의 지도가 크게 바뀌었고,[130] 전 유럽의 추세도 이와 다르지 않다.[131] 미국에서는 이런 추세가 이어진 역사가 더 길다.[132] 노년기를 노동에 적합하지 않은 시기라고 여기는 사회에서는 노인이 유급 노동에 참여할 기회가 흔치 않다. 그렇기 때문에 나이가 많고 쇠약할수록 빈곤에서 벗어나기가 더 어렵다는 점이 노년기 빈곤의 독특한 속성이다. 그런 까닭에 계속해서 노년기의 장기 빈곤 위험이 상대적으로 높게 나타난다. 영국에서는 홀로 아이를 기르는 사람들 다음으로 지속적인 저임금 상태에 놓일 가능성이 높은 인구

　　　　　　　　　　　　　　　　풍요의 시대, 무엇이 가난인가

집단이 바로 연금 수령자다.[133]

심지어 노인 빈곤율이 전반적으로 줄어든 나라라고 해도, 노년층 내의 차이는 크게 나타나는 경향이 있다.[134] 노년층에서 가장 심각한 빈곤 상태에 처한 집단이 일반적으로 빈곤을 경험하는 계층, 성별, 민족 범주와 다르지 않다는 점은 놀랄 일이 아니다. 특히 나이 든 여성이 빈곤에 처할 위험은 꾸준히 높게 나타난다.[135]

유년기

유년기 역시 빈곤에 취약한 시기다.[136] 어머니가 노동시장에서 활동하기 어려워 이미 수입이 줄어든 상황에서 자녀를 양육하는 비용 때문에 생활비 지출이 늘어난다. 그러나 어린이 빈곤의 추세와 비율, 그리고 전체 빈곤율에 대비한 상대적 수준은 사회마다 상당히 다르게 나타난다.[137] 미국은 어린이 빈곤율이 가장 높은 나라에 속하고, 세계 선진 경제권에서는 북유럽 국가들의 어린이 빈곤율이 가장 낮다.[138] 미국과 유럽의 거의 모든 국가에서 성인보다 어린이 빈곤 위험이 더 높다.[139] 그러나 영국빈곤및사회적배제조사에 따르면 어린이와 함께 사는 성인이 가난할 가능성이 어린이만 집계했을 때보다 더 높은데, 아마도 어린이를 보호하느라 나타난 현상일 것이다.[140] 계층과 '인종'은 어린이 빈곤의 중요한 결정요인인데, 그럼에도 영국에서는 어린이 빈곤의 인종적 유형화, 그리고 '집시' 등 소수 유랑인 집단, 난민, 망명 신청자 집단에 속하는 어린이 특유의 취약성이 지나치게 간과되곤 한다.[141]

일부 국가에서 어린이들이 겪고 있는 심각한 지속빈곤 및 반복 빈곤에 대한 논의는 미래에 어린이들이 누릴 기회에 미치는 영향에 집중되는 경향이 있다.[142] 그래서 빈곤이 어린이의 발달과 이후의 학습 성과, 직업 전망, 건강, 행동에 미치는 영향을 입증하는 연구가 대단히 많다.[143] 이러한 장기적 관점의 중요성은 이론의 여지가 없다. 하지만 어린이 권리라는 관점에서 "어린이에게 정말로 중요한 것은 유년기의 행복이다."[144]

　"어린이 빈곤은 성인 빈곤과 다르다."[145] 빈곤이 유년기 자체에 어떤 의미인지를 충분히 강조하면서, 어린이를 자기 삶의 주체로 바라보는 어린이 중심 관점의 필요성을 인식하는 경우가 점차 늘고 있다. 빈곤에 있어서 어린이의 관점을 강조하는 논문집의 서론에서 테스 리지와 피터 손더스가 주장했듯이, "생생한 빈곤 경험, 그리고 경제적 불이익에 뒤따르는 강력한 사회적·관계적 역동을 이해하려면 빈곤을 경험하는 당사자에게 의미 있게 다가가야 한다."[146] 리지가 선구적으로 시도한 어린이 중심 연구를 통해 어린이 빈곤의 사회적·관계적 역동이 새롭게 드러났다. 어린이 빈곤과 관련해 특히 유의할 지점은 괴롭힘을 유발할 수 있는 낙인의 문제, [또래들과] '다른' 존재가 된다는 것, '어울리기'와 '참여하기'가 곤란한 상황 등이었다.[147] 다음 장에서 살펴볼 것처럼, 낙인은 성인에게도 문제가 되지만 자기 정체성에 대한 감각을 키워나가는 어린이나 청소년에게는 특히 치명적이다. 어린이와 직접 연구를 진행한 결과, 어린이가 놀 수 있는 열린 공공 공간의 중요성, 그리고 홀로 양육하는 여성이 겪는 시간 빈곤이 어린이에게 미치는 영향[148] 등 정책과 관련된 신선한 관점이 제시되었다.[149]

지리

사회적 범주와 생애를 통해 개인이 빈곤을 어떻게 경험하는지 살펴보았으니, 이제 '장소'와 '공간' 개념을 통해 드러나는 빈곤의 지리적 차원으로 넘어가려 한다.[150] 공간적 차원은 사회적 배제의 관점에서 특히 중요하다. 세 가지 의미에서 "빈곤에는 지리가 있다." 첫째는 '빈곤한 인구'의 공간적 분포, 둘째는 (반드시 이와 일치하지는 않는) '빈곤한 장소', 셋째는 동네에 형성된 물리적·사회적 공간에서의 실제 빈곤 경험이다.[151] 폴 밀본은 "지역의 빈곤 지리는 특정한 공간에서 빈곤의 발생과 재현, 물질성, 경험성을 고찰하는 것"이라고 말한다.[152] 지리는 이런 방식으로 빈곤의 발생에 일조하고 영향을 미친다.

'빈곤한 인구'의 공간적 분포는 국가에 따라 다양한 유형을 띠지만 일반적으로는 도시 밀집, 그리고 더 부유한 지역 주민과의 분리라는 형태를 띤다. 도시 내 공간 분리가 특히 두드러지게 나타난 곳은 미국으로, 20세기 후반에 집중적이고 대단히 인종화된 형태로 분리가 진행되었다.[153] 영국에서도 점차 빈곤의 지리적 밀집 현상이 심해졌다.[154] 어린이와 노동연령 성인이 그러하듯 소수민족 집단도 대개 쇠퇴한 동네에 더 몰리는 경향이 있다.[155] 빈곤층이 점점 밀집하는 것도 부유층이 점점 밀집하는 것과 마찬가지로 전반적인 공간적 양극화 과정의 일부지만 "부의 지리적 집중이 정치적·학문적 고찰의 대상이 되는 경우는 많지 않다."[156] '빈민'으로부터 자기를 보호하기 위해 수많은 부유층이 모여 사는 '폐쇄 지역'이 늘어나는 현상이 이 점을 상징적으로 보여 준다. 이러한 과정을 통해 빈곤층은 부유층의 시야에서 사라지고 정치적 존재감을 잃게 되며, 부유층은 빈곤층과 그들이 처한 상황을 신경 쓰지 않게 된다.[157] 런던의 고급화된gentrified 구역에서처럼 빈곤층이 부유층과 한 도시 안에 나란히 살고 있을지라도 양측은 '평행하는 공간'에 살고 있기 때문에 부유층의 눈에 빈곤층이 보이지 않을 수 있다.[158] 거리는 공간적인 동시에 사회적이다.

'빈곤한 장소'라는 개념, 그리고 가난한 동네 또는 쇠퇴한 동네라는 꼬리표는 빈곤한 사람이 모여 사는 상태를 설명하는 데에만 사용되지는 않는다.[159] 영국의 6개 저소득 지역에 대한 종단 정성연구에서 결론지었듯, 장소는 "단순히 사회생활의 '무대'나 '배경'에 불과한 것이 아니고, 잡다한 변수의 집합이라는 수준을 넘어서 … 사회적 관계와 물리적 자원이 생겨나고 보존되며, 의미와 가치가 투여되는 대상이기에" 중요하다.[160] 동네란 사람들이 상호작용하는 특정한 물리적 공간 및 환경으로, 경계가 고정되지 않은 장소다.[161] 동네의 사회적·물리적 측면은 공적·사적인 서비스와 기반 시설 등과 함께 물질적·정신적 빈곤 경험을 형성한다.[162] 특히 자녀를 양육하는 사람에게 "동네는 가족생활의 요람, 즉 가족이 보호받고 관계 맺는 장소다."[163] 도시에 있는 열악한 동네에서는 전형적으로 열악한 주거 시설, 황폐한 물리적 환경, 방치된 공공 공간, 불충분한 서비스와 시설, 부족한 직업 기회, 높은 범죄율과 반사회적 행동 등의 특징이 나타난다.[164] 덧붙여 쇠퇴 구역에서는 대기와(미국 등 일부 국가의 경우) 물 같은 요소가 "다양한 형태로 오염되고 환경이 악화되어" 고통받는 비율이 유난히 높은 경향이 있다.[165] 이러한 환경적 박탈은 모두 생애 과정 중 유난히 취약해지는 시점에 신체적·정신적 건강과 전반적인 행복에 해를 끼친다.[166] 의욕을 잃게 만들고, 통제권과 행위주체성이 결여된 느낌을 받게 할 수도 있다.[167] 열악한 동네에 사는 사람이 모두 다 가난하지는 않지만, 가난한 사람에게는 이런 조건이 훨씬 심각한 문제가 된다.[168] 요컨대 열악한 물리적·사회적 환경은 개인에게 빈곤이 미치는 영향을 증폭하고, "저소득 생활을 더욱 고통스럽게 만든다."[169]

그러나 측정과 관련한 문제 때문에,[170] 동네가 단독으로 생애 기회life-chances에 미치는 영향에 관해서는 견해가 엇갈린다.[171] 한편에서는 열악한 지역에 거주하는 상황이 교육 및 노동시장 기회에 미치는 해로운 영향을 전반적인 사회적 배제[172] 및 '고도화된 주변성'[173]의 한 부분으로 분석했다. 다른 한편에서는, 특히 미국 이외의 지역에서는 동네의 영향이 과장될 수 있다는 경고가 나왔다.[174] 영국가구패널연구British Household Panel Study를 분석한 연구자는 '구역이 중요한 영향을 미치지만 개인 및 가구 수준에서는 이와 동일하거나 더 중요한 영향을 미치는 요소들도 있다'고 주장하며 중간적 입장을 취했다.[175] 구역이 미치는 효과는 물리적·사회적·정신적 차원에서의 삶의 질과 개인의 번영 능력에서 더 즉각적으로 나타날 수 있다.

이 밖에도 주의 사항이 몇 가지 더 있다. 첫째, 쇠퇴한 동네에 공통적으로 나타나는 문제가 많기는 해도 동네마다 안팎으로 상당히 다양한 모습이 있고, 저소득 거주자가 밀집했다고 해서 반드시 불충분한 서비스 또는 열악한 물리적·사회적 환경으로 이어지지는 않는다.[176] 럽턴과 파워[177]는 동네의 퇴락을 막거나 돌이킬 수 있는 수많은 '보호 요소'가 있다고 주장한다. 질 좋은 주요 서비스와 동네 관리뿐 아니라 집단행동과 강력한 사회관계망도 여기에 포함된다.[178] 이러한 보호 요소를 통해 '구역에서 가장 심각한 문제를 어느 정도 막아 낼' 수 있고, 그냥 두면 악화될지 모를 동네를 지키기 위해 사람들을 연결시킬 수도 있다.[179] 연구에서 공통적으로 드러나는 결과는 거주자에게 안정감과 안전감, 소속감을 줄 수 있는 존재는 같은 동네에 사는 중요하고 잘 알려진 타인들이라는 것이다.[180] 더불어 가망 없는 쇠퇴 구역이라는 틀에 박힌 상으로만 접근하면, 전반적인 사회적·경제적 시민 참여 수준이 다르긴 해도 여성이 주로 앞장서는 지역 공동체 참여 및 행동의 범위와 활기가 가려질 수 있다.[181]

둘째, 빈곤층이 모두 다 최빈 구역에 사는 것은 아니다. 실제로 그렇지 않은 경우가 태반이다.[182] 밀본은 '도시의 빈곤 공간'에 집중하는 경향 때문에 '사회계층이 더 뒤섞인 도시, 교외, 마을, 농촌 공간 등 다른 공간에서 빈민층이 마주하는 지배적인 사회적·공간적 경험'이 주변화된다고 비판한다.[183] 사실 이제는 영국과 미국 모두 도심보다 교외에 사는 빈곤층이 더 많으며, 이들은 불충분한 대중교통망과 고립으로 인한 문제를 겪을 가능성이 있다.[184] 사회계층이 혼합된 지역에서 빈곤 상태로 살면 지원이 부족하고 낙인도 더 크게 느껴질 수 있기 때문에 소외 구역에서보다 살기가 더 어려울 수 있다.[185]

밀본의 연구는 연령, 성별, 민족성, 가구 구성, 경제활동에 따라 다르게 나타나는, 그가 '농촌 빈곤의 폭넓은 스펙트럼'이라고 칭한 영역에 대한 관심을 불러일으켰다.[186] 1960년대 미국에서 도시 민권운동이 영향을 미치기에 앞서, 초기에 정치적 관심을 촉발시킨 문제는 도시가 아닌 농촌의 빈곤이었다.[187] 오늘날 북미 지역에서 빈곤 상태에 놓인 어린이는 대다수가 도심 지역에 살고 있지만, 지속빈곤을 포함해 빈곤에 처할 위험은 여전히 농촌 지역에서 더 높게 나타난다.[188] 농촌 빈곤은 대개 도시보다 분산되어 있고 눈에도 덜 띈다. (취업, 서비스, 사회 활동 접근권의 상태를 짐작케 하는) 열악한 교통으로 인한 고립과 이동 불능 상황은 영국 농촌 빈곤에서 핵심적으로 나타나는 공간적 특징이다.[189] 신체적·사회적 고립은 "농촌에서의 빈곤 경험이 그다지 널리 거론되지 않는 탓에" 더 강화된다.[190] 또한, 농촌 빈곤층의 비가시성은 도시에서 전형적으로 나타나는 것과는 다른 모습을 띨 수 있다. 농촌에서는 빈곤층이 부유층과 '착 달라붙어' 살 가능성이 도시보다 더 높지만, 농촌 빈곤층의 눈에는 부유층의 부가 너무나 또렷하게 보이는 반면 부유층은 그들을 보지 못한다.[191] 농촌은 도시의 쇠퇴 구역에 전형적으로 부여되는 것과는 다른 '낙인의 지리학'을 형성한다.[192] 이는 "규모가 작거나 흩어져 있는 지역사회에서 몹시 견디기 어려운", [주위 사람들과] 다른 존재가 되는 탓에 마주하는 낙인과 수치심이다.[193] 그러나 영국빈곤및사회적배제조사를 분석한 연구자는 "[이 둘이 가진] 차이보다 유사성이 더 크다. 특히 빈곤은 도시에서나 농촌 지역에서나 똑같이 수치를 안긴다"고 결론지었다.[194] 미국의 일부 농촌 지역도 마찬가지다. '못 가진 자'는 계층 및 인종에 따라 분리되어, 이 경우에는 '힐빌리' 또는 '백인 쓰레기'라는 낙인을 받고, 사회적으로 고립되고 주류에서 밀려나 "가진 자와 동떨어져 살아간다."[195] 그럼에도 불구하고 제니퍼 셔먼이 민족지 연구를 통해 드러냈듯이, 도시 지역에 비해 더 전통적인 문화적·도덕적 성별 규범이 남아 있는 고립된 농촌 지역에서 살아남고자 노력하는 경험은 전혀 다를 수 있고, 여기에는 그 나름의 여러 어려움이 뒤따른다.[196]

스케그스는 '차이의 공간화'가 도시의 쇠퇴 구역에 사는 사람들을 어떻게 억누르는지 보여 준다.[197] '영토적 낙인찍기'란 주로 언론 매체가 지역에 낙인을 찍고 그로 인해 주민들이 멸시와 차별을 당하는 방식을 표현하는 개념이다.[198] 언론이 제시하는 '범죄, 역기능, 재난'으로 얼룩진 이미지는 해당 구역을 '영토적 수모'[199]의 대상이 되는, '국내에 존재하는 상상 속의 불모지'[200]로 바꾸어 놓는다. 이러한 낙인은 대규모 재생을 진행하더라도 끈질기게 남을 수 있다.[201] 쇠퇴 단지에 대한 연구에서는 해당 단지에 찍힌 낙인이 직업 기회를 포함해[202] '주민들 삶의 모든 영역을 황폐화하는' 과정을 밝혀낸다.[203] 이러한 낙인은 주민 다수가 강하게 느끼는 것이며, 격한 분노를 불러 일으키곤 한다.[204] 노팅엄의 세인트 앤에 있는 한 동네를 '내부자'로서 연구한 리사 매켄지가 보여 주었듯이, 이로 인해 [주민들이] 낙인과 조롱을 피하고자 방어적으로 외부 세계로부터 이탈하는 현상을 초래할 수 있다.[205] 매켄지는 린지 핸리[206]의 '단지주의estatism' 개념을 활용하며, 이런 현상을 "어느 정도까지는 당사자를 보호하는 역할을 하지만 동시에 엄청나게 해를 입히는 분노, 편견, 원한의 상호적인 역동"이라고 설명한다.[207]

그럼에도 불구하고 일부 쇠퇴 구역에서는 강한 공동체 의식, 그리고 해당 구역에 대해, 또 그곳의 주민이라는 정체성에 대해 느끼는 자부심이 낙인찍기와 결함에 대한 불만족과 공존할 수 있다.[208] 특히 돈이 부족한 탓에, 좁게는 일상 속의 지리적 지평과 이주할 능력이라는 의미에서 이동성을 제약당하는 상황에서 나타나는 이러한 두 가지 반응은 모두 행복, 존재론적 안정감, 정체성에서 장소가 갖는 중요성을 드러낸다.[209]

풍요의 시대, 무엇이 가난인가

결론

빈곤이 지리, 불평등, 사회적 범주, 생애에 따라 형성되는 방식을 이해하면, 빈곤의 바탕을 이루는 구조적인 유발 요인과 다양한 빈곤 경험이 눈앞에 드러난다. 이는 곧, 빈곤 퇴치 정책은 빈곤의 밑바탕을 이루면서 교차하는 불평등 문제에 대응하고, 성별, '인종', 장애를 아우르는 평등 및 반차별 전략을 담아야 한다는 뜻이다.[210] 빈곤 경험에 있어서 장소가 갖는 중요성을 감안해 구역에 기반한 정책을 요청하는 목소리가 있다.[211] 그러나 이렇게 접근할 경우 해당 구역에 대한 낙인찍기가 강화될 수 있다는 점에 주의해야 하고, 이런 정책을 빈곤의 전반적인 구조적 원인에 대응하는 거시적인 정책의 대체재로 활용해서는 안 된다.[212] 이제 다음 장에서 낙인에 관한 논의를 살펴봄으로써 우리는 빈곤에 대한 관계적·상징적인 이해의 핵심에 다가갈 것이다.

4장
빈곤 담론: 타자화에서 존중까지

누더기만 한 추문이 없고 가난만큼 창피한 범죄는 없다는 게 여전히
내 좌우명이니까.
  - 조지 파쿼, 『멋쟁이들의 책략*The Beaux Strategem*』, 1707

동료 시민의 멸시야말로 가장 타격이 큽니다. 저도 그렇고, 많은 가족
이 그런 타격을 받으면서 살고 있어요.
  - 모레인 로버츠, 전국빈곤공청회[1]

'타자'의 위치는 일차적으로 언어에 좌우된다. 우리는 언어를 통해 자
기와 타인을 연결하고 재현한다.
  - 마이클 피커링, 『편견에 대하여*Stereotyping*』, 2001

언론에서, 또 몇몇 정치인들이 우리에 대해 하는 말을 우리도 듣고, 상
처받습니다.
  - 빈곤에관한범정당의원모임All-Party Parliamentary Group on Poverty
회의(1999)에 참석한 보조금으로 생계를 꾸리는 양육자

빈곤 상태로 살기에 가장 괴로운 점은 주위에서 우리를 무시해도 되는

　　　　　　　　　　　　　　　풍요의 시대, 무엇이 가난인가

존재로 취급하도록 내버려 둔다는 거예요.

– 빈곤에관한범정당의원모임에서 저소득 양육자의 발언[2]

빈곤이란 소처럼 취급받는 겁니다. 존엄도 정체성도 없어요.

– 빈곤 상태로 사는 사람의 말[3]

위에 인용한 말들에 이 장의 핵심 주제가 담겨 있다. 이제 우리는 서론에서 보았던 빈곤 수레바퀴의 관계적·상징적 둘레로 시선을 돌릴 것이다. 이미 주장했듯이 빈곤은 물질적 개념으로만 이해할 수 없다. 하나의 개념으로서나 생생하게 존재하는 현실로서나, 빈곤은 사회적 관계로 보아야 하는 것이기도 하다. 여기서 관계란, 기본적으로 앞 장에서 살펴본 교차하는 불평등으로 인해 달라지는 '빈민'과 '비빈민' 사이의 관계를 가리킨다.[4] 빈곤은 사회적 차원에서, 그리고 (전문가 및 공무원과의 상호작용을 포함한) 대인 관계 차원에서도 관계적이다.[5] 이는 쌍방향적이기는 하지만 주로 '비빈민'에 의해 결정되는 권력관계로서, 비빈민이 취하는 담론, 태도, 행동이 양측의 빈곤 경험과 인식에 중대한 영향을 미칠 수 있다.

실제로 빈곤 그 자체의 의미, 그리고 '빈민'으로 알려진 집단을 식별하는 방식은 더 큰 권력을 가진 비빈민의 반응을 통해 생겨난다.[6] 따라서 이 장에서는 더 큰 권력을 지닌 '비빈민'이 '빈민'을 타자로 구성하는 방식을 주제로 삼는다. 역으로 빈곤층이 '비빈민'과의 관계 속에서 고유의 행위주체성을 행사하는 방식에 대해서는 5장과 6장에서 다룰 것이다. 빈곤의 역동에 관한 5장의 논의에서는, 앞에서 보았듯이 '빈민'과

'비빈민'을 나누는 구분 선이 자의적이라는 점과 더불어 우리가 이야기하고 있는 이 집단이 고정되거나 완전히 분리된 상태로 존재하지 않는다는 점을 되새길 것이다.[7] 그럼에도 불구하고 어느 한 시점에라도 빈민으로 분류되는 사람, 그리고 특히 극심한 빈곤 및 지속빈곤 상태에 놓인 사람에게 이런 구분은 강력한 상징성을 지닌 표지로 작용한다.

이 장에서는 주로 언어와 이미지를 통해 '빈민'이 어떻게 '타자화'되는지에 초점을 맞춘다. 우선 주변화된 사회집단에 꼬리표를 달고 낙인을 찍는 타자화 과정과 언어 및 이미지에 담긴 힘, 그리고 그것들을 통해 드러나는 빈곤 담론을 일반적인 수준에서 살펴보고, 대상 집단의 구성원이 받는 [사회적] 대우에 있어서 이런 요소들이 미치는 영향을 함께 검토한다. '하층민'과 '복지 의존' 담론, 그리고 미국의 '쓰레기'와 영국의 '차브' 담론은 최근 수년간 특히 해로운 영향을 미쳤다. 이 담론들을 먼저 역사적 맥락에 따라 살펴보고, 이어서 빈곤과의 관련성을 검토한다. 마지막으로는 빈곤에 뒤따르는 낙인, 수치, 굴욕을 살펴본다. 여기서는 많은 이가 빈곤을 견디기 힘들어하는 이유가 '동료 시민의 멸시 속에 사는' 탓에 겪는 존중 부족과 존엄 상실에 있다는 점을 보여 줄 것이다. 이로써 빈곤 수레바퀴의 물질적 중심부만큼이나 관계적·상징적 둘레에서의 정치적 투쟁이 중요함을 강조한다.

타자화와 담론 권력

'타자화Othering'는 주도적인 위치에 있는 집단이 권력을 덜 가진 다른 집단에게 '정상적이고 좋은 상태라고 정의되는 자기의 정체성'

풍요의 시대, 무엇이 가난인가

과 다른 '부정적인 속성을 부여하여' 자기를 그런 집단과 반대되는 존재로 규정하는 방식을 가리키는 개념이다.[8] 이 책에서는 타자로서의 '빈민' 개념을 '빈민'이 여타 사회 구성원과는 다른 대우를 받게 만드는 여러 가지 방식이라는 의미로 사용한다. 첫 글자를 'O'를 대문자로 쓴 데에는 그 상징적인 무게가 실려 있다. '타자화', 즉 타자로 만든다는 표현에는 이것이 내재하는 상태가 아니라 '비빈민'의 움직임에 따라 진행되는 과정이라는 뜻이 담겨 있다. 타자화는 '우리'와 '그들', 권력을 더 가진 집단과 덜 가진 집단 사이에 경계선을 긋고 그 선으로부터 사회적 거리를 설정하고 유지하는, 차별과 선 긋기를 병행하는 과정이다.[9] 이 선은 중립적이지 않다. 빈민을 도덕적 타락의 근원, 두려워할 만한 위협, '자격 없는' 경제적 짐 덩어리, 연민의 대상, 이국적인 존재, 나아가 인간 이하의 존재로까지 깎아내리는 부정적인 가치 판단을 심어 주기 때문이다. 대체로 타자화 과정에서 '빈민'은 자신들이 하는 행동에 대해 비난받거나, 질이 떨어져 보인다는 이유로 폄하당한다.[10]

일상적인 사회적 관계에서부터 복지 공무원 및 전문가와의 상호작용, 나아가 연구, 언론, 법체계, 정책 수립에 이르기까지 이 과정은 각기 다른 수준으로, 각기 다른 공론장을 통해 진행된다.[11] 타자화는 성인 못지않게 어린이에게도 상처를 입힌다.[12] 예를 들어 밸러리 폴라코프는 미국의 학교, 교사 교육 기관, 연구 기관이 어떤 식으로 '가난한 어린이를 **타자**로 틀 짓고, 그 **타자적** 지위의 정당성을 제도화'하는지 보여 준다.[13] 스스로 '빈곤 계층 학자'라고 말하는 비비언 C. 어데어는 이것이 실제로 어떻게 느껴지는지 생생하게 설명한다. "다른 학생들, 심지어 같은 노동 계층에 속하는 교사들마저 우리를 쓸모없고 우스꽝스럽고 위험한 '트레일러 쓰레기'로 본다. … 우리는 … 해지고 잘 맞지도 않는 헌 옷을 걸친, 우리의 타자성을 드러내는 바로 그 몸으로 수치와 굴욕을 당했다."[14] 영국에서는 페더스톤 등이 "곤경에 처한 가족과 개인을 '타자화'하는 과정은 어린이와 가족 사이에, 사회사업과 가족 자체에, 국가에, 사람들이 사적으로 관계 맺는 공간 사이에 심대하고 치명적인 영향을 미친다"고 경고한다.[15] 인종주의나 성차별주의처럼 타자화에 내재하는 차별적인 태도가 제도 속에 장착되는 방식을 나타내기 위해서 '빈곤주의povertyism'라는 개념을 쓰기도 한다.[16]

타자화는 유형화, 낙인찍기, 중립을 가장한 범주화나 분류 같은 수많은 사회적 과정과 밀접하게 관련되어 있고, 그 과정에서 더 강해진다. 유형화는 특정 사회집단의 성격을 가정하고 해당 집단이 질적으로 동일한 것처럼 묘사하게 만드는 꼬리표 달기labelling의 형태로 나타나는 차별이다. 차이를 확대하고 왜곡하는 담화 전략discursive strategy인 것이다.[17] 마이클 피커링은 "유형화는 정상성과 정당성의 경계를 유지하는 사회적 퇴마 의식으로 쓰인다"[18]고 말한다. 피커링에 따르면, 일반적으로 타자화는 "질서, 권력, 통제를 추구하여, 문화적인 차이를 타자성으로 변환하려 시도하는 것"[19]이다. 그런데 '빈민'에 대한 타자화에서는 이와 반대로 유형화가 문화적 차이를 **생성**하여 대상을 타자로 만드는 기능을 한다. 게다가 3장에서 보았듯이 여성, 인종화된 소수집단, 장애인 같이 빈곤 상태일 가능성이 높은 집단이 타자화되는 경우가 많다.

서론에서 말했듯이 '빈민'은 '집계되지 않는 사람들의 범주'[20]를 뜻하기도 하는데, 그럼에도 이들은 계속해서 범주화되고, 분류되고, 집계된다. 계층을 분류하는 방식은 '본질적으로 위계적이며, 따라서 필연

　　　　　　　　　　　　　풍요의 시대, 무엇이 가난인가

적으로 도덕적 무게가 실린 범주를 생성한다'는 것이 사회계층에 대한 주요 연구에 담긴 핵심적인 주장이다.[21] 정부와 법률 기관, 언론, 사회과학자가 영향을 미치는 분류 및 범주화 과정은 분석상으로는 유형화와 다르지만 유형화된 고정관념을 끌어들이고 강화할 수 있다. 이러한 과정은 권력을 가진 분류 기관뿐 아니라 동료 시민들이 '빈민'을 대하는 방식에 영향을 미친다.[22] 앞으로 보겠지만, '자격 있는 빈민'과 '자격 없는 빈민'이라는 이분법은 각각의 범주와 꼬리표를 그대로 계승하는 고정관념을 형성하며 복지국가와 그 이전의 정부들이 빈곤층을 대우하는 방식에 심대한 영향을 미쳤다. 역사적으로, 그리고 현재에도 '자격 없는' 빈민이라는 꼬리표는 낙인찍기를 통해 부정적인 의미를 부여하여, 사회뿐 아니라 빈민 자신이 '빈민'을 바라보는 시각, 그리고 복지 기관이 그들을 대우하는 방식에 영향을 준다. 고전이 된 어빙 고프먼의 저서에서는 낙인을 '심각한 불명예를 안기는 속성', 그리고 '낙인찍힌 사람은 인간으로 보기 어렵다'는 믿음이라고 지칭한다.[23] 낙인은 이런 식으로 타자화에 비인간화라는 속성을 더한다.[24] 고프먼이 강조했듯이 낙인은 '관계적인 개념'이다.[25]

　　타자화, 그리고 타자화가 수반하는 낙인찍기 같은 과정은 '우리'와 '그들'에게, 또 이 둘 사이의 관계에 다양한 영향을 미친다. 앞에서 언급했듯이, 타자화는 '우리'라는 표현으로 자아를 정의하고 정체성을 확인하도록 돕는다.[26] 반대로, '그들'에 대해서는 '유형화된 특징을 근거로 깎아내리'고 목소리를 빼앗아 '사회적·문화적 정체성'을 박탈하는 역할을 한다.[27] 그리하여 그들이 지닌 복잡한 인간성과 주체성을 부정한다. 고프먼의 정의에 따르자면 낙인찍기는 사실상 인간성을 남김없이 앗아 간다. '비천한 존재로 만들어진다는 것의 의미'를 해석하면서 이머전 타일러는 '대상을 끊임없이 인간 이하의 존재로 만드는 언어, 이미지, 정책, 감시 및 통제 기제'를 인용한다. 그리고 "내가 언어를 수집한 대상인 그 많은 사람들이 공통적으로 … **자기도 사람이라고** 단언했다"[28]고 말한다. 제4세계국제빈곤퇴치운동 활동가들은 **비인간화**에 대해 다음과 같이 강력하게 반응했다. "우리는 사람으로 인식되지도 취급받지도 못한다."[29] "가난한 사람을 전부 하나로 뭉뚱그리는 유형화 때문에 타인의 눈에 비인간적인 존재가 된다."[30]

　　타자화는 자기와 사회의 문제를 손쉽게 타자의 탓으로 돌리게 하고, '빈민'의 입장에서는 자기 자신이 문제라고 인식하게 만드는 '상징적 배제 전략'으로 쓰인다.[31] 또한 '빈민'에 대한 타자화는 다른 이들에게 던지는 경고로도 작용한다. 빈곤은 이렇게 '하나의 유령, 즉 사회적으로 구성되는 유익한 공포의 대상'이 된다.[32] '우리'와 '그들'의 관계에 있어서 타자화는 빈곤의 토대를 이루는 사회경제적 불평등을 정당화한다. 또 우월함을 근거로 하는 '우리'의 특권과, 열등함을 근거로 하는 '그들'을 향한 억압을 정당화하고, 그리하여 구조적 원인을 은폐한다.[33] 여기서 타자화 과정에 권력관계가 각인되는 방식이 뚜렷이 드러난다.[34] 따라서 타자화가 두드러진 곳에서는 불평등이 극심할 것이라고 짐작할 수 있다.

　　타자화에는 그 대상이 되는 타자가 '스스로 이름 붙이고 자기를 정의할 권리'를 가졌음을 부정하는 효과도 있다.[35] '자아에 이름을 붙이는' 행위주체성은 '기본적인 인권'이자[36] 핵심적인 '정치적 자원'이다.[37] 호의적일 때조차 '그들'에게 이름 붙이는 쪽은 언제나 '우리'이므로, '빈민'을 명명한다는 것은 곧 힘 있는 자가 권력을 행사하는 행위가 된다.[38] 오스트레일리아에서 빈곤에 대한 통찰력 있는 연구를 수행한 마크 필은, 빈곤층에게 붙은 부정적인 꼬리표들을 인용하면서 "가난한 사람을 그토록 모질게 대하는 것은, 상대를 자기와 아주 근본적으로 다르게 바라볼 때에야 가능한 일이다"[39]라고 말한다. 타자에게 이름 붙이기와 꼬리표 달기에는 상징적·문화적·정신적·물질적 효과가 있다. 이름 붙이기는 타인이 우리를, 그리고 다시 우리가 우리 자신을 바라보는 방식을 만든다.[40] "우리가 이름 붙이는 방식이 우리가 그들을 대하는 방식에 영향을 준다. 그들이 어떠하리라는 짐작을 담은 이름이나 꼬리표에는" 고정관념이 가득할 때가 많다.[41] 이와 마찬가지로 '우리'는 '그들, 즉 빈민'의 이미지를 창조하는데, 이 역시 태도와 행동에 강력한 영향을 미친다. 그러므로 '재현의 정치'는 빈곤 정치에서 핵심적인 요소다.[42] 앞으로 보겠지만, 장애인 운동의 선례를 통해 언어와 이미지의 힘을 인식하여 사회 전반에서 자신들을 재현하고 범주화하는 방식을 거부하는 빈곤 집단이 등장한 지금은 재현의 정치가 훨씬 더 중요해졌다. 이 '탈분류화 투쟁declassificatory struggles'[43]을 뒷받침하는 것은 메리 오하라가 주류의 '유해한 빈곤 서사'[44]라 부른 것에 맞서고자 개발된 '대항 서사counter-narrative'[45]다. 다음 두 장에서 살펴볼 것처럼 이러한 움직임은 '빈민'의 타자화에 이의를 제기한다.

우리가 사회 세계에서 인식하고 행동하는 방식을 틀 짓는 담론은 언어와 이미지를 통해 드러난다. 따라서 타자화는 대인 관계 차원에서나 제도적 차원에서나, '비빈민'이 '빈민'에 대해 생각하고, 말하고, 행동하는 방식을 만들어 내는 담화적 실천discursive practice으로 이해할 수 있다. 타자화가 빈곤을 설명하는 유일한 담론은 아니지만, 일부 국가에서는 공무원과 전문가 들의 정책 및 실행에 타자화가 미치는 영향이 대단히 커졌다.[46] 더불어, 복지국가의 정책과 행정은 다양한 방향에서 '빈민'과 빈곤 문제의 속성을 구성하는 담화적·상징적 실천으로 볼 수 있다.[47] 따라서 담론에 집중하는 것은 빈곤의 물질적 차원과 관계적·상징적 차원의 관계, 그리고 그 안으로 권력이 촘촘히 얽혀 들어가는 방식을 그려 내는 데 도움이 된다.

역사적 뿌리

현재 통용되는 빈곤 담론에는 역사적 뿌리가 있다.[48] 이 역사를 살펴보면 미국과 영국에서 타자화 서사가 두드러지는 이유를 어느 정도 이해할 수 있다.[49] 시간이 흐르면서 실제로 쓰는 언어와 꼬리표는 바뀌었지만, 거기에는 여전히 영국 사회에 두텁게 쌓인 '빈민에 대한 징벌적이고 부정적인 이미지'[50]가 스며 있다. 이러한 이미지가 북아메리카의 '신세계'에 이식되고 개조되어 꾸준히 그 사회가 '빈민'을 대하는 태도와 정책의 틀을 이루었다.[51] 자조self-help에 대한 믿음과 아메리칸드림을 강화해 빈곤은 곧 실패라는 인식을 형성한 것이다. 20세기로 접어들 무렵, 즉 혁신주의 시대Progressive-era에 '빈곤을 구빈救貧 대상으로 보는 관점을 탈피'하려는 사회사업가들의 시도가 있었고, 20세기 중반에는 구조주의적 해석이 잠시 우세를 보이기도 했지만, 이런 것들은 더 깊숙이 자리 잡은 '사회적 선 긋기와 도덕적 비난' 앞에서 그저 '짤막한 우회로'를 보여 주는 데 그쳤다.[52] 19세기는 특히 '하층민' [개념]을 포함해 근대 영미의 빈민 담론을 이해하기 위한 중심점인데, 그 뿌리는 이전의 부랑자법과 엘리자베스구빈법Elizabethan Poor Law에 이르기까지 깊숙이 뻗어 있다.[53]

어느 단계에서나 범주화와 분류 과정이 '빈민', 특히 '자격 없는' 존재로 여겨지는 이들을 타자화하는 데 핵심적인 역할을 했다. 피터 골딩과 수 미들턴은 16세기부터 "빈민을 필연적, 자발적으로 궁핍한 상태에 놓인 존재로 분류하는 것이 빈곤 구호의 중심적인 목적이 된" 과정을 자세히 설명한다. 그러한 분류를 통해 "빈민과 다른 계층 사이의 물리적, 정신적 분리가 심해지면서 지극히 적은 정보를 바탕으로 비참한 빈민들이 사는 무시무시한 지하 세계에 관한 터무니없는 신화가 마구잡이로 창조되었다."[54] 이 지하 세계가 빅토리아시대 영국의 정신을 가득 뒤덮었다. 미국과 영국에서 "분리! 분리! 분리!"라는 표어를 위한 경계선이 더 확고하게 그어지면서, 자선단체, 국가, 사회 연구자 들이 만들어 내는 '빈민' 분류법의 정교함도 극에 달하게 됐다.[55]

경계선은 도덕적 구분을 따라 그어졌다.[56] 이 선은 점잖은 사람들을 도덕적으로 바람직하지 않은 존재로부터 보호하고, 도덕을 회복하기 위한 '거대한 징계성 사회 개입 체계'를 작동시키기 위해 설계된 것이었다.[57] 이렇게 구빈 대상pauperism이 '도덕적 범주'로 자리 잡은 탓에, 역설적으로 경계선 자체가 '모든 빈민을' 도덕적으로 결함 있는 존재로 '치부하는' 효과를 냈다.[58] 구빈 대상이란 구빈법의 대상이 되는 사람과 그 상태 모두를 의미했다. 이는 극단적인 빈곤의 한 가지 형태가 아니라 성격, 행동, 도덕적 타락이라는 측면에서 질적으로 다른 상태를 가리켰는데,[59] 그러한 질적 차이의 핵심은 '독립적인 노동'으로 성취한

'자급적 최저 생활수준 확보'와 반대되는 경제적 의존성이었다.[60] 의존성은 타락과 허약함을 뜻했고, 경제적인 것보다는 주로 도덕적이고 정신적인 특징으로 여겨졌다.[61]

두 개념이 질적으로 다르다고는 해도, 실제로는 한 사람이 두 영역을 넘나들 만큼 구빈 대상과 빈곤을 가르는 구분 선은 얇고 헐거웠다. 그래서 복지 정책을 세울 때는 "구빈 대상이 된다는 생각 자체를 혐오스럽게 만들어 빈민이 구빈 대상으로 떨어지지 않게 막으려 했다. 이것이 열등 처우less-eligibility, 그리고 구빈 대상을 향한 낙인의 근거가 되었다."[62] '열등 처우'는 노동할 수 있는 극빈자pauper에게 구빈원이 제공하는 처우에 깔린 원칙으로, 구빈원의 생활 조건은 가장 가난한 독립 노동자의 생활 조건보다 '열등'하거나 덜 매력적이어야 한다는 것이었다. 여기에 '유구한 역사를 지닌',[63] '노동할 수 있는('자격 없는') 자'와 '무력한' 또는 무능력한('자격 있는') 극빈자라는 구분이 덧붙었다. '자격 없는'과 '자격 있는'이라는 이 이분법은 선을 어디에 긋느냐에 따라 다양한 이름을 달고 다소 유동적인 형태로 '빈민'의 범주를 설정하는 데에 널리 쓰였고, 특히 영국과 미국에서 크게 활용되었다.[64] 그리하여 이러한 구분에 '필수적인 정치적 작업'이 지금도 계속되고 있다.[65]

19세기 빈민에 적용하던 또 다른 분류법은 '위험하고 범죄를 자주 저지르는 계층'을 선별하고 억제하는 것을 목표로 했다.[66] '위험한 계층', 그리고 이와 함께 쓰인 '찌꺼기residuum'라는 표현은 우범성criminality, 악덕, 성적 부도덕, 오염, 사회질서 위협에 대한 공포를 떠올리게 했다. 여성은 한편으로는 도덕의 수호자 임무에 실패했다는 점에서, 다른 한편으로는 성적인 특징을 지닌 존재라는 점과 결혼하지 않고 출산한 양육자가 되었다는 점에서 특히나 혐오와 비난의 대상이 되었다.[67] 빈곤 상태에 처한 어린이는 어디에나 있었는데도 거의 주목받지 못했다.[68] 더럽고 병에 걸리고 타락한 이 위험 계층은 멀리 해야 할 물리적·도덕적 오물과 오염의 원천으로서 두려움을 샀다.[69] 19세기 런던 빈민을 기록하는 작업으로 큰 영향력을 발휘했던 헨리 메이휴는 '역병'이라는 이미지를 되풀이해서 사용하고 부랑자를 '악덕과 질병의 물결'로 묘사하는 등, 물리적 측면과 도덕적 측면을 뒤섞은 화법을 즐겨 썼다.[70] 위험한 계층은 근본적으로 하나의 '종種'이나 '별개의 인종'으로 그려졌다.[71] 중류층 '탐험가'와 '선교사'들이 이 '야만인'을 조사하고 그들이 표상하는 위협을 억제하기 위해 '미지의 외계' 영역으로 들어섬에 따라, 19세기 빈민은 일종의 '내부 식민주의'의 대상이 되었다.[72]

20세기에는 (1940년대에서 1950년대 즈음 등장한 꼬리표인) '문제 가족problem families'을 지원하고 관리하려는 사회복지사와 여타 전문가 들의 개입에서 이러한 접근 방식을 찾아볼 수 있다.[73] 중요하고 논란도 많았던 1965년 미국 정부의 공식 보고서 『니그로 가족The Negro Family』을 작성한 대니얼 모이니핸이 그랬듯이, 20세기 사회 개혁가들이 활용했던 병리학적인 빈곤 담론에서도 19세기의 방식이 되풀이된다.[74] 미국 인류학자 오스카 루이스가 제시한 영향력 있는 개념인 '빈곤 문화culture of poverty'를 둘러싸고도 비슷한 논쟁이 벌어졌다. 루이스는 빈곤 문화를 '가계를 따라 세대 간에 대물림되는 생활양식으로, 고유의 구조와 근거를 지닌 하위문화'라고 정의했다.[75] 이 하위문화는 다수 집단이 지닌 것과는 다른 일련의 가치, 태도, 신념에 따라 작동한다. 그러나 동료 인류학자 찰스 밸런타인을 포함한 여러 비평가가 빈곤 문화의

존재에 의문을 제기했다.[76]

　루이스는 빈곤 문화가 '상당한 병리성'을 띤다고 해서, 불평등한 자본주의사회에서 '자신이 처한 주변부적 지위에 대한 빈민의 적응과 반응'으로서 이 문화가 발휘하는 기능을 간과해서는 안 된다고 강조했다. 가난한 가족에게는 '의연함, 활력, 회복력resilience, 그리고 중류층이라면 상당수가 견디지 못했을 문제들을 감당하는 능력'이 있다는 것이다.[77] 더불어, 빈곤 문화와 구조적 분석을 결합시킨 마이클 해링턴의 『또 다른 미국The Other America』도 논쟁에 큰 영향을 미쳤다.[78] 그렇지만 이 개념은 '종족주의적 낙인 이론'에 일조한다.[79] "빈곤은 개인이 문제로 남았다. 빈곤을 영속시키고 성공을 가로막는 개인적이고 가족적인 일련의 특성으로서 말이다."[80] 따라서 주창자들의 의도와는 달리, 빈곤 문화 개념은 루이스의 논지를 지지하는 쪽에게나 비판하는 쪽에게나 간에 빈곤에 처한 탓을 '빈민'에게 돌리는 데에 유용했다.[81]

　영국에서는 빈곤 문화라는 발상이 미국에서만큼 영향력을 미치지 않았다. 이와 비슷한 개념으로, 1970년대에 보수당 고위 정치인이었던 고故 키스 조지프 경이 쓰면서 널리 알려진 '박탈의 순환 고리' 개념이 등장했다. 이는 앞서 쓰이던 '문제 가족'이라는 꼬리표의 변종으로서, 근본적으로 양육자의 태도와 가치관을 통해 박탈이 대물림된다고 보고 양육 방식을 개선하고 교육하는 식으로 행동을 교정하여 이를 방지하는 방안으로 나온 것이다.[82] 박탈의 순환 고리설은 야심차게 시작된 정부 지원 연구 사업에도 불구하고 검증을 통과해 정책화되지 못했다. 그렇지만 불리함의 세대 간 연속성에 관한 새로운 증거가 드러남에 따라, 21세기 빈곤 문제를 틀 짓는 데에 순환 고리라는 은유가 새로운 정

치적 쓰임새를 갖게 되었다.[83]

20세기 후반과 21세기의 꼬리표 붙이기

　박탈의 순환 고리는 앞에서 서술한 기존의 빈곤 담론들과 '하층민' 담론 사이의 '징검다리'에 해당한다는 평이 있었다. '하층민' 담론은 기존 담론들을 그대로 이어받은 후예로서, 1980년대에서 1990년대 초에 유독 미국과 영국에서 크게 쓰였다.[84] 빈곤 담론이 다른 국가로 전파될 때는 대상 국가의 문화와 역사를 파고들고 다시 그것을 반영하면서 사회적으로 재구성된다.[85] 학계에서나 정치의 장에서나 '하층민' 담론은 현대의 빈곤 담론 중에서 가장 큰 논쟁을 불러일으켰다. 학계에서는 사회과학의 분석 도구로, 언론 및 정치 분야에서는 이야깃거리로 하층민 개념을 즐겨 썼는데, 이 둘 사이의 구분 선은 흐릿할 때가 많았다. 이것이 인과적 기제와 언어로서만 존재하는 개념이 아니라 현실 세계에 실재하는가를 두고 집중적으로 논쟁이 펼쳐졌다.

　'하층민' 개념은 사회과학자들이 먼저 사용하기는 했지만, 이것이 수면에 떠오른 것은 1970년대에서 1980년대 초 미국 언론을 통해서였다. 미국의 주류 사회, 그리고 기회를 쫓는 아메리칸드림과는 동떨어진 가치관과 행태를 보이며 사회의 밑바닥에 갇혀 있는 이방인 빈민 집단을 가리키는 말로 쓰이기 시작한 것이다.[86] 1980년대 후반에는 사회학자 윌리엄 줄리어스 윌슨이 좀 더 정교한 관점을 제시하면서 '하층민' 개념을 재해석했다.[87] 윌슨도 빈민가에서 보이는 행동을 병리학적으로 해석하는 관점을 받아들이는 데는 비판적이었다.[88] 그럼에도 불구하고 '하층민'이 처한 구조적인 노동시장 지위, 그리고 '인종'과 계층에 따라 분리되는 도심 흑인 지역에서 '진정으로 불리한 계층'이 생성되는 방식을 강조했다. 의미심장하게도 윌슨은 1990년 미국사회학회American Sociological Association 대표 연설에서는 하층민 개념과 거리를 두는 모습을 보였는데, '손 쓸 수 없을 정도로 그 의미가 오염'되었다는 이유였다.

영국에서 이 단어를 가장 앞장서서 오염시킨 사람은 미국 출신으로 대단히 영향력 있는 인사였던 찰스 머리다. 머리로 인해 이 꼬리표가 널리 알려지자 당시 언론, 그리고 정파를 불문한 온갖 정치인들이 가져다 마음대로 써먹었다. 하지만 머리의 말에 따르면 20세기 후반 들어서는 미국에서 '하층민'이 "시야에서 사라지"면서 꼬리표로의 쓰임새도 사라졌다.[89] 영국에서는 21세기로 접어들 무렵 한동안 하층민을 대신해 사회적 배제 개념이 쓰였지만, 그 흔적은 유난히 도덕주의적인 사회적 배제 담론 안에 그대로 남아 있었다.[90] 이후에 등장한 '곤란에 처한 가족troubled families' 담론은, 이것이 특정 정부의 계획을 지칭하는 말이라는 뜻밖의 사실과 함께 '넓은 의미의 하층민 개념'을 '재활용'하는 또 하나의 사례를 보여 준다.[91] 이런 개념에 담긴 가정이 '복지 의존'이나 '차브' 같은 단어를 통해 여전히 빈곤에 대한 대중적인 인식의 틀을 만들고 있다. 게다가 이제는 잘 쓰지 않는다고 해도 2011년 폭동* 당시처럼 이 '하층민'의 구성원이 다시 위협이 될 때면 언제든지 정치인과 언

* 2011년 8월 영국 런던, 버밍엄, 맨체스터 등지에서 산발적으로 벌어진 폭력, 방화, 약탈 사건을 가리킨다. 주로 청년층이 참여했고, 명확한 요구 사항을 제시하거나 조직화하는 모습이 나타나지는 않았다. 경기 침체와 긴축정책에 대한 불만의 표출 또는 인종 및 계급 갈등으로 보는 의견이 있다.

론이 손쉽게 꺼내 쓸 수 있는 꼬리표를 제공해 왔다.[92]

'하층민'이라는 용어는 이미 대중화된 후에야 개념 정의가 이루어졌다. 이 개념의 정의는 구조적인 해석을 바탕으로 하는지 행동이나 문화에 기원을 두는지에 따라 나뉘는 경향이 있는데, 한편으로 둘을 연결하려는 시도도 있었다.[93] 머리는 '하층민'이 행동에 따른 정의로서, "빈곤의 정도가 아니라 유형을 가리킨다"고 분명히 밝혔다.[94] 그가 사용한 주요 지표는 위법성, 폭력 범죄, 그리고 젊은 남성 노동 집단에서의 낙오였다. 행동에 따른 정의는 동일한 낙인찍기와 공포를 유도하는 '포괄적인 꼬리표' 아래 이질적인 소수 집단을 뭉뚱그리는 탄력성을 지니는 탓에, 분석적 개념이자 정치적인 개념으로서 '하층민'이라는 용어에 무수한 비판이 쏟아지는 원인이 되었다.[95] 하틀리 딘과 피터 테일러 구비[96]가 말했듯이 하층민 개념은 이미 주변화된 집단을 정의하는 것이 아니라 거꾸로 정의하려는 대상을 상징적으로 주변화하는 역할을 한다.

이에 영국의 사회학자들은 대안적인 정의 방식을 제시했다. 노동시장 및 국가와의 관계, 그리고 공통의 문화적 관점 및 가치관의 존재 여부에 따라 구성원의 경제적 지위를 다양하게 강조하면서, '하층민'을 계층구조 사이 또는 다소 아래쪽에 위치시키려 한 것이다.[97] 이 다양한 정의는 공통적으로 '하층민'과 '빈민' 집단 전반을 구별한다. 반면에 언론은 이 꼬리표를 정의되지 않은 채로 활용하면서 빈민과 동의어로 취급하곤 한다. 이런 관행은 19세기에 쓰던 구빈 대상이라는 범주와 마찬가지로, 꼬리표로 인한 낙인 효과와 전반적으로 '빈민'을 깎아내리는 결과를 냈다. '하층민'이 무엇을 가리키는지에 대한 합의가 부족한 상황은 실증적인 정량화에도 문제가 되었다. 실제로 머리는 "각자가 자기의 소속을 어떻게 정의하는가에 달린" 문제이므로 '하층민'을 집계하려는 시도는 시간 낭비일 뿐이라고 인정하며, 정량화 시도를 회피했다.[98] 게다가 실증적 증거를 검토해 봐도 미국에서나 영국에서나 문화적으로 구별되는 '하층민' 집단이 존재한다는 주장을 뒷받침할 근거는 없다.[99]

그러나 실증적 증거가 없다는 사실은 이 개념이 발휘하는 대중적인 효능에 아무런 영향을 주지 않았다. 이 효능이란 점점 깊어지는 사회적 양극화(미국의 경우에는 인종적 양극화)와 지극히 현실적인 사회적·경제적 변화가 불러일으키는 불안을 활용하고 그것을 해소할 대상을 제공하는 것이다. 미국에서는 이러한 위협이 백인 중류층이 전반적으로 인종적 규범을 담아 구축한 복지 정치의 일부로서, 그리고 주변화된 '흑인 하위 프롤레타리아'에 대한 두려움에 '그럴싸한 과학적 정당성'을 부여하려는 시도로서 노골적으로 인종화되었다.[100] 반대로 영국에서는 '하층민' 담론에 담긴 인종적 함의가 그만큼 뚜렷하지는 않고, 주로 '오염된 백인성이라는 범주를 전달하는' 방식에 담겨 있는 듯하다.[101] 어느 쪽에서든, '하층민'은 계층이 아니라 동떨어진 낯선 '인종'을 의미한다.[102] 문제를 주변화된 개인의 행동 탓으로 돌리고 사회 주류의 울타리 바깥에 둠으로써, 이면에 깔린 계층, 성별, '인종' 불평등과 구조적 원인으로부터 관심을 돌려놓는 것이다.[103] 이런 식으로, 하층민 담론은 트레이시 실드릭이 말한 '권력을 가진 자들에게 핵심적인 자원'을 제공하는 '빈곤 선전poverty propaganda'의 강력한 사례가 되었다.[104]

'하층민' 담론으로 인해 빈곤 문제는 반사회적 행동과 의존이 쌍을 이루는 위협이라는 틀을 새로 얻게 됐다.[105] '빈곤 선전'의 또 다른 사례인 '복지 의존', 그리고 이와 연관된 '의존 문화'는 '하층민' 서사를 만들어 낼 뿐 아니라 독립적으로도 작동한다. 이 개념 역시 빈곤의 구조적 원인을 떠나 행동 측면에 집중하며 심지어 약물 남용을 암시하기도 한다.[106] 약물 남용 현상의 본질에 대해서는 여러 가지 해석이 존재한다. 대표적으로는 '넉넉한' [복지] 급여를 누리다 보니 나타나는 당연한 반응이라거나, '복지'에 의존하여 도덕적·정신적으로 수동적인 상태에 빠진 결과라고 보는 시각이 있다.[107] 그렇지만 이런 해석은 공통적으로 '복지', 그리고 거기에 의지하는 사람들, 특히 미국에서는 홀로 양육하는 어머니와 아프리카계 미국인을 병리적 존재로 만드는 담론의 형태를 취한다.[108] 20세기 후반 미국의 복지 개혁가들은 이런 담론에 이념적 힘이 있다고 강조한 바 있다.[109] 불평등이 심해지는 상황에서 복지에 대한 '새로운 합의'를 도출한 결과, 빈곤 문제는 '하층민' 사이에서 나타나는 '의존적 행태'라는 도덕적 문제로 탈바꿈한다.[110] 이 새로운 합의가 논쟁의 조건을 바꾸어, 결국 빌 클린턴 대통령이 '우리가 알던 복지의 종말'이라는 구호를 통해 예고했던 [복지 축소를 향한] 새로운 길을 여는 데 일조했다.

　　그 영향으로 서구 선진 복지국가들 사이에서도 사회보장 개혁을 둘러싼 논쟁이 확산되었다. 가장 대표적인 사례가 영국이다. 보수당과 신노동당 정치인들이 모두 그 담론을 가져다 썼고, 상식적인 추정으로 자리 잡았을 뿐 아니라, 미국적인 '복지' 개념이 그 모든 부정적 함의를 포함한 채로 사회보장을 대체할 개념으로 받아들여졌다.[111] '복지 의존' 개념은 정치적 영역에서 '낙인을 무기로 만든' 사례로서,[112] '자격 있는' '고강도 노동 가족'과 '자격 없는' '싸움꾼', '게으름뱅이' 사이를 가르는 징벌적인 정치적 구분 선의 밑바탕이 되었다.[113] 그런데 이 과정에서 보조금과 세제 혜택으로 [부족한] 임금을 보충하는 유급 노동자에 이르기까지 구분 대상이 확대되었다. 그 결과, 노동을 하든 안 하든 국가에 의존하는 사람과 의존하지 않는 사람 사이에 결정적인 구분 선이 그어지게 되었다.[114] 또한 의존 문화 개념과 마찬가지로 연구에 의해 비판받은, '대물림되는 무노동 상태'라는 주장에 힘이 실렸다.[115] 1970년대 중반에 출현한 '복지 탈취자 공포증scroungerphobia'만큼 맹렬하지는 않지만,[116] 영국에서 되풀이되는 '부정 및 남용' 담론은 사회보장 수급자의 정당성을 계속 약화시켰다.[117]

　　'하층민'을 의존성과 비행에 연관 짓는 일은 역사적으로 반복되어 온 것이 틀림없는데, 바로 '하층민'이라는 단어 자체가 그러하다.[118] 이 말은 19세기에 자격 없고 위협적인 존재로 인식되던 '빈민'을 설명하는 데 썼던 언어와 비슷하다.[119] 실제로, 머리[120]와 언론인 켄 올레타처럼 미국에서 하층민 개념을 지지한 사람들은 이들을 메이휴가 그려 낸 빅토리아시대의 몹쓸 밑바닥 인생들과 명백히 나란한 위치에 놓는다. 이와 관련해서, 미국의 '백인 쓰레기' 또는 '트레일러 쓰레기'라는 표현에 담긴 '쓰레기waste' 담론 또한 역사적 뿌리가 깊다.[121] 현재의 쓰레기 담론은 미국의 농촌 지역을 가리키는 말에서 비롯했지만, 훨씬 이전 시기의 영국에서도 그 역사를 찾아볼 수 있으며,[122] 빅토리아시대에 하수도의 오물을 의미하는 동시에 '인간쓰레기'라는 뜻으로 도시 빈민을 가리키는 데 쓰였던 '찌꺼기'라는 단어와도 일맥상통한다.[123] 이런 단어에는 사회 전반을 오염시킬 위험이 있는 '역겨움, 지나침, 쓸모없음'의 담론이 담겨 있다.[124]

　　타일러는 타자화 과정에서 역겨움이 어떤 의미와 역할을 갖는

지 분석하면서, 그와 연관된 모욕적인 용어가 '더께scum'를 거쳐 '차브'
로 이어지는 연결 고리를 제시한다. 비교적 최근 영국에서 쓰이는 꼬리
표인 차브는 특히 여성형으로 쓰일 때 '기괴하고 우스꽝스러운 인물'을
의미하는 단어다.[125] 타일러는 '차브'가 대중문화를 다루는 매체를 통해
'탁월하게 비참한 존재'로 그려지며 역겨움과 경멸의 대상이 되었다고
주장한다.[126] '빈민'과 아주 유사하지는 않지만, 웹사이트 chavscum.com
에 '영국의 무식한 하층민'이라는 문구가 달려 있는 데서 뚜렷이 나타나
듯이, '차브'에는 '하층민'이라는 표식이 담겨 있다.[127] 그러나 키스 헤이
워드와 마지드 야는 '하층민' 꼬리표가 **생산**(덧붙이자면 **재생산**까지) 측
면에서 병리적인 상태를 연결 짓는 데 쓰인 반면, '차브'는 문화적으로
궁핍하거나 '천박한' **소비**로 여겨지는 것에 낙인을 찍는다고 말한다.[128]
'백인 쓰레기' 역시 취향이 부족해 보이는 사람을 특정하는 데 쓰이기도
한다.[129]

　　'하층민' 및 관련 담론에 뒤덮인 부정적인 역사적 침전물은 그
단어들이 전하는 이미지와 함께 지울 수 없는 낙인이 되어 '그들'과 '우
리'를 가르기에, 현 시대의 빈곤을 가리키는 가장 경멸적인 꼬리표로 쓰
인다. 머리도 스스로 인정하듯이 '하층민'은 의도가 담긴 '추한 단어'
다.[130] 앞서 언급했듯이 이에 관해 글을 쓰는 사람들의 언어도 마찬가지
다. 그런 글에서는 질병과 오염의 은유가 자주 활용되는데, 쓰레기 외
에 '흑사병',[131] '암'[132]도 등장한다. '야생적feral'이라는 표현도 '하층민'
에 자주 붙으며,[133] 때때로 인간 이하의 수준이라는 뜻으로 동물의 이
미지가 활용되기도 한다. "사람들을 범주별로 나누고 계층 특권의 존
재를 부정하기 위해" '품종breed' 관련 용어를 사용했던 미국에서도 이

런 이미지가 반복적으로 쓰였다.[134] '번식용 암말brood mares', '번식용 노새breeding mules', '원숭이' 등은 미국 입법자들이 복지 정책을 논하면서 어머니들을 가리켜 쓴 동물 관련 욕설 중 일부다.[135] 인간성을 앗아가는 이러한 언어는 타자에 대한 비방과 배제를 정당화한다.[136] 그러므로 (직접 의사를 물어본 경우는 드물지만) 빈곤층이 '하층민'이라는 꼬리표를 낙인찍기로 인식한다 해도 이상할 것이 없다.[137] 이것은 '다른 사람에게 붙이는 용도 외에는 누구도 원하거나 입에 담지 않는 부정적 꼬리표'다.[138]

　'하층민' 개념을 어떻게 사용할지에 대해서는 논평자들의 입장이 엇갈린다. 사회학적으로 도움이 되지 않으며 정치적으로 유해하다는 근거를 들어 아예 버려야 한다고 주장하는 이가 있는가 하면, 이제는 '빈곤'이라는 말만으로는 빈곤 문제에 대한 관심을 불러일으키기 불가능한 상황에서 유용한 기능을 할 수 있다고 주장하는 사람들도 있다. 내 생각에, 자애로운 목적으로 그 용어를 쓴다는 것은 불장난이나 마찬가지다. 그렇게 병리적이고 노골적으로 타자화하는 방식으로 한 집단을 지칭하면, 사회의 나머지 구성원이 그들을 공통의 시민권으로 이어져 있는 유대 관계 바깥의 존재로 인식해 배척하기 쉬워진다. 그러면 [사회의 대응이] 포용적인 반빈곤 활동이 아닌 '처벌하기'에 치우칠 가능성이 높아진다.[139]

'p' 단어

나는 '하층민'과 '복지 의존' 같은 비하적 표현으로 그 대상을 '자격 없는 빈민'으로 범주화해 온 역사적 맥락을 감안해, 그러한 표현을 쓰는 데 비판적인 입장을 제시했다. 하지만 그렇다고 가치 판단이 덜 담긴 빈곤 담론은 문제가 덜 하다는 뜻은 아니다.

허버트 J. 갠스는 낙인이 되는 '꼬리표'와 서술적 개념을 구별한다.[140] 그렇게 보면 'p' 단어, 즉 '가난poor'과 '빈곤poverty'은 서술적 개념에 속하기는 하지만, 역사적으로 보나 현재 그 단어에 담겨 있는 의미를 보나 중립적인 용어는 아니다. 그보다는 '불편한 구별의 어휘'의 일부로서, '빈민'을 다른 존재 또는 일탈적인 존재로 만든다.[141] 'p' 단어는 '우리'가 '그들'에 대해 사용하는 말일 뿐, 빈곤층 스스로 쓰는 일은 거의 없다.[142] 그들은 웬만해서는 자신이 어떻게 불리기를 원하느냐는 질문을 받지 않는다. 그렇기에 '[어떻게 부르면 좋을지] 질문받은 적도 없고, [그리 불리기를] 원하지도 않는 사람들'에게 '빈곤', '가난'이라는 용어는 낙인찍는 꼬리표로 들리기 십상이다.[143]

영국에서 빈곤을 겪고 있는 사람들을 연구한 결과 빈곤층의 상당수가 'p' 단어에 대해 '고약한', '끔찍한', '낙인', '사회적으로 몹쓸 존재', '사람을 깔아뭉개는' 같은 표현을 떠올리며 부정적인 반응을 보였다.[144] 'poor'라는 단어에는 '저품질'이나 '결함 있는'이라는 열등함의 의미도 담겨 있어, 이 말을 형용사로 사용할 경우에는 모욕과 비하로 들릴 수 있다.[145] 게다가 이 말에는 정체성을 정의하는 의미도 담겨 있는데, 빈곤은 개인의 자질이 아니라 그 사람이 처한 상황을 의미한다는 점에서 이는 부적절하다. 그래서 어린이를 포함해 빈곤층에서는 이처럼 낙인찍는 꼬리표로 인식되는 단어로 불리기를 꺼리는 경우가 많다.[146]

빈곤을 겪고 있는 사람이 그것에 대해 어떻게 이야기하는지 연구한 잰 플래어티는, 참여자들이 재정적인 어려움을 솔직하게 털어놓는 것으로 보아 "그들이 자신이 '빈곤'하다는 관념을 거부하는 이유는 자기의 상황을 숨기려는 의도가 아니라, 빈곤이라는 단어 자체와 그것을 인정할 때 뒤따르는 함의에 있다"고 결론 내렸다.[147] 이와 비슷하게 조지프 라운트리재단 지원으로 진행한 연구에서는 "심각한 빈곤 상태로 보이는 사람들이", 그럼에도 불구하고 "자기가 처한 곤란한 상황을 설명하는 데에 빈곤이라는 언어를 쓸 의향이" 없는 것으로 나타났다.[148] 두 연구 모두에서 이런 언어로부터 거리를 두고자 하는 다양한 전략이 관찰되었다.[149] '진짜' 빈곤은 '어딘가 다른 곳', 특히 남반구에 존재한다고 보는 경향이 있었고,[150] 영국에 빈곤이 실재한다는 사실을 인정하는 경우에는 관리 능력의 부재나 개인의 잘못된 행동 등과 관련이 있다고 보았다. 플래어티는 또한 빈곤을 눈으로 알아볼 수 있다는 가정하에, 더럽다거나 불결하다는 표현을 자주 쓰는 데서 드러나는, 장소에 기반한 절대주의적 빈곤 이해를 발견해 냈다. 이런 식으로 "빈곤과 박탈을 향한 비난이 외견상 '가난'해 **보이는** 다른 장소로 향할 수 있다."[151]

참여자들이 보여 준 이러한 인식은 다른 질문에 대해서는 자기의 삶을 설명하면서 일상적으로 겪고 있는 '매일의 곤궁함을 일반화'하는 모습을 보인 점과 대조적이었다.[152] 트레이시 실드릭과 로버트 맥도널드가 말했듯이, "정보 제공자들의 인식에는 '자격 없는 빈민'밖에 존재하지 않기 때문에, 당연히 '도덕적, 개인적 실패'와 관련된 꼬리표는 보이지 않았다."[153] 그런 꼬리표 대신, 자신을 그저 '대체로 별 볼일 없는 존재'로 표현했다.[154] '평범'하거나 '보통'인 존재로 보이고자 하는 욕구는 사회계층을 가리지 않고 나타나며,[155] 이는 특히 또래들에게 '다르게' 비치기를 원치 않는 어린이에게 중요할 수 있다.[156] 이 욕구에서 비롯하는 한 가지 현상이 '방어적 타자화' 과정을 통해 빈곤 상태로 사는 다른 사람을 타자화하려는 경향이다.[157] 일레인 체이스와 로버트 워커가 서술했듯이, "'빈민'이라는 굴욕적이고 부정적인 인식 … 으로부터 거리를 두려고 애쓰면서 … 자신이 '타자'로 규정된다고 느끼는 사람들은 그 꼬리표를 '타인'에게 넘김으로써 그런 꼬리표로부터 멀어지려는 모습을 보였다."[158] 실드릭과 맥도널드는 빈곤층이 '평범한 사람'으로 확인받고 '자격 없는 사람'과는 다른 존재가 되고자 "재정적·문화적·사회적·도덕적으로 자신보다 아래에 위치한 '하층민', 즉 타자라는 유령을 끌어다 쓴다"고 주장한다.[159]

어느 정도는 W. G. 런시먼의 상대적 박탈 이론[160]과 결을 같이하는 이러한 결과를 볼 때, 사람들이 자기의 경제적 형편을 추정하는 데 참조할 '준거집단'의 폭을 좁게 잡는다고 해석할 수 있다.[161] 이러한 준거집단은 자기보다 못한 처지일 경우가 많을 것이다. 자기를 '빈민'이라고 했다가는 국내에서든 더 가난한 다른 나라에서든 자기보다 더 어려운 처지에 놓인 사람들의 곤경을 하찮게 여기는 셈이 될 수 있다는 인식도 종종 나타난다.[162] 그러나 앞에서 서술한 전략을 떠올려 보면, 사람들이 사회적 위계 속에서 자기보다 아래에 있다고 인식되는 대상과 자기 사이에 명확한 선을 그으려 하는 데에는 이보다 더한 무언가가 작동하리라고 짐작할 수 있다.[163] 따라서 '자기를 빈민이라고 인정'하려 들지 않는 '주원인은 수치에 기반한 굴욕에 대한 두려움'일 가능성이 여전히 남아 있다.[164]

빈곤과 관련된 낙인찍기에 대한 반감은 마찬가지로 구역 기반

연구에서도 나타난다.[165] 앤 코든이 수행한 영국의 어느 쇠퇴 구역 연구
에서 이 현상이 강하게 드러났다. 앤은 이로 인해 연구자와 활동가들이
부딪히는 딜레마도 함께 설명한다. 연구 참여자들은 자기와 자기가 속
한 지역사회를 '빈곤'과 관련짓기를 원치 않는다는 뜻을 분명히 밝혔다.
연구 결과가 공개되자 지역의 한 신문에서는 그 연구가 주민들이 거부
했던 낙인찍기의 또 다른 방식에 불과해 "분노 … 무력감, 좌절"을 느끼
게 했다고 평했다. 이 일 때문에 마주하게 될 딜레마에 대해 코든은 이
렇게 적었다.

> 글을 쓰거나 말을 할 때 '빈곤'이라는 단어를 쓰지 않는 방법을 택
> 하면 빈곤 논쟁에 참여하기가 어려워진다. 내가 만났던 가난한 사
> 람들에게 큰 도움이 될지도 모를 일이 묻히고 말 것이다. 글에서
> '빈곤'이라는 용어를 쓰지 않는다면 빈곤은 사라졌다는 정부의 견
> 해에 효과적으로 결탁하는 셈이다.[166]

코든의 딜레마는 활동가들에게도 중요한 질문을 던졌다. 일부에
서는 빈곤이 효과적인 대응을 방해하는 '유해'하고 부정적이며 분열적
인 단어라고 주장했다.[167] 대중의 인식을 조사한 결과에 따르면, 이 단어
는 영국 대중의 공감을 이끌어 내지 못한다.[168] 가난하다고 여겨지는 사
람 중 다수가 그 꼬리표를 거부하는 상황도 함께 고려해, 빈곤이라는 단
어를 [반빈곤] 활동에서 제외하자는 요청이 일었다.[169] 그럼에도 불구하
고, 빈곤을 경험한 사람 중에는 이 단어가 꺼려지기는 해도 정치 행동의
기반으로는 여전히 필요하다고 주장하는 이들이 있다.[170] 마찬가지로 반

빈곤 활동가와 연구자 들은 대부분, '형편이 그리 좋지 않은 사람'처럼 표백된 문구로 대체할 경우, 호의적인 사람들이 '빈곤'이라는 단어를 통해 쓸 수 있는 도덕적·정치적 칼날이 무뎌질 것이라고 염려한다.[171] '그 단어를 회피'하면 '문제를 회피'하기 쉬워진다.[172] 또한 고통스러운 빈곤 경험을 '저소득' 같은 무채색의 용어로 지워 버림으로써 문제를 무력화한다. 그렇다 해도 그런 표현을 '분투', '가까스로 생존하기',[173] '곤란'[174]과 같이 빈곤층이 더 직접적으로 자기를 표현할 수 있는 다른 용어와 결합해 쓰는 방법도 생각해 볼 수는 있을 것이다.

　　언어에 대한 이러한 논의를 통해 대단히 많은 문제가 드러났다. 빈곤을 연구하고 관련 저술을 하는 사람들이 존중하는 태도를 가지고 '거리감이 덜한' 언어를 사용할 책임도 그중 하나다.[175] 또 하나는 'p' 단어가 낙인을 찍는 분류의 의미를 띨 수도 있고, 도덕적·정치적 문제를 제기하는 데 쓰일 수도 있다는 점이다. 둘 중 어느 쪽에 무게가 더 실릴지는 정치적·경제적 환경에 따라 달라진다. 하지만 피해자로든 악당으로든, '빈민'은 타자로 간주되는 경향이 있다. 자기가 초래한 운명을 스스로 책임져야 하는 존재 또는 행위주체성 없는 수동적 관심의 대상이 되는 것이다. 그 결과 잘해 봐야 '비빈민'에게 동정을 얻거나 관심 밖으로 밀려나고, 최악의 경우에는 '돕거나 처벌하거나 무시하거나 연구할' 대상으로 취급받는 한편 동등한 동료 시민으로는 거의 대접받지 못하는, 공포, 경멸, 적대의 표적이 된다.[176]

빈곤의 재현

'p' 단어에 담기는 이러한 의미와 문제점은 일반적으로 '빈민'을 재현representation하는 방식을 통해 강화된다. 이 과정에서 빈민은 '재현의 행위주체성'을 부정당한다.[177] 이런 재현 방식은 타자화 과정에서 중요한 요소다. 19세기에 그랬던 것처럼 수많은 평론가가 마치 '오래 전 잊힌 종족 또는 이국적인 생물종'이 사는 '정글 속 보금자리를 탐험'하는 듯한 태도로 '우리 안의 이방인'[178]이라는 이미지를 만들어 냈다.[179] 이런 이미지는 때로 의도적으로 '피해자를 비난'하는 도구가 된다. 또는 호의적인 관찰자들이 사회에 충격을 주어 대응책을 끌어내기 위해 활용하는 경우도 있다. 제러미 브렌트가 '다른 세계를 보여 주는' 것을 목표로 하는 '여행기' 류의 저작을 비판하면서 지적하듯이, 이런 이미지는 엄청난 문제를 불러일으킨다.[180] 『또 다른 미국』이 그런 사례인데, 이 책에서 해링턴은 이를테면 '내부의 낯선 존재', '하부 세계' 같은 표현을 썼다.[181] 영국에서는 급진주의 언론인 닉 데이비스가 쓴 『어두운 마음: 숨겨진 영국의 충격적 진실Dark Heart: The Shocking Truth about Hidden Britain』(1998)이라는 책이 큰 인기를 끌었다. 이 책은 우리가 '호의적 타자화'라고 부를 만한 사례다. 데이비스는 자신을 "머나먼 정글을 파고들어가는 빅토리아시대 탐험가"라고 소개한다. 그 정글이란 '빈민'이 거주하는 '또 다른, 발견되지 않은 나라'를 가리킨다. 이러한 이미지들과 '다른'이라는 형용사를 자주 사용한 탓에, 빈곤이 사람들에게 끼치는 악영향을 강조했음에도 이 책은 저자가 불러 모으고자 하는 '빈곤에 맞서는 십자군'에게 영감을 주기보다는 읽는 사람으로 하여금 빈민을 더 멀고 두려운 존재로 느끼게 한다.[182]

노숙인을 '자선 원조를 기다리는 가련하고 1차원적 인물'로 묘사하는 영국 텔레비전 뉴스를 분석한 연구에서 보여 주었듯이, 호의적 타자화의 또 다른 방식은 연민을 자극하는 것이다.[183] 하이로 루고오칸도는 권력을 가진 이들이 이런 연민으로 연대를 대체한다고 말한다.[184] 연구에 따르면, [이 연민의 감정이 사람들로 하여금] 고통받는 이들 앞에서 무력감을 느끼게 하고, 타자화를 통해 ['빈민'을] 사회적으로 더욱 먼 존재로 만들 수 있다.[185]

언론인은 '타자'의 이미지를 제공하는 중요한 원천으로서, 빈곤경험을 전달하고 틀 짓는 과정에서 특히 직접적인 지식이 없는 이들에게 빈곤에 대한 인식과 태도를 심어 준다.[186] '우리'와 '그들' 사이의 거리를 만들고 그 간극을 넓히는 부정적 고정관념에 치우치는 경향이 만연한데, 한 언론 분석가는 이를 언론 차원의 '타자화 문화'라고 칭했다.[187] 이런 경향은 영국과 미국 같은 나라의 자유주의 복지 체제에서 두드러지며, 북유럽의 사회민주주의 체제에서는 덜한 편이다.[188] 다만 자유주의 복지 체계에서 '망신주기와 비난을 일소'할 수는 없어도 지배적인 서사에 맞서는 언론의 사례를 찾을 수 있다는 점은 희망적이다.[189]

주류 언론에서는 대체로 빈곤이 암울하고 뉴스 가치가 없는 것으로 비쳐 밀려났지만,[190] 몇 년 전부터 영국과 그 밖의 지역[191]에서 '빈곤을 전시하는poverty porn' 방송이 등장해 빈곤에 오락적 가치가 부여되었다. 이런 방송은 빈곤층을 관람용으로 대상화한다는 비판을 받았다.[192] 트레이시 젠슨은 이렇게 주장한다.

이미 있던 빈곤에 관한 몰염치한 호기심을 이용할 뿐 아니라, '빈민'의 삶을 도덕의 장으로 만들어 속속들이 검토하고, 해부하고, 평가한다. 복지 개혁 '논쟁'을 앞세워 하층민을 재발명한다. … 적절한 선택과 행동을 하지 못하는 '타자들'의 오작동dysfunction을 화면에 노출시키면서, 그러한 '생활양식'을 초래한 복지국가의 오작동을 드러낸다.[193]

크게 보면 이런 방송이 빈곤층에 대한 대중의 인식을 형성할 수 있다.[194] 방송에 비친 빈곤층의 모습을 비난하는 목소리가 소셜 미디어를 통해 증폭되는 경우가 많다. 빈곤층을 이렇게 그려 내는 데 대한 비판의 목소리와, 빈곤층 스스로 자기를 대변하고 그 비하적인 묘사에 저항할 공간도 늘어나고 있지만 말이다.[195] 비난은 유독 여성(특히 '복지 의존 어머니'와 그들의 몸)에게 집중되는데,[196] 미국에서 이런 부정적인 언론 매체의 이미지에 담긴 인종화된 속성을 연구한 사례들이 있다.[197]
영국과 미국의 연구에서 강조한 점은, 물론 언론 매체가 직접 지배적인 정책과 정치적 수사를 반영하고 전파하는 경향도 있지만, 매체에서 재현되는 부정적인 초상이 빈곤층 전체에, 그중에서도 특히 사회보장 청구자를 향한 낙인찍기와 징벌적인 태도 및 정책의 확산에 일조한다는 사실이다.[198] 타자화의 악순환 속에서 정치, 언론, 대중 담론은 '자격이라는 어휘'를 서로 주고받으며 널리 퍼트린다.[199] 이 어휘는 '빈민'에게 오직 자격 없는 악당 아니면 자격 있는 피해자나 영웅이라는 한정된 역할만 맡긴다.[200] '영웅적인 생존자'라는 초상은 겉으로는 좀 더 긍정적으로 보이지만, 평범한 생존자로서는 달성할 수 없는 기준이다. 피해자 이미지는 "빈곤층을 곤경을 수동적으로 받아들이는, 애처롭고 절망적이며 짓눌린 존재로 그려 낸다."[201] 때로 자선단체나 활동가 집단이 이런 이미지, 특히 시각적 이미지를 활용하기도 한다. 하지만 이런 시도는 거센 비난을 불러일으켰고, 장애인 운동 영역에서는 자선단체가 전통적으로 사용하던 비하적이고 피해자화하는 이미지를 넘어선 새로운 재현 방식을 보여 주었다.

언론은 전형적으로 빈곤층을 주체가 아닌 대상으로 재현하고, 그 과정에서 빈곤의 희생자라는 수동적인 표상이 강화된다.[202] 아주 예외적인 경우가 가끔 있지만, 주류 언론에서 빈곤층을 다룰 때는 어느 정도까지는 '전문가'를 통한다.[203] '빈민'에게 직접 모습을 드러내고 말할 기회를 주는 경우라 해도 주로 언론인이 제시한 의제를 다루거나, 빈곤층이 처한 상황에 대한 당사자의 분석보다는 고통에 시달리는 목소리를 전하는 데 치중한다.[204] 빈곤층은 '가련한 사건에 휘말린 구차한 입장'에서 말할 뿐이다.[205] 이처럼 빈곤층의 목소리를 제한하고 조건부로만 이들의 모습을 드러내면서 언론은 빈곤의 구조적 맥락과 원인을 탐구하는 대신에 빈곤층이 겪는 문제를 개인화하는 관행을 강화한다.[206] 이는 사회 전체가 빈곤의 원인을 이해하는 방식에 영향을 미칠 수 있다.[207]

낙인, 수치, 굴욕

당연히, 빈곤층도 언론을 접한다. 빈곤층을 낙인찍는 이미지와 언어를 보고 들으며, 자기와 이웃들이 폄하당하고 악마로 취급받는 것을 느낄 수 있다. 다른 곳도 그렇지만, 이 문제는 유난히 미국과 영국에서 두드러진다.[208] 게다가 어떤 이들은 언론의 부정적인 재현 때문에 타

인이 자기를 대하는 태도가 달라진다고 느끼기도 한다.[209]

일상적 상호작용에서 경험하는 낙인은 '사회적 낙인'이라고 불리며,[210] 제도적 수준에서도 낙인이 작동할 수 있다.[211] 어느 경우든 낙인은 3장에서 살펴본 다른 형태의 편견 및 차별과 교차한다.[212] 제도적 낙인은 특히 선별적 급여 수급자에게 (미국과 영국 같은 자유주의 복지국가에서 더 두드러지게) 붙을 수 있다.[213] 복지 수급자를 비인간화하고 모독하며 심판하는 듯한 태도로 급여를 집행하는 경우에는 낙인이 더 강해진다.[214] 그렇지 않은 경우라도 일반적으로 빈곤층의 삶을 좌우하는 권력을 가진 국가 기관에 고용된 공무원 및 전문가와 상호작용할 때 낙인과 비인간화를 경험한다는 것은 익숙한 이야기다.[215] "[그들의] 삶과 경험을 존중하지 않는 태도로 서비스를 제공"[216]하며, '빈곤주의'[217]를 드러내는 경우가 너무나 많다. 그런 사람들을 상대하다 보면 낙인찍기와 징벌적 대우를 당할까 두려워 공공 서비스를 회피하게 되는[218] '대가'를 치를 수도 있다.[219] 영국을 포함해 여러 지역에서 푸드뱅크에 의존하는 경향이 커지면서, 대체로 이용자를 존중하고 환영하는 분위기를 조성하려고 온갖 노력을 기울이고 있는데도 불구하고, 푸드뱅크는 빈곤층에게 극심한 수치심을 안겨 주는 또 하나의 원천이 되었다.[220]

빈곤, 그리고 복지 수급자에게 붙는 낙인의 정도와 속성은 사회마다 다양하게 나타난다. 여기에는 이미 언급한 것처럼 사회보장제도의 속성과 더불어 역사적으로 그 사회가 '빈민'을 대우해 온 방식, 문화적 차이, 빈곤에 대한 일반적인 해석 등의 요소가 반영된다.[221] 그럼에도 불구하고 워커와 동료들이 수행한 국가 간 비교 연구에 따르면, 국가에 따라 차이가 있다고 해도 "[각종 제도의] 조항은 대부분 … 의도적이거나 무관심한 또는 소극적인 경멸의 결과물이거나 어느 쪽이든 간에 낙인찍는 효과가 크다."[222] 매켄지의 민족지 연구에서 [세인트 앤] 주민들, 특히 여성들이 자신과 이웃이 어떠한 '업신여김'과 '무례한 대우'를 받는지 이야기한 내용으로 볼 때, 연구를 관통하는 핵심은 "낙인과 고정관념이 만연하고, 해를 끼치고 있다"는 것이다.[223] 이것은 '영토적 낙인찍기'와 '타자화의 공간적 측면'을 보여 주기도 하는데, 이러한 [지리적 측면] 역시 전문가와 공무원의 태도에 영향을 줄 수 있다.[224]

　　낙인이 미치는 영향은 심대할 수 있지만 모든 사람이 같은 반응을 보이지는 않으며 각자 처한 상황이나 지리적 위치에 따라 영향받는 정도가 다르다.[225] 상황이 자기 책임이라고 믿는지 여부에 따라 낙인에 대한 반응이 어느 정도 달라진다는 것을 밝힌 연구 사례가 있다.[226] 정체성과 자긍심에 온갖 해로운 영향을 미치는 내면화Internalization, 그리고 저항resistance은 낙인에 대한 극과 극의 반응이지만,[227] 감정적 반응의 복잡성에 따라 이 두 가지가 공존할 수도 있다.[228] 저항은 다양한 형태로 나타난다(일부를 5장에서 더 살펴본다). 어떤 이들은 특히 자녀를 위한 과시적 소비로 낙인찍기를 피하려는 (대체로 실패로 돌아갈) 시도를 한다.[229] 또는 자기 경험을 기록한 책에서 티라도가 취했던 것처럼 반항적이고 '뻔뻔한' 태도를 '갑옷'처럼 두른다.[230] 그 밖에 앞에서 보았듯이 거리두기와 2차 타자화를 통해 [낙인을] 다른 사람에게 돌리려고 하는 경우가 있다.[231] 또는 안전하지만 그 자체로 낙인찍기의 대상이 되는 [빈곤] 지역 공동체 안으로 피신하기도 한다.[232] 오스트레일리아에서 빈민층의 이야기를 들으며 필은 "중요한 존재가 아니라는 이유로 겪은 일과 들은 말들에 대한 화, 불쑥 치솟는 분노[의 목소리]"를 들었다. "낙인의 방향을 돌려, 도덕적 빈곤과 이기주의를 들어 부유층을 지탄"함으로써 분노를 쏟아 내는 모습도 목격했다.[233] 일상적인 모욕과 경멸로 인한 분노가 극단으로 치달을 경우 2005년 파리 외곽의 방리유에서처럼 폭동이나 폭력 행위로 표출될 수 있다.[234]

한편 낙인에 대한 반응이 내면화되고 개인화되면 그 결과로 수치심이 뒤따르기도 한다.[235] 국가 간 비교 연구를 진행한 워커와 동료들은 '수치심은 빈곤의 보편적인 부수물'로서 '빈곤-수치심 결합체'를 만들어 낸다고 밝혔다.[236] "물질적 조건이 엄청나게 다르더라도 심리사회적 빈곤 경험은 매우 비슷하며, 그 경험은 대부분 빈곤층을 향한 망신주기, 그리고 그들을 주 대상으로 삼은 낙인찍기와 차별적 관행으로 이루어진다."[237] 이와 비슷하게, 2장에서 다룬 프랑스와 벨기에에서 공동 진행한 '지식의 병합' 사업 보고서에는 "수치심이 우리 연구의 중심 주제"라는 선언이 있다.[238] 수치심은 굴욕을 동반하는데, 굴욕은 "단순히 결핍을 개인이나 집단의 탓으로 돌리는 행위만이 아니라, 이러한 열등함을 공개적으로 단언하는 행위에 의해 발생"한다.[239] 굴욕은 '빈민'을 실패자로 규정하는 만연한 소비주의와 결합하여, 일상적인 만남과 구조적인 불평등 모두에서 생겨날 수 있다.[240]

2세기 이상 거슬러 올라가, 소비주의 이전 문화에서 살던 애덤 스미스조차도 의복이 상대적 빈곤의 핵심 기표로서 수치심과 굴욕을 가시화하는 표지로 기능한다고 인정했다.[241] 특히 어린이에게 그러한데, 어린이 빈곤에 관한 리지의 연구에 따르면 (형편에 맞지 않더라도) 유행하는 옷을 제대로 갖춰 입어야만 '무리 안에 속하고', 우정을 지키고 괴롭힘과 사회적 배제를 피할 수 있다.[242] 리지의 연구, 그리고 이보다

풍요의 시대, 무엇이 가난인가

앞선 미들턴 등의 연구[243] 모두 어린이와 청소년에게 새로 형성된 정체성을 표현하는 데 의복이 중요하다는 점을 강조한다. 일반적으로 빈곤과 연관된 수치심과 굴욕은 '사회관계에 깊숙이 파고들기' 때문에, 개인적 정체성이 형성되는 과정에 놓인 이러한 연령 집단에게는 특히 견디기 어려울 수 있다.[244] 이 문제를 감당하고 빈곤으로 인한 수치심으로부터 자녀를 지킬 책임은 대체로 어머니가 진다.[245] 이는 수치심과 낙인의 경험이 성별화되는 한 가지 사례다.[246]

수치심은 '최우선적'이거나 '가장 치명적인 감정'이라고 서술되어 왔다.[247] 본질적으로 사회적이고 관계적인 것으로서, '체계적인 권력관계뿐 아니라 문화적·사회적 요소에 뿌리를 두고 점점 강화되는 순환 고리'[248]라고도 했다. 수치심과 굴욕은 이러한 감정을 유발하는 불평등과 사회적 위계를 유지하는 중요한 역할을 담당한다. 빈곤층에게 '사회적·정신적 고통'을 야기하고 건강을 심하게 해칠 수 있는 '관계상의 손상'이나 '정신적 상처' 또는 '존엄 손상'을 유발하는 요인이며,[249] 정체성, 자존감, 자긍심, 다시 말해 우리가 자기를 느끼는 방식에 고통스러운 상처를 안긴다.[250] 앤드루 세이어는 "수치를 경험한다는 것은 부적합하고 무가치하다고 느끼는 것, 어쩌면 존엄과 온전함이 부족하다고 느끼는 것이다"라고 했는데,[251] 이 점은 연구를 통해서,[252] 그리고 빈곤 상태로 사는 사람들 자신에 의해서 입증되었다. 영국반빈곤연합UK Coalition Against Poverty 워크숍에서 한 참석자는 "양파처럼 껍질이 한 겹 한 겹 벗겨져 아무것도 남지 않는다. 자긍심도, 자기에 대한 느낌도 모두 사라지고 나 자신은 아무것도 아니라는 느낌만 남는다. 그런 감정을 가족들도 똑같이 느낀다"고 말했다.[253] 수치심과 굴욕은 자긍심을 앗아 가고, 빈곤을 경험하는 많은 이의 정체성을 부정한다. 사회적 정체성 연구를 진행한 리처드 젱킨스는 낙인에 대한 고프먼의 분석이 "타인은 우리의 정체성을 그저 인지하는 것이 아니라 적극적으로 구성한다. 이름 짓기나 범주화만이 아니라, 우리에게 반응하고 우리를 대우하는 방식을 통해서 그렇게 한다"는 사실을 알려 준다고 말한다.[254] 꼬리표 붙이기를 통해 정체성이 규정되는 방식은 정해져 있지 않지만, 젱킨스는 "대중의 이미지가 곧 자아상이 될 수 있다. 우리가 느끼는 인간성은 우리를 범주화하는 타인의 판단에 좌우된다"[255]라고 주장한다.

정체성에 대한 의문은 빈곤층의 정치적 행위주체성에 영향을 미치는데, 특히 수치심은 빈곤층의 사회적 연대를 약화시킨다.[256] 이 문제는 빈곤이 유발하는 수치에 대처하기 위해 채택하는 전략과 함께 5장에서 살펴볼 것이다. 여기서는 간단히 정체성과 존엄, 존중을 원하는 빈곤층의 욕구 사이를 연결하는 고리를 만들고자 한다.

존엄과 존중

입에 발린 상투적인 문구가 되기는 했지만, '존엄과 존중'이라는 말에는 대단히 중요한 의미가 담겨 있다. 존엄과 존중을 향한 갈망은 정치학자와 사회학자들이 '인정의 정치'라 부르는 것의 근간이 된다(이 점은 결론에서 논의한다). 인정 이론을 주창한 악셀 호네트는 인정 추구가 '굴욕 또는 경멸의 경험'에서 비롯한다고 말한다.[257] 찰스 테일러가 주장하기로, 인정은 "단순히 타인에게 예의상 받는 것이 아니다." 오직 타인을 통해서만 얻을 수 있는 '핵심적인 인간의 필요'[258]다. 이렇듯 인정은 개개인의 자존감에 상당한 영향을 미치는 내면의 존엄, 그리고 내면의 가치를 존중받고자 하는 정신적 필요에서 비롯한다.[259]

　리처드 세넷은 인정과 존중의 결여가 무엇을 뜻하는지 이렇게 설명한다. "노골적인 모욕만큼 공격적이지는 않지만, 존중 부족으로 받는 상처는 그와 비슷할 수 있다. 타인을 모욕하지 않지만 인정을 보여 주지도 않는 경우, 그 상대는 존재 자체로 중요한 온전한 인간으로 **보이지** 않게 된다."[260] 인간 존엄과 빈곤에 관한 소논문에서 클레멘스 제드마크는 이처럼 외면당한 타자에게서 '인간적 측면을 보지 못하는 상황'은 빈곤 경험에서 흔하게 나타나며, 이런 상황이 "자존감의 원천인 존엄의 감각을 약화시킨다"고 말한다.[261] 이는 사이먼 찰스워스가 인용한 어느 정보 제공자의 말에서 잘 드러난다. 그 사람은 자기를 '0'으로 취급하는 느낌이 들었다며 "'아무런 가치도 없는' 존재가 되는 그런 경험은 파괴적이다. 보이지 않는 존재가 되는 것이다"[262]라고 했다. 우리가 보았듯이 빈곤층의 존재가 드러나는 경우는 대체로 부정적인 측면을 조명할 때 뿐이다. 따라서 '지식의 병합' 사업 보고서에서는 빈곤층을 '**해결해야 할 문제**가 아니라 인간으로' 인식해야 한다고 강조한다.[263]

　남반구의 참여연구는 힘없는 사람들이 수치와 굴욕에 맞서 저항하며 '사회에서 존엄과 존중의 공간을 찾으려는' 투쟁을 보여 준다.[264] 북반구에서도 이와 비슷한 반응을 확인할 수 있다. 미국 월마트 노동자들이 '월마트의존중을요구하는연합조직Organization United for Respect at Walmart, OUR Walmart'이라는 기치를 내걸고 조직화한 것이다. 이들이 내놓은 존중선언문은 "존중받기를 바라는 기본적 욕구가 우리로 하여금 월마트의존중을요구하는연합조직에 참여하도록 이끈다"라는 말로 시작한다.[265] 호주에서는 필이, 영국에서는 매켄지가 수행한 지역 사회 기반 연구에서는, 경멸적인 대우와 오인정misrecognition을 당할 때 존중받고자 하는 보편적인 욕구가 나타난다고 밝힌다.[266] 필에 따르면, 그들이 바란 것은 그저 '존중받고 존엄을 지키는 것, 무능력하고 멍청한 열등 인간 취급을 받지 않는 것'이었다.[267] 크리스 아네이드는 '미국의 뒷줄'에 대한 책에서, "우리는 마약, 분노, 원한으로 채워지기 십상인 공백만을 남긴 채 그들의 존엄을 수없이 부정했다"고 말한다. 당연히 "그들은 모멸감을 느낀다." 그렇지만 그가 만난 대부분의 사람들은 "존엄을 지키려 싸우고 있었다."[268] 베리스퍼드 등의 연구에서는 "빈곤이 존엄을 앗아 간다. 빈곤 상태에서는 어떠한 존엄도 지킬 수 없다"고 설명한다.[269] 영국에서 열린 전국빈곤공청회에 참석한 젊은 실업 여성 밀리센트 심스는 이렇게 말했다. "우리도 사람이고 존중받을 필요가 있다는 사실을 알지 못하는 사람을 볼 때마다 너무 화가 납니다."[270] 영국빈곤참여권력위원회가 접수한 사례에도 이러한 분노가 상당히 많이 담겨 있다. 위원회 보고서는 다음과 같은 논평으로 시작한다. "빈곤을 경험하는 사람이 존중받지 못하는 경우가 너무나 많다. 일반적으로도, 그들이 가장 자주 접하는 사람들로부터도 마찬가지다. … 빈곤 상태로 사는 사람에 대한 존중이 부족하다는 것은 우리가 위원회 활동을 하면서 들은, 가장 선명하고 깊이 와닿는 이야기였다."[271]

　　빈곤층은 존중을 통해 자신감과 행위주체성을 키울 수 있다. 앞서 인용한 제4세계국제빈곤퇴치운동의 캐시는, 빈곤층의 [사회적] 기여를 인정하고자 설계한 사업의 의미를 이렇게 설명한다. "내가 더는 보이지 않는 존재가 되지 않게 해 주기에 너무나 소중하다. 나는 생각과 감정, 열망이 있는 인간으로 인정받았다. 존중받는 느낌이 든다. [이 사업은 빈곤층이] 자신을 더 긍정적으로 정의하고, 사회에서 가치 있는 역할을 맡고 있다고 느끼도록 도와준다."[272]

존 롤스는 자존감이 '아마도 가장 중요한 기본적 재화'일 것이라 말했다.[273] 센[274]은 자존감이 핵심적인 기능화라고 판단했으며, 그 중요성은 누스바움이 더욱 깊이 있게 조명했다. 누스바움은 '자존감을 지키고 굴욕당하지 않을 사회적 기반, 타인과 동일한 가치를 지닌 존엄한 존재로 대우받을 가능성'을 인간에게 중요한 기능적 역량의 목록에 추가했다.[275] 빈곤 상태로 사는 사람들을 고려한 이 원칙을 지키면 그들이 일상적인 사회관계 속에서 받는 처우가 달라지고 사회의 여러 조직도 영향을 받게 된다. 적어도 원칙상으로는, 이것이 1998년 제정된 사회적배제에대항하는프랑스법French Law against Social Exclusion에 반영되었다. 이 법 제1항에는 "배제에 맞서는 투쟁은 모든 인간의 동등한 가치에 대한 존중을 바탕으로 하는 국가의 필수재"라고 명시되어 있다. 유럽 차원에서는 EC가 회원국들에게 '인간 존엄을 지키면서 살기' 충분할 정도의 사회적 지원을 받을 권리를 인정하도록 권고했다.[276]

그렇지만 동등한 가치와 인간 존엄의 인정이라는 원칙을 대부분 입으로만 떠들고 만다. 사회경제적 불평등이 만연한 현실에서는 아무 소용 없는 짓이다.[277] 앤 필립스가 말했듯이, "충분히 부유한 사회인데도 극도의 빈곤을 외면하거나, 자의적으로 한 가지 기술에 다른 기술의 100배에 달하는 임금을 지급한다면, 그 사회는 시민을 동등한 가치를 지닌 인간으로 인식하지 않는 것이다."[278] 부유한 이들은 빈곤층을 자기와 똑같이 '존엄한 존재'로 느끼기에는 사회적으로, 때로는 지리적으로도 너무나 멀리 떨어져 있다. 존중이 '불평등의 경계'를 넘어서기가 쉽지 않다.[279] 존엄의 부정은 도덕적인 '계층적 상처'를 유발한다.[280] 미국과 영국 같은 이른바 능력주의 사회에서 "존중의 도표에 실패자의 자리는 없다."[281] 빈곤은 곧 실패를 뜻한다. 복지 급여 수급을 '의존성'이라는 낙인과 동일시하는 태도가 자긍심의 껍질을 또 한 겹 벗겨 낸다.

사실 이런 결과는 일부 '하층민' 이론가가 의도하는 바다. 찰스 머리는 '양심적인 어머니들'이 하는 역할처럼 무급으로 이루어지는 일의 사회적 기여를 인정한다 하더라도, 장기 복지 수급자는 사회의 '실질적인 기여자'가 아니므로 "[그들의] 존엄을 인정하려고 어떠한 시도를 한다 한들 당사자는 자존감을 **느낄 수 없다**"고 말한다.[282] 미키 카우스는 이보다는 덜 경멸적으로, 저임금 노동을 수행하는 '하층민'을 **'존중'**하겠다고 약속한다.[283] 이들과 반대로, 미국 작가 바버라 에런라이크는 저임금 노동자로 살고자 했을 때 가장 '놀랍고 불쾌했던' 것은 '일상적인 모멸감'과 "포기해야만 하는 개인의 기본적인 권리와 … 자존감의 범위"였다고 말한다.[284] 빈곤층 상당수가 암묵적으로 지적하는 더욱 근본적인 요점은 존엄과 자존감을 누릴 권리를 '성공'이라든지, 머리처럼 임금 노동을 수행하는지에 따라 조건부로 인정해서는 안 된다는 것이다. 그들이 바라는 것은 [남들과] 똑같이 가치 있는 존재로 함께 살아가는 인간임을 인정받는 것으로,[285] 테일러는 이를 '무조건적' 존중이라고 표현했다.[286] 머리와 같은 부류가 제시하는 것은 무엇을 하느냐에 따른 '조건부' 존중에 불과하다. 게다가 진정으로 조건부 존중을 보장하는 일자리를 얻기는 쉽지 않다. 이는 세이어가 지적하듯이 "경제적 불평등으로 인해, 객관적으로 조건부 존중을 받게 해 줄 만한 일을 성취할 기회의 격차가 발생"하기 때문이다.[287] 이 점은 특히 마땅히 받아야 할 인정을 거의 받지 못하는 돌봄 노동의 가치를 포함해, 조건부 존중을 유도할 만한 일이 전반적으로 성별화되어 있다는 문제의식을 이끌어 낸다.[288]

결론

이 장에서는 [빈곤층에 대한 존엄과 존중을] 실현하는 데에 '재현의 정치'가 지니는 중요성을 강조했다. 벨 훅스는 빈곤 상태로 사는 사람들의 '존엄과 온전함'을 긍정하려면 '삶의 모든 측면에서 〔그들을〕 재현하는 방식을 구조적으로 변화'시켜야 한다고 주장했다.[289] 이 주장은 '존엄하게 재현될 권리'를 포함하는 문화적 시민권이라는 더 큰 문제를 제기한다.[290] 얀 파쿨스키에 따르면 "문화적 시민권에는 '다르게' 존재할 권리, 낙인찍힌 정체성에 새로이 가치를 부여할 권리가 포함된다."[291] 그러나 '빈민'에게 있어서는 ['다르게'보다는] '똑같이' 존재할 권리를 의미한다. 다르게 보이는 데 대한 두려움은 어린이의 빈곤 경험에서 유독 강하게 나타난다.[292]

언어와 이미지로 표현되는 담론에 담긴, '빈민'을 '다른' 존재, 즉 타자 또는 열등 인간으로 구성하는 권력을 이 장에서 중심적으로 다루었다. 이런 타자는 비난이나 두려움 또는 동정의 대상이 될 만한, 무책임하거나 범죄적이거나 부적절한 존재로 그려질 수 있다. 이와 동시에, 논의 과정에서 [나는] 그 이면에 숨은 또 다른 권력의 형태를 암시했다. 즉 '빈민'을 타자로 정의하는 권력이 지배적인 집단에게 있다는 것이다. 인정과 권력관계는 떼어 놓을 수 없다.[293] 언어의 이면에는 '이름 바꾸기의 정치'만으로는 해소되지 않을 권력관계와 문화적 태도, 경제적 범주가 깔려 있다.[294] 이 말은 곧, 훅스가 인정하듯이,[295] 그리고 이 책의 결론에서 전개할 내용처럼 재현과 인정의 정치를 재분배의 정치와 연결시켜야 한다는 뜻이다. 나아가 6장에서 나는 빈곤층이 사회적 행위자로서 이러한 정치에 참여해야 한다고 주장한다. 그렇다면 빈곤층의 행위주체성을 인정해야 하는데, 다음 장에서 이 점을 주로 다룰 것이다. 이렇게 할 때, 인정 및 인권의 언어와 함께, 지배적인 타자화와 비인간화 서사에 맞서는 '대항 서사'를 확보할 수 있다.[296]

5장
빈곤과 행위주체성: 견뎌내기에서 조직화까지

앞장에서 제시한 핵심 논지는 타자화가 무력한 피해자라는 온순한 형태로든, 게으르고 일할 마음 없이 복지에 의존하는 악의적인 유령으로든, '빈민'을 수동적 대상으로 축소시킨다는 점이었다. 이렇게 수동적으로 특징짓는 행위에는 '그들'을 '우리'로부터 떼어 놓는 사회적 효과가 있다. 이러한 특징짓기에 대한 한 가지 해법을 행위주체성을 통한 '대항 서사'에서 찾을 수 있다.[1] 실제로 타인의 행위주체성을 인정하는 것은 존중의 표현이라는 견해가 있다.[2] 최근까지도 빈곤 상태로 사는 사람의 행위주체성 또는 행동할 역량은 제한적으로만 인정되었다. 행위주체성을 인정한 경우라 해도, 불리한 상황 속에서 삶을 조율하고자 애쓰는 동료 인간의 복잡한 주체성을 인정하기보다는 빈곤에 대한 책임을 개인에게 귀속시키는 차원에 그치는 경향이 있다.

이 장에서는 행위주체성 개념과 이것이 빈곤에 대한 다양한 설명에서 지니는 중요성을 살펴본 다음, 빈곤층이 지니는 행위주체성의 네 가지 측면을 살펴본다. 이는 첫째, '견뎌내기getting by'(그리고 '헤쳐

나가기getting through') 또는 일상적 대처, 둘째, '일상적 저항'으로 '대항(대갚음)하기getting (back) at', 셋째, 빈곤에서 '벗어나기getting out', 넷째, 변화를 이루기 위한 '조직화하기getting organized'를 말한다. 변화를 이루기 위한 '조직화'는 '빈민' 또는 빈곤 집단의 일원이라는 정체성을 어느 정도로 느끼느냐에 따라 달라진다. 이 마지막 측면에 대한 논의는 빈곤층이 자기 자신과 자기의 지위를 바라보는 관점을 살펴보는 데서 출발하므로, 앞장의 내용과 다시 연결된다.

　　이 장은 이런 성격의 책을 쓰는 것이 얼마나 어려운 줄타기에 골몰해야 하는 일인지를 특히 예리하게 보여 주는 부분이다. 빈곤층을 주체로 보든 행위자로 보든, 부유한 입장에서 그들에 **대해** 글을 쓰는 행위 자체는 이미 지나친 대상화와 검증에 시달리는 집단을 [재차] 대상화하는 행위다. 또한 우리 모두가 그러하듯이 빈곤층 역시 실수와 '잘못'된 결정을 할 능력까지 포함하는 행위주체성을 갖는다고 인정하는 것과, 빈곤을 이유로 들어 그들을 비난하는 것 사이에는 뚜렷한 차이가 있다. 예를 들어 한 비평가는 적은 소득으로 생활을 꾸려 나가는 이들도 있다는 점을 증거로 들며, 그렇지 못하다는 것은 '가정생활의 무능력'과 '도덕적 책임감' 부족을 입증하는 것이며, 그런 사람은 "대중으로부터 거부당하고 비난받아야 한다"고 주장했다.[3] 이와 반대로 최근 한 연구에서는 '빈곤한 생활로 인한 인지적 제약[을 겪을 가능성]'을 밝히고, 그 상황에서 '차선책'에 불과한 의사결정이 어떻게 해서 실제로는 '합리적이거나 수용 가능'한 것으로 인식되는지 보여 주었다.[4] 더 근본적으로, 결핍이 '누구나 겪을 수 있는 어떤 심리적 상태 [더불어 그와 관련된 행동]'을 초래한다는 사실이 드러났다.[5] 센딜 멀레이너선과 엘다 샤퍼에 따르면, 그런 이유로 빈곤이 '안기는 심리적 부담tax'으로 인해 '대역 폭bandwidth'이 좁아짐으로써 계획 세우기 같은 '인지 역량'과 '실행 통제력'이 모두 손상된다.[6] 이것은 빈곤이 어째서 '제한된 조건'을 의미하는지 보여 주는 한 가지 사례다. 빈곤 상태를 완화하거나 그로부터 탈출하고자 하는 시도가 빈곤에 가로막히는 것이다.[7]

한편, 행위주체성을 [지나치게] 강조하면 낭만적이고 이상적인 그림을 그리게 될 위험이 있다. 모든 행위주체성이 개인에게나 타인에게 반드시 건설적인 효과를 내지는 않으며, '구조적으로 주변화된 위치에서 행사'할 경우에는 특히 그러하다.[8] 예를 들어 모독과 굴욕에 자극받는다면 행위주체성이 폭력 행동으로 표출될 수 있다.[9] 나아가 행위주체성이 이상적으로 인식되는 상황에서는 자기에게 권위를 행사하는 대상을 [스스로] '벗어나'거나 '조직화'할 능력이 없는 사람, 그 대상을 '견뎌내'거나 '헤쳐나가'거나 '대항'하기에는 지나치게 시달렸거나 기력을 상실한 사람은 훨씬 더 큰 멸시의 대상이 되어 심각한 실패와 수치를 겪을 위험이 있다.[10]

실제로 (사회복지 기관 등의) 망신주기와 타자화로 인해 자존감이 떨어지는 경험은 그 자체로 '행위주체성과 종합적인 자기 효능감'에 상처를 입히고 우울증을 불러올 수 있다.[11] 우울증을 '행위주체성이 무너진 상태'라고 설명한 연구자들이 있다.[12] 수치심, 압박감, 불안정 모두 빈곤 집단에 우울증과 심리적 압박이 만연하다는 지표가 된다.[13] 그래도 미국에서 진행한 시범 연구에 따르면, 빈곤층이 우울증 치료를 받았을 때 "행위주체성을 인지하고 행사하기 시작했으며, 심지어 극복할 수 없을 만큼 커다란 장애에 부딪칠 때조차도 빠르게, 때로는 아주 크게 성장하는 경우가 많았다."[14]

행위주체성

행위주체성 개념하에서는 개인을 일정 수준의 선택을 할 수 있으며 자율적이고 뚜렷한 목적을 가진 창조적 행위자로 본다. 행위주체성을 의식적으로 느끼는 것은 개인의 자아정체성과 자긍심에 중요한 영향을 준다. 제한적이라도 자기 삶을 어느 정도 통제할 역량을 갖고 있다는 믿음이 억압과 박탈을 이겨 내는 데 도움이 된다. 행위주체성과 구조의 관계, 행위주체성의 모델, 행위주체성의 유형에 관한 사회학적 논쟁은 빈곤층의 상황을 이해하는 데 특히 의미 있으며 서로 밀접히 관련되어 있다.

행위주체성과 구조

사회에서 일어나는 일의 어느 부분까지를 개인 행동(행위주체성)의 결과로 보고, 어디까지를 사회적·경제적·정치적 제도와 과정(구조)의 결과로 이해할 것인가는 오랫동안 사회학 이론의 중심 문제였다. 시기에 따라 이론은 행위주체성을 강조하는 쪽과 구조를 강조하는 쪽 사이를 오갔지만, 최근 들어서는 둘의 관계에 주목하는 경향이 나타났다. 빈곤 연구에서 중요한 지점은 각기 다른 집단의 행위주체성을 구조가 어디까지 보장하거나 제약하는가, 그리고 각 집단의 행위주체성이 구조에 어느 정도로 영향을 미치는가이다. 개인의 선택과 행동을 강조하는 개인화individualization 이론[15]에 맞춰 다시 표현하자면, 빈곤층이 자기의 전기biography를 어디까지 직접 쓸 수 있느냐는 것이다.[16] 이 질문에 대한 답은 빈곤층이 전반적으로 '위계적hierarchical'인 정치적·경제적·사회적 권력관계에서 종속적 위치에 있음에도 불구하고, 자기 삶에 '생성적generative'인 통제권을 어디까지 행사할 수 있는가에 달려 있다. 이 기울어진 조건에서는 빈곤층보다 더 큰 권력을 지닌 쪽이 위계적 관계를 정당화하기 위해서 '낙인 권력'을 활용하는 등 유리한 입장에서 행위주체성을 행사할 수 있다.[17] 주거 불안정에 관한 연구에서 매슈 데즈먼드가 "사회학 논쟁에서 지워져 버린 단어"라고 한 이러한 권력관계는 착취적이라고 할 수 있다.[18] 제약이 클수록 '행위주체성 빈곤'의 위험도 크며, 이로 인해 자율성이 약화된다.[19]

전후 영국의 사회정책은 구조적 원인에 대한 집착과 '피해자 비난'을 회피하려는 태도로 인해 빈곤한 개인의 행위주체성을 부정하는 특징이 있었고, 이런 경향은 상당히 최근까지도 이어졌다.[20] 실제로 구조적 해석이 모두 개인의 행위주체성과 책임성을 깡그리 부인한 것은 아니다.[21] 그럼에도 불구하고, 대체로 행위주체성을 경시한 탓에 빈 공간이 생겼고, 그 공간을 찰스 머리 같은 '하층민'론 주창자들이 차지했다는 주장이 있다.[22] 미국에서도 20세기 후반에 빈곤의 원인을 사회적·경제적 구조에 돌리는 사람들과 문화 및 개인의 행동에 따른 책임에 돌리는 사람들 사이의 논쟁이 점점 더 극단으로 치달았는데, 시간이 흐를수록 후자의 견해가 우세해졌다.[23]

이 장에서는 널리 '흩어져 있는 사회적 관행 및 사회적 관계에 관한 문헌'을 바탕으로, '상호의존적이고 관계적인 존재로서 사람들이 어떻게 행동하는가'에 초점을 맞추어 행위주체성을 다룬다.[24] 이는 개인

주의적 접근법과 구조주의적 접근법이라는 이분법을 뛰어넘는 것을 목
표로 발전해 온 복지 이론을 반영한다. 이 '새로운 복지 패러다임'은 "적
극적으로 자기 삶을 만들어 나가고, 다방면에서 복지 정책의 성과를 경
험하고, 대응하고, 재구성하는 창조적이고 성찰적인 인간이 될 수 있는
역량"을 강조한다.[25] 이 패러다임에서 행위주체성을 분석할 때는 "다양
한 형태의 계층화, 그리고 권력의 사회적 관계와 관련된" 개인의 사회
적 지위를 고려하여 분석의 틀을 만든다.[26] 이렇게 하면 '제한적인 행위
주체성' 개념과 더불어, 물질적 자원과 권력이 부족하여 행위주체성이
제약되는 방식, 즉 '구조 안에서 행위주체성'이 행사되는 방식을 염두에
두면서 빈곤 상태에 놓인 개인의 행위주체성에 초점을 맞출 수 있다.[27]
다르게 표현하자면, 제4세계국제빈곤퇴치운동 연구를 진행한 저자들이
말했듯이 "개인은 자기 삶 속에서 행위주체성을 갖지만, 그것이 곧 통
제권을 갖는다는 뜻은 아니다."[28] 또한 선택을 크게 제약당하지 않는다
는 뜻도 아니다.[29]

　　이런 접근 방식을 취하는 것은 행위주체성, 그리고 이와 관련된
회복력이라는 개념을 '사회적 조건으로부터 분리해서 바라볼' 경우 '이
념적 착취'가 발생할 가능성을 염려하기 때문이다.[30] 다그데비렌과 도너
휴가 주장하듯이,[31] 이런 조건에서 지배적인 형태의 행위주체성은 구조
적 제약을 '흡수'하고 거기에 '적응'하는 조정을 의미할 수도 있지만, 때
로 그것이 해로운 작용을 하더라도 행위주체성으로서 가치를 부정당하
지 않는다는 문제가 있다. 심리사회적 관점에서 의사결정과 빈곤을 검
토한 연구에서는 사회경제적·문화적·환경적 맥락이 어떤 식으로 행동
을 제약하는지 이해하는 것이 중요하다고 강조한다.[32] 어린이를 사회적

행위자로 보는 현대 아동사회학도 이 논의와 관련이 있다.[33]

행위주체성의 모델

여기서 채택하는 행위주체성의 모델은 영향력 있는 '하층민'론이나 그와 관련된 이론들과는 아주 거리가 멀다.[34] 그런 이론에서는 대개 의도적으로 사익을 추구하고 경제적 보상에 민감한 '경제적으로 합리적인 인간'을 전제하면서, 행위주체성은 빈곤에 대한 개인의 책임과 같은 것이며 급여 수급자에게 당연히 '요구해야 할' 사항이라고 본다. 이와 아주 다른 정치적 입장에서, 빌 조던은 피해자가 아니라 '합리적 행위자인 빈민'을 보여 주는 경제적 행위주체성 모델을 활용했다.[35]

사회학적 관점에서 이러한 모델은 "인간의 행위주체성을 원자화하여 인간 주체를 둘러싼 문화와 사회구조를 대체로 무시"하는, '인간 행동에 대한 협소한 개념화'를 시도한다는 점에서 비판받았다.[36] 행위주체성은 사회적·문화적 맥락 속에서 행사되며, "문화적 가치관이 경제적 선택에 중요한 영향을 미친다"는 사실이 연구를 통해 확인되었다.[37] 홀로 양육하는 어머니에 관한 미국과 영국의 연구에서 이 점이 잘 드러난다. 미국의 연구에서는 일자리를 구하고, 자녀를 키우고, 수준 높은 유치원 교육을 감당할 '적절한' 방법이 무엇인지에 관한 여성들의 암묵적인 [때로는 명시적인] 관념의 밑바탕에 서로 경쟁하는 '문화적 모델들'이 있다고 지적한다.[38] 영국의 연구에서는 '경제적으로 합리적인 인간' 모델을 반박하면서, '모성과 임금노동의 적절한 관계가 무엇인지에 대한 집단적·사회적 이해', 즉 맥락에 따라 '성별화된 도덕적 합리성' 개념이 존재한다고 주장한다.[39] 어머니들이 돌봄과 취업의 병행 여부를 결정할 때, '어떤 행동이 옳고 적절한지에 대한 도덕규범, 그리고 사회적 합의를 거친 규범을 참고'한다는 최근의 연구 결과도 이 주장에 힘을 싣는다.[40] 이런 견해는 행위주체성이 '관계적'이라는 데이비드 테일러의 "행동할 역량은 단지 개인적인 자원이 아니라 맥락적인 자원이며, 타인의 맥락, 그리고 타인과의 맥락 속에 자기를 끌어다 놓을 수 있는 능력에 좌우된다"는 주장을 뒷받침한다.[41] 따라서 행위주체성을 순전히 개인적인 것으로 이해해서는 안 된다. 게다가 앞으로 살펴볼 것처럼 행위주체성은 집단적으로 발휘할 경우 엄청난 영향력을 행사할 수 있다.

테일러가 제시한 관계적 개념화는, 센의 작업을 발전시킨 빈곤 문헌에서 나타나는 또 다른 행위주체성 모델과 결을 같이한다.[42] 역량이라는 개념 자체에 행위주체성이 사회적 맥락 속에 존재한다는 암시가 담겨 있다.[43] 게다가 센이 보기에 "사람을 선하거나 악한 존재로서만 보는 것이 아니라, 행동하거나 행동하기를 거부하거나, 저 방향이 아니라 이 방향으로 행동하기를 선택할 수 있는 책임 있는 개인으로 인식하기 위해서는 … 행위주체성의 역할을 이해하는 것이 … 중요하다. … 여기서 차이가 발생한다."[44] 실제로 그 차이는 빈곤 상태에 놓인 사람이 행동하기를 선택하는 방식만이 아니라, 더 큰 권력을 지닌 사람들이 그들과 관련해 행동하기를 선택하는 방식에서도 발생한다. 달리 말해, 구조는 개인과 집단의 행동 또는 비행동이라는 행위주체성을 통해서 지속(또는 변경)된다.

행위주체성의 유형
부족한 예산으로 살림을 꾸려 나가는 복잡하고 아슬아슬한 줄타기, 사회복지 기관의 요구 거부하기, 자녀 양육과 임금노동 병행 여부 결정하기, 동네 환경 개선을 요구하는 집단행동에 참여하기, 사회보장 급여 지켜 내기, 이 모든 것이 행위주체성의 사례다. 행위주체성의 형태는 다양하며, 수많은 분류가 문헌에 등장한다.[45]

이 책의 목적에 비추어 중요한 부분은, 그러한 선택이 사람들의 삶에서 차지하는 결과적·전략적 의의이다.[46] 예를 들어 임금노동 여부를 결정하는 데는 **전략적인** 행위주체성이 필요하고, 그 결과 살림을 꾸리는 데 필요한 **일상적인** 행위주체성이 생긴다. 일상적인 행위주체성은 개인의 생애 경로에서 중요성이 덜하지만, 빈곤을 경험하는 방식을 좌우한다.[47] 또는 **개인적**인 행위주체성과 **정치적**이고 **시민적**인 행위주체성이라는 구별도 가능하다. 이 책에서 사용하는 표현으로는, 개인적인 행위주체성이란 넓은 범위에서 본 개인의 생계 및 대응 전략('견뎌내기'나 '헤쳐나가기')에 초점을 맞추는 것이고, 정치적 행위주체성은 저항 행동을, 시민적 행위주체성은 전반적인 변화에 영향을 미치려는 시도('대항하기' 또는 '조직화하기')를 동반한다. 개인적 행위주체성과 정치적·시민적 행위주체성은 어느 정도 밀접하게 연결되어 있다. 정치적으로 또는 시민으로서 행동하려면 자기가 행동할 수 있는 존재라는 믿음, 즉 행위주체성의 감각이 필요하고, 정치적으로 또는 시민으로서 행동을 하면, 특히 집단적으로 행동할 경우에 결과적으로 행위주체성의 감각이 발달하기 때문이다.[48]

그림 3에서 제시한 분류 체계의 기초가 되는 '일상적-전략적' 차원과 '개인적-정치적·시민적' 차원은 이분된 것이 아니라 연속체로 이해해야 한다. 윌리엄스와 처칠[49]이 '권력강화의 경로'를 파악하기 위해

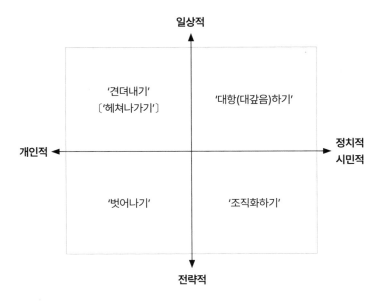

그림 3 빈곤층이 행사하는 행위주체성의 유형

세밀하게 검토하여 개발한 분류 체계가 보여 주듯이, 특히 일상적 행위주체성과 전략적 행위주체성 사이의 구분 선은 모호할 수 있다. 이를테면, 윌리엄스와 처칠은 견뎌내기 못지않게 벗어나기와 조직화하기에도 도움이 될 수 있는 (자신감 향상과 기술 습득 등의 활동을 통한) '일상생활 개선하기'를 분류에 추가한다. 개인은 누구라도 사분면에 표시된 네 가지 유형의 행위주체성을 모두 행사할 수 있다. 분류 체계는 행위자가 아니라 행동을 범주화하는 것이기 때문이다. 게다가 앞으로 살펴보겠지만, 드러나는 모든 행위주체성을 깔끔하게 분류할 수는 없다. 그림 3은 이제부터 사분면을 차례로 살펴보는 동안 빈곤과 행위주체성에 대한 논의의 구조를 만드는 데에 쓰일 것이다.

풍요의 시대, 무엇이 가난인가

견뎌내기

'견뎌내기'는 행위주체성의 사분면 중 **일상적-개인적** 면에 자리한
다. 2장에서 언급한 '빈곤의 숨겨진 차원'에 관한 국제적 연구에 따르면
"형태가 다양하고, 나머지 사회 구성원들의 눈에는 잘 보이지 않는 …
생존을 위한 계속적 투쟁"이 빈곤의 '핵심 경험'에 속한다.[50] 견뎌내기
를 뒤덮은 비가시성이라는 덮개가 걷히는 때는 그 무게를 견디지 못해
서 무너져 내렸을 때, 그리고 '문제' 상황으로 분류되었을 때뿐이다. 견
뎌내기는 너무나 쉽게 당연시되어, 행위주체성을 발현하는 것으로 인정
되지 않을 수 있다. 특히 견뎌내려고 투쟁하는 당사자가 그저 '닥쳐 온
일을 해 나가는 것뿐'이라고 생각할 경우에는 더욱 그렇다.[51] 이처럼 역
경을 뚫고 '계속 나아가려는 투쟁'은 사회 전반으로부터 "어떠한 무게나
의미도 부여받지 못한다."[52]

그래도 앞서 언급한 '새로운 복지 패러다임'에는 '견뎌내기'를 포
괄하는 '대처하기'라는 더 큰 개념이 핵심 구성 요소로 들어간다.[53] 이
패러다임을 구축하는 작업에 참여하고 있는 마이클 티터턴은 개인이 안
녕을 위협받는 상황에 대처하는 '창조적인 인간 행위주체성의 역할'을
강조한다. 티터턴은 "새로운 패러다임은 무엇보다도 사람들이 비공식
적으로 대처하고 도움을 구하는 방식을 존중하도록 만들고, 각자가 자
기 문제에 대응하고 타인의 대응을 돕는 창조적이고 다양한 방식에 대
한 민감성을 새로이 창출해야 한다"고 주장한다.[54]

티터턴은 커다란 압박감에 대처하는 능력이 사람마다 달라지는
원인 중 하나로, 불평등하게 분배되는 개인적·사회적·물질적 대처 '자
원'이라는 개념을 제시한다. 여기서 말하는 개인 자원이란 (아래에서 논

의할) 예산 수립 기술뿐 아니라 빈곤층이 견뎌내기에 끌어다 쓸 법한 눈에 잘 띄지 않는 모든 형태의 개인 자원을 가리킨다. 이런 자원의 예시로, 한 연구의 참여자는 긍정적인 마음가짐이 '생존과 미래를 향한 희망에 필수적'이라고 했고,[55] 또 다른 연구의 참여자들은 '구조적·개인적 불이익 때문에 벌어지는 문제에 대처하기 위해' 끌어다 쓸 수 있는 '삶의 기술' 또는 자원으로 유머를 꼽았다.[56] 그 밖에 사랑과 같은 '감정 자원'이 핵심적이라는 의견도 있었다.[57]

발 길리스는 '주변화된 어머니들'에 대한 연구에서 자녀를 지지하고, 보호하고, 방어하는 데 '필수적인 단기적 편익을 위한 자원'인 '감정 자본'의 중요성을 강조했다.[58] 이는 메리 데일리[59]가 가족 안에서 특히 중요하다고 한 '도덕적 관계의 행위주체성'의 한 가지 사례다. 미국 농촌 빈곤에 대한 민족지 연구에서는 '생존을 위한 일상 투쟁'에서 '대단히 중요한 도구' 중 하나로 '도덕자본' 개념을 내놓았다. 제니퍼 셔먼에 따르면 (사실상 자격을 판단하는 기준인) 도덕자본은 일자리나 도움이 필요한 상황에서 '사회적·경제적 자본과 거래가 가능'했다.[60] 셔먼이 연구한 이 지역에서 도덕자본은 구별을 위한 '상징적 자원'을 의미했다. 이와 반대로 통합을 가능하게 하는 '상징적 자원'은 존중인데, 다만 이것은 4장에서 언급했듯 사회 전체적으로는 부족할 수 있다.[61]

여기에는 문화적 자원도 한몫을 한다. 문화적 자원은 사람들이 자기가 처한 상황을 이해하고, 특히 (뒤에서 논의할) 빈곤에서 벗어나는 데 필요한 정보에 접근할 수 있게 해 준다.[62] 그렇지만, 예를 들어 겉으로 드러나거나 지역 내부 문화를 수용하면서 표현되는 특정한 문화적 자원이 견뎌내기에는 도움이 되더라도 사회 전반에서는 아무런 가치를 지니지 못할 수 있다.[63] 시간 역시 하나의 자원이다. 6개월 동안 저임금 노동을 했던 언론인 제임스 블러드워스는 돈이 없으면 일상생활에 시간이 더 많이 들고, '중류층 삶을 특징짓는 재빠른 효율'이 부족해진다며 빈곤을 '시간 도둑'이라고 명명했다.[64] 3장에서 보았듯 시간은 대단히 성별화된 자원이다.[65] 더불어, 빈곤층은 녹지 공간과 맑은 공기 같은 '자연적 자원'을 누릴 가능성이 낮아, 정신적·신체적 건강에 해를 입을 수 있다.[66]

　　자원 개념은 1장에서 인용한 바이트윌슨의 필요에 대한 정의와 다시 연결된다. 사람들이 삶을 꾸리기 위해 다양한 자원을 끌어다 쓴다는 발상은 심리학 문헌뿐 아니라 사회학 문헌에서도 찾아볼 수 있다. 사회학 문헌에서 자원은 행위주체성과 구조 사이를 매개하는 역할을 한다.[67] 빈곤과 관련한 개발 분야의 문헌에서는 이 견해를 '지속 가능 생계 접근법sustainable livelihoods approach'의 일부로 특히 강조했다. 여기서 생계는 '생활에 필요한 역량, 자산(소지품, 자원, 자격, 접근권), 활동'으로 정의된다.[68] 이 접근법은 가구 내부를 포함해 '사람들이 삶을 꾸리는 다양하고 유동적이며 난해하기도 한 방법들을 학제적으로만 아니라 정책과 연관된 개념으로 제시'할 공간을 열었다는 평을 받는다.[69] 빈곤층은 이런 방법을 어떻게 활용할지 쉼 없이 결정하는 '복잡한 자산 운용 관리자'로 묘사되는데,[70] 지속 가능 생계 접근법을 비판적으로 지지하는 사람들은 '자산'과 '자본' 같은 경제 용어로 사회관계를 축소시키는 것을 경계한다. 그 대신 자원 개념을 '생계를 **꾸려 나가는** 과정에 **활용해야** 하는 큰 틀의 **자원**'으로 서술하자는 제안이 있다.[71] 여기서는 '자원'을 좀 더 중립적인 견해로 바라보도록 이끌고, '관리하기' 대신에 '꾸리기'라는 표현을 쓰고, 접근권 문제를 강조한다. 그리하여 접근권이라는 측면에서 경제적·정치적·사회적·구조적 맥락과 다양한 자원의 전반적인 분배에 대한 질문을 던진다.[72] 빈곤층이 가용 자원을 활용하기 위해서 행위주체성을 행사하는 방식에 집중하느라, 평생에 걸쳐 더 많은 특권을 지닌 사람들이 자기의 특권을 영속시키기 위해 막대한 자원을 끌어다 쓰도록 허용하는 과정을 가려서는 안 된다는 것이다.

지속 가능 생계 접근법은 주로 개발 분야에서 쓰는 도구지만 다른 분야에서도 그 가치를 인정받는다. 영국에서 이 접근법을 지지하는 이들은, 지속 가능 생계 접근법이 "사람들이 자기 앞에 닥친 위험과 자기가 누릴 수 있을 법한 (많은 경우 제한되어 있는) 기회를 어떻게 바라보는지를 설명하고, 빈곤에 대한 새로운 관점을 제공해 준다. 이로써 사람들의 선택에 대해, 그리고 상황을 개선하려는 노력을 약화시킬 수 있는 취약성에 대해 더 잘 이해하게 해 준다"[73]고 주장한다. 이 접근법은 푸드뱅크 이용 실태를 연구하는 이들이 '사람들이 살고 있는 특정한 맥락 속에서 그 삶에 담긴 복잡성'을 이해하는 데에 도움을 주었다.[74] 연구자들은 지속 가능 생계 접근법이 "자기 삶을 '견뎌내기' 위해, 또는 개선하기 위해 자기 몫의 자원을 사용하고자 최선을 다하는 적극적인 주체에게 관심을 집중시킨다"고 강조한다. 사람들은 주로 '더는 물러설 수 없는 상황'에서 '극심한 소득 위기'에 대한 대책으로 푸드뱅크를 찾는다. 그마저도 이전에 겪은 삶의 충격과 계속되는 재정 압박으로 취약성을 지닌 상태에서 사별이나 질병 같은 '누적적이고 복합적인' 삶의 충격이 더해질 때에 그런 선택을 하는 것으로 나타났다.[75]

푸드뱅크를 찾는 경우가 늘어나는 현상은 1장에서 언급했듯이 많은 나라에서 식품 불안정이 심각해진 상황과 연결된다.[76] 가구 내 식품 공급이 불안정하면 위태로운 상황을 헤쳐나가는 사이에 전반적인 불안정 상황에도 영향을 주게 되고, 그 결과 불안정 상황이 더욱 악화될 수 있다.[77] '심각한 예측 불가능', '만연한 불안감', '위태로운 생활'과 같은 표현은 모두 견뎌내기를 위한 투쟁을 지배하는 전형적인 취약성에서 비롯하는 서술이다.[78] 퇴거에 관한 데즈먼드의 민족지 연구에서 생생하게 그려졌듯이, 이런 상황은 노숙인이나 이동 주거 생활을 하는 이들이 특히 극심하게(어린이는 힘겹게) 경험할 수 있다. 이 연구에서 데즈먼드는 주거 환경이 안정을 누리는 데 대단히 중요하다고 강조한다.[79]

"불확실성은 예외가 아닌 법칙이다."[80] 즉 이들은 아주 작은 타격에 대응할 만한 저축도 가진 경우가 거의 없고, 따라서 빚을 지게 될 가능성이 높다는 말이다.[81] 에마 미첼은 이를 '매일이 비상사태'인 상황이 빚어낸, '위기에 출렁이는 일상화된 빈곤'[82]이라고 설명한다. 1년 동안 소득을 추적한 한 연구에 따르면, 저소득자에게는 지나치게 들쭉날쭉한 소득보다 예상치 못한 지출에 대처하는 것이 한층 더 어렵다.[83] 또 다른 연구 참여자들은 "개인적인 재정 상황에 대처하는 일이 마치 언제라도 흔들릴 수 있는 줄 위를 걷는 것처럼 느껴진다"고 말했다.[84] 줄 위를 걷는 느낌이 어떤 것인지, 제4세계국제빈곤퇴치운동의 회원들은 이렇게 설명했다.

가난하다는 것은 우선 돈 문제가 있다는 거예요. 당장 세탁기가 고장 나도 수리할 만한 돈이 있을 리가 없는 거죠. … 언제 또 무슨 일이 닥칠까 걱정하면서도 위기를 헤쳐나갈 여윳돈을 절대 마련하지 못해요. 그다음에는 고장 난 냉장고를 바꿀 돈이 없어서 빚에 손을 대게 되고, 이제 그 빚을 영원히 갚아 나가야 하는 신세가 되죠. … 가난하다는 건 일주일만 돈 걱정 없이 살 수 있기를 꿈꾸는 거예요. 언제나 꿈으로만.[85]

이 점은 셸 운데를리[86]도 입증한 바 있다. 노르웨이에서의 연구를 바탕으로 운데를리는 "부유한 복지국가의 빈민에게 〔대체로 공포와 불안을 동반하는〕 불안정한 느낌이란 실재하는 진실"이며, 이는 오늘날 폭넓은 스펙트럼에 따라 [누구나] 경험하는 불안정보다 훨씬 극심하다고 결론짓는다.[87] 빈곤층을 갉아 대는 공포와 불안은 삶의 핵심 요소들에 대해, 그리고 자기에게 영향을 미치는 결정에 대해 통제권을 행사할 역량이 없다는 데서 발생하는 권력 부재의 결과물로서, 단지 '일상적인 불안정'만이 아니라 심각한 '존재론적 불안정'을 반영한다.[88] 현재 코로나19 대유행으로 인해 대단히 심각한 불안정 상태에 놓인 사람들이라면 이 의미를 더 잘 이해할 수 있을 것이다. 불안정은 그 자체로 행위주체성을 약화시킬 수 있다.[89]

대처하기, 그리고 자원 또는 자산 관리 개념은, 자원이 배분되는 전반적인 맥락 속에서 한 사람이 가진 역량과 그 사람이 이루어 낸 기능화 사이를 연결하는 고리로 이해할 수 있다. 이렇게 보면 빈곤 상태에서 '견뎌내기'를 위해 행위주체성을 행사하는 방식이 더 잘 드러난다. 행위주체성과 구조가 복잡하게 상호작용하는 가운데, 빈곤층이 취할 수 있는 선택지가 별로 없어 자기 삶에 아무런 통제권이 없다는 느낌을 받는다고 강조하는 연구자들이 많은데, 이는 적절한 견해다. 다만, 빈곤층이 행사할 수 있는 행위주체성이 제한적이기는 해도 "대다수 빈민의 물질적 조건과 생애 경험은 어느 모로 보나 자기 상황에 대처할 방법을 결정하지 못할 만큼 제한적이지는 않다."[90]

대처 전략

빈곤에 대처하는 데에는 실질적인 전략과 심리적인 전략이 모두 동원된다.[91] 일단, 실질적인 대처하기 또는 견뎌내기는 적극적으로 돌려막고 끼워 넣고 건너뛰는 과정, 즉 강도 높은 '빈곤 노동'이다.[92] 그 구체적인 노동의 내용은 민족 집단에 따라 다를 수 있다.[93] 대처하기는 만성 부채[94]나 궁핍,[95] 불안정 주거 및 반복적인 퇴거[96] 상황에 처해 있을 때 특히 어렵다. (나이가 많든 적든) 어린이는 돈을 벌거나 한정된 자원을 요령껏 돌리거나 욕구를 스스로 부정하고 조정하는 식으로, '자기와 가족에게 닥친 경제적 고난의 영향을 덜기 위해서 자기의 행위주체성을 창조적으로' 활용함으로써 대처하기에 기여하는 경우가 많다.[97] 스티븐 길리어트에 따르면, "대처하기는 강력한 경제적 권력과 그 권력을 발휘하는 기관들로 구성된 세계 속에서 박탈을 겪는 사람들이 생존하거나 '견뎌내기' 또는 '꾸려 나가기'를 할 수 있도록 만들어 준다."[98] 이를 위해 빈곤층은 "제약 속에서 묘안을 찾아낼 공간을 마련하거나 여지를 만들어 내는 일"을 한다.[99] 영국의 저소득 가구에 대한 종단연구 참여자들이 자기의 행위주체성을 "일상적 삶을 꾸리는 묘안을 찾아낼 제한된 공간"이라고 서술한 사례에서 이 점을 확인할 수 있다.[100] '자본주의하에서 빈민이 빈곤에 적응하는 방식'을 연구하면서, 길리어트는 대처하기의 주요 형태로 '자원 증대, 지출 최소화, 압박감 관리'를 꼽았다.[101] 여기서 우리의 주된 관심사는 기존 자원의 관리 및 확대와 관련된 행위주체성이다. 이 두 가지 과제는 모두 압박감을 키우고 관리 부담을 안긴다. 길리어트는 이렇게 말한다.

> 빈민은 대부분 빈곤을 상당히 잘 관리한다. 그들은 수완이 좋고, 돈과 시간을 대단히 요령 있게 사용한다. 가계를 꼼꼼하게 계획하고, 빚을 지지 않기 위해 가차 없이 지출을 삭감하는 매서운 태도를 취한다. 우선순위를 정하고 사치품을 제외시킨다. … 이러한 성취를 거두는데도 불구하고, 그들은 이 일이 희생이자 끝없는 투쟁이라고 말한다.[102]

　　영국의 수많은 연구를 검토한 사례에서도 이와 비슷한 결론에 도달했다.[103] 실제로 빈곤층이 '부유한 가족들과 비슷하거나 더 치밀하게' 재정을 관리한다고 밝힌 연구가 있다.[104] 그래도, 데이비드 매크론은 하루하루를 '견뎌내는' 데 그치는 '무계획자'와 장기적인 전략을 활용해 '꾸려 나가는' '계획자'를 구분할 수 있다고 주장한다. 매크론은 이 둘 사이가 '아주 미세한 선'을 기준으로 구분되며, 관리 능숙도의 문제는 아니라고 말한다. '견뎌내기'만 하는 데도 다소 복잡하고 몸에 깊이 밴 습관이 필요하기 때문이다.[105] 게다가 견뎌내기 자체가 주는 부담 때문에 계획을 세우거나 전략적으로 사고하고 행동하기 어려울 수도 있다.[106] 이것은 앞서 언급한 빈곤의 '인지적 제약'에 해당한다. 하지만 현재 상황에 골몰한다 한들 '파고 들어오는 미래의 불확실성'이 유발하는 불안을 피할 수는 없다.[107]

매크론이 제시한 구분 방식, 그리고 거기에 담긴 '전략' 개념이 '복잡한 사회관계'보다 합리성을 더 중시한다는 지적이 있다.[108] 그럼에도 불구하고 '생존 전략' 또는 '생계 전략' 개념은 빈곤 관련 문헌에서 보편적으로 사용되고 있으며, 북반구에서는 좀 더 구체적으로 '예산 수립 전략'이라고 쓴다. 이처럼 행위주체성을 인정하기 위해 사용하는 '전략' 개념에는 "거시경제적 상황, 사회적 맥락, 문화적·이념적 기대, 자원 접근권 등에 따라서 더 크거나 적게 제약당하는 일련의 선택이 축약되어 있다."[109] 전략은 직설적이기보다 함축적으로 쓰이는 경우가 더 많은데, 이것이 언제나 효과적이지는 않다.[110] 여기에 주로 덧붙는 형용사로는 '복잡한', '혁신적인', '정교한', '창조적인' 등이 있다.[111]

20세기 초 빈곤의 '실제'를 묘사한 데이비드 빈센트의 서술은 지금 상황과도 맞아떨어진다. "아무리 최악의 상황에 놓인 사람이라도 규범과 물욕이 뒤섞인 열망을 품고, 다양한 개인 및 기관과 정교한 협상을 벌이는 복잡한 생존 전략을 추구했다. 언제나, 자원이 적을수록 그 자원을 쓰는 데에 사고와 기력을 더 많이 소모해야 했다."[112]

현대 영국의 빈곤 연구들을 보면 사람들이 이러한 전략을 특정한 상황과 구조적인 제약에 따라 얼마나 다양하게 활용하는지가 드러난다.[113] 하지만 불안과 빚 사이에서 '선택의 여지가 없는 상황Hobson's choice'에 놓인 채로, '누구도 받아들이기 힘든 생활 [조건]'에 놓인 채로는 '고지서 돌려 막기와 대출' 또는 '돈 아껴 쓰기와 줄이기'라는 두 가지 주요한 전략 중에서 어느 쪽을 선택하든 '바람직한 결과'를 얻을 수 없다.[114] 기껏해야 '빈곤의 규율에 체념 적응'하는 정도가 다일 것이다.[115] 그럼에도 불구하고, 때로는 타인의 비판을 살지 모를 품목에 돈을 쓸으로써 '자유를 누릴 작은 공간 또는 틈새를 만들어 내는 행위주체성'을 행사하는 경우가 있다.[116] 그런 '소소한 기쁨'을 구매하는 행위는 견뎌내 기를 하는 데에 심리적으로 도움이 될 수 있다.[117]

　　이런 사례는 견뎌내기가 심리적 차원에서 가지는 중요성을 떠올 리게 한다. 이 심리적 차원에는 4장에서 설명한 타자화에 대응하는 일 도 포함된다. 부족한 돈을 관리하는 것과 마찬가지로, 수치의 고통을 관 리하는 데에도 항상 의식적이지만은 않은 일련의 전략이 동원된다.[118] '견뎌내기'와 유사한 이것을 '헤쳐나가기'라 부를 수 있다. 대체로 겉치 장을 통해서 '정상적'이고 관리 가능한 상태인 것처럼 보이고자 하는 욕 구가 이 전략의 핵심을 차지한다. 실제로, 관리하거나 견뎌내기를 한다 는 것 자체가 그 사람이 가난하지 않다는 증거로 사용되곤 하는데, 이것 은 4장에서 논의한 '빈곤'이라는 꼬리표로부터 거리를 두는 또 하나의 방법이다.[119] 헤쳐나가기 전략에는 '정체성 노동'이 뒤따른다.[120] 거리두 기는 테일러가 말한 '제한된 행위주체성'의 한 가지 사례로서, "그저 개 인의 온전함과 통합성을 유지하는 데에 쓰일 뿐, 반드시 행동에 따른 분 명한 성과를 얻고자 하는 것은 아니다."[121]

　　낙인찍힌 사람들이 대안적인 주체성과 자기를 동일시하기 위해 서 사용하는 또 하나의 전략으로 '좋은' 양육자로서의 자아를 드러내 는 방법이 있다.[122] (4장에서 언급한) 캐시 해밀턴의 연구에서 여성들 이 생각하는 '훌륭한 모성'에는 자녀에게 낙인이 찍히지 않게 막는 역 할이 있었다. 캐시는 어머니들이 특히 '자녀에게 제대로 된 브랜드 상 품을 마련해 주는 것이 주목적인 과시적 소비'를 통해 '낙인의 사회적 영향을 회피하고 사회적 정체성에 대한 위협을 완화하는 전략을 시도'

한다는 점을 밝혀냈다. 이러한 '대처 전략이 권력강화 감각feelings of empowerment과 자부심을 키워 낼 수 있'는 반면에, 역설적으로 '더 강한 낙인찍기를 부채질'하며, 당연히 비용 부담도 큰 것으로 드러났다.[123] 반대로 사회적 관계와 책임을 포기하고 수치심을 감당하는 대안적인 전략을 채택하면 돈은 아낄 수 있어도, 필요 시 지원을 받을 수 있는 잠재적 원천인 사회관계망으로부터 고립되는 문제가 생긴다.[124]

부족한 돈과 수치심을 관리하는 것 외에도, 빈곤층은 "우리와 똑같이 … 하루를 잘 버텨 보려 애쓰는 우리의 발뒤꿈치를 물어뜯는 [온갖] 불운 … 같은 문제를 감당해야 한다."[125] 여기에는 개인적인 외상에 대처하고 견디는 일도 포함된다.[126] 실제로 이런 외상이 삶의 큰 영역을 차지하는 경우가 많다. 한 연구에서는, 대부분의 양육자가 '과거에 겪었거나 현재 겪고 있는 학대(아동 학대와 가정 폭력, 그리고 남자 친구 또는 타인의 강간), 정신적·신체적 건강 악화, 관계 파탄, 사별 등의 외상과 곤경'을 겪고 있었다.[127] 이보다 더 일상적인 차원에서는, 빈곤층도 자녀를 키우는 문제와 같이 다른 사람들이 생애 경로에서 마주하는 문제를 똑같이 겪는다.[128] 빈곤과 불안정 상태에 처한 이들은 양육과 관련된 문제에 대처하기가 훨씬 어렵다.[129] 빈곤으로 인한 압박감에 더해지는 불리한 생활 환경과 낙인은 양육 역량을 떨어뜨릴 수 있고, 그 결과 양육자가 취하는 생존 전략 자체가 '자녀 스스로 필요하다고 느끼는 것에 대한 관심보다 우선'시될 수 있다.[130]

그럼에도 불구하고 빈곤층은 대부분 자녀를 돌보기 위해 분투하며, 그럴 능력이 있다. 빈곤 연구에서 한결같이 다루는 주제는 양육자, 특히 어머니가 견뎌내기를 위한 투쟁에서 자녀를 얼마나 우선시하는가다.[131] 길리스는 관련 연구에서 '어머니가 자녀 양육에 가치를 두고 헌신하는' 정도가 얼마나 강한지를 강조한다. '개인적·사회적 경험에 기반한' 이들의 양육 방식은 중류층 양육자의 지배적인 가치관과는 거리가 먼, '뚜렷이 구별되는 도덕적 논리'를 따른다.[132] 이들은 역경과 불안정에 발버둥 치면서도 '자기와 자녀의 삶을 개선하려고' 적극적으로 투쟁한다.[133] 덩컨 엑슬리는 양육자 중 '상당수가 자녀가 더 나은 삶을 기대하고 확신할 만큼 안정감과 낙관을 충분히 누리며 자랄 수 있도록, 장기적으로 양육자 자신의 건강을 크게 희생하면서까지 자기가 겪는 불안정, 결핍, 일상적 굴욕으로부터 자녀를 방어하려는 영웅적인 노력'을 기울인다고 말한다.[134] 미국 농촌 빈곤에 관한 셔먼[135]의 연구에 참여한 양육자들의 최우선 과제는 자녀를 위해 안전한 환경을 유지하는 것이었다. 이보다 앞서 나온 저소득 아프리카계 미국인 어머니에 관한 연구에서는 양육자들이 '자녀를 위험으로부터 보호하고, 긍정적·사회적·문화적·학문적 발달을 북돋우기' 위해 '완충'과 '향상'의 '양육 관리 전략'을 활용하는 방식을 보여 주었다.[136]

개인 자원

부족한 물질적 자원으로 빠듯하게 생계를 꾸리는 부담은 여성이 주로 맡는다(3장을 보라). 그 역할을 감당하기 위해서 여성들은 자기의 개인 자원을 끌어다 쓴다. 앞에서 보았듯이, 심리학 연구에서는 결핍이 견뎌내기와 헤쳐나가기에 필요한 인지적 자원을 고갈시킨다는 점을 강조했다.[137] 이런 문제가 있는데도 불구하고 빈곤 문헌에서는 회복력과 수완이라는, 생존 투쟁에 끌어다 쓰는 **개인** 자원을 가리키는 두 단어가 거듭 등장한다.[138] 그러나 종단 정성연구의 저자들은 이런 단어들보다는 '인내심'이 '개인과 가구가 빠듯한 경제 형편을 극복한다기보다는 가까스로 타협하는 방식', 그리고 '이따금 몰아닥치는 역경'이 아니라 '끈질기게 되풀이되는 전투'를 더 잘 표현할 수 있다고 말한다.[139] 영국과 미국의 연구에 따르면, 부족한 소득으로 견뎌내기를 하려면 제법 노련한 예산 수립, 구매, 식단 구성 기술이 필요하다.[140] 이것이 시간을 많이 잡아먹는 고된 작업이라는 점을 입증한 연구가 많다.[141] "생각보다 피곤합니다. 그러니까… 가난하다는 것은 평생 엄청나게 많은 일을 한다는 거예요."[142]

누군가는 생존한다는 것, 부족한 소득을 솜씨 좋게 관리한다는 사실 자체를 만족감과 자부심의 원천으로 삼을 수도 있다.[143] 그러면 그 자체가 개인 자원이 된다. 이런 식으로 '일상생활이 나아지면',[144] '안정감과 행복감', 그리고 성취감과 행위주체성을 누릴 수 있고,[145] 앞서 말한 '도덕자본'을 구축하는 데 보탬이 될 수도 있다.[146] 그러나 이런 긍정적 결과를 기대하기는 쉽지 않다. 실직 상태인 사회보장 수급자들에 관한 종단 정성연구에서는 "개인이 자기 삶을 헤쳐나가는 데 도움이 되는 … 다양한 기술, 지식, 경험을 바탕으로 구축한 … 상당한 수준의 회복력은 … 자부심이나 찬탄의 원천이 거의 되지 못했다"고 밝혔다.[147]

이와 동시에, 특히 빚이 있는 경우에 '여성의 수완을 지나치게 낙관적으로 그려 여성 다수가 떠안고 있는 부담을 무시할 위험'이 있다고 지적하는 연구가 많다.[148] '회복력을 지나치게 낭만적으로 칭송'하는 것을 경계하는 엘리자베스 해리슨은 회복력이 결핍과 경제적 충격이 닥쳐도 '계속 솟아나 무한정 퍼 올릴 수 있는 웅덩이가 아니'라고 말한다.[149] 견뎌내기 위한 투쟁만으로도 기진맥진한 데다가 빈곤이 야기하는 의욕 저하, 절망, 권력 부재, 통제권 결핍의 감각에 사로잡힌 상태에서는 (곧잘 고갈되곤 하는) 개인 자원을 활용하기 어려울 때가 많기 때문이다.[150] 실제 경험을 바탕으로 글을 쓰는 대런 맥가비는, 빈곤이 유발하는 만성적 압박감을 "완전히 소모적인 … 모두가 줄곧 빠져서 허우적대는 곤란"이라고 묘사한다.[151] 앞서 말했듯 빈곤이 신체적·정신적 건강 악화와 관련되는 경우가 너무나도 많다는 사실은 놀랄 일이 아니다.[152] 이로 인해 빈곤에 대처하기가 더 어려워질 수 있다. 게다가 흡연을 하거나 (몸에 좋은) 음식을 포기하는 등의 대처 전략과 기제도 건강을 악화시킨다.[153] 가족 안에서 견뎌내기를 돕는 어린이와 청소년의 '생존 전략' 역시 〔그들의〕 행복을 크게 해칠 수 있다.[154]

사회 자원

개인 자원은 강력한 사회관계망에서 나오는 **사회** 자원으로 뒷받침할 수 있다.[155] [당사자가 속한] 사회와 지역에 따라 그런 자원의 강도와 속성은 다양하고, 시간이 흐름에 따라서도 경제와 사회의 변화나 개인적인 생애 경로에 대응해 변동을 거듭하며, 민족 집단에 따라서도 다양하다.[156] 친족 간에, 그리고 쇠퇴 지역 내에서 사회관계망을 유지하는 역할도 여성이 주로 맡는다.[157] 의지할 만한 사회 자원을 제공할 '사회관계를 형성, 유지, 활성화하는 능력' 자체가 그 사람의 행위주체성을 입증한다.[158]

친척과 친구, 그리고 좁은 범위의 이웃을 포함하는 사회관계망을 통해 다양한 수준에서 감정적·물질적 지원을 받을 수 있다.[159] **감정적**

지원을 통해서는 빈곤이 끼치는 부담에 대처하는 데 심리적인 도움을 받을 수 있다.[160] 집단 차원에서 사회관계망은 소속감을 만들어 낙인에 대한 완충제 역할도 할 수 있다.[161] 현금이든 현물이든 물질적 지원은 견뎌내기에 대단히 중요한 요소가 된다.[162] 물질적 지원은 호혜reciprocity 구조의 일부인 경우가 많다.[163] 달리 말해 사회 자원을 활용하는 것은 받으면서 돌려주는 **능동적인** 과정이다. 그러나 되갚을 만한 자원이 극히 한정된 사람에게는 호혜가 짐이 될 수도 있다.

빈곤 자체가 사회관계망 형성과 유지에 걸림돌이 될 수 있으며, 되갚기가 어려운 경우에는 물질적 도움을 구하기도 꺼려질 수 있다.[164] 미국의 한 복지권 자조 단체 내에서 호혜에 대한 기대가 어떠한 영향을 미치는지 연구한 사례는 호혜가 '사회 자본이라는 양날의 검을 드러내는' 방식을 보여 준다. 사회 자본에 '투자하려면 반드시 시간과 기타 자원을 내주어야' 하는데, 그런 투자를 얼마나 하는지에 따라 호혜의 강도가 달라진다.[165] 투자는 그 자체로 행위주체성을 행사하는 일이며,[166] (어떤 이유에서든) 투자를 할 수 없거나 할 의향이 없는 경우에는 빈곤을 견뎌내느라 이미 곤란을 겪고 있는 처지에 사회적 고립이라는 짐까지 더해질 수 있다.[167] 영국빈곤및사회적배제조사에서 도출한 한 가지 결론은 "빈곤은 사회관계망과 사회의 지원을 갉아먹는데, 그럴수록 그 중요성과 필요성은 더 커진다"는 것이었다.[168] 이런 관계망 자체가 심하게 훼손된 상태라면 어떠한 지원도 일회성에 그치고 말 것이다.[169] 부채, 그리고 그에 따른 곤란과 수치심은 사회적 고립을 악화시킬 수 있다.[170] 데즈먼드가 말하듯이 심각한 빈곤을 홀로 견디기는 사실상 불가능하기 때문에, 사회적으로 고립된 상태에서 극심한 불안정을 겪는 사람은 견뎌내기에 도움을 받기 위해 '일회성 유대'에 기댈 수 있다.[171] 데즈먼드는 '인간의 기본적인 필요를 채우기 위해서' 일상적으로 그러한 일시적인 유대에 기대야 하는 경우는 빈곤층밖에 없다고 말한다.[172]

호혜는 또한, 사회관계망 구성원들이 실질적인 도움을 주고받는 상호부조mutual aid의 형태를 띨 수도 있다. 이런 형태는 '사회관계망을 원활하게 만드는' 데에 기여하는 '상환 완료된 호의reimbursed favours'라고 불린다.[173] 자녀 돌보기가 그 중요한 사례인데, 이런 도움은 되갚을 때도 있고 그러지 않을 때도 있다. 스펙트럼의 한쪽 끝, 즉 강도가 가장 낮은 쪽에서는 같은 지역 어린이들의 안전을 보장하기 위한 방문 보육 또는 돌봄을 수행하는 수준에서 그친다.[174] 반대쪽 끝에는 비공식적으로 대리 양육을 수행하는 형태가 있는데, 셔먼에 따르면 이는 농촌 지역에서 친부모가 자녀를 돌보기 어려울 때 일반적으로 나타나는 현상이다. 도움을 직접적으로 돌려받지 못하면서도 상당한 대가를 치르며 대리 양육을 수행한 사람들은 '경제나 노동 측면에서는 실패'했을지 몰라도 '도덕자본'을 획득하는 성과를 거둔다.[175] 어린이 돌봄은 양극단 사이에서 공통적으로 나타나는 실질적인 도움의 형태인데, 이 돌봄의 교환은 거의 여성들 사이에서 이루어진다.[176]

앞으로 살펴보겠지만 어린이 돌봄은 빈곤에서 벗어나기 위해 사회적 자원을 활용하는 한 가지 사례인 동시에 '생존 전략'이기도 하다.[177] 관계망은 문화적 자원의 원천이며, 특정한 상황에서 일자리, 특히 비공식 일자리를 찾는 데에 유용하다.[178] 그러나 호주의 한 연구에 따르면, 장기 실직 상태에 처한 사람들은 '낙인으로 인한 수치심에 대응하려는' 전략으로서 이런 관계망에서 벗어나는 경향을 보였다.[179] 반대로, 공식

풍요의 시대, 무엇이 가난인가

적인 노동시장에서 관계망이 제거된 상태로는 임금이 낮고 불안정한 일 자리밖에 얻지 못할 가능성이 있다.[180] 사실 이런 관계망 때문에 오히려 빈곤에서 벗어나기 어려울 수 있다는 주장도 나왔다. 주위의 기대에 부 응하느라 시간을 많이 빼앗길뿐더러 은근히 밀려드는 다양한 또래 압력 에 대응해야 하기 때문에, 혹은 관계망을 잃을까 두려워 일자리를 구하 러 나서기를 꺼리기 때문이다.[181] 빈곤을 견뎌내거나 벗어나는 데에 사 회관계망이 하는 역할은 개인적·사회적 관계의 맥락 속에서 행위주체 성을 어떻게 행사하느냐에 따라 결정되는데, 상황과 맥락에 따라 그 역 할이 도움이 될 수도 있고 제약이 될 수도 있다. 앞으로 살펴보겠지만, 관계망은 행위주체성 사분면상에서 '조직화하기' 쪽으로 이동하는 데 도움이 되기도 한다.

자원 늘리기

사회관계망에 의지하는 것이 '자원 늘리기'의 수단이 되기도 하 지만,[182] 그런 거래가 상호적인 성격을 띠는 경우가 많다는 점에서 [관 계망 안에서] 물질적 자원을 늘리는 것은 중요하기는 하되 대체로 일시 적인 수준에 그친다는 것을 알 수 있다. 일레인 켐슨과 동료들은 일회성 수입을 최대화하기 위해 활용 가능한 선택지들의 위계를 파악했는데, 우리가 나중에 이 장의 '벗어나기' 항목에서 다룰 전일 근무 (또는 임금 이 더 높은) 일자리 구하기가 그 위계의 최상위를 차지했다. "반대쪽 끝 에 있는 범죄는 대체로 최후의 수단으로 인식되었고, 구걸은 아예 목록 에도 들어가지 않을 만큼 받아들일 수 없는 선택지였다."[183] 그럼에도 불구하고, 구걸은 '궁핍' 상태로 분류되는, 특히 '복합적인 필요'를 지닌 사람들 중에서 다수가 활용하는 전략이다.[184] 구걸을 하지 않으려고 (예를 들어 《빅이슈》 같은) 노숙인 거리 신문을 파는 일을 하는 경우도 있는데, 한 연구에서는 특히 미소 짓기 같은 '정동 노동affective labour'을 통해 대가를 얻는다는 점에서 이것이 '자기를 판매하는 일'이라고 말했다.[185] 에딘과 셰퍼가 강조하듯이, (아래에 서술할 위법 전략을 포함해) 그 밖의 대안들은 구걸과 마찬가지로 당사자를 '사회로부터 분리'시키는 결과를 가져올 수 있다.[186] 미국의 궁핍에 대한 에딘과 셰퍼의 연구는 다음 문장으로 마무리된다. "동료 시민이 몇 시간씩 돌아다니며 알루미늄 캔을 구하거나 철분제를 복용해 일주일에 두 번 혈장을 기증함으로써 간신히 가족을 지킨다는 이야기는 대다수의 미국인에게 당혹감을 안겨 준다."[187]

　　켐슨이 파악한 위계의 중간 즈음에는 비공식 경제에서의 임시 노동이 있었다. 사회부조를 관장하는 법규를 피하기 위해 여기에 눈속임이 동원되는 경우가 많다. 앞으로 보겠지만, 이런 눈속임을 '일상 저항'의 표출로 해석하는 분석가들이 더러 있다. 그러나 일반적으로 비공식 노동은 견뎌내기의 한 형태로서, '소득 보전하기' 또는 '덧대기'에 포함되는 것으로 본다.[188] 에딘과 레인은 '복지' 수급자가 수행하는 노동을 세 가지로 구별한다. 첫째는 [복지기관에 알리고 하는] '보고reported' 노동, 둘째는 [알리지 않고] 비고용 상태로하는 '비보고unreported' 노동, 셋째는 마약 거래처럼 불법적인 '지하 노동'이다.[189] 에딘과 동료들이 진행한 최근 연구에서는 미국이 '복지 개혁'을 통해 비공식적인 노동으로 수익을 늘리는 '전략을 대체로 일소'했다고 말한다.[190]

　　사회보장 수급자들이 급여를 늘리기 위해서 어느 정도까지 비보고 노동을 하는지는 현장에 따라 다르고 좌우하는 요소도 다양하기 때문에 분석가들 사이에 합의가 잘 이뤄지지 않는다.[191] 그래도 급여 수준이 낮고 노동시장 규제가 철폐되는 환경을 고려할 때, 비보고 노동이 '탐욕이 아닌 필요'로 인해 취하는 '생존 전략의 한 형태'라는 견해에는 많은 이들이 동의한다.[192] 급여는 부족하고 법규 때문에 보고하기가 꺼려지는 상황에서, 견뎌내기와 기본적인 필요를 충족하기 위한 방법은 비보고 노동뿐이라고 생각하는 수급자가 많다. 데이비드 스미스는 "비신고 노동undeclared work과 복지 수당은 비고용 노동자cash worker에게 공식적인 노동시장의 불안정에 대비하는 보험 같은 역할을 할 수 있"고, 공식 경제에서 수행하는 저임금 노동보다 더 큰 수준의 자율성을 보장한다고 말한다.[193] 게다가 쇠락한 산업 지역에서 노동계급 남성이 '자급 능력과 노동 윤리'를 입증함으로써 '정체성 필요'를 채우는 데에 도움이 된다고 밝힌 연구도 있다.[194] 이런 사례는 행위주체성을 다시금 주목하게 한다. 어린이가 자기 자신이나 가족에게 필요한 자원을 획득하기 위해 합법적으로, 일부는 불법적으로 '적극적이고 창조적인 전략을 다양하게 채택'하는 방식을 보여 주는 사례들도 마찬가지다.[195]

자녀 교육비를 모은다든지 하는, 단지 생존하는 것 이상의 '분투'를 위해 비공식적인 노동을 하는 경우도 이와 다르지 않다.[196] 때로는 이런 일을 발판으로 삼아 합법적으로 창업을 하거나, 공식 노동시장에서 기회를 얻는 데에 도움이 되는 기술, 자신감, 일 경험을 쌓아 빈곤에서 '벗어나기'를 향해 진일보할 수도 있다.[197] 스미스는 이런 일로 벌어들이는 '약간의 물질적 안정'이 "실업자가 임금노동 기회를 찾을 잠재력과 가능성을 높인다"고 주장한다. 이를 통해 '자신감을 얻고, 노동 현장과의 접점을 유지하고, 일하는 습관과 태도를 익히고, 궁극적으로 공식적인 노동에 진입할 가능성을 키울' 수 있기 때문이다.[198]

견뎌내기를 위해 '지하' 노동이나 위험한 '생존 범죄'[199]에 의지하는 빈곤층이 얼마나 되는지 파악하기에는 당연히 자료가 부족하다. 폽킨 등이 2016년에 수행한 연구[200]에 따르면 이런 사례로는 상점 털이,[201] 장물 거래,[202] 일반적인 '밀거래' 또는 길거리 범죄,[203] 매춘 또는 거래적 성관계 등이 있다. 거래적 성관계에는 가족에게 필요한 음식 등의 물품을 마련하기 위해 10대 어린이가 성을 거래하는 경우도 포함된다. 일부 쇠퇴 지역에서는 마약 거래를 수많은 '생존 전략' 중 하나로 여긴다.[204] 일부 청년 남성에게, 심지어 '말도 안 되는 상황'에 처한 이들에게 마약 거래는 특히 솔깃하게 들리고, 최저 수준의 생활을 벗어날 수익성 좋은 대안으로 느껴질 수도 있다. 하지만 이 일은 위험한 데다 압박감도 심해서 '약간의 안정을 얻는' 데에 도움이 못 된다.[205] 박탈 구역에서는 지하 노동 중 일부를 비보고 노동과 마찬가지로 생존 전략으로 여겨 묵인하지만,[206] 긴장을 유발하는 경우가 많고 양육자에게는 '엄청난 걱정거리'가 되는 마약 거래는 허용하지 않는 추세다.[207] 그러나 때로, 예를 들어 다른 가족이나 지역사회의 구성원이 마약 거래로 발생하는 자원으로 간접적인 이득을 얻는다거나, 청년층이 처한 경제적 한계를 깨닫거나, 자기 지역을 직접적으로 겨누는 징벌적인 형사 사법 정책에 분노하는 경우에는, 반감과 불안감을 느끼는 만큼 [마약 거래에] 결탁할 수도 있다.[208] 웨이벌리 덕은 7년 동안 민족지 연구를 진행한 미국 소도시의 한 마을을 근거로 들며, 이러한 맥락에서 주민들이 결탁하는 것은 '마약 거래를 옹호하려는 것이 아니라 그저 마을의 생존에 필요한 일이기 때문'

이라고 설명한다.[209]

    지하 노동을 통해 자원을 늘리는 전략이 비록 불법적이거나 반사회적일 수는 있지만, '말도 안 되는 선택'에 직면한 상태에서는 행위 주체성을 행사하는 일이자, 어느 정도의 수완과 사업 실력으로 나타나기도 한다.[210] 덕은 자기가 연구한 젊은 아프리카계 미국인들에게는 그런 일이 "혹시라도 합법적인 직업을 가지게 되었을 때 그 일을 잘 해내는 데에 보탬이 될 만한 여러 가지 소중한 기술을 익히는" 기회가 되기도 한다고 말한다.[211]

대항(대갚음)하기

    어떤 활동은 "'견뎌내기'와 '대항(대갚음)하기'의 경계를 가로지르며" 소득만이 아니라 "국가 또는 부유한 사람들에게 대항할 기회"를 제공하기도 한다.[212] 저항의 한 형태인 '대항(대갚음)하기'는 그림 3의 **일상적-정치적** 사분면상에 위치한다. 가난한 지역 공동체가 느끼는 분노와 절망이 일부 연구, 특히 민족지 연구에서 드러난다. 빈곤이나 무력함, 멸시의 덫에 사로잡힌 기분을 느끼는 이런 지역의 주민들은 '두려움, 분노, 절망, 취약성으로 가득 찬 압력솥' 같은 상태에 처한다.[213] 계속해서 '무시당하고, 내쫓기고, 괴롭힘 당하는 느낌'에서 비롯하는 적개심이 담긴 이 분노가 공무원이나 전문가를 향해 직접 표출되는 경우가 많다.[214] '공격적이고 적대적'이라고 쉽게 해석되곤 하지만, 분노는 동시에 '상당한 힘과 회복력'의 원천이 될 수 있고, 따라서 개인의 자원으로 파악될 수도 있다.[215] 그러나 맥가비는 "빈곤과 관련된 심각한 정신적 시련에서 비롯하는 분노와 적개심은 … 모두에게 무거운 감정적 부담을 안겨 준다"고 말한다.[216] 프로스트와 호겟은 곤란과 굴욕을 당한다고 해서 누구나 곧장 '고결한 저항'으로 대응하지는 않으며, "그저 자기 자신이나 무고한 타인에게 불만을 터트리는 경향이 있다"고 말한다.[217] 때로 이 '압력솥'은 안쪽에서, 또는 바깥쪽에 있는 가족이나 이웃, 사회 전반을 향해서 파괴적인 행위주체성의 형태를 띠고 폭발할 수 있다.[218]

　　4장에서 언급했듯이, 아주 가끔은 이런 분노가 조직화까지는 아니더라도 좀 더 집단적인 저항의 형태로 분출된다. 일례로 타일러는 프랑스 "방리유에서 매일 겪은 비참한 굴욕에 대한 반응이 … 폭동으로 표출"된 과정을 기술한다.[219] 그리고 《가디언》과 런던정경대학의 공동 연구를 인용해, 2011년 영국 폭동에 참여한 사람들은 어느 정도는 '드러나지 않는 존재, 낙인찍힌 존재라는 감각'에 반응하고 있었다고 주장한다[220] 이 연구에서는 또한 '폭동 참여자들의 이야기에서 중심을 차지하는' 부정의와 불평등에 대한 생생한 감정을 강조한다.[221] 그러나 워커와 동료들이 진행한 국가 간 연구에 따르면 이렇게 특별한 사건 외에 보통의 "응답자들은 의미 있게 대응하기에는 자기를 억누르는 무게가 너무나 엄청나서, 단지 살아남거나 체면을 지키는 데만도 쓸 수 있는 모든 기력을 다 쏟아야 한다고 느꼈으며," 그러한 분노를 '숨죽인 저항'과 '좌절감'으로 드러내는 경향이 있다고 밝혔다.[222] 어떤 경우에는 빈곤과 굴욕, 의지할 데 없는 처지로 인한 고통과 절망을 '비워' 내거나 '마비'시키려고 중독성 약물이나 술에 의존하기도 한다.[223] 심각한 오남용은 **전략적** 행위주체성을 손상시키는 경향이 있는데, 다른 한편으로 영국 머지사이드주의 마약 복용자에 대한 연구에서는 그들이 하루치 약물 비용

　　　　　　　　　　　　풍요의 시대, 무엇이 가난인가

을 벌기 위해 비공식 경제에서 고된 노동(또는 **일상** 행위주체성)을 수행하는 점을 강조한다.[224]

'일상 저항'

예전에는 빈곤 문헌에서 이야기하는 '일상 저항'은 주로 비보고 노동, 그리고 사회보장 급여 관리 당국에 대한 대응을 가리키는 경향이 있었다. '일상 저항'은 제임스 C. 스콧이 만든 용어로, 농민 경제 내에서 '늑장 부리기, 시치미 떼기, 규칙 지키는 척하기, 빼돌리기, 모르는 척하기, 비방하기, 불 지르기, 방해하기 등 상대적으로 힘없는 집단이 흔히 쓰는 무기'를 가리켰다.[225] 익히 아는 저항의 형태와 달리 이런 저항은 "비공식적이고 은밀한 편이며, 공공의 상징적인 목표가 아니라 주로 권력을 더 가진 이들을 타격해 즉시 손에 잡히는 이득을 취하는 데에 관심을 둔다."[226] 정치적 변화가 아니라 '거의 언제나 생존과 존속'을 목표로 하며[227] '이기심과 저항의 융합'에서 동력을 얻는데, 이를테면 '세금을 내지 않으려고 수확량의 일부를 숨기는 경우, 그 농부는 자기 배를 채우는 동시에 곡물의 가치를 박탈'하게 된다.[228] 이런 행동은 보통 집단적이기보다는 개별적으로 실행되지만, [암묵적인] 합의와 관습을 공유하는 관계망'을 통해 가능한 경우가 많다.[229]

캐서린 킹피셔[230]와 존 길리엄[231] 등 일부 분석가들은 사회부조 수급자들이 특히 규칙을 위반함으로써 급여 체계에 관여하는 방식을 설명하면서 일상 저항 개념을 사용한다. 미시간의 여성 복지 수급자에 관한 킹피셔의 연구에서는 '공공 지원 [제도]의 갖가지 문제에 대처하는 전략'을 두 가지로 파악했다.[232] 우선, 보편적이고 뚜렷하게 나타나는 저항은 '조작하기'다. 거짓말을 하거나 은폐하기, 또는 무지를 가장하거나 순응하는 척하는 '인상 관리impression management'를 동원하는 것이다.[233] 많은 여성이 복지 제도 자체가 부정행위를 부추긴다고 주장하며 반감을 표했다. 나머지 하나는 주로 '규칙을 지나치게 따르는 방식으로 구사하는 극한 준법hyper-truth' 전략이다.[234]

길리엄은 오하이오주 애팔래치아 지역의 저소득 어머니들이 (머리카락을 자르거나 물건을 판매하는 등) '대대로 내려오는 생존 전략'을 추구하는 방식에 관해 서술한다. 이런 행위는 복지 법령과 감시 체제 하에서 '불법으로 규정된' 것으로, 길리엄에 따르면 이들은 다음과 같이 규제에 저항한다.

> 정부가 그런 행위를 적발하고 금지하고자 대대적으로 움직일 때는 주로 회피하는 방식으로 정책 명령을 거부하거나 맞선다. 어머니들의 관심은 '정책'이 아니라 생존에 쏠려 있긴 하지만, 상징적·물질적으로 정책 지시에 대한 강력한 반대 의사를 뚜렷이 표현한다. … 이런 형태의 저항으로 추구하는 결과는 분명하다. 자신들에게 절실한 물질적 이득 확보하기, 복지에 의존해 살아가는 상황에서도 자율성의 영역 유지하기, [다른 이들과 서로 지지함으로써] 어머니라는 공통의 정체성 지키기, 정부의 감시 임무 자체를 약화시키기 등이다.[235]

뉴질랜드에서 진행한 최근 연구에서는 참여자 중 일부가 사회적 시민권이 갈수록 조건부에다 징벌적인 성격으로 변해 간다고 여겨 이에 대항하는 '직접 저항 행동'에 동참한 사실을 알아냈다. 어떤 이들은 '전복 전략'을 동원했는데, 이를테면 '시민다운 것이라고 규정된 행동 양식에 '무턱대고' 순응하기를 거부하고, 일할 의지가 있는 경우에도 직업 활동 조사에 '소극적인 시늉'으로 대응하는 식이었다. 또는 부정당한 자기의 권리를 주장하기 위한 '법적 투쟁'에 뛰어드는 이들도 있었다. 이 두 가지 사례에서, 부정행위는 '사회경제적 부정의'와 '복지 개혁'이 불러 일으킨 고난을 근거로 삼아 명시적으로 정당화되고 널리 용인되었다.[236] 뉴질랜드에서 진행한 또 다른 연구의 저자들은 사회보장 수급자들이 보여 주는 '저항적 인내'를 '일상 저항'으로 묘사한다. 이 수급자들은 반빈곤 기관의 지지를 받아, 갈수록 조건부로 변해 가는 노동복지 정책에 맞서고자 한다.[237] 영국에서 진행한 연구에서도 급여 청구자 중 일부가 강압적인 사회보장 정책에 항의하는 뜻으로 겉으로만 규정을 지키는 척하거나, [복지] 체계를 깨트리거나 거부하는 식으로 대응한 사례가 나타났다.[238]

영국에서 '일상 저항으로서의 사회보장 사기'론을 지지한 대표적인 사람은 빌 조던이다. 조던은 쇠퇴 지역의 관계망을 통해 "해당 지역만의 … 공적인 강제 체제에 반대하는 일상 실천 속에서 … 저항 문화가 발달"하기 때문에, 이런 사기 행위가 '외떨어진 개인행동'을 넘어서는 의미를 지닌다고 본다. 이러한 저항으로 '빈민층이 주류 사회의 이점으로부터 배제당한 데 대해 어느 정도 보상'을 받을 수 있다는 것이다.[239] '가난한 사람들'은 비보고 노동으로 사회보장제도의 고압적인 행정 요구 사항에 '반격'한다.[240] 때로는 독창적이라고 할 수 있을 정도로, '자기의 자원을 관리하는 데 활용할 여지를 남겨 두는 방식으로' 규정을 해석한다.[241] 이들의 '저항 행동과 반대 담론'은 '자율과 존엄을 쟁취하려는 시도'를 의미하기도 한다.[242]

　　한편 하틀리 딘은 '저항 문화'가 존재한다는 견해에 의문을 표한다. 사기 행위를 하는 사회보장 수급자들을 연구한 결과, 응답자 35명 중에서 7명이 '조작을 전복 행위이자 억압에 대한 반응이라고 인식'했는데, 그렇다고 이들이 '유난히 급진적인 인물'은 아니었고,[243] 대부분 노동 윤리를 여전히 강하게 지지했다.[244] 딘은 이렇게 결론짓는다.

　　　응답자들이 저항 행동에 관여하는 경우, 그 행동은 대단히 보수적인 형태를 띠었다. 복지국가에 대한 정당한 기대에 배반당했다고 느끼고, 그렇기에 자기의 부정행위도 정당하게 인정받을 수 있다고 믿는 이들이 많았지만, 이들이 열망하는 바는 국가에 대항하는 것이 아니라 '적절한' 일자리를 얻고 그럭저럭 괜찮은 생활수준을 확보하는 것이었다.[245]

　　그럼에도 불구하고, 딘은 소수집단 '거주 지역이나 공식 노동 시장에 접근할 기회가 없는 지역에서는 대안적인 생존 전략에 참여하는 것이 더는 외떨어진 저항 행동이 아니라 일상적인 행동이 된다'는 점을 인정한다.[246] 이 말은 일상적인 행동이 되는지 아닌지와는 상관없이, '대안적인 생존 전략'으로서 '외떨어진 저항 행동'이 발생한다는 암시를 담고 있다. 정작 판단하기 어려운 문제는, 농민 사회에 관해 이야기하면서 스콧이 인정하듯이,[247] 주로 생존과 관련이 있으면서 저항이라는 정치적 동기도 반영하는 행동의 범위가 어디까지인가다. 제도를 '조작'할 의

풍요의 시대, 무엇이 가난인가

향이 있는 사람 중에서 불공정하고 징벌적이라고 느껴지는 사회보장제도에 적개심을 품은 이들이 많다는 증거를 고려하면, 생존이 주된 동기인 경우조차도 이런 행위에 저항의 요소라고 할 만한 것이 드물지는 않다.[248] 앞에서 인용한, '탐욕이 아니라 필요'가 주된 동기라고 말한 영국의 연구자들은 "비공식 임금노동이 일종의 사회정의를 이루어 준다는 관념이 있다"고 말했다.[249] 아주 가끔은 적개심으로 인해, 극심한 강요나 삭감에 맞선다든지 하는 더욱 조직적이고 명백히 정치적인 저항 및 항의가 일어나기도 한다.[250]

　　사회보장 사기를 일상 저항으로 보는 급진주의자들의 해석은, 딘과 멜로즈[251]가 경고했듯이 낭만화 또는 희망 사항에서 비롯한 것일 수 있다. 반대로 길리어트[252]는 이러한 대처 전략이 궁극적으로는 저항이 아니라 사회경제 질서의 재생산에 일조하는 적응의 한 형태를 의미한다고 주장한다. 이보다 일반적인 견해로, 일부 급진주의 법사회학자들은 개인의 '아주 작은 반항 행동', 그리고 변화에 영향을 미치기 어려운 '대처하기와 생존에 관련된 거의 무익한 사건들'이 정치적 의미를 갖는다는 데에 회의적이다.[253] 이들은 그런 행동이 실패로 돌아갈 경우, 일부에서 주장하듯이 '존엄을 높이고 행위주체성을 북돋을 가능성'이 있는지 의문을 제기한다.[254]

심리적 저항과 담화적 저항

　　일상 저항 행동이 정치체제 전반에는 큰 영향을 못 미치더라도, 빈곤을 수동성 및 행위주체성 결여와 등치시키는 시각에 문제를 제기할 수는 있다. 빈곤층에게 그런 행동은 사회경제 체계가 드리우는 제약에 대한 거부이자, 비록 그 체계나 권력에 직접 맞서지 않더라도 권력을 발휘하는 집단에 대한 '대항(대갚음)'을 표현할 수단으로서 의미를 지닌다. 여성주의, 그리고 푸코 철학에 담긴 권력관계의 미시적 작용에 대한 관심에 기반해 넓게 해석한 '정치the political'에서는, 정치적 목적에 기반하지 않거나 그런 목적을 이루는 데에 실패한다 하더라도 '일상적 투쟁'의 맥락에서 일상 속 '미시 정치' 또는 '미시 저항'에 있어서 그 행동의 중요성이 인정된다.[255] 예를 들어 미국에서는 이본 루나가 스콧[256]의 작업을 활용해, '복지 정체성을 경멸적으로 표현하는 행태를 최소화'하고 '[부당한] 처우에 맞서 싸우기 위해서', 홀로 양육하는 어머니들이 공공연한 형태와 은밀한 형태를 모두 활용해 저항하는 방식을 조사했다.[257] 루나는 이렇게 주장한다.

> 저항의 형태는 다양하지만, 주변화된 집단은 저항을 통해 권력강화를 경험한다. 경멸적인 복지 정체성을 부여받은 여성들은 낙인을 상쇄시키고 제도에 맞서 싸울 방법을 찾는다. 그 방법이란 반대 문화, 회피, 거부, 해산 등이다. 저항은 감정을 북돋을 뿐 아니라 빈곤을 이겨 낼 실질적인 방안을 제공한다.[258]

미국 농촌의 저소득 어머니에 대한 또 다른 연구를 수행한 E. 브룩 켈리는 강압적인 저임금 일자리를 그만두는 결정을 '일상 저항 행동'이자 행위주체성의 입증으로 해석했다. 그 결정을 함으로써 '부여받은 정체성'을 거부하고 '대안적인 정체성'을 규정하여, "첫째로 자긍심을 고취하고, 둘째로 저임금 여성과 그들의 삶을 새롭게 바라보는 사고방

풍요의 시대, 무엇이 가난인가

식이 출현할 가능성을 창출했다"고 본 것이다.[259]

　　역시 스콧의 연구를 활용해 호주의 실업 계층을 연구한 저자들은 '비난하고 벌주는' 취업 지원 정책에 분노를 표출하는 일부 응답자들의 모습에서 '일상 저항의 한 형태'인 '감정적 반대'가 나타났다고 주장한다.[260] 게다가 수치심과 분노를 관리하는 데에 '상당한 감정 노동'이 수반되었다고 한다.[261] 연구자들은 스콧[262]을 인용해, 모욕이나 존엄 부정 등을 통해 자격을 부정당하는 경험에, '분노, 공격성, 존엄 담론discourse of dignity 이면의 대응 방식'이 더해질 때 일상 저항의 징후가 어떻게 드러나는지 논한다.[263]

　　'존엄 담론'이라는 표현이 뜻하는 것은 '담화적 반대', '담화적 저항', '반대 담론'을 통해 상징적·문화적 수준에서도 일상 저항이 일어난다는 것이다.[264] '저항의 언어'가 얼마나 '영리하고 심오하고 창조적'인지는, 2017년 6월 런던 그렌펠타워의 끔찍한 화재*에 피해를 당한 지역 주민의 반응에서 확인할 수 있다.[265] 핀란드 장기 실업자를 연구한 저자는 "저항은 실업자를 문화적으로 부정적인 범주로 만들고 그들의 사회적 정체성을 깎아내리려 하는 개인들의 시도에 이의를 제기하고 반박하는 행위"라고 설명한다.[266] 따라서 저항은 부정적 재현과 망신주기에 맞서 긍정적 정체성과 자아감sense of self을 지키려는 투쟁을 의미할 수 있다.[267] 이것은 '심리적 저항', 즉 "자기가 당하는 불이익의 심리적 의미를 스스로 정의함으로써 지배 세력에 대항하는 것 … 불이익을 당하는

---

* 그렌펠타워는 24층 높이 임대 아파트다. 화재 발생 당시 건물 외벽에 붙어 있던 가연성 알루미늄 복합 패널로 인해 불길이 급속히 번져 70여 명이 사망하는 등 매우 큰 피해가 발생했고, 여기에 대한 당국의 대응과 후속 조치가 미흡하다는 비판이 크게 제기되었다. 이와 관련한 주민들의 목소리는 이 책 6장에서 볼 수 있다.

이들이, 정반대의 사회적 견해를 받아들이라는 지배 세력의 억압에 굴하지 않고 자기 자신과 세계에 대한 고유의 견해를 주장하는 무수한 방법"이라고 서술된 바 있다.[268] 핀란드의 또 다른 연구에서는 '경험에 기반한 전문가'로 지명된 일부 서비스 이용자가 '비판적 발화'와 '대항 행동counter-conduct'을 통해 저항한 사실을 확인했다. 이들은 공적 지원을 통해 [추진하는] 참여형 사회정책에 선발 또는 초빙되어 다수의 '권력강화' 사업에 참여했는데, [빈곤 경험을 토대로 한] 자신들의 전문성을 인정받지 못한다고 느끼자 저항을 시도했다.[269]

　　4장에서 기술한 타자화 과정에 담화적으로 저항하는 방식은 다양하다. 캐런 매코맥[270]은 타자화 과정의 무게를 고려할 때, 이웃들이 경험을 공유하는 밀집된 빈곤 지역에서 담화적 저항이 더 강해질 수 있다고 말한다. 공통의 집단적 반항 '목록'을 활용할 수 있는 개인이 저항에 성공할 가능성이 높아지는 경향이 있다.[271] 북아일랜드에서 진행된 참여 행동 사업에서는 '당당하게 말하기purposeful storytelling'를 통해 저소득층이 '비난과 망신주기'로 이루어진 지배적인 사회보장 담론에 맞섰던 사례를 보여 준다.[272]

　　개인이 심리적 저항을 시도하는 다양한 방식이 연구를 통해 드러났다. 이를테면 '견뎌낼' 수 있는 능력 과시하기,[273] 체면치레로 자부심 내세우기와 '낙인을 모면하고 자기를 도덕적인 주체로 위치 짓기' 위해 '일상적 습관'과 '소소한 성취' 활용하기,[274] 범주화와 유형화 거부하기[275] 같은 것들이다. 집단적인 담화적 저항의 사례는 제4세계국제빈곤퇴치운동에서 진행한 몇몇 연구 사업에서 찾아볼 수 있다. 그 첫 번째 결과물은 빈곤층의 창조적 글쓰기 사업을 통해 제작한 시집이다. 여기에는 무관심과 모독에 맞서 인간 존엄을 주장하는 감동적인 시가 가득하다.[276] 2014년에 진행한 '우리가 맡은 역할Roles We Play' 사업에서는 빈곤층의 사회적 기여를 인정함으로써 부정적인 고정관념에 대항하려는 의도로, 빈곤 상태로 사는 사람들이 각자 주도적으로 자기의 이미지를 연출한 사진집을 제작했고,[277] 그 결과물을 많은 이들이 자랑스러워했다.[278] 다음은 앨리슨이 이를 설명한 것이다.

> 급여를 받든 안 받든 충만한 삶, 가치 있는 삶을 사는 사람들 … 자기 삶에서 비할 데 없는 투쟁을 벌이는 그런 평범한 사람들이, 제대로 알지 못하면서 그들이 경제에 기여하는 바가 없다고 믿고 부정적인 평가를 내리는 이들의 꼬리표에 따르지 않고 자기의 언어로 이야기하는 장이다.[279]

'인정받지 못하는 기여' 역시 국제빈곤퇴치운동이 진행한 '빈곤의 숨겨진 차원' 연구의 중요 주제였다. "곤란한 상황에서도, [빈곤을 경험하는 사람들은] 다른 이들에게 힘을 보태고 경제적·사회적으로 크게 기여하면서 중요한 역할을 이행하는 경우가 많다. 하지만 이런 사람들이 스스로 자기의 지식과 기술을 폄하하는 지경에 이를 정도로, 사회는 이들의 기여를 무시하거나 무관심하게 대한다."[280]

개인이 내놓는 이야기에서도 생생한 사례들이 나타난다. 티라도는 '가난한 사람으로서' 자기가 취하는 저돌적인 태도를 '갑옷'이라고 칭한다.[281] 티라도의 블로그와 앞서 언급한 책은 분노에 찬 담화적 저항 행위로 읽을 수 있다. 저자 맥가비가 "느슨히 연결된 불평불만의 연쇄

물"[282]이라 칭한『가난 사파리』도 마찬가지다. 캐시 캐러웨이 역시 '사회의 낙인 때문에 구덩이에 던져져 깊숙이 파묻힌 주변화된 시민의 목소리'를 찾으려는 노력을 담은 자신의 책『빈털터리 신세Skint Estate』에서 "화.가.난.다"라고 선언한다.[283] 연구 문헌에 담긴 담화적 저항의 사례들은 이 저항이 얼마나 복잡하고 모순적이며, 체념, 무관심, 지배적 가치관의 수용이라는 요소와 어떤 식으로 결합하는지 보여 준다.[284]

벗어나기

저항과 수용이 결합하는 현상은 빈곤에서 '벗어나기'를 대하는 태도에서도 종종 나타난다. 벗어나기는 그림 3의 **개인적-전략적** 사분면에 위치한다. 빈곤층 일부, 특히 홀로 양육하는 어머니들은 적어도 단기적 측면에서는 안정성과 안전을 상황 개선보다 우선시하며,[285] (대체로 낮은 수준의) 임금노동에 양가감정을 느낀다.[286] 킹피셔는 연구를 통해 여성 복지 수급자들이 저임금 노동이 복지보다 낫다는 지배적인 추론에 저항하는 경향이 어떻게 나타났는지 서술한다. 이들은 교육이 '목적을 이루는 데에 핵심적'이라고 믿음으로써 '성취와 성공이라는 주류 모델'을 지지했다.[287] 취업과 교육을 빈곤으로부터 벗어나는 주요한 경로로 바라보는 인식이 널리 퍼져 있고, 각 개인은 이러한 경로를 통과하려고 전략적 행위주체성을 행사하지만, 경로 자체가 행위주체성 행사를 돕거나 가로막을 수 있는 구조적·문화적 결과물이다.

행위주체성과 구조가 상호작용하는 가운데 개인의 빈곤 궤적이 형성되는데, 이는 빈곤의 역동을 이론화하는 데 있어서 중요한 지점이다.[288] 달리 말해, 빈곤에 빠져들고 벗어나는 양방향의 움직임은 모두 한편으로는 (빈민이든 비빈민이든) 개인 행동의 산물이고, 다른 한편으로는 경제적·사회적 과정 및 정부 정책의 산물이다. 몇몇 국가에서 특정한 개인들을 오랜 시간에 걸쳐 추적하면서 확보한 자료를 토대로 확립한 이 이론화는 빈곤 개념화에서 대단히 중요한 발전이라 할 수 있다. 이런 패널조사는 장기빈곤 상태에 놓인 사람(그 때문에 빈곤의 물질적 영향 못지않게 타자화 과정에 특히 취약한 사람)을 파악하는 데 도움이 된다. 동시에, 이를 통해 여러 선진국에서 매년 빈곤 상태를 오가는 사람의 비율이 매우 높으며, 일정 기간에 걸쳐 빈곤을 경험하는 사람이 일회성 측정으로 파악한 것보다 더 많다는 사실이 드러난다. 빈곤의 궤적, 특히 빈곤**으로** 빠져드는 과정은 자녀 출생이나 동반자 관계 해소와 같은 생애 주기적 사건으로 촉발될 수 있으며, 이는 특히 여성에게 영향을 미친다.[289] 코로나19 대유행은 많은 사람, 특히 불안정 고용 상태인 사람과 적절하고 포용적인 사회보장 최저선을 누리지 못하는 사람이 외부 충격으로 인해 빈곤으로 밀려 들어갈 수 있다는 것을 보여 주었다. 22개국을 대상으로 한 연구에 따르면, 15개국에서 '3개월치 생활비를 충당하기에 충분한 예금을 보유한 가구가 총가구의 절반 이하'이며, '대유행 직전에 이미 부채가 과다한 상태'였던 사람이 많은 것으로 나타나 재정적 회복력의 한계가 드러났다.[290]

빈곤에서 **벗어나는** 움직임은 동반자 중 한쪽 또는 양쪽의 고용 상태 및 보수의 변화와 관련되는 경향이 있다. 이 경향이 가구 내 소득원이 두 사람 이상일 때 더 유의미하게 나타난다는 점에서 성별의 중요성이 강조된다.[291] 그러나 노동시장에서 지위가 개선된다고 반드시 빈곤에서 탈출하는 것은 아니다. 빈곤 역동의 '고무줄' 모델*을 따라 사람들이 수시로 빈곤 상태에 빠져들고 벗어나기 때문에, 탈출은 대개 단기간에 그칠 뿐 지속되지 못하는 편이다.[292] 여성은 반복적, 장기적 빈곤 모두에 더 취약하기 때문에 [빈곤 역동의] 고무줄에 특히 더 단단히 묶인 상태로 나타난다.[293] 장애와 장기간에 걸친 질환 역시 장기적 빈곤과 관련이 있다.[294]

이런 종류의 연구는 '사회적 관계를 조성하는 과정에서 구조와 행위주체성 사이에서 나타나는 상호작용에 대한 이해'를 높여 주고, 빈곤층이 자기를 삶의 능동적 주체로 인식하도록 북돋운다는 평을 들었다.[295] 그러나 빈곤 역동에 대한 실증 연구는 인격을 제거하고 거시적인 수준에서 종합적인 그림을 제공하는 정량연구일 때가 많다. 이런 연구 자체도 중요하긴 하지만, 빈곤의 역동에 개인의 행위주체성이 반영되는 방식, 또는 빈곤으로부터 벗어나려는 투쟁에 그들이 바쳐야 하는 대가에 대한 통찰은 제공하지 못한다. 그러므로 행위주체성, 그리고 행위주체성과 구조 및 문화 사이의 관계를 이해하는 관점에서 수행하는 미시적 수준의 빈곤 연구, 특히 종단 정성연구가 거시적 수준의 종단 빈곤 조사 수행에 중요하다.[296]

빈곤층이 빈곤으로부터 탈출하기 위해, 또는 자녀를 탈출시키기 위해 (교육이나 구직 활동 등을 통해) 제각기 다른 범위의 전략적 행위주체성을 활용한다는 사실은 놀랍지 않다. 이러한 행위주체성 행사 범위는 개인이 자기 행동의 효력을 어느 정도로 믿는가에 따라 달라지며,

---

* 개인의 소득 범위는 고무줄에 묶인 듯 고정되어 있어 일시적으로 소득이 변동한다고 하더라도 머지않아 기존 범위로 되돌아오며, 고무줄이 끊어질 정도의 충격이 발생하지 않는 한 장기적으로는 대체로 일정 수준을 유지한다는 모델이다.

여기에는 활용 가능한 물질적 자원 및 기타 자원의 규모가 반영된다. 앞서 논의한 개인 및 사회 자원에 더해, 교육체계와 노동시장을 성공적으로 헤쳐나가는 데에 필요한 지식, 경험, 몸에 밴 '행동거지', 자기표현 등을 가리키는 문화 자원 또는 '문화적 자본'이 부족한 경우에는 '벗어나기' 그리고 '이어 나가기'가 상당히 어려울 수 있다.[297] 그 밖의 핵심 요소로는 사회적·문화적 환경, 가족으로서 맡는 의무, (성별화된) 구조적 기회 및 제약에 대한 인식이 있다.[298] 덩컨 엑슬리는 기회가 있더라도 '아예 경기에서 뛸' 능력조차 없을 때보다 [그런 능력과 요건을] 조금이라도 갖추었을 때, "[비빈민인] 우리가 당연하게 여기는 열망을 이들도 품게 되고, [이를 실현하기 위해서 비빈민에 비해] 터무니 없이 큰 비용"을 치르기도 한다고 지적한다.[299]

열망의 역할을 이해하려면 이러한 요소들이 어떻게 배열되는지 알아야 한다. '열망의 빈곤' 때문에 빈곤에서 벗어나지 못한다고 판단하는 논평자와 정치인이 많다. 모래그 트리너는 자신과 타인의 연구를 토대로 이처럼 '가난한 가정에서 자녀들에게 어디까지 해 주는지 이해하지 못하는 상태'를 부추기는 신화에 맞선다.[300] 빈곤 상태에 있더라도 어린이와 청소년들이 [자기 삶에],[301] 양육자가 자녀에게,[302] 성인이 (교육 등을 통해) 자기 자신과 가족에게, 비록 소소한 수준이라도 열망과 야심을 품는다는 증거가 넘쳐 난다.[303] 그러니까 열망이 있거나 없다는 식의 단순한 이분법은 없다는 말이다. 열망은 고정된 것이 아니며[304] 경험에 따라 달라진다. 연달아 나타나는 장애물과 거절을 경험한 탓에 양육자와 자녀 모두 힘을 잃고 체념, 운명론, 야심 상실 상태에 빠진다 해도 놀랄 일이 아니다.[305] 구조적·문화적 제약에 무력함이 더해지고, 어떠한 야심도 성취할 자원이 없는 상태가 결합되면 열망은 약해질 수 있다.[306] 제4세계국제빈곤퇴치운동의 연구 참여자의 표현으로는, 열망을 갉아먹는 "빈곤은 꿈을 죽이고, 꿈꾸는 사람을 우리cage에 가둔다."[307] 이런 제약과 장애물, 그리고 자녀가 교육받을 가능성이 얼마나 낮아질 수 있는지를[308] 인지하는 일부 양육자는 교육적 성취보다 자녀의 안전과 행복을 우선시한다.[309]

또한 열망 결핍이 사실은 사회적·지리적 이동을 위해 들여야 하는 잠재적·감정적·사회적 비용에 대한 두려움이라고 해석하는 경우가 많다.[310] [사회 위계상 가장 낮은 위치에서의] 사회적 이동성mobility에 대한 연구에서는 "상향 이동이 … 정체성 충돌과 불안정, 자기 회의감에 대처하는 상당한 '감정 노동'이 필요한, 어렵고 불편하고 고통스럽기까지 한 과정일 때가 많았다"고 밝혔다.[311] [위계의] 위쪽으로, 또는 지리상 바깥쪽으로 이동하는 것만이 충만한 삶을 사는 길이 아니므로, 빈곤에서 탈출하기가 그런 방향의 이동성에 좌우되어서는 안 된다.[312] 나아가 '끝이 없고 잔혹하며 비인간적일 때가 많은' 빈곤 탈출 과정을 기록한 회고록에서 케리 허드슨은 이렇게 묻는다. "살면서 매일같이 너는 가치 없는 존재이고 사회에 전혀 쓸모가 없다는 말을 듣는다면, 아무리 멀리 간다 한들 '비천한' 존재라는 감각에서 벗어날 수 있겠는가?"[313]

'의존 문화'에 기꺼이 다시 젖어 드는 수동적인 '복지 수급자'라는 대중의 고정관념에 문제를 제기하는 연구들도 있다.[314] 사실은 수급자 대부분이 수급 생활에서 벗어나기를 열망하며, 임금노동에 대한 강한 신념을 드러낸다.[315] 이 경우에는 추가 교육이나 고등교육 및 훈련을 통해 그 첫걸음을 디딜 수도 있을 것이다.[316] 이런 형태의 교육과 훈련은 그 자체로 전략적 행위주체성을 키워 준다. 대부분 당장, 홀로 양육하는 어머니의 경우에는 자녀가 성장하자마자 임금노동을 시작하는 것을 목표로 삼고, 그러자면 상당한 장애물을 극복해야 하는 이들도 있다. 구직 활동은 마음을 위축시킬뿐더러 돈도 많이 드는 일이다. 최저임금으로 살아 보기를 시도하면서 언론인 폴리 토인비가 밝혔듯이, "가난한 사람들은 자기가 절대 만날 일 없을, 보이지 않는 사람들의 까닭 모를 변덕에 따라 생겼다 사라졌다 하는 일자리를 쫓아 감당할 수 없는 먼 거리를 오간다."[317] EU를 아우르는 연구를 진행한 저자들은 실업 상태인 사람들의 취업에 빈곤 자체가 걸림돌로 여겨지는 이유를 '소득 부족으로 구직 활동 자원이 제약되어' 있는 탓으로 볼 수 있다고 말한다.[318] 어려움이 클수록 의욕과 자신감은 낮아지는 경향이 있고, 의욕과 자신감이 낮을수록 임금노동을 통해 빈곤을 탈출하기 더 어려워진다.[319] 대처하기를 하느라고 빈곤을 벗어날 방법을 찾는 데 필요한 기력을 빼앗길 수도 있다. 경제적인 불안정은 미래를 위한 계획 세우기와 투자하기를 훨씬 더 어렵게 만든다.[320] 역설적으로, (때로 '복지 의존'을 줄인다는 명목으로) 사회보장 급여를 삭감하고 제한하면 행위주체성이 손상되고, 채용 기회를 쫓을 능력과 의향이 떨어질 수 있다.[321]

더 근본적으로, 특히 극심한 불안정 상태에서 나날이 닥쳐오는 견뎌내기의 부담에 시달리다 보면 미래를 '연 단위가 아니라 시간과 일 단위로만' 보게 될 수 있다.[322] 티라도의 표현으로는, "빈곤은 암울하여 멀리 내다볼 능력을 앗아 간다."[323] 이는 앞서 언급한 결핍의 해악에 관한 멀레이너선과 샤퍼[324]의 연구에 담긴 논지 중 하나로, 미국의 한 연구에도 인용되었다. "[빈곤은] 장기적 이익에 '쏟아 낼' 관심이 너무나 부족하고, 자기 통제 '근력'이 한계에 달한 절박한 상태"다.[325] 더욱이, 사이먼 펨버턴에 따르면 빈곤과 관련된 압도적인 재정 불안정은 "생애 전략을 수립할 역량, 그리고 그 목표를 향해 행동을 개시할 능력을 약화시키는 역할을 하기에, 자율성의 손상"을 의미한다.[326]

임금노동의 걸림돌로 작용하는 신체적·정신적으로 허약한 상태가 빈곤에서 벗어날 방법을 찾을 의욕과 동기를 더욱더 약화시키는 경우가 너무나 많다.[327] '여러 겹의 문제와 필요를 지닌 사람들'이 '외상을 유발하는' 생애 경험을 갖고 있는 경우에는 생존이 무엇보다 급박한 상태인지라 가장 낮은 수준의 야심조차 이루기 어렵다.[328] 특히 취업이나 교육을 통해 빈곤에서 벗어나려는 시도를 남성 배우자가 방해하는 경우에, 경제적 학대를 동반하는 가정 폭력 또한 빈곤층 여성이 전략적 행위 주체성을 행사할 능력을 억누를 수 있다.[329] 종합하자면, 개인 자원 및 기타 자원이 한정되어 있고 장벽이 높은 상황에서는 전략적 행위주체성을 주장하기 어렵다.

전략적 행위주체성은 때로 변화를 이루는 것이 아니라 **회피하는** 데에 쓰일 수도 있다.[330] 예를 들어 앞서 언급한 문화 규범과 '성별화된 도덕적 합리성'에 비추어 볼 때, 종일 자녀를 돌보는 것이 어머니의 일차적인 책임이라고 느끼는 경우에 그 어머니는 임금노동을 찾지 않는 쪽으로 행위주체성을 행사할 수 있다.[331] 이런 규범은 과거만큼 강력하지는 않지만, 파키스탄과 방글라데시 출신 소수민족 집단 어머니들의 취업에 대한 태도에는 영향을 줄 수 있다.[332] 그 밖에 더 일반적으로는 적절한 취업 기회와 돌봄 시설, 교통수단의 부족 등 구조적 장벽이 너무 높아서 [임금노동을 피하는 경우가] 있다.[333]

정치인들은 늘상 임금노동이 빈곤을 탈출하는 길이라고 말한다. 영국의 종단 분석 결과, 일자리를 찾으면 빈곤 위험이 낮아지고, 특히 가구 내에 복수의 소득원이 존재하는 경우에는 노동 상태에서 빈곤을 겪더라도 일시적 현상에 그칠 때가 많은 것으로 나타나므로 이런 주장에 힘이 실린다.[334] 그러나 임금노동은 만병통치약이 아니다. 극도로 불안정한 노동시장에서 불리한 위치에 있는 이들에게는 취업이 막다른 골목이 될 수 있다.[335] '저임금 영국'에 '위장' 취업한 블러드워스가 그려 낸 이 노동시장 풍경은 '존엄에 대한 비인간적인 공격'과 더불어, '저임금이 곧 포악한 지주, 악독한 상사, 압도적인 절망의 감각을 불러오는 어둡고 불안정한 세계'로 그려진다.[336] 블러드워스는 또한 "일 자체가 주는 고통 때문에, 어떤 감정을 자극할 것이라고 기대되는 담배, 술, 그 밖의 〔건강에 나쁜 음식 같은〕 무엇인가에 매달리게 된다"[337]고 말하는데, 이것은 앞서 언급한 '소소한 기쁨'을 위한 소비 사례에 해당한다.

미국에서 버지니아 유뱅크스는 '빈곤은 섬이 아니라 경계 지역'으로, "빈민과 노동계급 사이의 흐릿한 경계를 가로지르는 경제의 주변부에서는 꽤 많은 움직임이 일어난다"고 썼다.[338] 영국 조지프라운트리재단에서 내놓은 반복빈곤에 대한 연구는, '노동 의욕이 강하고 꾸준히 일자리를 찾고자 애쓴 경력이 확인되는 경우조차도' 빈곤을 확실히 벗어나 취업 상태로 이동하기가 얼마나 어려운지를 뚜렷이 보여 준다.[339] 이른바 '저임금, 무임금의 순환 고리'로부터 탈출하기에는 그들 앞에 놓인 장벽이 너무 거대하다.[340] 그렇기에 일이 잘못될 경우에 대비할 자원이 없는 사람에게는 닥쳐오는 불안정의 대가가 고통스러울 수 있다.[341] 심지어 취업과 퇴직의 고리를 '돌고 있는' 상태가 아니라 할지라도 저임금 노동자의 일자리는 더 나은 일자리로 향하는 '사다리의 첫 번째 가로 대'가 되기 어렵고, 특히 여성에게는 그것이 '유일한 가로대'인 경우가 너무나 많다.[342] 이 사다리를 더 오르지 못하게 하는 핵심 요소는 노동시 장과 여타의 구조적인 장벽이지만, 여기에 개인적 요소가 더해지면 앞으로 나아가기 어려워지거나 의욕이 꺾일 수 있다.[343]

홀로 양육하는 어머니들이 특히 이 문제에 시달린다. 임금노동을 수행하면서 홀로 양육하는 어머니, 그중에서도 조직적인 어린이 돌봄 지원을 충분히 받지 못하는 양육자는 가족과 친구의 사회적 자원에 크게 의존하면서 복잡한 균형을 맞추어 나가야 하는 상황에 맞닥뜨린다.[344] 영국에서 홀로 자녀를 양육하면서 임금노동에 진입한 어머니들에 관한 종단 정성연구가 이 점을 잘 보여 준다. 연구자들에 따르면, '이런 가족'은 여러 겹의 불안정에 직면한 상황에서 일정 수준의 안정을 확보하기 위해 어머니가 [홀로] 분투하고 있기 때문에, 소득이나 주변 상황이 "아주 조금만 흔들려도 휘청일 정도로 … 빈곤 역동의 '고무줄'에 묶인 채 살고 있었다."[345] 일자리를 지키기 위해 어머니는 '과중하고 부담스러운 가족 활동'을, 자녀는 '자기 삶의 변화에 적응하는 것뿐 아니라 어머니의 직장 생활을 지원하기 위해 복잡하게 돌아가는 돌봄과 대처 전략'을 감당해야 했다.[346] 달리 말해, 임금노동으로 빈곤에서 벗어나고자 노력하는 것은 어머니와 자녀 모두가 '가족과 일이라는 과제'를 수행하기 위해 과감한 행위주체성을 행사하는, '지속적이고 능동적인 과정'을 의미했다.[347] 이 과제, 그리고 이와 관련된 불안정이 결국 성장한 자녀가 성인기로 전환하는 과정을 틀 지었다.[348]

이 과제를 수행하느라 겪는 압박감과 시간 압착time squeeze, 그리고 이것이 어머니와 자녀 모두에게 미치는 영향을 밝혀낸 연구들도 있다.[349] 또 다른 연구에서는 이런 상황에서 임금노동과 자녀 교육 각각에 더 깊이 관여하기를 요구하는 정책적 압력 때문에 갈등이 발생한다고 말한다.[350] 불안정한 노동시장에서 적절한 어린이 돌봄 지원을 받지 못한 채로 '좋은 어머니 되기'[351]를 둘러싼 상충하는 압력을 헤쳐나가는 이런 상황은, 빈곤층이 개인의 전략적 행위주체성을 행사하는 방식을 구조적·문화적·정책적 제약과 그들 앞에 놓인 (더욱 한정된) 기회라는 맥락 속에서 어떻게 이해해야 하는지 잘 보여 주는 사례다.

조직화하기

구조적·문화적 맥락은 또한 집단적으로 전략적 행위주체성을 행사할 기회를 형성한다. 이것은 그림 3의 **정치적·시민권적-전략적** 사분면에 위치한다. 거시 수준의 조사 결과에 따르면, 빈곤 및 박탈 상태에서는 정치적·시민적 행동과 집단 행동에 관여하는 정도가 인구 전반에 비해 낮은 편이다. 이는 사회경제적 지위에 따라 모든 유형의 정치 행동에서 나타나는 '참여 격차' 또는 '단절'의 한 부분이다.[352] 이런 현상은 4장에서 서술한 타자화 과정과 더불어, '정치적 행위주체성 및 행동주의적 역량'이 결여된 '빈민'이라는 이미지를 조장할 수 있다.[353] 그래도 일부 쇠퇴 지역에서 나온 미시 수준의 증거들은 수많은 장애물에 맞닥뜨리면서도 '조직화'하고 시민으로서 행동하는 주민들의 존재와 그 활동 수준을 보여 준다. 이런 행동은 (더욱 조직화된 '견뎌내기'에 해당할 때가 많은) 집단적 자조의 형태를 취하거나 더 직접적인 정치 행동으로 나타나는 경우도 있고, 두 가지 형태를 다 취할 때도 많다. 지역적인 범위를 넘어서는 정치 행동은 드물기는 해도 사례가 없지는 않다. 이러한 집단적 행위주체성의 증거를 살펴보기 전에, 그 앞에 어떤 현실적인 제약이 놓여 있는지 인식할 필요가 있다.

조직화 앞에 놓인 제약

주관과 정체성

가장 근본적인 제약으로 여겨지는 것은 주관과 정체성, 즉 "자기 경험에 대한 이해와 설명 … [그리고] 존재감과 소속감"이며, 이것은 앞서 본 '새로운 복지 패러다임'의 핵심 요소다.[354] 주관과 정체성에 주목하면, 4장에서 언급한 '빈민' 또는 '복지 청구자'와 같이 고정적이고 종합적이며 미리 규정된 형태의 사회적 범주보다 훨씬 높은 복잡성과 유연성이 부여된다.[355] 그럼에도 불구하고 사회적 범주는 주관과 정체성을 침범해 들어갈 수 있으며, 그것을 받아들인 당사자에게 **소속감** 또는 타인과의 동질감, 즉 집단적인 정체성을 느끼게 하는 '범주 정체성'의 기반을 제공할 수 있다.[356] 예를 들어 '장애인'이라는 범주는 한편으로는 분류와 낙인으로 작용할 수 있지만, 다른 한편으로는 긍정적인 집단적 일체감의 기반이 된다.[357] 그리하여 범주 정체성은 '존재론적 정체성' 또는 개인의 고유한 **자아감** 및 **존재감**을 더한다.[358]

정체성의 두 요소로서 밀접하게 연결된 자아감과 존재감은 주관과 함께 정치적 행위주체성을 키우는 중심축이 된다.[359] 자기가 처한 상황을 이해하는 방식에 따라서 그에 대한 반응이 달라진다. 그렇다면 빈곤층이 자기가 처한 상황의 책임을 주로 개인적인 원인에 돌리는지 구조적인 원인에 돌리는지가 중요해진다.[360] 정치적 행위주체성을 행사하는 역량에는 일정 수준의 '자긍심, 즉 자기만의 독립적인 정체성에 대한 확고한 감각과 정치적 삶에 참여할 자격이 있다는 확신'이 필요하다.[361] 집단적인 차원에서도 정치적 행위주체성을 행사하고 정치적 주장을 내놓기 위해서는 '변화를 일으킬 집단적 역량'에 대한 믿음,[362] 타인과 비슷한 처지에서 범주 정체성을 공유한다는 감각이 모두 필요하다.

　　빈곤과 타자화 과정을 경험하면 (존재론적, 범주적) 정체성과 주관에 상처를 입는다. 자긍심 손상과 그에 따른 자아감 손상에 관해서는 앞 장에서 다루었으니, 여기서는 주관에 대해 논의한다. 빈곤 문제가 주로 개인의 책임이 되고 정치인과 언론이 '빈민'을 비난하는 환경에서는, 빈곤에 영향을 받는 사람이 자기가 처한 상황을 개인적인 것으로 이해하여 주로 자기를 비난하고, 같은 처지에 있는 타인들과 자신을 다르게 정의하거나 거리를 두고, 집단적인 차원이 아니라 개인적인 해결책을 찾는 경향이 있다.[363] 도저히 다루기 힘들 것 같은 문제와 '자기에게 불리하게 조작된' 듯한 제도 앞에서 절망, 무력감, 체념에 빠진 상태로는 진정한 변화가 가능하다고 믿기 어렵고, 그렇기에 행위주체성도 '견뎌내기'에만 한정해 행사할 수 있다.[364] 가난하고 교육을 덜 받은 집단과 최빈 지역에서 정치적 참여에 중요하다고 여겨지는 정치효능감이 대체로 더 약하게 나타나는 것은 놀랍지 않다.[365] 그러나 미국의 한 연구에서는 이런 현상이 반드시 각 개인이 정치적 역량을 자신하지 못한다는 의미는 아니며, 그보다는 일반적으로 복지 기관을 대하며 겪은 부정적인 경험 때문에 정치적 제도의 반응성responsiveness [즉, 변화와 개선]에 대한 확신을 갖지 못하는 것으로 해석할 수 있다고 말한다.[366] 이 관점을 지지하는 듯한 미국의 한 연구에 따르면 사회복지 사업의 설계 방식이 '빈민의 시민 참여 및 정치 참여 수준에 영향을 미칠 수 있'으며, 사업이 징벌적인 성격을 띨수록 참여 수준은 더욱 떨어진다.[367]

이 밖에도 빈곤층이 공유하는 범주 정체성의 발달을 가로막는 수많은 요소가 있으며 이들은 서로 연관되어 있다. 첫째, '빈민'이라는 범주는 한 사람의 **개인적인** 정체성의 일부조차 되지 못하거나, 성별, 양육자 신분, 민족, 연령과 같은 다른 정체성에 비해 그다지 두드러지지 않을 수 있다.[368] 빈곤은 개인의 성격이 아니라 사회경제적 지위를 의미한다. 권력을 더 많이 가진 타인(정치인, 전문가, 언론, 연구자)이 부여하는 '빈민'이라는 범주에 속한 사람들은 그 꼬리표 때문에 개인적인 주관과 정체성을 잃는다.[369] 빈곤층과 전문가 사이의 협력 관계를 구축하는 한 사업의 보고서에서 언급했듯이, 빈곤층은 "자신이 빈곤 상태에 놓인 존재로만 표현되기를 원치 않는다."[370] '빈민'이라는 말에 담긴 부정적 의미를 생각해 보면, 그것을 포함하는 정체성을 공개적으로 추구할 가능성은 낮다. 이 문제를 **정체성 관점에서** 접근한 연구는 별로 없는데, 다만 뉴욕 무료 급식소 이용자들이 '빈민'에 관해 이야기할 때 자기 자신은 그 범주로부터 멀리 떨어진 것처럼 묘사하는 태도를 보였다는 연구가 있다.[371]

둘째, '빈민'과 같은 범주에 귀속된다고 해서 반드시 **집단적인** 범주 정체성을 느끼지는 않는다.[372] 이것은 앞서 논의한 빈곤의 역동과 더불어, 해당 범주로 설정되는 집단의 성격이 균질하지 않고 갈수록 파편화되어 가는 데 어느 정도 원인이 있다.[373] 결집에 필요한 '공유 경험'을 상정할 수가 없기 때문이다.[374] 빈곤층으로서 (반)영구적이거나 탄탄하게 구축된 집단이 있다고 가정한다면, "그 집단이 공유하는 요소와 그들을 계층으로 식별할 특징이라고는 통계와 일상생활을 통해 지겹도록 되살아나는 경제적 곤란뿐이다."[375] 아이리스 영은 '정체성을 구성하지 않고'도, 또 균질성을 가정하지 않고도 사회적 행위주체들이 나타날 수 있는 구조적 위치를 이해할 방법으로, 정체성을 공유하는 집단보다 느슨한 형태의 집합체를 가리키는 사르트르의 '연속성seriality' 개념을 제안한다.[376] 달리 말해, 연속성이란 공통의 조건을 암시하지만 공통의 정체성이나 성격을 뜻하지는 않는다. 그렇다면 빈곤층은 자기가 겪고 있는 빈곤과 그에 대한 사회의 반응 외에는 어떠한 공통점이 없더라도 연속적인 집단을 이룰 수 있다.

또한 4장에서 논의한 것처럼, '빈민'이 집단적인 범주 정체성이 못 된다는 점에서 그 꼬리표로 식별되기를 꺼리는 사람이 많다는 사실을 알 수 있다. 앞서 보았던 참여연구에서는 반빈곤 운동에 빈곤층이 많이 참여하지 않는 이유 중 하나로 이 점을 꼽았다.[377] 인도의 지역 사회복지사들은 글래스고에서 다음과 같은 이야기를 들었다. "누구도 앞장서서 '나는 빈민이고, 다른 빈민들과 함께 내 권리를 찾기 위해 싸울 것이다'라고 말하고 싶어 하지 않았다. 가난하다는 데 대한 수치심이 있었다." 이와는 정반대로, "성소수자와 신체장애를 지닌 사람들은 … 자랑스럽게 한데 모이고 서로 동일시했다."[378] 이런 집단(적어도 그 구성원 중 일부)은 부정적으로 부여된 범주를 뒤집어 긍정적인 의미가 담긴 범주 정체성으로 바꿈으로써, 자기의 고유한 차이를 옹호하는 인정의 정치를 향한 발판을 만들 수 있었다.[379]

빈곤층은 대부분 가난하지 않은 쪽을 선호하기에 이런 식의 전환이 쉽게 일어나지 않는다. '가난'은 사회적으로 낙인찍힌, 물질적 자원 **결핍**을 의미한다. 이런 결핍이 공유 정체성의 확고한 기반이 될 수는 없다. '자랑스러운 가난'이라는 기치 아래 행진하기를 좋아할 사람은 많지 않으니 말이다. 그러니 빈곤이 그 범주의 영향을 받는 사람들에게 두드러진 범주 정체성으로 나타나지 않는다는 사실은 놀랄 일이 아니다. 공통의 일체감 없이는 집단행동을 하기 어렵다. 게다가 4장에서 확인했듯이, 빈곤층이 다른 빈곤층을 타자화하는 분열적인 행위의 '파급적 효과'도 연대와 집단행동을 방해한다.[380] 이처럼 빈곤층의 범주 정체성은 '자기가 사회에 적합한 존재임을 입증할 수 있도록' 존재론적 정체성을 보호하려는 의도라고 해석될 만한 시도 때문에 차단된다.[381]

빈곤층 사이에 집단행동의 기반을 제공할 만한 또 다른 범주 정체성이 있다. 이를테면 (홀로 양육하는) 어머니, 연금 수령자, 지역 주민, 장애인 활동가 등이다.[382] 이 중에서 어느 정체성이 두드러지는가는 상황에 따라 다르다. 그러나 행동의 초점이 빈곤에 맞춰지는 한, 빈곤과 관련[되었다 하더라도] 특정 정체성만을 중심으로 조직화하면 [같은] 자원을 두고 경쟁하는 집단 간의 분열이 심화될 위험이 있다.[383] 더 나아가 라벤스베르겐과 반더플라트는 이 방식이 '빈곤 문제를 쪼개어' 근본적인 원인에 대한 정책적 관심을 흐트러트릴 수 있다고 경고한다.[384] 하지만 주거 투쟁의 경우에는 집단을 한데 모으는 능력, 그리고 역량을 쌓아 나가는 능력을 보여 주었다.[385] 일례로 런던 뉴엄에서 홀로 양육하는 젊은 여성 집단은 포커스E15Focus E15라는 이름으로 퇴거 공고에 맞서 싸웠고, 사회주택 운동을 시작했다.[386] 젠슨은 '낙인찍히기를 거부하고' 대체로 이질적인 집단들 간의 '통합을 이루어 낸 그들의 방식'에 찬사를

보냈다.[387]

조직화를 가로막는 장벽

나는 낙인을 유발하는 빈곤의 조건을 통한 정체성을 형성하기를 꺼리는 문제가 조직화에 놓인 가장 근본적인 제약이라고 주장했다. 여기에 더해, 빈곤층은 핵심적인 자원이 부족하고 다양한 장벽에 부딪히곤 한다. 정치학자들에 따르면 정치 참여에는 자원, 그중에서도 특히 '물질적 부, 교육, 기술'이 중요하다.[388] 그렇지만 "열악한 교통수단, 현금 부족, 안전 미비, 우울한 환경, 편의 시설 부족, 집에 갇혀 있는 상태 등, 개인적인 조건으로나 불리한 동네에 살고 있다는 이유에서나 한 사람에게 불이익을 안기는 모든 요소가 동시에 그 사람이 집단행동에 참여하기 어렵게 만드는 요소가 된다."[389]

우리가 보았듯이, 빈곤층은 불안정한 조건 속에서 기력과 신체적·정신적 건강을 앗아 가는 일상적인 생존 투쟁을 하느라 집단행동에 쓸 개인적인 자원과 시간이 거의 없다.[390] 한 연구에서는 빈곤과 관련된 과거와 현재의 '외상'이 '시민 참여의 거대한 장벽'이 되어 '정부와 기관에 대한 불신, 거부, 환멸'을 유발한다고 밝혔다.[391] 같은 이유로 정치의 과정에서 주변화되고 목소리를 거부당하면 정치 효능감이 떨어져 결국 정치에 대한 관심을 잃게 된다.[392] 더불어 관료적·조직적 장벽은 이미 정치 자원이 부족한 이들의 집단행동을 더 어렵게 만든다.[393]

제약 극복하기

그럼에도 불구하고, 놀랍게도 빈곤층 중에는 반드시 빈곤이라는 기치를 들지 않고도 어느 정도 제약과 장벽을 극복하고 변화를 일으키기 위한 '조직화하기'를 해내는 이들이 있다. 이들은 때로 자기들에게 부족한 자원을 다른 이들의 도움과 지지를 통해 받기도 한다.[394] 필라델피아에서 에이즈 활동가들이 저소득 아프리카계 미국인들을 주거 운동에 결집시킨 것이 이러한 사례에 해당한다. 이 운동은 '도심 지역 빈민, 특히 아프리카계 미국인에게 정치적 참여의 중요한 길'을 제공했고, 아프리카계 미국인들 역시 그 운동이 '훨씬 더 명시적인 반빈곤 및 인종적 정의를 지향하는 입장'을 갖도록 변화시켰다.[395] 이런 모습은 '운동 문화에 만연한 규범에 꼭 들어맞지 않는 언어와 행동 때문에', '전문적인 중류 계층 활동가들이 포함된 진보 연대에서' '빈민과 노동 계층이 이끄는' 조직이 '주변화되는' 다른 사례들과 대조적이다.[396]

함께하는 과정은 그 자체로 주관과 정체성을 변화시킬 수 있고, 참여자들이 '활기를 얻고 활동을 지속할 수 있게 해 주는 고유의 자존감과 공유 정체성 감각을 발달시켜' 정치적 행위주체성을 키우고, 발전시키고, 강화시킬 수 있다.[397] 예를 들어, 앞에서 인용한 북아일랜드의 '당당하게 말하기' 사업은 '집단행동의 가능성'을 열어 주는 '행위주체성과 회복력의 새로운 장'을 만들어 냈다.[398] 이런 식의 함께하기를 통해 지배적인 '타자' 담론과 재현에 대항하고, 그 결과 "변화를 이루기 위해 타인과 결집하는 … 역량을 형성"하는 데 도움이 되는 긍정적인 '집단적 상상력'을 키울 수 있다.[399] 이제부터는 항상 뚜렷이 구별되지는 않는 두가지 행동, 즉 집단적 자조 활동과 명백한 정치적 행동을 각각 살펴보고, 이런 활동에 담긴 성별화된 속성을 검토할 것이다.

집단적 자조

우리는 앞에서 '견뎌내기'에 비공식 사회관계망의 사회적 자원이 동원되는 방식을 살펴보았다. 이런 관계망은 조직화된 집단적 자조가 자라날 토양이 되어, 결과적으로 빈곤층이 활용할 사회적 자원을 강화할 수 있다. 유럽의 '지역공동체 행동'을 연구한 저자들은 이 집단적 자조를 '해당 지역 주민들이 인식하는 필요를 채우기 위해 거주민의 대가 없는 적극적 참여로 이루어 가는 모든 공공적, 준공공적인 집단적 노력'이라고 정의한다.[400] 여기서 다룬 사례는 소수가 적극적으로 참여한 경우이긴 하지만, 연구자들은 '불리한 지역의 조건을 개선하는 필수적인 역할'을 강조하며, 자원을 잘 조달할수록 더 좋은 결과를 얻을 수 있다고 말한다.[401] 일반적으로 집단적 자조 활동은 어린이와 청소년의 필요, 지역 편의 시설 부족, 환경 문제, 부채에 집중된다. 난민과 망명 신청자들처럼 심하게 주변화된 공동체는 '호혜, 연대, 상호부조를 실천'함으로써 '개인 및 집단이 겪는 빈곤, 궁핍, 차별'에 대응하기도 하는데, 이렇게 하면 상호적으로 권력강화를 이룰 수 있다.[402] 프랑스와 영국에서 긴축재정 정책에 맞선 소수집단 여성의 저항을 연구한 바셀과 에메줄루는 이런 활동을 '생존과 자기 돌봄의 정치'라고 기술한다.[403]

지역사회 연구에서도 일부 쇠퇴 구역에서 이루어지는 집단적 자조 활동의 힘과 중요성이 입증되었다.[404] 규모와 속성은 사회마다 다를지라도, 이런 활동이 활발한 지역에서 집단적 행위주체성과 능동적 시민권의 표현으로서 이 행동이 차지하는 중요성을 과소평가해서는 안 된다. 나아가 이는 주민들의 개인적 자원을 강화하는 데도 기여할 수 있다.[405] 때로 참여자 '각자가 겪는 문제가 스스로 통제할 수 없는 더 큰 힘에 상당 부분 좌우된다는 점을 인식하는 데까지' 이를 경우, 집단적 자조는 변화를 이루기 위한 공공연한 정치 행동으로 서서히 변화한다.[406]

정치적 행동

빈곤층의 집단적인 정치적 행동이 반드시 '빈곤'이라는 기치 아래 결집되거나 수행되지는 않는다. 그럼에도 불구하고 빈곤 및 그와 관련된 문제에 대응한 집단적 조직의 사례가 있다. 이런 활동이 언제나 정치권의 시야에 드러나는 것은 아니지만, 그렇게 된 사례가 미국에 있다. 1960년 전국복지권기구National Welfare Rights Organization라는 이름으로 수많은 빈민이 한데 모여 조직을 이루었다. 그 후 1980년대와 1990년대에 이르러 복지권, 반빈곤, 저임금 운동이 어느 정도 부활하는 현상이 나타났다.[407] 일례로 '빈민과 노숙인의 회원 조직으로서, 기본적 필요를 채우기 위한 지역 기반의 조직화, 그리고 전국적으로, 심지어 전 지구적으로 그러한 필요를 유발하는 정치적·경제적 구조에 대응하기 위한 조직화를 아우르는 사업을 펼치는' 켄싱턴복지권연합Kensington Welfare Rights Union이 등장했다.[408] 이 조직은 호혜적 자조를 바탕으로 '자기가 겪는 빈곤에 관해 의식적으로 발언하고 그 근본 원인을 타격함으로써, 많은 를을 괴롭히는 자책을 걷어 내는 활동가들'의 참여를 통해[409] 직접 행동뿐 아니라 전국적·국제적 행진과 회의를 조직했으며, 전국적으로 빈민경제인권운동Poor People's Economic Human Rights Campaign을 펼쳤다.

최근에는 전국에 걸쳐 '인종을 가로질러 공통적으로 경험하는 빈곤과 구조 불평등을 중심에 놓고 사람들을 통합하고자' 하는, (마틴 루터 킹이 주창한 이름을 딴) 빈민의운동Poor People's Campaign이 창설되었다.[410] 이 운동의 목표는 빈곤을 경험한 사람들과 풀뿌리 반빈곤 조직을 결집하는 것이다.[411] 또한 미국과 영국 모두에서 온당하고 품위를 지킬 수 있는 임금과 노동 조건을 요구하는 운동이 두드러지게 펼쳐졌다. 미국의 경우 월마트의존중을요구하는연합United for Respect at Walmart, 세계의목소리연합United Voices of the World, 그리고 최저임금 또는 '생활임금' 도입을 요구하는 광범위한 행동이 나타났다.[412] 이 밖에도 사회보장 삭감과 제한, 그리고 일반적으로는 '긴축'[413] 및 주택[414] 문제에 대응하는 정치적 행동이 집중적으로 벌어졌다. 영국의 사례로는 생생한 경험을 바탕으로 사회보장 정책의 퇴행과 일반적인 빈곤 문제에 맞서는 애플콜렉티브APLE Collective, 즉 경험을통해빈곤을말하는사람들Addressing Poverty through Lived Experience, 그리고 빈곤대책Poverty2Solutions이 있다.[415]

미국에는 집단적 자조와 정치적 행동을 결합하여, 조직화를 통해 정체성을 변화시키고 어느 정도는 '벗어나기'도 추구할 수 있음을 보여 주는 또 다른 사례가 있다. 실라 카츠가 언급한 이 사례는 고등교육을 희망하는 복지 수급자를 위해 목소리를 내는 동료 집단의 운동으로, 복지 수급자가 "개인적인 어려움을 해결하고, 억압을 유발하는 구조에 정치적으로 맞서는 활동에 참여하도록 돕는다."[416] 카츠는 이 활동이 '저항 의식'을 개발해, 여성이 "'복지 의존 어머니welfare mother'라는 표현에 담긴 [부정적 의미를 걷어 내] 정체성을 되살리고, 자기 잘못이 아

닌데도 겪게 되는 수치심을 드러내고 인정"하도록 도왔다고 말한다.[417]

때로는 정치 참여를 제약하는 요소 자체가 역설적으로 (개인적, 집단적) 행동을 자극할 수도 있다. 뉴욕의 한 연구에 따르면, 통념과 달리 "경제적으로 가장 심각한 상황에 처한 수급자들이 정치 참여자가 될 가능성이 **더** 높았다. ··· 정성 조사 응답 결과에서 ··· 총체적인 궁핍과 절박한 상황 앞에서 시민들이 어떻게 결집하는지 드러난다."[418] 악셀 호네트에 따르면 '사회운동에 활용 가능한 발화 수단'이 있는 경우, 타자화 과정에 뒤따르는 경멸 그 자체가 "인정투쟁struggle for recognition의 자극제가 된다."[419] 앞서 언급했듯이 사회운동이 부재할 때조차도 경멸적인 태도, 재현, 대우에 맞서 목소리를 내기 위해 자원봉사 조직의 지원을 끌어낸 이들이 있었는데, 이는 타일러가 말한 '탈분류 투쟁'의 사례다.[420]

성별화된 행동

빈곤이 어떻게 해서 성별화되는지는 3장에서 살펴보았다. 여기에 서술한 집단행동 사례에서도 대체로 비슷한 모습이 나타난다. 전국복지권기구 설립을 이끌어 낸 운동은 흑인 여성이 주도했지만, 막상 조직을 만든 후에는 남성이 주도권을 더 많이 가졌다.[421] 지역공동체 행동에서도 이런 경향이 매우 흔하게 나타났다.[422]

빈곤층의 집단행동에 담긴 성별화된 속성은 지역사회 수준에서 가장 뚜렷하게 드러난다. '여성이 **지역 행동의 원동력**이 되는 경우가 많다'는 연구 결과가 수많은 나라에서 계속해서 나오고 있지만,[423] 이런 행동이 드러나지 않을 때가 너무나 많다. '어머니 역할'을 지역사회 행동주의를 포괄하는 의미로 확장해 '어머니 활동가'를 연구한 낸시 네이플스는 유급이든 무급이든 여성 활동가가 어떻게 해서 변화를 위한 투쟁에서, 그리고 '투쟁에 뛰어든 지역사회의 생존 유지에서 중심적인 인물로 자리매김'하는지 강조했다.[424] 바셀과 에메줄루는 자신과 이웃이 맞닥뜨리는 낙인과 차별에 대항해 조직화한 파리 서민 지구Parisian quartiers populaires 소속 여성 활동가 집단을 '빈곤이 빚어낸 결과를 어깨에 지고 최전선에 선' 여성이라고 부른다.[425] 정부가 몰수한 돈을 돌려받기 위한 탄원을 이끌어 낸 마르세이유의어머니들Mothers on Marseille도 있다.[426] 수전 하이엇은 가난한 노동 계층 "여성으로서 이전에는 어떤 식으로든 자신이 '정치적'이라고 생각하지 않았던 이들이 사회 변화를 주창하는 주체가 되어 가는" 과정을 가리켜 '돌발행동주의accidental activism'라고 이름 붙였다.[427] 하이엇은 이런 행동주의를 능동적인 시민권 모델로 이해할 수 있다고 말한다.[428]

결론

시민권이라는 주제는 빈곤층의 행위주체성, 그리고 목소리와 권리에 대한 의문 사이의 관계를 틀 짓는다. 다음 장에서 이에 관해 더 자세히 살펴볼 것이다. 이 장의 목적은 '견뎌내기'부터 전략적인 단계인 '조직화하기'에 이르기까지, 빈곤 개념화에 있어서 행위주체성이 차지하는 중요성을 논하는 것이었다. 이를 위해 빈곤을 경험하는 사람들이 자기 삶 속에서, 동시에 타인이 행사한 행위주체성의 결과물인 어마어마하고 억압적인 구조적·문화적 제약 안에서 행위자로서 어떻게 존재하는지 보여 주는 다양한 실증 자료를 인용했다. 행위주체성과 구조 사이의 이 관계는 고정된 상태가 아니라 역동적인 과정으로서의 빈곤에 대한 현대의 개념화에서 대단히 중요한 지점이다. 또한 센이 제시한 행위주체성에 집중하는 역량 접근법을 틀 짓는 데도 도움이 된다.

빈곤 역동에 관한 연구로부터 우리가 얻는 교훈은 우선 사회정책에서 '우리'와 '그들', 즉 '비빈민'과 '빈민'이라는 두 가지 고정된 집단을 상정할 수 없으며, 삶의 변화무쌍한 복잡성에 섬세하게 접근해야 한다는 것이다.[429] 또 하나의 교훈은 빈곤에서 벗어나거나 빈곤으로 빠져드는 것을 막기 위해 정책적으로 개입할 핵심 지점을 파악하는 것이 훨씬 더 중요하다는 사실이다.[430] 그럼에도 불구하고 빈곤의 구조적인 결정 요인과 그 결과에 대응하는 정책도 여전히 필요하다. 이런 정책은 한편으로 심각한 불안정 상태에 놓인 개인이 자기 앞에 놓인 그 길을 헤쳐 나가는 데, 그리고 견뎌내기 위한 일상 투쟁에 끌어 쓸 다양한 자원을 강화하는 데 도움이 된다.[431] 정책은 또한 우리가 이제 살펴볼 빈곤층의 시민권을 옹호하는 데에도 중요한 역할을 한다.

6장
빈곤, 인권, 시민권

빈곤은 전 세계에서 인권을 침해하는 주요 원인이다. 또한, 개인으로서의 의무뿐 아니라 시민, 양육자, 노동자, 선거인으로서 집단의 의무도 수행하지 못하게 한다.
 - UN 인권고등판무관실[1]

권력 부족은 빈곤의 보편적이고 기본적인 특징이다. … 권력 부재는 다양한 방식으로 드러나지만, 핵심은 자기 삶을 크게 좌우하는 결정에 참여하거나 영향을 미칠 수 없는 무능력이다.
 - 마리아 세풀베다[2]

결국 우리 모두 그저 사람이다. 이 사람들은 미안해하기를 원하는 게 아니다. 단지 목소리가 전달되기를 바랄 뿐이다.
 - 마리 매코맥[3]

아무도 우리 생각을 묻지 않습니다. … 하지만 우리 자신이 지닌 희망과 열망에 대한 진정한 전문가는 우리들입니다. … 우리의 미래와 국가의 미래에 동반자로서 참여할 수 있도록, 당신들이 약간의 권력을 우리에게 넘겨줄 마음을 먹는다면 우리는 기여할 수 있습니다.

- 모레인 로버츠, 전국빈곤공청회[4]

인권의 핵심은 … 법정이 아니라 거리에서, 인권에 기반한 행동으로 사회를 더 나은 방향으로 변화시키고자 노력하는 활동가와 운동가 들의 영혼에서 찾아야 한다.

- 코너 기어티[5]

위의 인용문들이 드러내는 인권(의 결핍)과 시민권, 목소리, 권력의 결합체가 이 장의 주제다. 빈곤을 이런 측면에서 해석하는 시각은 명확히 빈곤 수레바퀴의 관계적·상징적 둘레에 자리한다. 권리는 '관계, 즉 권력·책임·책무의 관계' 속에서 행사되며, 그러한 관계도 권리에 의해 구성된다고 볼 수 있다.[6] 권리가 의미하는 바는 매우 구체적일 수 있지만, 동시에 빈곤 개념화와 정치에 대단히 중요한 상징적 의의도 가진다. 예를 들어 권리 담론은 구체적인 법적 자격을 요구하는 내용으로 제시될 수 있지만, '예술을 접할 권리는 인권'이라는 제4세계국제빈곤 퇴치운동의 주장처럼 자격을 이야기하지 않더라도 상상력에 호소하는 상징적이고 영감을 자극하는 힘을 발휘할 수 있다.[7] 실제로 일부 인권운동가와 이론가 들은 '권리'만큼이나 '인간'에 집중하여, 인권을 애초부터 법적 개념이 아니라 윤리적인 개념으로 이해해야 한다고 주장한다.[8] 제4세계국제빈곤퇴치운동 창립자 조제프 레신스키가 표현했듯이, "인권을 이야기하면서, 인권을 위한 투쟁이 인간으로 존재할 권리를 위한 투쟁임을 망각하는 경우가 많다."[9] 인간으로 존재할 권리는 4장에서 보았듯이 사회 전반으로부터 인간성을 말살당한다고 느끼는 사람의 가장 기본적인 권리를 가리키며, 빈곤의 관계적 이해에 따라[10] 온당하고 존중이 담긴 사회적 상호작용을 할 권리를 포함한다.[11] 이는 "엘리너 루스벨트가 세계 지도에서 찾아보기 어려운 작은 공간에서의 인권이라고 말한, 평범하고, 익숙하고, 이름 없고, 보잘것없는 존재들의 … 민주적인 인권관"이다.[12] 인간에 집중하는 이런 류의 담론을 통해, 빈곤에 대한 인권 접근법이 일반 대중의 눈에 '지나치게 대립적'이고 법리적으로 비칠 수 있다는 우려를 극복할 수 있을지 모른다.[13]

　　UN과 세계은행부터 미국빈민경제인권운동US Poor People's Economic Human Rights Campaign과 유럽반빈곤네트워크European Anti-Poverty Network, EAPN 같은 반빈곤 운동에 이르기까지 다양한 행위자가 인권 담론과 그 구성 요소인 시민권, 목소리, 권력을 활용하는 방식은 4장에서 논의한 수준에서 한 걸음 더 나아간 대항 서사를 보여준다. 이 행위자들이 반드시 이런 용어에 대한 일반적인 해석을 그대로 따르지는 않지만, 일부 반빈곤 운동가들은 이를 인권, 시민권, 민주주의에 대한 전반적인 우려와 자신들의 활동을 연결 짓는 정치적 담론에 활용한다. 그리하여 인권은 빈곤에 대한 견해와 이야기, 빈곤에 대항하는 결집 방식을 잠재적으로 변화시킨다.[14] 이 장에서는 경험자로서의 전문성에 주목하면서, 인권과 시민권 축소, 목소리 부족, 권력 부재라는 측면에서 빈곤을 개념화할 때 빈곤에 대한 우리의 이해를 어떤 식으로 넓힐 수 있는지 탐구한다.

인권

극심한 빈곤이 인권의 부정과 동일하다고 최초로 공식화한 것은 1993년 UN 비엔나 인권선언이다. UN이 이러한 입장을 취하는 데에는 센의 작업과 1987년 프랑스 경제사회위원회Economic and Social Council 가 채택한 레신스키 보고서Wresinski Report가 중요한 영향을 미쳤다. 이 보고서는 국제빈곤퇴치운동의 철학에 따라, 지속빈곤 상태로 사는 사람들과의 협의를 통해 작성되었다.[15] '물질적·문화적·사회적·시민적 측면에서 다양한 불안정이 축적됨에 따라, 각각의 불안정이 서로 강화하며 기본권 손실을 초래한다'는 것이 보고서의 핵심 주장이다.[16]

센은 UNDP의 『인간개발보고서 2000: 인권과 인간개발Human Development Report 2000: Human Rights and Human Development』에 적용할 개념틀을 제시하는 책임을 맡았다. 이 보고서의 첫 장에서 센은 '개인의 자유, 행복, 존엄을 증진시킬 모든 사회의 근본적인 책무'를 언급하며 인권에 관한 사고를 고취시킨다.[17] 또한 인권을 '일련의 윤리적 주장'으로 보는 것이 가장 바람직하다고 조언했다.[18] 이처럼 인권은 '결국 인간의 삶에서 자유가 차지하는 중요성에 바탕'을 둔다.[19] 여기서 말하는 자유란 단순히 신우파 사상가들이 주장할 법한 강제와 간섭으로부터의 자유가 아니라, '가치 있다고 여길 근거가 있는 삶을 선택할' 더 긍정적이고 실질적인 역량을 가리킨다.[20] 이렇게 무언가를 '할' 자유를 빈곤이 제약한다. 인간 존엄과 자유에 대한 우려를 공유한다는 점에서 빈곤에 대한 센의 역량 접근법과 인권 접근법은 '서로 강화하는' 관계로 이해할 수 있다. 특히 센의 방법은 형식상의 권리에서 사람들이 실제로 권리를 행사할 수 있는 능력으로 논의의 초점을 옮기고, 경제적·사회적

풍요의 시대, 무엇이 가난인가

권리에 마땅한 관심을 기울인다.[21]

비엔나 선언 이후 UN은 '인권과 극도의 빈곤'을 일반적으로, 또 개별 국가별로 검토한 다수의 전문가 보고서를 발간했다. 또한 센의 '개념틀' 보고서에 따라 역량 접근법을 활용해 작성한 '빈곤 감소 전략에서의 인권 접근법' 지침의 초안을 내놓았다.[22] 경제사회문화권위원회Committee on Economic, Social and Cultural Rights는 '빈곤이 곧 인권의 부정이라는 확고한 견해'를 표명했다.[23] 인권고등판무관실이 말하는 빈곤의 인권 개념화는 다음과 같다.

> 빈곤의 수많은 양상에 대한 더 적절한 반응을 이끌어 낸다. … 빈곤에 뒤따르는 위태로운 취약성과 주관적으로 경험하는 인간 존엄에 대한 일상적인 타격에 마땅한 주의를 기울인다. 자원뿐만이 아니라 적절한 생활수준과 그 밖의 근본적인 시민적·문화적·정치적·사회적 권리를 누리는 데 필요한 역량, 선택, 안전, 권력까지도 살펴본다는 점이 중요하다.[24]

이 진술의 이면에는 두 가지 핵심 원리가 있다. 첫째는 '모든 인권의 토대가 되는, 인류 구성원 모두가 지닌 고유의 존엄에 대한 존중'이다.[25] 세계인권선언 22조는 "모든 사람은 … 자신의 존엄 … 에 불가결한 경제적·사회적·문화적 권리들을 실현할 권리를 가진다"고 천명한다. 노벨상을 받은 경제학자 에스테르 뒤플로와 아브히지트 바네르지는 '존엄을 향한 인간의 깊은 욕구'를 '중심'에 놓으면 "경제의 우선순위, 그리고 그에 따라 사회가 구성원을 돌보는 방식을 근본적으로 다시 생각하도록 이끌 수" 있다고 주장했다.[26] 미국의 사회정의 조직에 관한 연구에서는 해당 조직들이 인권을 활용함으로써 빈곤한 공동체에 '강력한 공감을 불러일으킨 인권과 평등을 향한 지지'를 끌어냈다고 밝혔다.[27] 빈곤을 그토록 견디기 어렵게 만드는 요인은 일상적인 **비**존엄일 수 있다. 예를 들어 윌리 바티스트는 미국의 한 노숙인 집단에서 하루 다섯 장 배급되는 화장실 사용권을 받기 위해 매일 줄을 서야 하는 수모가 큰 문제가 되었다고 이야기한다. 바티스트는 이렇게 썼다. "그 일이 노숙인들을 극도로 자극했다. 그간 겪었을 그 어떤 존엄의 수준보다 아래로 그들을 끌어내렸고, 노숙의 전반적인 문제들이 아니라 바로 그 수모가 노숙인들로 하여금 조직화할 마음을 품게 했다."[28]

두 번째 원리는 인권의 '불가분성'과 '상호의존성' 개념이다. 이것은 권리 사이에 어떠한 범주적 또는 위계적 차이 없이, '특정한 권리를 누리려면 다른 권리가 필요할 수 있고, 한 가지 권리를 누리는 것이 그 밖의 권리에 보탬이 될 수 있다는 사실'이다.[29] 따라서 만약 굶고 있거나 노숙을 하는 상태라면 그 사람은 정치적 권리와 사회적 권리를 충분히 행사하기 어렵다. 권리를 부정당하는 경험은 시민적 권리와 정치적 권리 따로, 경제적 권리와 문화적 권리 따로, 하는 식으로 양분되지 않는다.[30] 이 원칙은 1976년 UN 경제사회문화적권리에관한국제규약International Covenant on Economic, Social and Cultural Rights에서 명시되었는데, 규약 전문에서 이렇게 선언한다. "공포와 결핍으로부터의 자유를 향유하는 자유로운 인간의 이상은 모든 사람이 시민적·정치적 권리뿐만 아니라 경제적·사회적 및 문화적 권리를 향유할 수 있는 여건이 조성되는 경우에만 성취될 수 있다." 이후 UN의 비엔나 선언

풍요의 시대, 무엇이 가난인가

과 코펜하겐 선언, 그리고 EU 집행위원회의 기본권 전문가 그룹 보고서(1999)에서도 이 원칙을 승인했다. 그렇지만 실제로는 사회경제적 권리와 문화적 권리를 '국내 및 국제 인권 체계 모두에서 두 번째 층위에 놓는' '이중적 접근법'이 주로 쓰였다.[31]

이 외에도 빈곤에 대한 인권 접근법에는 수많은 이점이 있다는 주장이 나온다.[32] 인권 접근법에는 [빈곤층이] 이러한 권리를 실현하도록 도울 타인의 의무로 해석할 수 있는 '윤리적' 또는 '도덕적' 주장이 담겨 있어, '권리를 존중하고 보호할' [비빈곤층의] 책무가 강조된다.[33] '책임을 부여받은 사람들의 역할과 구조적 원인에 초점을 두어, 빈곤을 경험하는 사람들에게서 그 짐을 덜어 내는' 것이다.[34] 그리하여 빈곤층을 '정부의 후한 지원에 기대는 수혜자'가 아니라 능동적이고 '정당한 권리의 청구자'로 서게 한다.[35] 인권 접근법은 또한, 필요에 기반해 자원을 요구하는 목소리에도 힘을 싣는다.[36] 즉 우리가 5장에서 논의한 생계 접근법을 뒷받침하고 강화할 수 있다는 뜻이다.[37] 이렇게 인권은 개인에 관심을 집중시키는데, 이는 성별 관점에서 중요한 한편,[38] 위에서 언급했듯이 본질적으로 관계적인 성격을 띤다. 인권 접근법은 결과 못지않게 그 권리를 발전시키는 과정에서 중요하며, 참여를 강조한다.[39] 권리가 '자신이 어떤 자격을 갖고 있는지에 대한 사람들의 이해에 기반한 실제 투쟁을 통해 형성된다'고 할 때,[40] 인권 접근법은 이와 같이 잠재적으로 역동성을 띠고 권력을 강화하여, 자기 목소리를 전하려는 빈곤층의 요구를 뒷받침할 수 있다.

따라서 인권 접근법은 빈곤층의 행위주체성, 특히 정치적 행위주체성을 인정하고 옹호한다. 국제적으로 반빈곤 활동에서 인권을 어떻게 활용하는지 평가한 보고서에서는 인권 접근법이 '국가에 대응하는 자아감'을 형성해 '정치적 행위주체성을 고취'하는 데 도움이 될 수 있다고 말한다.[41] 인권 접근법의 그 '연금술 같은 힘'[42]은 '확신과 자긍심'을 형성하여 '사람들의 삶과 그들이 자기를 바라보는 시각을 바꾸어 놓은' '변혁적인' 사업을 통해 입증되었다. 이 사업에 참여한 이들은 '상당수가 난생 처음으로, 그저 인간이라는 사실만으로 가치 있고 존엄과 존중이 담긴 대우를 받을 자격이 있는 존재'로 자기를 바라보았다.[43] 인권의 언어는 이런 식으로 타자화와 비인간화에 대항한다. 그 언어는 우리를 갈라놓지 않고, 인간으로서 우리가 공유하고 공통적으로 지닌 것이 무엇인지 이야기하기 때문이다. 미국의 사례를 보면, 이렇게 '그저 인간으로서 갖는 근본적인 공통점'을 강조하는 접근법에는 정체성과 신념 등 또 다른 분열도 뛰어넘게 하는 잠재력이 있다는 것을 알 수 있다.[44]

불가결한 인권이라는 언어는 가치 있는 '담화적 자원'이며, 일부 조직과 집단에게는 유용한 결집 도구임이 증명되었다.[45] 유럽에서 이 언어는 반빈곤네트워크가 제시한 반빈곤 및 사회적 배제 전략을 뒷받침하며,[46] 개발의 영역에서 넘어와 제4세계국제빈곤퇴치운동과 옥스팜Oxford Committee for Famine Relief 같은 조직에서 널리 쓰였다.[47] 구체적으로, 어린이 관련 기관인 유로넷Euronet, 유로차일드Eurochild 등에서는 '모든 아동이 신체적·지적·정신적·도덕적 및 사회적 발달에 적합한 생활수준을 누릴 권리'를 담고 있는 UN 아동권리협약Convention on the Rights of the Child을 참고해 분석 및 요구 사항의 틀을 짓는다.[48] EU 어린이 빈곤 전략에는 어린이 권리 관점이 반영되어 있다.[49] 무엇보다도 이런 관점은, 주로 가족을 배경으로 하기는 하지만, 어린이를 고유

풍요의 시대, 무엇이 가난인가

의 권리를 가진 개인으로 대우하고 어린이의 의견을 경청할 것을 요구한다.[50]

심지어 (1960년대에 복지권 운동과 민권 운동이 일었음에도 불구하고) 사회경제적 권리의 전통이 강하지 않은 미국에서도, 새로이 떠오르는 인권 운동 및 사회정의 운동에서 반빈곤 운동가들이 중추적인 역할을 했다.[51] 1990년대에 켄싱턴복지권연합은 '그들이 찾고 있던 개념적, 실제적 토대를 통합하는 일련의 국제적 권리의 원칙, 법제, 수단, 전략'을 인권에서 발견했다.[52] 이 활동을 통해 빈곤 상태로 사는 사람들과 노숙인들이 함께 모여 '인권 침해라는 관점에서 빈곤 문제를 제기하는' 빈민경제인권운동이 일어났다.[53] 이들은 전국적인 행진, 풀뿌리 정치 및 인권 교육, 법적 대응 등의 활동을 펼쳤고, '더 넓은 영역에서 인권으로서 여성의 권리를 주장하는 수많은 집단 사이에서 확고한 입지'를 다졌다.[54] 도널드와 모터쇼는 '가정 내에서의 인권 및 빈곤에 관한 행동주의가 급증'한 과정을 보여 주는 또 다른 사례들을 제시한다.[55] 가구 내 식품 불안정이 심해지고 있는 캐나다를 포함한 수많은 국가의 반빈곤 인권 활동에서는 음식에 대한 인권이 특히 주목을 받았다.[56]

인권 관점을 지지하는 이들은 이 관점이 전 지구적 반향을 불러일으킴으로써 인권의 이름으로 제기하는 요구의 정당성을 높여 준다고 주장한다.[57] 사실 서방 정부들은, (적어도 원칙상으로는) 뚜렷한 예외를 보이는 프랑스, 그리고 최근에는 (인권으로서 사회보장을 법제화한) 스코틀랜드를 제외하면 대체로 불가결한 인권을 국내 반빈곤 전략의 '중심'에 두지 않았다.[58] 또한 2008년 금융 위기에 대응할 때에도 인권이 강조되지 않았다.[59] 나아가 이보다 더 회의적인 평자들은 국제인권장전에 담긴 약속들과, 특히 사회경제적 권리 부문에서 그 약속이 '미이행'되고 있는 현실 사이의 격차를 지적한다.[60] 인권 담론이 중대한 상징성과 결집력을 발휘하고 빈곤의 의미를 새롭게 조명하기는 하지만, 그 약속과 현실 사이의 격차를 좁히려면 변화를 달성하는 **정치적** 도구로서의 효과를 근본적으로 검증해야 한다.

시민권

시민 인권

개별 국민국가의 맥락에서 인권에 대한 논의는 시민 인권citizenship rights이라는 영역으로 넘어간다. 이는 추상적이며 보편화할 수 있는 인권 개념을 특정한 방향으로 해석하고 구체화하는 것으로 이해할 수 있다. 이를테면 빈민경제인권운동을 '경제적 인권 개념을 실제 사람들을 위한 실제 사업으로 변환하는 투쟁'에 헌신하는 활동이라고 서술하는 식이다.[61] T. H. 마셜[62]이 파악한 시민적·정치적·사회적 시민 인권이라는 세 기둥은 인권과 마찬가지로 불가분하며 상호의존적이다.[63] 때로 인권과 시민권citizenship 담론은 특히 존엄의 개념과 중첩되곤 한다. 예를 들어 리우데자네이루 빈민 지역에서의 시민권에 관한 연구에서는 '존엄'이 '시민권의 가장 중요한 측면'으로 파악되었다.[64] 시민권은 인권이 그러하듯 인간 존엄 및 존중에 필수적이라고 이해할 수 있다.[65] 영국의 한 연구에서는 빈곤 상태의 시민들이 책임 있는 시민권을 '돌봄, 존중, 존엄'과 같은 관계적 개념으로 보는 경향이 있다고 밝혔다.[66] 이와 반대로, 각국에서는 시민권에 따르는 책임으로 임금노동을 장려하는 경우가 많다.[67] 그렇지만 저임금 노동은 "존엄 … 에 대한 비인간적 폭력"이라고 할 수 있다.[68] 5장에서 언급했듯이 월마트 노동자들은 '존중받고자 하는 근본적인 욕구'를 담아 월마트의존중을요구하는연합조직이라는 기치 아래 활동을 펼쳤다.[69] 영국에서는 주변화되고 위기에 처한 노동자들을 위한 운동 조직인 세계의목소리연합이 존엄을 보장하는 임금 및 노동 조건, 그리고 '존엄한 생활'을 촉구하는 활동을 중심으로 조직화했다.[70] 존엄과 존중에 관한 관심은 이후에 등장한 문화적 시민권 개념에도 힘을 불어넣었다. 문화적 시민권에는 '(주변화와 대조되는) 상징적인 현존presence과 가시성', 그리고 '(낙인찍기와 대조되는) 존엄을 보장하는 재현'을 위한 권리가 포함된다.[71] 법적 자격 형태로 구현되는 경우는 거의 없지만, 이런 권리가 빈곤층에게서 차지하는 잠재적·상징적 중요성을 4장에서 논의하며 강조한 바 있다.

정치적 행동으로 기존의 사회권과 경제권을 지키고 확장하는 투쟁과 함께 시민 인권의 새로운 형태를 이야기하는 것은, 권리에 대한 주장이 행위주체성을 수반하는 능동적 과정임을 보여 주는 현상이다. 여러 국가에서 '복지 개혁'을 통해 배제적이고 징벌적인 사회적 시민권 제도에 점차 균열이 발생하고 있는 와중에, 뉴질랜드의 한 연구는 사회권을 위한 투쟁에서 '[이런 제도의] 반대자로서 시민권 행사를 요구'하려는 청구자들의 의지가 이전보다 훨씬 커졌다고 밝혔다.[72]

역사적으로 영국, 미국, 프랑스 같은 나라에서 공적부조를 받는다는 것은 특정한 정치적·시민적 권리의 박탈을 의미했다. 오늘날 '빈민'은 더 이상 사회부조의 대가로 정치적·시민적 권리의 박탈을 공식적으로 요구받지 않는다. 그렇지만 미국에서는 사회부조가 '시민의 사회적 권리의 필수 요소가 아니라 대체물로 인식된다. '자격 있는' 저소득 노동자에게는 '시민권을 긍정하는' 환급 가능한 세액 공제를 제공하는 반면, '가난한 가구는 복지를 요구하려면 사회적 의미에서 시민으로 존재하기를 포기'해야 한다.[73] 이와 다른 경우에도, 복지국가에서 가난한 이용자의 시민권은 보통 시민권과 동등하지 않은 '이용자 자격clientship'으로 표현되었다.[74] 더 나아가, 빈곤한 자와 사회부조 수급자는 실제로 여전히 정치적·시민적 권리를 제약받을 수 있다. 예를 들어 일정한 주소가 없는 노숙인은 투표를 할 수 없는 경우가 많다. 앞에서 언급했듯이, 에런라이크는 저임금 노동의 가장 불쾌한 특징은 '기본적인 시민적 권리'를 포기해야 하는 것이라고 했다. 노동자들이 가방 수색과 마약 검사 같은 '일상화된 비존엄'의 대상이 되기 때문이다.[75] 미국에서 갈수록 정교하고 광범위해지는 복지 감시 기술을 연구한 길리엄에 따르면, 응답자들은 '치밀하고 끊임없는 조사로 인한 수모와 번거로움'을 집중적으로 거론하는 경향을 보였다.[76] 이와 비슷하게 호주에서 연구를 진행한 필은 참여자들이 감시, 그리고 '부당한 의무와 터무니없는 제재를 가하는 숨 막히는 구조'에 대해 응답한 내용을 볼 때, "문제는 그들이 얼마나 받는지가 아니었다. 그보다 조사의 비존엄성이 훨씬 더 고통스러웠다"고 평했다.[77] 스코틀랜드에서 장애 급여 수령자를 대상으로 한 소규모 연구에서는 참여자들이 '복지 감시'가 점차 확산하는 환경에서 생활하다 보니 '자기가 누구와 상호작용하고 어떤 활동에 참여할 수 있는지에 대한 감각'이 위축되어 일상생활에 '심대한 영향'을 받았다고 밝혔다.[78]

UN 극빈과인권에관한특별보고관Special Rapporteur on Extreme

Poverty and Human Rights은 '복지국가의 수혜자, 특히 최빈층, 그리고 그중에서도 가장 취약한 이들을 감시, 겨냥, 학대, 처벌하는 데에' 디지털 기술을 사용하면, 그들은 사회보장 및 기타 사회권을 보장받기 위해서 자기의 사생활과 정보를 보호받을 권리와 맞바꾸는 위험을 감수해야 할 수 있다며, 디지털 기술 사용이 시민적·정치적 권리에 미치는 영향에 대해 경고했다.[79] 이런 현상은 미국에서 고도로 발달한 '첨단 디지털 치밀 감시' 기술이 '인간성의 인정'과 '존엄 및 자율성'을 희생시키며 '디지털 구빈원poorhouse'을 통해 '빈민을 파악, 단속, 처벌'하는 방식을 보여 준 버지니아 유뱅크스의 연구에서 생생하게 드러난다.[80]

길리엄은 일반적으로 복지 실태 조사를 설계할 때 '이용자의 존엄에 대한 고려가 거의 없었다'고 말한다.[81] 이 점은 2016년 영국 영화 〈나, 다니엘 블레이크〉에서 인상 깊게 묘사되었다. 영화는 다음과 같은 블레이크의 절절한 외침을 통해 '새로운 상상력이 담긴 시민권 감각'을 요구한다. "나는 게으름뱅이도 날치기도 걸인도 아니고, 도둑도 아닙니다. … 나는 개가 아니라 사람입니다. 그러니 내 권리를 요구합니다. 나를 존중하기를 요구합니다. 나, 다니엘 블레이크는 그 이상도 이하도 아닌, 시민입니다."[82] 4장에서 살펴보았듯이 복지국가가 빈민을 존중받아 마땅한 시민으로 대우하지 않는 경우가 너무나 많다.

복지국가 이용자의 존엄을 보장하고 존중해야 한다는 것은 '결과'가 아닌 '과정'을 통제하는 '절차적' 시민 인권에 속한다. 절차적 권리란 '시민적 권리와 정치적 권리의 혼종'이라고 할 수 있다.[83] 서비스 접근권과 해독 가능한 정보 이용권도 여기에 속하는데, 이런 권리는 특히 불리한 집단이 맞닥뜨리는 공식적 권리와 실질적 권리 사이의 격차를 메우는 데 결정적인 역할을 할 수 있다. 예를 들어 자산 조사를 바탕으로 하는 급여 신청 서식은 급여를 제대로 받기 어려울 정도로 지나치게 복잡한 반면, 해당 정책에서 예상하는 청구자의 범위는 '문서 해독력'이 떨어지는 독서량 낮은 연령대로 과대표될 수 있다.[84] 디지털 시대에 '기본적인 디지털 환경'을 전제한 공공 서비스가 점차 늘어나는 가운데, 정보와 통신 기술에 접근할 수 없는 상태 역시 불리한 처지에 놓인 집단의 시민권에 해로운 영향을 미칠 수 있다.[85]

시민 참여

시민 인권은 특정 사회의 구성원 자격을 가진 상태에서 누리는 것이다. 2001년 제1차 유럽빈곤시민회의European Meeting of Citizens Living in Poverty의 참가자들은 자신들이 **'빈곤을 겪고 있는 사람'**이기 전에 **'시민'**임을 무엇보다 강조했다. 우리 모두가 시민권을 요구할 자격이 있으며, 그것은 **'사회의 주류에 속하는 것'**을 의미한다.[86] '사회의 주류에 속하'려면 사회적·경제적·정치적·시민적·문화적 공간에 참여할 수 있어야 한다. 빈곤은 이런 참여를 가로막는 '참여적 평등'의 주요한 장애물로서,[87] 2등 시민권을 부여할 수 있다. 사회과학자 800여 명이 서명한 유럽 사회의 질에 관한 암스테르담 선언Amsterdam Declaration on the Social Quality of Europe에서는 이렇게 단언한다.

시민이 참여할 수 있으려면, 용인 가능한 수준의 경제적 안정과 사회적 포용을 누리고, 응집력 있는 공동체에서 살고, 잠재력을 충분히 개발할 권한을 지녀야 한다. 달리 말해, 사회의 질은 유럽

의 모든 거주민이 누리는 경제적·사회적·정치적 시민권의 수준에 달려 있다.[88]

　이 단락 뒤로는 참여와 사회의 질을 충분히 확보하는 데 반드시 필요하며 실천할 수 있는 시민 인권의 목록이 이어진다. 그러나 현대 정부 차원의 시민권 담론은 권리보다는 의무, 특히 노동 의무를 강조하는 경향이 있다.[89] 그렇지만 레신스키 보고서에서 강조했듯이 빈곤은 시민으로서 책임을 이행하고 참여할 역량을 떨어뜨린다.[90] 책임을 뒷받침하는 것은 권리다. 장애인 시민권에 관한 연구에 따르면 "완전한 시민으로서 사회에 기여하거나 참여할 능력을 갖추려면 기본적인 수준의 필수재와 서비스, 시설 접근권이 필요하다."[91]

　시민권의 의미에서 참여가 중심적 지위를 차지한다는 것은, 시민권이 행위주체성뿐 아니라 권리와 책임이 담긴 지위를 수반하는 실천임을 나타낸다. 시민 공화주의 전통에서 정치 참여가 시민권의 정수essence를 의미했다는 점을 고려할 때, 폭넓은 관점에서 정치 참여는 특별히 중요하다. 참여와 권리는 북반구와 남반구 모두에서 점차 커지고 있는, 이용자의 '말할' 권리를 보장하는 책임 있고 민주적인 형태의 복지를 제공하라는 요구로 수렴된다.

목소리

　수많은 정치 이론가들이 '사회적·경제적·문화적·정치적 삶 속에서 의사결정에 참여할' 기본적 권리라는 관념을 상정했다.[92] "참여할 권리는 국제 인권법의 구조에 녹아들어 있다."[93] 특히 빈곤과 관련해서 UN은 이렇게 조언한다.

> 빈곤 경감을 위한 인권 접근법은 … 빈곤 경감 전략의 입안, 실행, 추적 과정에 빈민이 정보를 가지고 능동적으로 참여할 것을 요구한다. 참여할 권리는 근본적인 민주적 원칙과 불가분하게 연결된 매우 중요하고 복잡한 인권이다. 국제 인권 규범의 틀에는 공무 수행에 참여할 권리가 포함된다.[94]

'존엄 회복'과 '인간으로 인정받기'를 포함하여 "인간으로 존재한다는 것과 권리의 목적에 대한 가장 근본적인 이해와 연결된 … 각자가 인간이기에 타고 나는 기본권으로서 … 고유한 가치"를 지니기에, 참여할 권리는 대단히 중요한 인권(및 시민 인권)이다.[95] 이것은 권리 보유자의 행위주체성을 명시적으로 인정하고 다른 권리들의 효과적인 실현을 뒷받침한다.[96] 참여할 권리야말로 빈곤과 연관된 목소리 부재와 권력 부재의 핵심을 찌르는 사안이다.[97] 국제빈곤퇴치운동 활동가 에릭의 말을 빌리면 "빈곤은 목소리가 없다."[98] '목소리'가 있다는 것은 '말할 권리'를 갖는 것이다.[99] 『들으라: 목소리를 반영할 권리Listen Hear: The Right to be Heard』(2000)라는 빈곤참여권력위원회 보고서 제목에 담겨 있듯이, 이는 목소리가 전해지고 민주적 공간에 반영되는 것을 뜻한다. 결국 주변화된 목소리를 듣는 것은 시민권에 부여된 책임이라고 이해할 수 있다.[100] 이 책임을 수행하는 데 실패한 결과가 2017년 런던 서부 그렌펠타워를 망가뜨린 불길 속에 있었다. 지역 주민들과의 대화를

풍요의 시대, 무엇이 가난인가

바탕으로 한 보고서에서 현지 성공회 주교는 이렇게 말했다.

> 다른 무엇보다 크게 터져 나왔던 것은 아무도 듣지 않는 것 같다
> 는 지역 주민들의 목소리였다. 자기 삶에 속속들이 영향을 미칠
> 결정으로부터 배제당한 기분을 느낀다는 이야기를 주민들로부터
> 몇 번이고 계속 들었다. 누군가는 "그렌펠에서 제일 큰 문제는 들
> 어 주는 느낌이 안 든다는 겁니다"라고 말하고, 또 다른 이는 "근
> 본적으로 발언권이 없어요"라고 했다.[101]

북반구와 남반구 모두에서, 빈곤층이 처한 상황을 이해하는 데
핵심이 될 목소리를 빈곤층 자신이 갖지 못하는 것으로 나타난다.[102] 이
는 아래에서 논의할 '빈민'의 권력 부재, 그리고 4장의 주제였던 대상화
와 타자화 과정을 드러내고, 다시 강화한다. 그간 정책을 수립하고 홍보
하는 과정에 주변화된 사람들의 목소리를 반영해야 한다는 요구가 점차
커졌다. 이런 요구를 내놓은 초기 사례인 제1차 유럽빈곤시민회의의 최
종 문건에서는 "빈곤과 사회적 배제에 맞닥뜨린 우리는 시민으로서 정
책 수립 과정 전반에 낼 목소리를 가지고 있다. … 우리가 참여할 권리
는 법적인 틀에서 보장된다"[103]고 주장했다. 저소득 생활을 경험한 어린
이, 청소년, 양육자 집단은 인정이라는 관점에서 이렇게 설명한다. "정
치인과 정책 입안자들이 우리 의견을 **듣고**, 그저 대강의 인상을 파악하
는 데에 그치지 않고 우리의 복잡한 삶과 현실을 이해할 수 있기를 바랍
니다."[104]

인권, 그리고 시민 인권으로서의 참여라는 원칙과 마찬가지로,

수많은 논쟁을 불러일으키는 문제들이 있다. 참여 민주주의에 관한 논쟁이 그중 하나다. 영이 주장하듯이 "민주적인 대중은 그 사회에서 억압받거나 불리한 처지에 놓인 집단이 가진 특유의 목소리와 시각을 효과적으로 인정하고 재현하는 기제를 만들어 내야 한다."[105] 참여 과정은 민주주의와 정부의 책무성을 강화하고,[106] 유능한 시민으로서의 역량도 증진시킨다.[107] UN 극빈과인권특별보고관은 "의미 있고 효과적으로 참여함으로써 자기의 행위주체성, 자율성, 자결권을 행사할 수 있다. … 권리의 하나로 인식되는 참여는 행위주체성과 자결권을 제한하는 지배 형태에 도전하는 수단이다"[108]라고 말했다. EU에서 열린 빈곤을 겪는 사람들의 회의에 참여한 한 사람은 "존엄을 보장받을 권리가 있다는 것이 무슨 뜻인지를 처음 알게 된 사람들이 있었다"고 썼다.[109] 영국의 사례는 공적으로 지지를 받고 참여하는 경험을 통해 목소리를 낼 능력과 능동적인 시민이 될 능력에 대한 확신을 키울 수 있다는 것을 보여 준다.[110] 제4세계국제빈곤퇴치운동의 '우리가 맡는 역할' 사업 평가에서 참여자들은 '성취에 대한 확신, 새로운 기술, 자부심, 그리고 목소리 낼 용기를 얻었음'을 자축했다.[111] 미국의 연구에서는 참여적 빈곤 사업에 관여하면 "정치 관여에 더 긍정적인 태도를 갖게 된다"고 말한다.[112]

경험에 기반한 전문가

더 나아가 "국제적 경험으로 보면, 빈곤 상태로 사는 사람들의 경험이 옹호 [및] 정책 개발과 연결될 때 반빈곤 활동이 강화된다"는 주장이 있다.[113] 정치 및 정책 수립 과정은 그 대상 집단의 입장, 관점, 경험을 직접적으로 대표할 때 힘을 얻는다.[114] UN 보고관이 주장했듯이[115]

참여할 권리가 빈곤 상태로 사는 사람들의 존엄을 인정하는 중요한 수단이 되는 근본적인 이유는, 그들의 목소리가 중요하며 그들이 사회에 이바지할 중요한 무언가를 갖고 있다는 것을 참여 자체가 보여 주기 때문이다. 여기서 쟁점은 경험에서 우러난 이해와 전문성을 기존에 특권을 누리던 지식 및 전문성과 동등하게 인정하고 존중하라는 요구다.[116]

미할 크루머네보[117]는 이런 '지식'을 인정하는 것이 '목소리'보다 더 중요하다고 주장한다. 권력관계에 도전하고 주의 깊은 경청을 요구하며, 그렇게 함으로써 빈곤층에 대한 진정한 존중을 드러내는 데 지식의 인정이 더 큰 역할을 하기 때문이다. 억압받는 이들은 이런 류의 경험적 지식으로 특별한 '시각'을 획득한다는 주장이 있었고,[118] 티라도,[119] 맥가비,[120] 캐러웨이,[121] 허드슨[122] 같은 이들이 대단히 개인적인 이야기를 통해 이런 주장의 사례를 보여 주었다. 유럽빈곤시민회의 선언문에 쓰여 있듯이 "가난한 시민들은 반드시 전문가로 인정받아야 한다."[123] 이런 요구에는 "고유의 견해와 목소리를 지닌 사람이 아니라 … 문제로, 스스로 발전을 이룰 [자기 지식의] 저자로서가 아니라 타인의 지식 [생산에 쓰일] 대상"으로 취급받는 데서 느끼는 좌절감이 담겨 있다.[124] 그들은 '견해를 지닌 사람'으로서, 단지 자기 이야기를 하고 가난하다는 것이 무엇을 뜻하는지 진술할 공간을 원하는 것이 아니다. 자기의 분석과 진단에도 귀를 기울일 것을 요구하고 있다. 이와 비슷하게, 호주에서 빈곤 상태로 사는 사람들의 이야기를 들은 필은 이렇게 결론지었다. 그들은 "가르침을 받거나 [타인의] 이야기를 들을 필요가 없다. 필요한 것은 신뢰와 존중, 경청이다." 그리고 "그들이 바라는 한 가지 변화는, 자신들이 지식이 풍부한 존재로서 신뢰받을 것, 그리고 외부인은 그들에게 배우고 경청할 것이었다."[125]

　　남반구의 참여연구는 '빈민이 자기 경험을 분석하고 문제로 제기할 역량'이 있음을 입증했다.[126] 북반구에서는 지속빈곤 상태에 놓인 사람들과 함께한 제4세계국제빈곤퇴치운동 활동을 통해 [빈곤층이] '자기에 대해 사고할 수 있고 자기 문제와 꿈에 대한 최선의 지식을 갖고 있음'이 증명되었다.[127] 2장에서 언급했던 '지식의 병합' 접근법을 만들어 낸 프랑스와 벨기에의 국제빈곤퇴치운동 공동 사업은 "극도의 빈곤과 배제 속에서 살아온 사람들의 지식, 빈민과 함께 일하는 데 헌신한 사람들의 지식, 학문적 지식 … [이러한] 세 가지 유형의 지식 … 사이의 대화와 상호적 관계"를 이루어 냈다.[128] 이 '지식의 병합'에 대한 첫 번째 평가 자료에서는 이를 통해 생성한 지식connaissance이 '인정/재인정reconnaissance의 원천이 되었고', 이 '재인정'이 아마도 전체 사업의 핵심일 것이라고 평했다.[129] 국제빈곤퇴치운동은 이후 빈곤의 숨겨진 차원에 대한 국제적인 참여연구 사업에 이 '지식의 병합'을 적용하여 '빈곤에 맞닥뜨린 사람, 현장 전문가, 학자가 공동으로 주도하는 연구'를 실현했다.[130] 이와 비슷하게, 영국에서 빈곤대책Poverty2Solutions은 각기 다른 형태의 전문성을 병합시켜 빈곤에 대한 대책을 개발했다.[131] 구성원 절반이 직접 빈곤을 경험한 이들로 채워진 빈곤참여권력위원회는 이보다 앞서 경험자, 학자, 전문가가 지닌 전문성으로부터 새로운 형태의 지식을 생성하고자 시도했다. 여기서도 참가자들은 '아주 특별한 과정'을 통해 어려움을 겪으며 서로의 전문성을 존중하는 법을 배웠다. 그 결과 "대체로 각기 다른 어조로 다른 통찰을 제공하는, 마음에서 우러나온 목소리로 사람들을 '감동시키는' 듯한" 보고서가 나왔다.[132]

'지식의 병합' 그리고 그 밖의 참여연구와 실천이 앨리스 오코너가 요청한 새로운 형태의 '빈곤 지식' 생성에 기여하고 있다.[133] '지식의 병합' 접근법은 학문적·전문적·경험적 지식이 개별적으로도 적합할 뿐더러, 서로 결합하면 더욱 고양된다는 점을 강조한다. 새로운 '빈곤 지식' 개념에서는 과거에 무시되었다는 이유로 경험적 지식을 강조한다. '경험의 격차'를 인정하며 생성한 이러한 지식은 빈곤 경험자가 지닌 '전문성, 행위주체성, 인간성'과 함께 권력관계에 맞서고 '서로를 인정할 수 있게 해 주는', 실제 경험에 기반한 '변혁적 지식'이라는 찬사를 얻었다.[134] 비록 제한적이기는 해도, 연구자와 정책 입안자들은 점차 이런 류의 지식, 더 일반적으로는 '생생한 경험'에 관심을 기울이는 일의 타당성과 가치를 받아들이고 있다.[135] 이러한 변화는 '세계은행 내부와 그 너머에서 개인적·전문적·제도적 규범에 대항하는 추세'로 파악되기도 했다.[136] 일례로 세계은행 보고서에서는 '빈민 당사자의 지식에 귀 기울일 필요'가 있다고 인정했다.[137] 벨기에는 반빈곤 정책에 이 원칙을 공식적으로 도입했다.[131]

영향력 없는 목소리?

벨기에의 경험은 가치가 있지만, 권력 구조를 바꾸지 않고 그대로 둘 경우에는 참여의 원칙을 더 많이 받아들인다고 해서 반드시 '영향력 있는 목소리'가 실현되지는 않는다는 것을 보여 준다.[139] 앰네스티인터내셔널Amnesty International 전 사무총장이 경고했듯이, 참여를 수사적으로 약속하는 것만으로는 충분하지 않으며, "'목소리'는 단지 말할 권리와 기회만을 가리키지 않는다. 가난한 사람들의 참여가 제대로 이루어지게 하려면 … 그들이 제기하는 목소리에 대해 국가가 책무를 수행해야 한다.'"[140]

더 일반적으로, 문헌에서는 정책 참여의 모델을 '명목상'인지 '의미 있는 참여 형태'를 제공하는지에 따라 두 가지로 나누는데, 실행 과정에서는 이 둘이 [나눠지기보다는] 연속체로 드러날 때가 많다.[141] [의미 있는 참여] 모델은 '이용자, 선택자에서 제작자, 생성자로' 시민의 역할이 바뀌는, 진정으로 민주적인 참여 공간을 창출한다.[142] 국제빈곤퇴치운동의 '우리가 맡는 역할' 사업을 돌이켜 보며, 모레인 로버츠는 '빈곤 상태로 사는 사람들의 의미 있는 참여는 자문이 아니라', 어느 정도 통제권을 행사하고 '주인 의식'을 느끼며 '회의, 토론, 숙고, 준비를 통해 권력을 강화하는 과정'이라고 강조한다.[143] '경험에 기반한 전문가'는 목소리를 전달하는 데서 그치지 않고 '대화의 윤곽을 잡고 배치'할 수 있어야 한다.[144] UN 특별보고관은 참여 과정에서 빈곤층의 존엄과 평등에 대한 존중을 반드시 숙지해야 한다고 강조한다.

그러므로 일부에서 형식상, 명목상으로 또는 미리 정해 둔 정책의 정당성을 덧입히기 위해 수행하는 이른바 '참여' 과정과 달리, 권리에 기반한 참여는 피상적이거나 도구적인 것이 아니라 변화를 일으키는 것을 목적으로 한다. 빈곤 상태로 사는 이들이 자기에게 영향을 미칠 정책의 설계, 수행, 평가 등 전 과정에 능동적이고 자유롭게, 정보를 충분히 제공받은 상태로, 의미 있는 참여를 하도록 장려하고 요구한다.[145]

풍요의 시대, 무엇이 가난인가

그렇지만 더 보편적으로 쓰이는 것은 '도구적'이거나 '소비자주의/관리자주의적인' 접근법이다. 여전히 위에서 의제를 설정하는, UN 보고관이 의미 없다고 본 이런 방식은[146] 너무나 쉽게, 참여를 선별하거나 약화시켜 '빈민의 목소리를 듣는 것이 아니라 관리하는 장치'가 되어 참여자에게 좌절감과 이용당한 느낌을 남긴다.[147] 필은 "제대로 듣지도 않으면서 던지는 질문이나 이미 정해 놓은 결과에 아무런 영향을 미치지 못하는 협의는 잔인하다. 듣지 않으면서 질문하는 것은 아예 묻지 않는 것보다 훨씬, 훨씬 더 나쁘다"[148]고 경고한다. 맥가비 역시 '지역사회의 목소리를 반영하는 것이 아니라 밀실에서 미리 결정해 놓은 목적지로 무리를 몰아가고자 하는' 참여 과정에서 느낀 분노와 환멸을 토로한다.[149] 빈곤참여권력위원회가 받은 명확한 의견 중 하나는 "빈곤을 경험하는 사람들은 실행 없는 협의, 변화를 일으킬 힘이 없는 엉터리 참여를 최악의 모독이라고 본다"는 것이었다.[150] 협의 사항에 대한 피드백이 없으면 과정은 무용지물이 되고, 참여자는 자신이 중요하지 않은 존재라고 느끼게 된다.[151]

이런 엉터리 참여는 빈곤층 상당수가 품고 있는, 공식적인 정치 체제에 대한 불신을 강화한다.[152] 참여 기회를 제안받아도 달가워하지 않을 수 있다는 뜻이다. 따라서 빈곤참여권력위원회 등은 이것을 참여의 수많은 제도적 장벽 중 하나로 파악했다. 전문성 위주의 문화와 관행은 참여 활동을 배제의 경험으로 만들 수 있다. 알아들을 수 없는 전문적이고 난해한 언어는 그저 또 다른 장벽을 만들 수 있다.[153] 전문성을 기본으로 하는 소통과 '명료하게 말하기'[를 요구받는 상황]은 참여에 필수적인 소통 기술이 부족하다고 느끼는 사람들을 위축시키고 말문을 막을 수 있다.[154] 그 결과 중 하나가 그렌펠 참사 후 진행한 협의에 대해 지역 주민이 제기한 비판에 담겨 있다. "제일 큰 목소리만 주목을 받는데, 그게 관심을 기울여야 할 가장 중요한 목소리가 아닐 때가 많습니다." 가장 취약한 상황에 놓인 사람들의 목소리는 "전달되지 않는다."[155]

　　이런 문제는 앞의 여러 장에서 기술한 빈곤에 관련된 물질, 개인, 문화, 신체 자원의 결핍과 타자화 과정에서 비롯하는 다른 장벽들을 해결하지 못한 결과일 수 있다. '적당한' 옷이 없다는 것, 어울리지 않는 느낌, 자신감 부족, 정보 부족, 마땅한 어린이 돌봄 서비스나 교통수단을 이용하기 어려움, 정신 또는 신체 건강이 나쁘거나 소진된 상태, 생존을 위한 투쟁에 드는 비용 등이 다 장벽이 된다.[156] 효과적이며 진정한 참여를 위해서는 빈곤층은 물론이고 전문가도 시간, 자원, '역량 구축'에 품을 들여야 한다.[157] 참여는 즉각적이고 고정된 해법이 아니라 육성해 나가야 하는 과정이다.[158] 이를 위해 캐나다 참여 사업에서 말하는 '정부와 기관에 대한 불신, 거부, 환멸을 유발하는 빈곤에서 비롯한 외상의 거대한 장벽'을 해결해야 한다.[159] 또한 참여는 실패할 경우 더욱 부족한 존재라는 느낌을 받게 만들 또 하나의 요구 사항이 아니라, 진정으로 자발적인 것이어야 한다.[160] UN 보고관은 "인권 접근법은 권력 불균형, … 주변화된 집단이 참여할 권리를 누리지 못하게 막는 신체적·경제적·법제도적·문화적·정치적 장벽 제거에 초점을 맞추어야 한다"며, 참여의 장벽을 파악하고 대응해야 한다고 강조한다.[161]

동정이 아니라 권력[162]

UN 보고관의 논평 속 주장처럼 효과적인 목소리와 참여에 대한 요구는 권력에 관한 질문과 불가분하게 연결되어 있다. 옥스팜은 빈곤을 "기본적 인권을 행사하지 못하거나 자기 삶의 어떠한 측면도 사실상 통제할 수 없게 만드는 권력 부재 상태"[163]로 개념화한다. 권력은 개인의 빈곤 경험과 그 정치적 맥락을 이해하는 데 핵심적이다.[164] UNDP의 표현으로는 "빈곤 경감은 가난한 사람들이 경제적 발전 기회 못지않게 정치적 권력을 가지는지에 달려 있다."[165] 목소리 부족은 빈곤층의 정치적·경제적 권력 부재가 결부된 징후이자 그들이 느끼는 권력 부재감의 원인이다.[166] 참여가 이루어지는 공간은 권력의 역동에 따라 조성되며, 그 공간에 다시 권력이 스며든다.[167] 진정하고 효과적인 참여는 이러한 권력의 역동을, 권력을 덜 가진 이들에게 맞추어 흔들어 놓는다.[168] 이와 반대로 엉터리 참여는 권력의 역동을 은폐하는 한편, 빈곤층이 경험하는 권력 부재를 강화할 수 있다.[169]

권력은 인권과 시민 인권의 속성을 이해하는 데에도 중요하다. 권력관계가 권리의 구축과 행사를 이어 주고, 권리 또한 빈곤층에게 권력 불평등에 대항할 무기가 되기도 한다.[170] 경제사회문화권위원회에 따르면 "가난한 사람들의 경험에 깔린 공통 주제가 권력 부재라면, 인권은 … 사회 내에서나 사회들 사이에서 권력이 평등하게 분배되고 행사되도록 일조할 수 있다."[171] 앞에서 말했듯, 특히 인권은 빈곤층이 권력을 갖는다고 상정함으로써 국가와의 관계를 새롭게 틀 짓는다.[172]

스코틀랜드와 아일랜드에서 진행한 노숙인 남성에 대한 연구가 이를 보여 주는 사례다. 스코틀랜드에서 모든 노숙인에 대한 주거지 제공을 의무화하는 법이 발효된 후, '고마워하는 수혜자'가 아니라 '자격과 권리를 갖춘 사람'으로서 법적인 주거권을 향유하게 된 노숙인 남성들은 핵심적인 행위주체성과 더불어 '국가에 대항해 요구 사항을 발화할' 의지를 훨씬 많이 행사하는 등 권력강화 효과를 보여 주었다.[173] 이는 우리가 논의한 빈곤의 다른 차원을 권력이 어떻게 틀 짓는지 보여 주는 사례이기도 하다. 3장에서 서술한 구조적으로 교차하는 범주와 과정에서부터, 타자화와 비인간화의 관계적·상징적 과정을 거쳐(4장), 빈곤층이 행위주체성 행사에 끌어 쓸 수 있는 다양한 자원과 그들 앞에 놓인 제약(5장)에 이르기까지, 이 모든 것의 핵심에 권력 문제가 있다. 그러니 권력 부재, 그리고 삶의 조건에 대한 통제권 결핍이 북반구와 남반구 모두의 빈곤층 서사에서 되풀이되는 주제라는 사실이 놀랍지 않다.[174]

킨케이드에 따르면, "빈곤은 특정한 유형의 권력 부재, 즉 사회에서 더 큰 권력을 지닌 집단 앞에서 자기 삶의 조건을 통제할 능력이 없는 상태를 수반한다."[175] 이 '특정한 유형의 권력 부재'에는 '[무언가를] 향한to' 권력과 '[무언가에] 대한over' 권력이라는, 상호 관련된 권력의 두 가지 측면이 작용한다.[176] '[무언가를] 향한' 권력은 자기가 원하는 결과를 이룰 '생성적' 또는 '변혁적' 역량을 가리키고, '[무언가에] 대한' 권력은 한 집단 또는 개인이 타인에 [대항해] 자기 의지를 행사할 '위계적인' 능력을 가리킨다.[177] 이 밖에도 권력에는 내재화된 암묵적 가정이라는 세 번째 측면도 있는데, 보이지 않는 '비의사결정non-decision-making' 과정을 통해 기존 질서에 정당성을 부여함으로써 정치적 의제가 그 질서를 흔들지 못하게 막는 것이다.[178]

권력의 위계적·암묵적 과정은 물리적 측면과 관계적·상징적 측

풍요의 시대, 무엇이 가난인가

면 모두에서 빈곤 경험을 형성한다.[179] 또한 빈곤층이 '[무언가를] 향한' 권력을 행사할 능력을 제약하는데, 이것은 심리적인 권력 부재감으로 드러날 때가 많다.[180] 그 효과는 은밀하다. 권력 부재는 그림 3에 그려진 모든 차원에서 빈곤층이 **할 수 있는 것**을 갖가지 형태로 제한하는 데 그치지 않고, 개인으로나 집단으로나 **생각하고 느끼는** 데 영향을 미쳐, 세계관을 일그러뜨리고 더 나은 무언가를 향한 열망을 가로막는다.[181]

권력강화

빈곤과 관련한 권력 부재에 대해 흔히 제시하는 답은 '권력강화'다. 권력강화 담론은 특히 개발 영역과 공동체 재생 영역에서 지배적으로 나타난다. 그렇지만 이것은 카멜레온처럼 변하는 '듣기 좋은' 개념으로, 권력의 어떤 의미가 반영되는가에 따라서 각기 다른 맥락에 놓인 다른 사람들에게 각기 다른 의미를 띤다.[182] 한때는 억압받는 사람들의 목소리, 권리, 인정을 위한 투쟁을 떠올리게 하던 그 말이, 이제는 주로 초국가적 기관들이 추동하는 경제와 제도 개혁 의제의 줄임말로 쓰인다.[183] 불평등이 심각한 상황에서 이런 하향식 접근법을 사용할 경우, 근본적인 사회경제적 구조와 권력 구조는 그대로 둔 채 힘없는 사람들이 경제적 구조조정 결과에 적응하는 쪽으로 권력강화가 진행되는 경향이 있다.[184] 여기에는 시민 권력이 아니라, 선택을 권력으로 가장하는 소비자 모델이 자주 사용된다.

빈곤에 대한 인권 접근법과 결을 같이하는 대안적인 개념화에서는 권력강화를 "기존 권력관계와 그 안에 있는 자기를 인식하는 단계, 그것을 변화시킬 행동을 구상하고 실행하는 단계를 수반하는 것"으로 이해한다.[185] 위에 서술한 권력의 세 가지 측면을 모두 조합한 영향력 있는 정의에 따르면 권력강화는 "개인 및 조직화된 집단이 자기 세계를 다르게 상상하고, 자신들을 빈곤 상태에 머물게 했던 권력관계를 변화시켜 그 구상을 실현할 수 있을 때 일어난다."[186] 개인은 권력강화를 통해 "전략적으로 인생의 선택을 하고, 그런 선택의 틀을 세우는 데 도움이 되는 의사결정 과정에 참여할 능력을 가질 수 있다."[187] 이보다 더 변혁적인 해석에 따르면, 이러한 개인적 권력강화는 정치적·시민권적인 전략적 행위주체성을 집단적으로 행사할 가능성을 열어 주고, 결과적으로 개인과 집단 모두에게 더 큰 권력을 부여한다. 비록 전문가의 지원, 특히 지역사회 개발 활동가들의 지원이 필요한 경우가 많기는 하지만 이것은 '누군가를 위해서 할 수 있는 일이 아니라 스스로, 자기를 위해서 할 수 있는 일'이다.[188] 빈곤 경험이 있는 사람들의 지식과 전문성을 인정하고, [기존의] 권력관계를 인지하고 흔들어 놓는 진정으로 참여적인 정책 수립 사업과 연구는 확신, 자긍심, 행위주체성을 강화하도록 도움으로써 권력강화 과정을 지원할 수 있다.[189] 그렇게 해서 개인을 한 자리에 모으면, 지역사회와 정치 단계에서 집단행동을 실현할 잠재력이 있는 '밀도 높은 지식 권력의 판'을 짜도록 도울 수 있다.[190] "약간의 권력 이동만으로도 권리 실현을 향한 더욱 큰 전환을 촉진할 수 있다."[191] (시의 의사결정자, 민간 의사결정자, '경험에 기반한 빈곤 전문가들'이 모인) 리즈빈곤진실위원회Leeds Poverty Truth Commission의 일부 구성원은 이 과제에 대해, "모임 안에서 타인과 경험을 공유하기는 쉽지 않았지만, 자기 앞의 부정의를 파악하고 타인과 공유할 수 있게 해 주는 권력강화의 과정이었다"고 말한다. "'경험자에 기반한 빈곤 전문가들'

은 활동을 통해 권력감과 도시 전반의 의사결정에 대한 영향력의 감각을 키웠다."[192] 이 일에 참여함으로써 그들은 변화에 영향을 '미칠' 권력을 향상했다. 그럼에도 불구하고, 궁극적으로 변혁을 이루기 위해서는 위계적 권력관계의 전환과 더 많은 개입이 필요하다.

결론

자기 삶에 대한 더 많은 권력을 요구하는 빈곤층 개인의 투쟁과 집단의 투쟁은, 빈민경제인권운동에서 표명했듯이 '동정이 아니라 권력'에 대한 요구를 뚜렷이 보여 준다. 인권, 시민권, 목소리, 권력 부재 측면에서 빈곤을 개념화하면 빈곤 분석에 힘이 실리고, 빈곤층의 행위주체성, 그리고 상대적 권력 부재 상태가 그 행위주체성에 가하는 제약에 대한 앞의 주장들도 탄탄해진다. 이로써 반빈곤 정책을 수립하는 데 권리에 기반한 접근법과 참여 접근법이 필요하다는 판단을 이끌어 낸다. 그뿐 아니라 빈곤층 자신의 서사를 끌어들이게 하여 빈곤 정치에 대한 새로운 사고의 길을 열어 준다. 이 점은 마지막 장에서 더 깊이 살펴볼 것이다.

나가며:
개념에서 정치로

이 책은 빈곤의 **개념**에 초점을 맞추었다. 빈곤이 빚어내는 고통과 수모에 시달리는 수많은 사람과 사회 전반에 있어 빈곤이 무엇을 의미하는지 더 깊이 이해하려는 목적이었다. 결론을 제시하는 이 장은 크게 세 가지를 다룬다. 첫 번째로 몇 가지 핵심 주제를 되짚어 본다. 두번째로는 본문에서 언급한 연구, 정책, 실행의 전반적인 함의를 살펴본다. 마지막으로 그림 2에 제시한 빈곤 수레바퀴로 돌아가, 물질적 빈곤과 관계적·상징적 빈곤을 재분배와 인정 및 존중이라는 통합적 정치에 결합시키는 빈곤 정치의 재개념화를 주장한다.

핵심 주제

그림 1에는 빈곤의 개념, 정의, 측정의 관계가 담겨 있다. 나는 한편으로 빈곤 상태와 비빈곤 상태를 명확히 구분하는 아주 좁고 초점이 뚜렷한 정의를 주장하고, 다른 한편으로는 빈곤과 그로 인한 고통

이 다종다양한 물질적·심리사회적 현상으로 나타나는 방식을 더 잘 포착해 내는 폭넓은 개념화를 주장했다. 1장에서는 상대적 유형의 정의를 선호했는데, 기존의 절대와 상대의 이분법에 대한 비판적 논의의 맥락에서 그런 것이다. 나는 '절대적' 빈곤과 '상대적' 빈곤이 별개가 아니라 인간의 필요의 본질에 대한 각기 다른 이해를 바탕으로 하는 대체 가능한 해석이라고 주장했다.

　　아주 좁고 초점이 뚜렷한 정의는 빈곤의 발생 규모와 심도를 추정하기 위해 설계한 측정의 근거로 삼기에 가장 적합하다. 그러나 이렇게 포착한 빈곤의 현실은 얄팍한 묘사에 그칠 것이다. 폭넓은 개념화에 초점을 맞추는 것이 중요한 이유가 바로 여기에 있다. 이 책에서는 크게 두 방향에서 빈곤을 더 풍부하게 이해하도록 돕는 개념화를 시도했다. 첫째, 빈곤을 물질적 현상만이 아니라 관계적·상징적 현상으로 바라보는 이중의 이해를 중심에 두었다. 둘째, '행복', '인간 번영', '사회의 질', '역량', '사회적 범주', '인권', '시민권', '민주주의' 같은 개념을 사용함으로써 빈곤 연구를 전반적인 사회과학 체계 내에 위치시켰다. 또한 코로나19 대유행의 영향으로 드러난 광범위한 경제적 불평등의 맥락에서 빈곤과 연관된 심각한 불평등을 확인했다.

구조와 행위주체성
　　빈곤 정의에는 암묵적으로 빈곤의 존재와 범위에 대한 설명이 담기며, 그것이 대중의 태도와 정책의 밑바탕을 이룬다. 정의에 따라 빈곤의 원인을 개인에게서 찾기도 하고 사회 전반에서 찾기도 하며, 그 책임 역시 개인 또는 집단의 행위주체성에 돌리는 쪽이 있는가 하면 행운이나 운명에 돌리는 쪽도 있다.[1] 개인의 행위주체성에 기반한 해석은 빈곤층이 무엇을 하거나 하지 않는지에 초점을 맞춘다. 사회적 또는 구조주의적 해석은 더 큰 권력을 가진 사람들이 (자기의 행위주체성으로) 개인으로서나 제도를 통해 무엇을 하거나 하지 않는지, 그리고 체계적인 수준에서 그 행동이 누적되었을 때 어떤 영향을 미치는지에 집중한다. 빈곤의 원인에 대해서는 여기서 깊이 있게 논의하지 않았지만, 다양한 측면에서 빈곤의 의미를 설명하기 위해 구조와 행위주체성 사이의 관계를 핵심 주제로 다루었다.

불평등과 사회적 범주를 논의한 3장에서는 구조적인 관점을 중심으로 다루었다. 전 지구적으로나 개별 국민국가 내에서나 빈곤과 불평등은 밀접히 연관된다. 불평등이 심한 사회일수록 더욱 만연한 빈곤으로 상처 입는 경향이 있지만, "인간 존엄을 침해하기로는 **양쪽 다** 마찬가지다."[2] 빈곤은 또한 사회계층, 성별, '인종', 장애, 연령 등 구조화되어 교차하는 여러 범주와 공간적 범주에 따라 형성된다. 이러한 범주는 생애 경로를 통해 개인의 삶에 영향을 미친다. 구조적 불평등과 권력 및 행위주체성의 불평등은 서로 반영하는 동시에 반영된다. 6장에서는 빈곤층이 자기가 처한 상황을 권력 부재, 그리고 자기 삶의 조건에 대한 통제권 결핍이라는 개념으로 서술하는 경우가 많다고 설명했다. 권력 불평등은 물질적 차원뿐 아니라 관계적·상징적 차원에서도 뚜렷이 드러난다. 빈곤층이 사용할 임금, 급여, 서비스, 기회를 통제하는 쪽은 더 큰 권력을 가진 행위자들이다. 4장에서 보았듯이 이들은 언어, 이미지, 행동을 통해 '빈민'을 타자로 구성할 권력도 갖고 있다.

구조적·문화적 제약에도 불구하고 빈곤층은 행위자로서 자기 삶

풍요의 시대, 무엇이 가난인가

속에서 행위주체성을 행사한다. 그 유형은 '견뎌내기'나 '헤쳐나가기'를 위한 일상 투쟁에서부터, 더 큰 권력을 지닌 이들에게 '대항(대갚음)하기'나 '일상 저항'을 하는 단계와 빈곤에서 '벗어나기' 및 '거리두기'를 거쳐, 집단적인 형태로 '조직화하기', 그리고 자기 삶에 영향을 주는 의사결정에 참여할 권리 요구하기에 이르기까지 광범위하다. 행위주체성에 기반한 개인주의적 빈곤 해석을 지지하는 이들은 빈곤의 책임이 개인에게 있다고 결론짓는다. 그래서 '빈민'의 행위주체성 문제는 당사자의 행동이 빈곤을 유발하고 영속시키는지 아닌지에 대한 논쟁에 갇히는 경향이 있었다. 이 책에서 지지하는 대안적인 견해는, 빈곤 상태에 놓인 개인의 행동이 때로 빈곤에 기여하는 요인이 된다고 할지라도 근본적인 원인은 사회 전반에서 찾아야 한다는 것이다. 우리가 더 관심을 기울여야 할 지점은 빈곤층이 행사하는 긍정적인 행위주체성이다. 다만, 이와 동시에 심각하게 불리한 그들의 구조적 지위, 또는 그 지위를 영속시키는 데 일조하는 더 큰 권력을 지닌 행위자들의 행위주체성 행사도 고려해야 한다.[3]

역동과 과정

행위주체성에 초점을 맞추면 빈곤을 보다 역동적으로 분석하게 된다. 전통적으로 빈곤의 장단기적 영향을 보여 주는 **결과**에 집중한 것과 달리, 이러한 분석은 개인적인 삶의 궤적과 전반적인 사회적 힘이라는 양 측면에서 **과정**에 관심을 기울인다. 일회성 빈곤 통계에 대한 불만족과, 빈곤 측정에 시간이 미치는 영향에 대한 관심이 높아지고 있다. 종단연구를 통해 드러나고 있듯이, 단일한 측정 시점에 빈곤 상태에 놓인 사람보다 시간의 흐름에 따라 빈곤을 경험하는 사람이 더 많다. 하지만 단기간에 한두 차례 빈곤을 경험하는 사람이 있는가 하면, 어떤 이들은 평생은 아니더라도 수년간 진정한 안정을 누리지 못한 채 빈곤 상태에 빠져 살거나 수시로 빠졌다 벗어나기를 반복한다. 그 밖에는 일생 동안 [빈곤과] 아무 상관없이 살아가는 사람들이 있다.

5장에서 언급했듯이, 빈곤의 역동에 대한 이러한 관심을 뒷받침하는 것은 행위주체성과 구조의 상호작용을 통해 개인 삶의 궤적이 형성된다는 점을 강조하는 빈곤 이론화다. 빈곤에 대처하는 것이 능동적인 과정임을 부각하기 위해서, 5장에서 행위주체성을 논할 때 '견뎌내기'와 '벗어나기' 같은 능동적 용어를 사용했다. 권리를 논의한 6장에서는 인권 접근법이 어떻게 해서 빈곤층을 능동적 권리 청구자로 바꾸어 놓는가에 주목했다. 이 능동적인 청구자들은 특정한 권리를 구축하는 과정에 목소리 낼 기회를 점점 더 강하게 요구하고 있다. 이런 모습은 언론과 정치인들이 빈곤층을 일하지 않는 '수동적' '복지' 수급자로 그리는 경향과 대조적이다. 장기적으로는 '빈민' 또는 '비빈민'이라는 집단별 정체성이 반드시 고정되거나 구별되지 않음에도 불구하고, 사회보장 수급자를 이처럼 수동적인 '의존 문화'의 일원 또는 '하층민'으로 묘사하는 방식은 '비빈민'이 '빈민'을 타자화하는 해로운 사례 중 하나다. 심각하고 영속적인 빈곤 상태에 놓인 사람들은 3장에서 보았던 교차하는 불평등의 대상이 되는 이들과 함께 타자화 과정에서 가장 취약하다. '타자화'라는 어휘는 새삼, 타자로서의 '빈민'이라는 관념이 본래의 상태가 아니라 사회가 조성하고, 차별하고, 구분 짓는, 진행 중인 과정임을 드러낸다.

담론과 재현

4장의 타자화 논의를 뒷받침하는 전제는 빈곤에 대한 지배적 담론과 재현의 중요성이었다. 언어와 이미지에는 주변화된 사회 집단에 꼬리표를 붙이고 낙인을 찍어 그들이 공무원, 전문가, 정치인, 동료 시민에게 어떤 대우를 받을지 암시하는 힘이 있기 때문이다. '비빈민'은 '빈민'이 인간성을 말살당한다고 느낄 정도로 모욕적이고 무례한 방식으로 '빈민'을 거론하곤 한다. '하층민'처럼 경멸적이고 해로운 용어뿐 아니라, '가난', '빈곤' 같은 'p' 단어에 담긴 과거와 현재의 함의 역시 그들을 문제 있는 존재로 설정한다.

빈곤층 당사자 조직부터 UN까지 다양한 단체에서 타자화와 비인간화 과정에 대항하는 대안 담론 또는 '대항 서사'[4]를 활용하는 경우가 늘고 있다. 이것은 시민권, 권력, 목소리까지 포함하는 인권의 언어다. "인간이 될 권리right to be human"[5]라는 문구에 집약되어 있듯이, 나는 '인간'을 강조할 때 인권의 언어가 더 큰 설득력을 지닐 수 있다고 주장했다. 이 담론을 이처럼 능동적인 요구로 바꾸어 놓으면, 빈곤에 대항하는 투쟁을 인권뿐 아니라 민주주의, 반차별, 시민권을 둘러싼 전반적인 정치로 연결시키는 데 도움이 된다. 빈곤을 경험하는 사람들을 무력하고 절망적인 존재로 타자화하는 전통적인 수사를 벗어나, 점차 그들의 개성, 행위주체성, 존엄, 그리고 공통의 인간성을 보여 주는 선명한 이미지를 더 많이 사용하는 경향에서 그 효과를 확인할 수 있다.[6]

당사자 관점과 전문성

이와 같은 대안적 담론과 재현은 경험자만이 할 수 있는 이야기에 귀를 기울일 때 빈곤을 더 잘 이해할 수 있음을 보여 주는 하나의 사례다. 이 교훈은 애초에 개발 분야에서 비롯되었지만 북반구에서도 점차 받아들여지고 있다. 이 책을 쓰면서, 나는 가능한 한 참여 형태의 연구와 빈곤층이 적극적으로 관여하는 조직의 보고서를 끌어옴으로써 이 교훈을 실천에 옮기고자 했다. 빈곤층을 향한 멸시와 모독, 그로 인한 수치심, 쓸모없다는 느낌, 인간성 상실을 경험하는 당사자들의 이야기 덕분에 빈곤의 관계적·상징적 차원을 더 잘 이해할 수 있었다. 풍족한 입장에서 빈곤에 관한 책을 쓰다 보면 이미 지나치게 대상화된 집단을 또 다시 대상화하는 것을 피할 수 없지만, 빈곤층의 관점, 전문성, 행위 주체성을 강조함으로써 그들의 주체성에 마땅한 인정을 표현하려 했다. 이런 접근 방식은 결국 연구, 정책 수립 및 실행, 그리고 빈곤의 정치에도 영향을 준다.

연구, 정책 및 실행

연구

참여 접근법을 활용한 빈곤 연구는 본문에서 수차례 언급되었다. 2장에서 보았듯이 지금까지는 개발 분야에서 그 영향력이 가장 두드러지게 나타났지만, 북반구에서도 몇 가지 사례를 찾아볼 수 있다.[7] 참여 연구는 참여의 정도와 유형에 따라 다양한 형태를 띤다. 우선, 연구의 주체로서 빈곤층의 다양한 견해를 잘 살려 집필 과정에 넣음으로써 그들의 관점이 연구 성과에 적절히 반영되고 정책에 전달되도록 보장하는 형태가 있다.[8] 아니면 연구 과정 자체에 빈곤층이 관여하는 형태도 있

풍요의 시대, 무엇이 가난인가

다. 이 경우에는 빈곤층이 연구의 여러 단계에서 다양한 수준의 통제권을 갖고, 분석과 집필에도 다양한 수준으로 영향력을 미친다. 어느 쪽이든 빈곤층을 단순히 자료를 얻어 내거나 흥미진진한 인용구를 추출할 대상으로서가 아니라 주체, 즉 자기 삶을 연구하는 **사상가**로 대우하고자 한다.[9] 2장과 6장에서 인용했던, 지식의 병합 접근법을 채택한 빈곤의 숨겨진 차원 연구는 가장 깊이 있는 참여연구 유형을 보여 주는 모범적 사례다. "설계와 자료 수집에서 집필과 배포에 이르기까지 전 과정을 통틀어, 빈곤을 생생하게 경험한 이들이 연구를 주도하고 실행에 관여했다. … 참여자 간 권력 불균형을 극복하고자 의식적인 노력을 기울였다."[10]

자원 [확보]와 실행의 어려움, 그리고 윤리적 난관을 과소평가해서는 안 된다.[11] 그렇지만 빈곤을 경험한 사람이 '경험에 기반한 전문가'임을 인정한다면, 전통적인 전문성과 더불어 그들의 전문성까지 연구 과정에 끌어들일 때 더 정확하고 완전한 해석을 얻을 가능성이 있으므로, 그 방식을 선택하는 것이 합리적이다. 나아가 본문에서 서술한 인정, 존중, 시민권, 권력, 행위주체성, 목소리를 둘러싼 전반적인 논쟁과 그 상징적 힘을 빈곤 연구에 더 많이 반영할 수 있을 것이다.[12] 또한 참여연구는 사회적 차원에서나 개인적 차원에서나 '변혁'의 잠재성을 지닌다는 점에서 지지를 얻었다.[13] 빈곤 연구에 참여하는 것과 빈곤을 퇴치하는 데 참여하는 것은 별개의 과정이지만 때때로 이 둘이 연결되기도 한다. 예를 들어 루스 패트릭은 참여연구를 통해 "빈곤을 경험한 사람들이 '조직화'하여, 자신들의 경험을 더 잘 반영한 대안적 '복지'와 빈곤 서사를 개발하는 데 기여"한 사례를 제시한다.[14]

빈곤층을 연구의 객체로 대우할지 주체로 대우할지는 어느 정도 연구 윤리와 관련된 문제다. 쇠퇴 구역에서 코든이 진행한 연구에 관련된 이야기가 이 문제를 뚜렷이 보여 주었는데, 지역 언론에서 해당 연구 결과를 보도하자 '빈민'이라는 꼬리표가 붙는 것을 원치 않았던 거주민들의 분노가 일었다(4장을 보라). 코든은 이 과정에서 겪은 윤리적 딜레마를 기록했다.[15] 한편으로는 해당 구역 거주민이 겪는 박탈과 배제에 연구 후원자와 사회 전반의 관심을 집중시킬 의무가 있다고 느꼈고, 다른 한편으로는 자기가 사는 구역과 거주민의 약점이 아니라 강점이 강조되기를 바라는 참여자들의 소망을 존중하고 싶은 마음도 있었다고 말이다.

빈곤을 다루는 참여연구는 (반드시 그런 것은 아니지만) 대체로 정성적이다. 그렇기에 사람들이 자기에게 빈곤이 어떤 의미인지 말할 수 있게 해 준다. 그러나 빈곤의 규모와 심도, 그리고 시간의 흐름에 따른 변화를 각기 다른 집단 사이의 확산 정도, 교차하는 사회적 범주와의 관계, 지리에 따른 발생 정도, 장기적 효과와 함께 측정하기 위해 정량적 방법을 사용하는 연구가 훨씬 더 많다. 빈곤 측정을 둘러싼 주요한 논쟁은 2장에서 간략히 소개했다. 그리고 측정 기술이 그 어느 때보다 정교해지면서 어떤 방법을 선택하든 한 가지 측정법으로는 한계가 뚜렷해진 만큼, 다양한 방법론을 결합한 '삼각' 측정을 실행하는 쪽을 선호할 만하다는 결론을 도출했다.

참여 접근법을 크게 강조하는 것과 더불어 이 책에서 제시한 빈곤 개념화가 빈곤 연구에 던지는 주요한 함의는, 빈곤을 경험하는 사람에게 빈곤이 무엇을 의미하는지 이해하고자 한다면 정량연구의 필수성

만큼이나 개방적인 정성연구를 통한 보완도 크게 강조해야 한다는 것이다. 보완할 내용은 이를테면 빈곤의 물질적 차원 못지않은 관계적·상징적 차원과 심리적 차원의 탐구, 빈곤을 경험한 사람과 전혀 경험한 적 없는 사람 모두의 관점이 담긴 빈곤 담론의 탐구이다. 특히 양 집단의 구성원이 다양한 타자화 담론과 대항 담론의 시도에 어떤 반응을 보이는지를 집중적으로 검토하는 연구가 의미 있을 것이다.

본문에서 거시 수준의 정량연구를 미시 수준의 정성연구로 유용하게 보완할 수 있는 구체적인 사례를 두 가지 제시했다. 하나는 다차원적 접근법과 특히 관련 있는 빈곤 및 박탈의 정량 지표를 개발하는 것 (2장)이었는데, 이는 너무나 자주 숨겨지는 빈곤 경험의 측면들을 드러내는 데 도움이 될 수 있다.[16] 다른 하나는 빈곤 역동에 관한 것으로, 개인이 빈곤에서 '벗어나기' 위해 행위주체성을 행사하는 방식과 이들이 빈곤으로 인해 마주하는 난관에 대해 더 깊이 이해해야 한다는 주장이었다. 여기에는 특히 정성적인 종단연구가 유용할 것이다. 그 밖의 일반적인 연구 주제는 5장의 행위주체성 논의에 풍부하게 담겨 있다. 이를테면 남반구에서 개발된 지속 가능 생계 및 자원/자산 관리 분석틀을 활용해, 북반구의 주류 연구에 빈곤층이 '견뎌내기'에 사용하는 방법에 관한 연구를 도입할 수 있을 것이다. 이런 연구는 빈곤층이 활용하는 행위주체성, 그들이 맞닥뜨리는 권력관계와 구조적 제약을 모두 드러낼 수 있다. 그리하여 정책 입안자와 실행자가 빈곤층의 '생존을 위한 선택'과 불안정을 더욱 민감하게 인식하도록 하고, 그 결과 '존엄하고 안정적인 생계를 꾸려 나가도록' 돕는 데 더 적합한 정책을 수립하고 실행할 수 있다.[17] 또는 빈곤층이 '조직화'하는 방법과 그들이 맞닥뜨리는 장벽에 특별히 관심을 기울이는 연구를 생각해 볼 수 있다. 이런 장벽 중 일부와 빈곤에서 '벗어나기'를 가로막는 벽들 중 일부는 권력을 더 많이 가진 이들이 행사하는 행위주체성의 결과물이다. '빈곤 지리'에 대한 연구를 마무리하면서 크로슬리는 "권력을 가진 집단과 그들이 좌우하는 공간에 집중하는 연구는 빈곤이 지속되는 이유를 이해하는 데 도움이 될 수 있다"며, '권력의 지위를 누리는 사람들의 삶'과 빈곤층의 삶을 연결시키는 '후속 연구'를 요청했다.[18]

정책과 실행

연구 성과가 반드시 정책으로 변환되리라는 기대는 순진한 생각이겠지만, 빈곤 연구는 정책에 영향을 미칠 수 있다. 빈곤 대응 정책에는 전반적인 정치적 고려가 담긴다. 이 전반적인 정치적 맥락 속에서, 빈곤에 대한 개념화, 정의, 측정과 이것들이 암묵적으로 전달하는 해석에 따라 정책 대응이 결정된다. 정책에 던지는 교훈은 특히나 국가별 정책의 맥락에 따라 다를테니 여기서 세세하게 설명하는 것은 적절치 않을 것이다. 그 대신 본문에서 발전시킨 핵심적인 빈곤 개념화를 바탕으로 하는 정책과 실행의 길잡이를 몇 가지 제시하고자 한다. 주로 사회보장과 관련된 것인데, 이는 정책으로서 사회보장이 이루고자 하는 전반적인 목표와 더불어 빈곤층의 삶에서 그것이 맡는 중심적인 역할과 인권으로서 차지하는 지위를 고려한 것이다.[19]

우선 수치에 관한 국가 간 연구에서 워커와 동료들이 도출한 정책 분석이 나침반으로 쓸 만하다. 이들은 '수치심 유발에서 존엄 고취로' 반빈곤 정책의 방향을 전환할 것을 요구한다.[20] 증거를 취합한 결과,

연구자들은 '수급자의 존엄을 고려하는 것이 장기적으로 반빈곤 활동이 성공하는 데 핵심적'이라는 결론에 다다랐다.[21] 이 철학은 빈곤에 기반한 차별을 불법화한 퀘벡과 프랑스의 법 제정에 반영되었다.[22]

빈곤 정책 연구자들은, '[정책적] 틀에 대한 비판적 평가'를 연구의 출발점으로 삼아야 하며 "존엄에 기반한 정책을 향한 진보의 첫걸음은 정책 자체의 설계만큼이나 정책 수립 과정을 형성하는 근본 담론을 변화시키는 일이 되어야 한다"고 주장한다.[23] 수많은 논평자가 정책과 정책 입안자들에게 영향을 미칠 수 있는 대중의 태도의 (역방향도 포함한) 전환에서 중요한 단계로 빈곤 담론의 '재구성'을 옹호했다.[24] 이는 본문에서 '재현의 정치'의 일환으로 지배적인 타자화 담론에 맞서는 빈곤의 '대항 서사'를 주장한 것과 결을 같이한다.[25] 오하라는 소셜 미디어 등을 통해 '자기만의 이야기를 내놓을' 장을 찾으려는 사람들 중에 빈곤을 직접 경험한 사람들이 기존의 지배적인 '유해한 빈곤 서사'가 가하는 해악에 도전하는 사례가 늘면서 새로운 서사가 모습을 드러내기 시작했다고 주장한다.[26] 오하라, 그리고 미국의 유뱅크스[27]는 빈곤에 대한 인식을 바꾸어 놓는 이야기하기의 힘을 극찬했다. 다만 이러한 입장과 정책 대안을 개발하는 데에 경험자로서의 전문성을 인정하는 문제를 혼동해서는 안 된다. 이 둘은 관련성은 있지만 별개의 문제다. 헤링턴 등이 주장하듯이, 이야기하기를 '회의실에서 한 자리'를 차지하는 대가로 요구해서는 안 된다.[28]

4장에서 논의한, 타자화하는 언론의 재현도 이 맥락과 연관된다. UN 극빈과인권에관한특별보고관은 "각국은 언론 윤리를 옹호하고, 빈곤 상태로 사는 사람, 노숙인, 실업자, 사회보장 수급자에 대한 부정적인 묘사를 멈추도록 하는 행동 강령 도입을 장려해야 한다"고 권고했다.[29] 그래도 이제는 이런 윤리를 지키는 언론이 더 많아지기는 했다.[30] 제임스 모리슨[31]은, 그럼에도 불구하고 기존의 부정적인 묘사를 거부하는 일반적 추세와 달리 '자격 있음'과 '자격 없음'이라는 분열을 조장하는 수사trope를 암묵적으로 영속시키고 있는 일부 언론의 반담론을 경계한다.[32]

특정 정책과 관련해서는, "정책과 사업에는 빈곤 상태로 사는 까닭에 느끼는 수치심을 **늘이**거나 **줄일** 잠재력이 있다"는 연구 결과를 바탕으로 워커와 동료들이 정책 입안자들에게 수치를 방지할 방안 마련을 주문한 사례가 있다.[33] 이 연구에서는 '빈민'에 국한되는 정책 규정이 수치를 유발하는 경향이 있다는 견해를 지지하며, '선별주의selectivity'가 "한편의 도덕적 우월감을 높이고 다른 한편의 낙인과 사회적 배제를 초래하는 경우가 많다"고 밝혔다.[34] 비슷한 맥락에서 울프와 드샬리트는 〔급여 청구를 위해〕자산 조사를 받는 과정 자체가 '존엄과 자긍심'을 해치고 사회의 연대를 약화시킬 수 있다고 주장한다.[35] 거꾸로, 보편주의universalism는 '공통의 사회 구성원 자격'과 동등한 공유 시민권을 나타내는 '사회 평등이라는 핵심 이상의 표현'이라고 기술한 연구도 있다.[36] '보편적인 사회정책'은 '빈민'을 분리하기보다는 "**동등한 관심과 존중**이라는 원칙에 따라 시민에게 **기본적 역량**을 보장하여, 자율적인 시민으로 행동할 능력 면에서 대체로 동등한 지위를 부여하는 것"을 목표로 한다.[37]

또한 보편적 접근법은 선별주의보다 빈곤과 사회·경제적 불안정 **예방**에 더 효과적이며, 그리하여 사회 전체에 이득을 안겨 준다는 점

풍요의 시대, 무엇이 가난인가

에서 지지를 받았다.[38] 코로나19 대유행 상황에서 사회보장제도가 포괄적이고 적절한 보호를 제공하지 못하는 경우가 많은 것으로 드러나면서 이 주장이 점점 더 큰 공감을 얻었고, 일부에서는 보편적이고 무조건적인 기본 소득 안에 대한 전례 없는 지지를 이끌어 내기도 했다.[39] 빈곤 예방에 필요한 것은 '예방 문화'와 '절벽 밑에서 구급차를 돌릴 것이 아니라 절벽 위에 울타리를 세우는' 원칙에 기반하는 '상향식 접근법'이다.[40] 에이드리언 신필드는 '복지에서 노동으로'라는 구호와 이른바 수동적 '복지 의존'이라는 인식에 치우쳐 '적절한 급여 제도가 다양한 방법으로 빈곤을 피하거나 벗어나는 데 실질적으로 도움이 된다는 증거를 무시'하는 '능동-수동' 이분법을 널리 받아들인 탓에 빈곤을 예방하는 사회보장제도의 잠재력이 손상되었다고 주장한다.[41] 적정 수준의 급여는 '수입이 끊기거나 줄어드는 문제에 맞닥뜨렸을 때 더 쉽게 대처하고 계획을 세울 수 있게 해 주는' 단단한 디딤돌을 제공한다.[42] 5장에서 인용한 멀레이너선과 샤퍼의 말처럼, 적은 소득으로 돌려 막는 생활 조건은 경제 불안정과 마찬가지로 "〔결핍의 덫'에서〕 벗어나기 더 어렵게 만든다."[43] 불안정을 심화시키는 부적절하고 모욕적이며 징벌적인 사회보장 정책은 효과적인 구직 활동을 통해 '행위주체성을 행사할 잠재력을 키우기는커녕 해칠' 수 있다.[44]

　　5장에서 논의한 생계 틀은 조금 다른 '적극적'인 반빈곤 정책의 개념화를 제시한다. 어떤 경우에든 반빈곤 전략의 핵심은 (일자리가 안정적이고 임금이 적정한 경우에) 공식적인 임금노동이 차지하지만, 나의 접근법에 따라 제시된 '적극적'인 반빈곤 정책 개념은 초점을 더 넓혀 줄 것이다. 목표는 빈곤층의 행위주체성을 키워, 빈곤을 '견뎌내고'

'헤쳐나가서' '벗어나는' 데 끌어 쓸 다양한 (재정, 개인, 사회, 문화) 자원에 투자함으로써 성장할 수 있도록 만드는 것이다. 즉 빈곤층이 가진 '생계의 여러 선택지를 정당화하거나 향상'시키는 것이다.[45] 여기에는 사람들의 삶에서 무급 노동(돌봄, 지역사회 활동, 자발적 노동)이 맡는 중요한 역할에 대한 인정도 포함된다. 이것은 보편적인 기본 소득을 지지하면서 나온 주장이다.

행위주체성을 지지하는 이 방안은 1장에서 논의한 역량 모델과 일치하며, 결국 인간 존엄을 향한 소명이라는 점에서 인권 접근법과도 맞닿아 있다.[46] 국제 인권법에서는 사회보장이 '인간 존엄 보장에서 핵심적인 중요성'을 갖는다고 인정한다.[47] 이러한 견해는 인권에서 사회보장이 차지하는 지위를 인정하면서 '대상자의 권리와 존엄의 존중'을 핵심 원칙으로 상정한 국제노동기구ILO의 사회보장 관련 권고 사항에 반영되어 있다.[48]

스코틀랜드는 '개인의 존엄에 대한 존중이 스코틀랜드 사회보장 제도의 핵심이 되도록' 사회보장이 '여타 인권의 실현에 필수적인' 인권이라고 명시적으로 인정하는 법안을 채택해 눈길을 끈다.[49] 패트릭과 심슨[50]은 사회보장제도가 분배적·관계적·본질적이라는 상호 연결된 세 가지 차원을 통해 존엄의 원칙을 만족시킬 수 있다고 주장한다. **분배적** 차원은 ILO가 권고했듯이 '존엄한 삶을 가능케' 하는 충분한 수준의 급여를 제공해야 한다는 뜻이다.[51] **관계적** 차원은, 4장에서 강조했듯이, 수치를 유발하고 인간성을 말살하는 경우가 너무 많은 복지 급여와 서비스의 전달 방식을 고민해야 한다는 말이다.[52] 즉 서비스 이용자의 인간 존엄과 동등한 시민권 존중을 전제하는, 경험자에게는 획기적으로 보일 수 있는 인권 문화의 채택을 시사한다.[53] 반빈곤 활동가들은 이러한 문화적 변화를 위해서는 빈곤 경험이 어떤 것인지, 그리고 무례한 대우가 끼치는 해악이 무엇인지 이해할 필요가 있다고 주장한다. 한 가지 방법은, 영국에서 사회복지를 공부하는 학생들이 시도하고 웨일스일자리센터Welsh Job Centre 직원들이 발전시킨 것처럼 전문가와 공무원의 훈련 과정에 빈곤을 경험한 사람들을 참여시키는 것이다.[54] '빈곤을 인지하는' 업무 방식을 개발하면 전문가와 빈곤 상태로 사는 사람들의 관계에서 나타나는 권력 불균형을 더 잘 이해할 수 있다.[55] 크루머네보가 사회복지 분야에서 공식화했듯이, 이런 업무 방식은 개인의 심리사회적 빈곤 경험에 대한 민감성에 인권, 구조적 개념화, 그리고 그에 대한 해석을 결합시킬 것이다.

(6장에서 논의했듯이) 빈곤층이 훈련 및 정책 개발 과정에 참여하면, 패트릭과 심슨이 '개인의 자존감'과 연결 짓는 사회보장의 **본질적** 차원을 강화하는 데 기여할 수 있다.[56] UN 극빈과인권특별보고관에 따르면 '의미 있고 효과적인 [그리고 진정으로 권력을 강화하는] 참여'를 통해 '인간으로' 인정받음으로써 자부심과 자신감을 키우고 타인으로부터 존중받을 수 있다.[57] 스코틀랜드에서 '경험 전문가'들의 연결망과 사회보장 헌장 설계를 통해 자치형 사회보장제도devolved social security system*를 개발하는 과정에서 이용자와 일선 직원의 전문성을 모두 이끌어 낸 참여가 핵심적인 역할을 했다.[58] 스코틀랜드 평등과인권위원회Equality and Human Rights Commission 보고서에서는 이용자의

---

* 영국에서 독립적인 입법권, 행정권을 행사하는 자치 지역인 스코틀랜드는 2018년 '스코틀랜드사회보장법'을 제정해 그동안 중앙정부가 관장해 온 사회보장 관련 권한을 최초로 이양받았다.

진정한 참여를 위해서는 모든 관계자의 일관된 역량과 관계 형성이 필요하다고 강조한다.[59] 심슨 등은 참여 접근법이 '존엄 보호에 기여'하는 것만큼이나 '민주주의의 실험실'로서 잠재력도 갖고 있다고 말한다.[60] 한 가지 숙제는 소집단 수준을 넘어 더 많은 사람을 끌어들이는 것, 그리고 주변화된 집단의 참여를 보장하고 교차하는 불평등을 고려하는 것이다.

반빈곤 정책에 있어서 참여 접근법에 담긴 민주적 잠재력과 이것이 가져오는 시민권 및 인권의 강화는 내가 했던 여러 제안들을 꿰뚫는 하나의 줄기를 보여 준다. 즉, 정책 논쟁 전반에 반빈곤 정책을 포함시켜야 한다는 것이다. 이는 빈곤이 다른 정책 사안과 어떻게 중첩되는지를 강조하기 위해서만이 아니라, 빈곤 문제를 부수적인 것으로 취급하는 경향에 맞서 대중의 참여를 이끌어 낸다는 더 중요한 목표를 위해서이기도 하다. 빈곤의 부정적 면모에만 관심을 쏟을 것이 아니라, '빈곤이 없는 좋은 사회'란 어떤 모습일지에 대한 희망적인 대화에 사회 전체가 참여해야 한다.[61] 반빈곤 전략은 이런 전망의 틀 안에서, 전반적인 사회경제적 불평등[62]과 3장에서 살펴본 성별, '인종', 장애, 연령에 따라 교차하는 불평등[63]을 경감하기 위한 정책과 통합되어야 한다. 나아가 불평등은 기후 비상사태와 밀접히 연관되고, 그로 인해 심화된다.[64] 니컬러스 스턴은 '이중 불평등'을 지적하며, 그로 인해 "어디에 있든, 세계에서 가장 가난한 이들은 기후 변화에 가장 적은 영향을 미쳤으나 가장 크게 고통받는다"고 말한다.[65] 따라서 환경 정의와 사회경제적 정의는 서로 강하게 얽혀 있다. 좋은 사회라는 긍정적인 전망은 1장에서 역량 이론가들이 '인간 번영', '행복', '삶의 질', '사회의 질' 같은 개념을 통해 옹호했던 것처럼, 사회 구성원 모두가 누리기를 바라는 삶의 형태를 더욱 강조하는 주장과도 맞닿아 있다.

재분배와 인정, 그리고 존중의 정치

좋은 사회를 향한 전반적인 전망 안에 반빈곤 정책을 위치시키면 빈곤 정치와 더 긴밀한 질문이 따라 나온다. 이 책의 초반에 나는 사회 전반을 향해, 그리고 사실상 전 지구적 맥락에서 국제사회를 향해 빈곤이 제기하는 정치적·도덕적 주장을 강조했다. 빈곤의 개념화, 정의, 측정은 모두 정치에 영향을 미치며 정치적 입장을 담는다. 각 정당의 입장은 빈곤에 대한 접근법에 따라 나뉘는 경향이 있긴 하지만, 내가 여기서 쓴 '정치적'이라는 표현은 정당정치를 의미하지 않는다. 그보다 더 일반적으로, "자원의 이용과 분배, 그리고 상징적 재현에 대응하는 모든 협력, 타협, 투쟁 행동에서 표출되는 … 사회적·물리적 환경을 유지하거나 변화시킬 … 사회적 주체, 기관, 제도의 역량"을 가리킨다.[66]

그림 2의 빈곤 수레바퀴는 빈곤 정치를 구성하는 투쟁을 재개념화하는 틀로 활용할 수 있다. 수레바퀴의 물질적 중심부에 **재분배**의 정치를 두고, 관계적·상징적 둘레에 인정 및 존중의 정치를 배치하는 것이다. 나는 이렇게 볼 때 빈곤 정치를 잘 이해할 수 있다고 생각한다. 이역시, 가장 대표적으로는 정치 이론가 낸시 프레이저의 작업과 연결된, 전반적인 현대의 정치 논쟁 및 이론 논쟁에 빈곤 문제를 통합시키는 방법이다. 프레이저는 재분배 정치의 뿌리를 사회경제적 부정의에 맞서는 투쟁에 두고, 인정의 정치의 뿌리를 문화적·상징적 부정의에 맞서는

투쟁에 둔다. 오랫동안 사회경제적 부정의는 빈곤에 처한 사람들에게 물질적 자원을 재분배해야 하는가 아닌가, 한다면 어떻게, 어느 정도로 해야 하는가를 둘러싸고 벌어지곤 했던 빈곤 정치를 뒷받침했다. 문화적·상징적 부정의를 빈곤에 적용하는 경우는 그만큼 흔하지는 않지만, 이 책에서 발전시킨 개념화에 부합한다.[67] 또한 '존중과 불평등의 관계'라는 존중에 관한 세넷의 주요 논의 주제와,[68] 호네트가 파악한 계층 사회에서 '사회적으로 인정받을 기회의 배분에서 계속되는 불평등'을 반영한다.[69]

그림 2에서 수레바퀴의 중심부는 '용납할 수 없는 곤란'의 물질적 핵심으로 표현된다. 곤란의 규모와 심도, 또 거기에 뒤따르는 고통은 빈곤층을 허약하게 만드는 불안정과 더불어 수많은 부유국 정부와 그 정부를 선출한 비빈민 시민들이 저지르는 폐단을 드러낸다. 코로나19 위기는 그 민낯을 거울처럼 또렷하게 비추었다. 3장에서 논했듯이 빈곤과 불평등은 동의어가 아니지만, 이 둘은 동일한 사회경제적 구조와 양극화 과정에서 비롯한다. 최근에는 더 잘 사는 이들이 가진 자원을 사회경제적 위계의 맨 아래에 있는 사람들에게 재분배하자는 주장이 그다지 통용되지 않는다. 그럼에도 불구하고, 잔인할 정도로 불평등한 미국과 영국 같은 사회에서 재분배를 요구하는 목소리는 더 커지지는 않았을지언정 여전히 강력하다. 이 정도의 불평등은 필연적이지 않으며,[70] 이러한 현실은 '평등주의적 재분배 정치의 부흥'을 요구한다.[71] 근본적으로 '빈민'에게는 돈이나 기타 필수 자원이 충분치 않다. 우리가 살펴보았듯이 (공식 경제에서든 비공식 경제에서든) 임금노동이 곤란으로부터의 탈출을 보장하지 않는다. 그렇다면 빈곤을 퇴치하기 위해서는 필요한

것보다 훨씬 많이 가진 이들에게서 존엄한 삶에 필요한 것보다 적게 가진 이들에게로 자원을 재분배할 필요가 있다는 주장이 뒤따른다. 데이비드 브래디[72]의 분석에 따르면, 부유한 서구 민주주의 국가 간에 나타나는 빈곤 수준의 차이를 설명하는 핵심 요소는 복지국가의 너그러움이다. 게다가 전 지구적 정의justice와 시민권 개념이 통용됨에 따라, 전 지구적 차원의 재분배가 어느 정도 필요하다는 목소리에도 귀를 기울여야 한다.[73]

수레바퀴의 관계적·상징적 둘레로 향하면 인정 및 존중의 정치와 마주하게 된다. 관련 문헌에서 쓰는 표현은 '인정'의 정치지만, 나는 빈곤층 당사자의 언어를 반영하여 여기에 '존중'을 추가했다. 실제로 프레이저는 다음과 같이 '문화적·상징적 부정의'의 사례 중 하나로 비존중disrespect을 꼽았다. "(개인이 속한 문화에 내재하는 권위적인 재현, 소통, 해석의 관행을 통해 보이지 않는 존재가 되는) 비인정nonrecognition, (틀에 박힌 대중문화상의 재현과 일상생활 속 상호작용에서 상시적으로 비방과 폄하를 당하는) 비존중."[74] 4장에서 분석한 타자화 과정이 이 짧은 문구에 잘 요약되어 있다. 우리가 보았듯이, 빈곤 정치를 목소리, 존중, 권리라는 비물질주의적 담론, 달리 말해 인정 및 존중의 정치로 표현하는 경향이 점차 늘고 있다. 그러나 대개는 인정의 정치를 여성, 성소수자LGBTQ＋, 장애인, 그리고 인종화된 집단이 제기하는 집단적인 차이 및 정체성 주장으로 파악한다. 그런 정체성이 빈곤층에게도 중요할 수 있지만, 빈곤으로 인해 다르게 취급받는 것은 그들이 바라는 바가 아니다. 그들은 오히려 공통의 인간성과 시민권, 그리고 거기서 비롯하는 동등한 가치를 인정받기 위해 투쟁한다. 행위주

체성과 정치적 목소리를 인정받기 위한 투쟁도 여기에서 비롯한다.[75]

이에 관해서는 인정의 정치에 대한 프레이저의 논평에서 도움을 얻을 수 있다.[76] 프레이저는 흔히 보듯이 인정의 정치를 정체성 정치와 동일시하는 것은 잘못이라고 일축한다. 인정에 대한 요구를 활용하는 방식은 오인정의 본질에 따라 달라지는데, "오인정이 … 공통의 인간성 … 부정을 동반하는 경우에 … 해결책은 보편주의적 인정이다."[77] 프레이저는 오인정을 정체성 문제가 아니라 사회적 지위의 종속 및 부정의의 문제로 취급한다. "인정은 집단 특유의 정체성을 위해서가 아니라 사회적 상호작용을 온전히 할 수 있는 동반자라는, 집단의 구성원으로서의 지위를 확보하기 위해서 요구하는 것이다."[78] 프레이저는 '정의의 가장 중요한 규범적 원칙'이 '동등한 참여'라고 본다.[79] 동등한 참여를 막는 걸림돌은 문화적이고 물질적이며, 또한 정치적이다.[80] 이 모델에서 인정과 재분배는 문화적, 경제적 영역에 각각 분리되어 연결되는 것이 아니라 두 영역 모두에 적용할 수 있는 상호 연결된 사회적 정의의 두 가지 측면과 관점을 의미한다. 또한 필의 연구에서는 이 둘을 정치의 영역으로 연결시키며 빈곤과의 관련성을 강조한다.

> 빈곤에 대한 대응이 사회정의[의 실현]이라면, 단지 재정적 결과에 대해서만이 아니라 심리적·감정적 상처에도 대응해야 한다. … [빈곤한 사람들을 위한] 정의의 실현은 … 듣는 일에 달려 있다. … [그들은] 가르침 받을 필요가 없고 들을 필요도 없다. [오히려] 신뢰받고 존중받고 목소리를 전달할 수 있어야 한다. 그들은 부정의의 결과에 당하는 것이 아니라 부정의에 관한 대화를 시작하기

를 바란다.[81]

　프레이저[82]는 사회정의를 위해 투쟁하려면 인정과 재분배의 정치를 통합해야 한다고 주장한다. 이 책에서 발전시킨 빈곤 개념화도 동일한 결론으로 향한다. 빈곤층은 물질적 박탈, 타자화와 비인간화 과정, 인권과 시민 인권의 침해, 목소리 부족, 상대적 권력 부재로 인해 동등한 참여를 부정당한다. 마지막으로 언급한 상대적 권력 부재는 정치적 차원의 중요성, 그리고 거기에 뒤따르는 권력관계에 대한 해석을 되새기게 한다.[83] 사회정의를 향한 투쟁에는 재분배와 인정 및 존중이 모두 담겨야 한다. 따라서 예를 들어 저임금 노동자가 적정 임금을 요구할 때는 그가 다른 사람에 비해 자기 노동의 대가를 얼마나 받는가 하는 물질적인 질문과 그 임금이 자기 가치를 인정받는 데 어떤 의미를 지니는가 하는 상징적인 질문이 모두 중요하다. 두 질문 모두 그 노동자가 받는 임금이, 비슷한 맥락에서 사회보장 급여가 인권의 원칙이 요구하는 '존엄한 삶'을 영위하기에 충분한 수준인가를 묻는 것이다.

　재분배와 인정 및 존중이라는 이중의 빈곤 정치는 이 책에서 발전시킨 개념화에서 비롯한다. 우리가 빈곤을 이해하는 방식과 태도, 그리고 그에 대응해 어떤 행동을 하기로 결정하는지를 살펴보면, 우리가 암묵적·명시적으로 빈곤을 개념화하는 방식이 드러난다. 빈곤에 대한 우리의 이해가 깊어질 수 있기를 바라며, 빈곤과 그로 인한 고통에 맞서는 '빈민'과 '비빈민' 모두의 투쟁을 뒷받침할 개념화를 제시하고자 이 책을 썼다.

옮긴이의 말

이 책은 영국의 사회학자이자 반빈곤 운동가이며 상원의원이기도 한 루스 리스터가 쓴 빈곤에 대한 개론서이다. 영국 폴리티출판사의 '핵심 개념 시리즈'로 2004년 초판이 출간된 후 무려 17년 만인 2021년에 개정판이 나왔다. 한국어판은 바로 이 개정판을 옮긴 것이다.

핵심 개념 시리즈라는 기획에 걸맞게 책의 전반부에서는 빈곤이란 무엇이며 어떻게 확인할 수 있는가, 즉 빈곤의 정의, 측정, 그리고 이 모두를 포괄하는 개념화를 둘러싼 학문적 논의의 흐름을 폭넓고도 세세하게 훑어 나간다. 그런 다음 불평등과 다양한 사회적 범주 등의 조건을 통해 빈곤 경험이 얼마나 다차원적으로 발생하고 교차하는지 설명한다. 후반부에서는 빈곤과 비빈곤, '빈민'과 '비빈민'을 규정하는 권력이 어디에 있으며 그 권력관계가 담론과 행위주체성을 통해 어떻게 현실에 영향을 미치는가를 역사적, 통사적으로 상세히 짚어 낸다. 마지막으로 결국 이러한 권력관계를 꿰뚫으며 해법을 찾아 나갈 중요한 열쇠로 인권을 활용하는 방안을 제시한다.

한편, 저자는 책에서 사용한 거의 모든 개념과 문구에 해당 논의의 근거가 되는 원전을 직접 인용과 주석을 통해 밝혀 두고 있다. 책을 읽는 도중이나 이후에 빈곤을 둘러싼 복잡하고도 풍부한 논의로 더 깊이 파고들고자 하는 이들에게 이 목록은 유용한 지도가 될 것이다.

이런 구성과 전개 방식으로 볼 때 이 책은 빈곤이라는 주제로 사회를 이해하고 해석하기 위한 교과서로, 또 빈곤 대응 방안과 예방책을 수립, 평가하기 위한 지침서로 삼을 만한 중요한 저작이다. 그러나 한국어판 『풍요의 시대, 무엇이 가난인가』가 다가가고자 하는 독자는 특정 분야의 학자나 운동가, 정책결정자에 그치지 않는다. 전 지구적 불평등과 기아 문제를 연결 지으며 인도적 대응을 촉구한 장 지글러의 『왜 세계의 절반은 굶주리는가?』(유영미 옮김, 갈라파고스, 2007)에서부터 '어째서 가난한 사람들은 자기 파괴적 행동을 하는가'라는 '비빈민'의 흔한 의문에 답하고자, 당사자로서 신랄하게 가난의 실체를 그려 보인 린다 티라도의 『핸드 투 마우스』(김민수 옮김, 클, 2017)에 이르기까지, "'진짜' 빈곤은 사라진" 듯 보이는 21세기에도 여전히 인류를 사로잡고 있는 굶주림과 가난의 문제를 드러내는 저술에 관심을 두고 귀 기울이는 시민들에게 폭넓게 다가가는 책이기를 바란다. 그러한 이유로 원문에 쓰인 학술적 전문적 용어를 맥락을 벗어나지 않는 한에서 가급적 풀어 옮기고, 이해를 돕기 위해 필요한 경우 원문에 없는 삽입구를 더러 추가하기도 했다. 옮기는 입장에서는 상당히 부담스럽고 어려운 모험이었다.

그뿐 아니다. 국내에 아직 통용되지 않는 용어는 물론, 비교적 일반적으로 쓰이는 용어를 옮기는 데도 수없는 고민이 필요했다. 이를테면 인간의 기본적 필요를 가리키는 'need'는 필요뿐 아니라 욕구, 요구 등 여러 가지 단어로 옮길 수 있고 그에 따른 미묘한 차이와 구체적인 학문적 맥락이 존재한다. 또 다른 예로, 저자는 언어와 담론의 영향력을 고려해 'poor'라는 단어를 지양하고 'people in poverty'를 사용함으로써 '빈민' 또는 '빈곤층'이 절대적인 실재를 가리키는 것이 아니며 구분선은 언제든지 변할 수 있음을 드러내고자 했지만, 한국어로는 문장의 전달력을 고려해 '빈곤 상태에 놓인 사람들'이라는 직역과 '빈곤층'이라는 (저자라면 피하려 했을) 단어를 혼용했다. 거의 모든 단어에 이런 고민이 담겨 있는데, 읽는 이의 시선과 맥락, 전문성에 따라 어떤 것은 문제적으로 어떤 것은 심각한 오역으로 평가될 수 있으리라 생각한다. 이는 해당 분야의 학문적 성과를 두루 살피지 못한 옮긴이의 한계와 책임으로 남기고 출간 후 다양한 의견을 확인하여 기회가 생기는 대로 반영하고자 한다.

이 책의 저자 루스 리스터는 북반구, 1세계, 백인, 엘리트 등 기득권이라 볼 수 있는 여러 가지 '꼬리표'를 지닌 사람이다. 그런 입장에서 빈곤에 관해 연구하고 발언하는 것이 어떤 의미인지 인지하면서 저자는 시종일관 신중한 모습을 보인다. 짐작하건대 초판을 내놓을 당시 저자는 이미 사회적으로 가장 활발한 활동을 펼치는 시기에 도달했을 것이며, 그 후로도 한결같이 학문, 사회운동, 정책, 정치 분야에 걸쳐 빈곤과 관련한 폭넓은 공헌을 해 온 것이 틀림없다. 그럼에도 불구하고 이제 70대에 접어든 저자가 내놓은 개정판을 받아든 옮긴이의 눈에 가장 인상적인 지점은 여전히 끊임없이 공부하는 학자로서의 태도였다.

풍요의 시대, 무엇이 가난인가

저자가 서문에서 밝혀 둔 대로 기존 학문의 영역에서는 도외시되었어도 남반구를 중심으로 꾸준히 발전해 온 참여연구의 성과를 개정판에 충실히 녹여 냈으며, 자기 삶의 경험을 깊이 벼려 낸 당사자들 즉 '경험에 기반한 전문가들'의 목소리에 학자로서나 동료 시민으로서나 오랜 시간 귀 기울이고 세심하게 소화해 왔음을 책의 곳곳에서 확인할 수 있었다. 그 덕에 나 역시 독자로서, 또 현재의 빈곤 문제에 책임이 있는 한 명의 시민으로서 어떤 공부와 실천을 더 해나가야 할지 깨달을 수 있었다. '고통에 목소리를 빌려주려는 욕구가 모든 진실의 조건이다'라는 아도르노의 명제로 시작하여, '모든 인간은 태어날 때부터 자유로우며 그 존엄과 권리에 있어 동등하다'라는 인권의 정신을 거쳐, '인정과 재분배의 정치'가 필요하다는 프레이저의 주장을 원용하며 마무리하는 저자의 논지가 막연한 학문적 논의에 그치지 않고 실현 가능한 대안으로 다가오는 이유가 여기에 바로 있을 것이다.

세상을 바꾸는 데는 한 명의 위대한 영웅이 아니라 타인의 고통에 귀 기울이고, 목소리를 부여하고, 인간이기에 당연히 누려야 할 한자리를 내어 주는 무수한 이웃이 필요하다는 진실을 새삼 되새기며 이 벅찬 작업을 마무리한다.

주

들어가며

1. UN, 2015, *Transforming Our World: The 2030 Agenda for Sustainable Development*, Resolution adopted by the General Council, 25 September. New York: UN, pp. 1, 3.
2. Pemberton, S. 2015, *Harmful Societies*, Bristol: Policy Press.
3. Piachaud, D. 1987, Problems in the definition and measurement of poverty, *Journal of Social Policy* 16(2), p. 161.
4. CoPPP, 2000, *Listen Hear: The Right to be Heard*. Bristol: Policy Press, p. 5; Del Tufo, S. and Gaster, L. 2002, *Evaluation of the Commission on Poverty, Participation and Power,* York: Joseph Rowntree Foundation.
5. Adair, V. C. 2005, US working class/poverty class divides, *Sociology* 39(5), p. 817.
6. McKenzie, L. 2015, *Getting By: Estates, Class and Culture in Austerity Britain,* Bristol: Policy Press, p. 108.
7. Tirado, L. 2014, *Hand to Mouth: The Truth about Being Poor in a Wealthy World,* London: Virago, p. xx[린다 티라도 지음, 김민수 옮김, 『핸드 투 마우스 — 부자 나라 미국에서 하루 벌어 하루 먹고사는 빈민 여성 생존기』, 클, 2017]; McGarvey, D. 2017, *Poverty Safari,* Edinburgh: Luath Press[대런 맥가비 지음, 김영선 옮김, 『가난 사파리 — 하층계급은 왜 분노하는가』, 돌베개, 2020]; Carraway, C. 2019, *Skint Estate: A Memoir of Poverty, Motherhood and Survival,* London: Ebury Press; Hudson, K. 2019, *Lowborn: Growing Up, Getting Away and Returning to Britain's Poorest Towns,* London: Chatto & Windus; Arnade, C. 2019, *Dignity: Seeking Respect in Back-row America,* New York: Sentinel.
8. Townsend, P. 1993, *The International Analysis of Poverty,* Hemel Hempstead: Harvester Wheatsheaf; Townsend, P. and Gordon, D. (eds), 2002, *World Poverty,* Bristol: Policy Press; Atkinson, A. B. 2019, *Measuring Poverty around the World,* Princeton, NJ: Princeton University Press; Spicker, P. 2020, *The Poverty of Nations,* Bristol: Policy Press.
9. UN, 2015, 앞의 글; Bennett, F. 2019, Sustainable development goals and poverty in the UK, *Poverty* 163, pp. 6–10.

10. Maxwell, S. 2000, Developing the Consensus, *New Economy* 7(4), pp. 210-213; Chase, E. and Bantebya-Kyomuhendo, G. (eds), 2015a, *Poverty and Shame*, Oxford: Oxford University Press.

11. Walker, R. 2014b, *The Shame of Poverty*, Oxford: Oxford University Press, p. 197; Bray, R. et al, 2019, *The Hidden Dimensions of Poverty*, Pierrelaye: International Movement ATD Fourth World.

12. Øyen, E. 1996, Poverty research rethought. In E. Øyen, S. M. Miller and S. A. Samad (eds), *Poverty: A Global Review*, Oslo: Scandinavian University Press, p. 4.

13. Dean, H. 2016, Poverty and social exclusion. In H. Dean and L. Platt (eds), *Social Advantage and Disadvantage*, Oxford: Oxford University Press, p. 13.

14. Katz, M. B. 2013, *The Undeserving Poor* 2nd edn, Oxford: Oxford University Press, p. xiii.

15. Wresinski, J. 1994, *Chronic Poverty and Lack of Basic Security. The Wresinski Report of the Economic and Social Council of France*, Paris: Fourth World Publications, p. 2.

16. Hacker, J. 2019, *The Great Risk Shift*, Oxford: Oxford University Press.

17. Wolff, J., Lambe E. and Szpiro, E. 2015, *A Philosophical Review of Poverty*, York: Joseph Rowntree Foundation, p. 32; Hacker, J. 2019, 앞의 책.

18. Townsend, P. 1979, *Poverty in the United Kingdom*, Harmondsworth: Penguin Books 등.

19. Bennett, F. and Roche, C. 2000, The scope for participatory approaches, *New Economy* 7(1), pp. 24-28.

20. Baulch, B. 1996b, Neglected trade-offs in poverty measurement, *IDS Bulletin* 27(1), pp. 36-42.

21. Sidel, R. 1992, *Women and Children Last: The Plight of Poor Women in Affluent America*, New York: Penguin(Featherstone, B., White, S. and Morris, K. 2014, *Re-imagining Child Protection*, Bristol: Policy Press에서 재인용).

22. Rancière, J. 2001, Ten theses on politics, *Theory & Event* 5(3)[https://muse.jhu.edu/article/32639](Tyler, I. 2013, *Revolting Subjects*, London/New York: Zed Books에서 재인용).

23. Arnade, C. 2019, *Dignity. Seeking Respect in Back-row America*, New York: Sentinel, p. 283.

24. Øyen, E. 1996, 앞의 글, p. 10.

25. Jones, C. and Novak, T. 1999, *Poverty, Welfare and the Disciplinary State*, London: Routledge.

26. Reay, D. 2005, Beyond consciousness? The psychic landscape of social class, *Sociology* 39(5), p. 912; Sayer, A. 2005a, Class, moral worth and recognition, *Sociology* 39(4), pp. 947 – 963; Sayer, A. 2005b, *The Moral Significance of Class*, Cambridge: Cambridge University Press; Walker, R. 2014b, 앞의 책.

27. Frost, L. and Hoggett, P. 2008, Human agency and social suffering, *Critical Social Policy* 28(4), p. 440.

28. Walker, R. 2014b, 앞의 책, p. 120.

29. Ridge, T. and Wright, S. 2008, Introduction. In T. Ridge and S. Wright (eds), *Understanding Inequality, Poverty and Wealth*, Bristol: Policy Press, p. 3.

30. Vasilachis de Gialdino, I. 2006, Identity, poverty situations and the epistemology of the known subject, *Sociology* 40(3), p. 481. 이 제안은 '빈곤을 하나의 범주나 물질 지위가 아니라 관계, 그리고 갈등, 위기, 다툼의 장으로 검토하면서 빈곤과 특권을 상호 구성되는 것으로 취급하는', 엘우드와 로슨이 지지한 관계적 접근법과 모순되지는 않지만 다소 차이가 있다(Elwood, S. and Lawson, V. 2018, (Un)thinkable poverty politics. In V. Lawson and S. Elwood (eds), *Relational Poverty Politics*, Athens: University of Georgia Press, p. 6).

31. Hooper, C-A., et al, 2007, *Living with Hardship 24/7*, London: Frank Buttle Trust, p. 18.

32. Spicker, P. 2020, 앞의 책, p. 6.

33. 위의 책, p. 138.

34. Wolff, J. and de-Shalit, A. 2007, *Disadvantage*, Oxford: Oxford University Press, pp. 5 – 6; *Juncture*, 2014, The Left takes a relational turn, 20(4).

35. Fraser, N. 1997, *Justice Interruptus*, New York: Routledge, p. 14.

36. Moser, C. 1998, The asset vulnerability framework. *World Development* 26(1), pp. 1 – 19.

37. Baulch, B. 1996b, 앞의 글.

38. Baulch, B. 1996a, The new poverty agenda, *IDS Bulletin* 27(1), p. 3.

39. Spicker, P. 2007, *The Idea of Poverty*, Bristol: Policy Press, p. 6; Spicker, P. 2020, 앞의 책, p. 17.

40. 이런 주제를 더 풍부하게 다룬 연구는 다음과 같다. Alcock, P. 2006, *Understanding Poverty* 3rd edn, Basingstoke: Palgrave; Deacon, A. 2002, *Perspectives on Welfare*, Buckingham: Open University Press; Mooney, G. 2008, Explaining poverty, social exclusion and inequality: Towards a structural approach. In T. Ridge and S. Wright (eds), *Understanding Inequality, Poverty and Wealth*, Bristol: Policy Press; Lister, R. 2011b, Social justice for children.

In A. Walker, A. Sinfield and C. Walker (eds), *Fighting Poverty, Inequality and Injustice*, Bristol: Policy Press; Katz, 2013, 앞의 책.

41. Wolff, J. and de-Shalit, A. 2007, 앞의 책.

1장 빈곤의 정의

1. Nolan, B. and Whelan, C. T. 1996, *Resources, Deprivation, and Poverty*, Oxford: Clarendon Press, p. 193.

2. 위의 책, p. 188

3. 위의 책, p. 193.

4. JRF. 2016, *UK Poverty: Causes, Costs and Solutions*, York: Joseph Rowntree Foundation, p. 13.

5. 그 예로 Tomlinson, M. and Walker, R. 2009, *Coping with Complexity*, London: Child Poverty Action Group; Hick, R. 2014a, On 'consistent poverty', *Social Indicators Research* 118(3), pp. 1087 - 1102; Hick, R. 2016, Material poverty and multiple deprivation in Britain: The distinctiveness of multidimensional assessment, *Journal of Public Policy* 36(2), pp. 277 - 308과 이 책의 2장을 보라.

6. Langmore, J. 2000, Reducing poverty: The implications of the 1995 Copenhagen Agreement. In D. Gordon and P. Townsend (eds), *Breadline Europe*, Bristol: Policy Press, p. 37.

7. Nolan, B. and Whelan, C. T. 1996, 앞의 책.

8. Ringen, S. 1987, *The Possibility of Politics*, Oxford: Clarendon Press, p. 146.

9. 위의 책, p. 146.

10. Gordon, D., Pantazis, C. and Townsend, P. 2000, Absolute and overall poverty. In D. Gordon and P. Townsend (eds), *Breadline Europe*, Bristol: Policy Press, p. 91.

11. Atkinson, A. B. 1989, *Poverty and Social Security*, Hemel Hempstead: Harvester Wheatsheaf, p. 12. 강조 추가.

12. Atkinson, A. B. 1990, Comparing poverty rates internationally. Discussion Paper, WSP/53. London: STICERD, p. 8.

13. Jenkins, S. P. 1991, Poverty measurement and the withinhousehold distribution, *Journal of Social Policy* 20(4), p. 464. 강조 추가. 이 책의 3장도 참고하라.

14. Millar, J. and Glendinning, C. 1992, 'It all really starts in the family': Gender divisions and poverty. In C. Glendinning and J. Millar (eds), *Women and Poverty*

in Britain: The 1990s, Hemel Hempstead: Harvester Wheatsheaf, p. 9.

15. Bennett, F. and Daly, M. 2014, *Poverty through a Gender Lens: Evidence and Policy Review on Gender and Poverty*, Oxford: Department for Social Policy and Intervention, p. 39.

16. Standing, G. 2011, *The Precariat*, London: Bloomsbury[가이 스탠딩 저, 김태호 역, 『프레카리아트, 새로운 위험한 계급』, 박종철출판사, 2014]; Lansley, S. and Mack, J. 2015, *Breadline Britain*, London: Oneworld; Orton, M. 2015, *Something's Not Right: Insecurity and an Anxious Nation*, London: Compass; Hacker, J. 2019, 앞의 책 및 이 책의 5장을 보라.

17. UNDP, 1997, *Human Development Report 1997*, Oxford: Oxford University Press, p. 2; Vizard, P. 2001, *Economic Theory, Freedom and Human Rights: The Work of Amartya Sen*, ODI Briefing Paper. London: ODI.

18. Carpenter, M. 2009, The capabilities approach and critical social policy, *Critical Social Policy* 29(3), pp. 351-373.

19. Sen, A. 2009, *The Idea of Justice*, London: Allen Lane, pp. 231-232.

20. Wolff, J. and de-Shalit, A. 2007, 앞의 책, pp. 9, 182.

21. Sen, A. 1985a, *Commodities and Capabilities*, Amsterdam: Elsevier Science Publishers; Sen, A. 1992, *Inequality Reexamined*, Oxford: Clarendon Press[아마르티아 센 지음, 이상호 옮김, 『불평등의 재검토』, 한울아카데미, 2008]; Sen, A. 1999, *Development as Freedom*, Oxford: Oxford University Press[아마르티아 센 지음, 김원기 옮김, 유종일 감수, 『자유로서의 발전』, 갈라파고스, 2013].

22. Sen, A. 1992, 앞의 책, p. 109.

23. Nolan, B. and Whelan, C. T. 1996, 앞의 책, p. 184.

24. Hick, R. 2012, The capability approach: Insights for a new poverty focus, *Journal of Social Policy* 41(2), p. 303.

25. Jackson, C. 1998, Women and poverty or gender and wellbeing?, *Journal of International Affairs* 52(1), pp. 67-81; Nussbaum, M. 2006, Poverty and human functioning: Capabilities as fundamental entitlements. In D. B. Grusky and R. Kambur (eds), *Poverty and Inequality*, Stanford, CA: Stanford University Press; Wolff 외, 2015, 앞의 책.

26. Dean, H. 2010, *Understanding Human Need*, Bristol: Policy Press, p. 84.

27. Vizard, P., Fukuda-Parr, S. and Elson, D. 2011, Introduction: The capability approach and human rights, *Journal of Human Development and Capabilities* 12(1), p. 2; Nussbaum, M. 2006, 앞의 책; Vizard, P. and Burchardt, T. 2007, *Developing a Capability List*, CASE paper 121. London: CASE; Carpenter, M.

2009, 앞의 글.

28. Nussbaum, M. 2000, *Women and Human Development,* Cambridge: Cambridge University Press, p. 5.

29. Nussbaum, M. 1995, Emotions and women's capabilities. In M. Nussbaum and J. Glover (eds), *Women, Culture and Development,* Oxford: Clarendon Press: Pogge, T. 2002, *World Poverty and Human Rights,* Cambridge: Polity.

30. UKCAP, 2008, *Communicating Poverty.* Liverpool: CAP.

31. UNDP, 1997, 앞의 책; Narayan, D. et al, 2000, *Can Anyone Hear Us?,* Oxford: Oxford University Press.

32. 어린이 관련 연구 포함. 예를 들어 Camfield L., Streuli, N. and Woodhead, M. 2009, What's the use of 'wellbeing' in contexts of child poverty?, *International Journal of Children's Rights* 17, pp. 65 – 109.

33. Pemberton, S. 2015, 앞의 책. 그러나 데이비드 테일러는 역량 접근법에서도 전형적으로 나타나는 지배적인 개인주의적 가정에 대항하기 위해서 행복을 '관계적·맥락적으로' 이해해야 한다고 주장한다(Taylor, D. 2011, Wellbeing and welfare: A psychosocial analysis of being well and doing well enough, *Journal of Social Policy* 40(4), p. 779).

34. Baars, J., Knipscheer, K., Thomése, F. and Walker, A. 1997: Conclusion. In W. Beck, L. van der Maesen and A. Walker (eds), *The Social Quality of Europe,* The Hague: Kluwer Law International, p. 302; Dean, H. 2010, 앞의 책.

35. Nussbaum, M. and Sen, A. (eds), 1993, *The Quality of Life,* Oxford: Clarendon Press, p. 31.

36. 위의 책.

37. Erikson, R. 1993, Descriptions of inequality: The Swedish approach to welfare research. In M. Nussbaum and A. Sen (eds), 앞의 책, p. 73과 이 책의 5장을 보라.

38. Tomlinson, M., Walker, A., and Foster, L. 2016, Social quality and work, *Journal of Social Policy* 45(2), p. 346.

39. Beck, L. van der Maesen and A. Walker (eds), 1997, 앞의 책, p. 3; Tomlinson, M., Walker, A., and Foster, L. 2016, 앞의 책, p. 347.

40. Beck, L. van der Maesen and A. Walker (eds), 1997, 앞의 책, p. 11.

41. Baulch, B. 1996b, 앞의 글.

42. Sen, A. 1999, 앞의 책, p. 87.

43. 위의 책, p. 90.

44. UNDP, 1997, 앞의 책.

45. Sen, A. 1999, 앞의 책, p. 20.

46. Hick, R. 2012, The capability approach: Insights for a new poverty focus, *Journal of Social Policy* 41(2), p. 306; Hick, R. 2014a, On 'consistent poverty', *Social Indicators Research* 118(3), pp. 1087 - 1102.

47. Wolff, J., Lambe E. and Szpiro, E. 2015, 앞의 책, p. 26.

48. Marx, K. 1987, First draft of 'A contribution to the critique of political economy'. In K. Marx and F. Engels, *Collected Works* vol. 49, London: Lawrence and Wishart, pp. 431 - 442.

49. Raveaud, G. and Salais, R. 2001, Fighting against social exclusion in a European knowledge-based society. In D. G. Mayes, J. Berghman and R. Salais, R. (eds), *Social Exclusion and European Policy*, Cheltenham: Edward Elgar, p. 60; Giddens, A. 2002, *Where Now for New Labour?*, Cambridge: Polity[앤서니 기든스 지음, 신광영 옮김, 『노동의 미래』, 을유문화사, 2004]; Byrne, L. 2011, Eliminating 'power failure': A new agenda for tackling inequality. In R. Philpot (ed.), *The Purple Book*, London: Biteback.

50. Townsend, P. 1993, 앞의 책, p. 136.

51. Raveaud, G. and Salais, R. 2001, 앞의 책.

52. Phillips, A. 2001, Feminism and liberalism revisited: Has Martha Nussbaum got it right?, *Constellations* 8(2), pp. 249 - 266; Carpenter, M. 2009, 앞의 글; Dean, H. 2010, 앞의 책.

53. Burchardt, T. 2008a, Monitoring inequality: Putting the capability approach to work. In G. Craig, T. Burchard and D. Gordon (eds), *Social Justice and Public Policy*, Bristol: Policy Press; Wolff, J., Lambe E. and Szpiro, E. 2015, 앞의 책.

54. Joseph, K. and Sumption, J. 1979, *Equality*, London: John Murray, p. 27.

55. Townsend, P. 1979, 앞의 책, p. 31.

56. EU. 2004, *Joint Report by the Commission and the Council on Social Inclusion*, Brussels: Council of the EU, p. 8. 실제로 EU는 60퍼센트 중위소득을 사용해 사실상 '금전적 빈곤 위험', '지속적인 금전적 빈곤 위험'이라 할 측정 방식을 활용하는 경향이 있다.

57. Townsend, P. 1993, 앞의 책, p. 36.

58. 위의 책, p. 36.

59. Townsend, P. 1987, *Poverty and Labour in London*, London: Low Pay Unit, p. 140.

60. 위의 책, p. 127.

61. Ferragina, E. Tomlinson, M., and Walker, R. 2013, *Poverty, Participation and*

Choice. *The Legacy of Peter Townsend*, York: Joseph Rowntree Foundation, p. 1.

62. Townsend, P. 1979, 앞의 책, p. 47.

63. Donnison, D. 1982, *The Politics of Poverty*, Oxford: Martin Robertson, p. 226.

64. Young Foundation, 2009, *Sinking and Swimming. Understanding Britain's Unmet Needs*, London: Young Foundation.

65. Niemietz, K. 2011, *A New Understanding of Poverty*, London: Institute of Economic Affairs, p. 32; Lansley, S. and Mack, J. 2015, 앞의 책, p. 184.

66. Townsend, P. 1987, 앞의 책, p. 99; Atkinson, A. B. 2019, 앞의 책.

67. Hills, J. et al, 2019, *Understanding the Relationship between Poverty and Inequality*, CASE paper 119. London: CASE, pp. vii, 12.

68. Ridge, T. and Wright, S. 2008, 앞의 글도 참고.

69. MacCárthaigh, S. 2014, Need and poverty, *Policy and Politics* 42(3), pp. 453‒473.

70. Veit‒Wilson, J. 1999, Poverty and the adequacy of social security. In J. Ditch (ed.), *Introduction to Social Security*, London: Routledge, P. 85.

71. Veit‒Wilson, J. 1994, Measuring the minimum, *Poverty* 87, p. 14.

72. Chase, E. and Bantebya‒Kyomuhendo, G. (eds), 2015a, *Poverty and Shame*, Oxford: Oxford University Press.

73. Dean, H. 2010, 앞의 책.

74. Lister, R. 2010, *Understanding Theories and Concepts in Social Policy*, Bristol: Policy Press.

75. Townsend, P. 1979, 앞의 책.

76. Lansley, S. and Mack, J. 2015, 앞의 책, pp. 22, 23; Fahmy, E. 2014, Poverty in Britain, 1999 and 2012: Some emerging findings, *Journal of Poverty and Social Justice* 22(3), pp. 181‒191.

77. Lansley, S. and Mack, J. 2015, 앞의 책, p. 23.

78. Daly, M. and Kelly, G. 2015, *Families and Poverty*, Bristol: Policy Press, p. 58.

79. Hohnen, P. 2007, Having the wrong kind of money: A qualitative analysis of new forms of financial, social and moral exclusion in consumerist Scandinavia, *Sociological Review* 55(4), p. 765; Mahony, S. and Pople, L. 2018, *Life in the Debt Trap*, Bristol: Policy Press.

80. Townsend, P. 1993, 앞의 책, p. 31.

81. Young Foundation, 2009, 앞의 책.

82. Dowler, E. and Lambie‒Mumford, H. 2015, How can households eat in

austerity?, *Social Policy & Society* 14(3), pp. 417–428; Davis, O. and Baumberg Geiger, B. 2017, Did food insecurity rise across Europe after the 2008 crisis?, *Social Policy & Society* 16(3), pp. 343–360.

83. Lambie–Mumford, H. 2015, Britain's hunger crisis. In Z. Irving, M. Fenger and J. Hudson (eds), *Social Policy Review* 27, Bristol: Policy Press, p. 16; Lambie–Mumford, H. 2019, The growth of foodbanks in Britain and what they mean for social policy, *Critical Social Policy* 39(1), pp. 3–22.

84. Dowler, E. and Leather, S. 2000, 'Spare some change for a bite to eat?' In J. Bradshaw and R. Sainsbury (eds), *Experiencing Poverty*, Aldershot: Ashgate, p. 208.

85. 위의 책, p. 200.

86. O'Connell, R., Knight, A. and Brannen, J. 2019, Living from Hand to Mouth. London: CPAG, p. 1; Goode, J. 2012, Feeding the family when the wolf's at the door, *Food and Foodways* 20(1), pp. 8–30; Purdam, K., Garratt, E. A. and Esmail, A. 2016, Hungry? Food insecurity, social stigma and embarrassment in the UK, *Sociology* 50(1), pp. 1072–1088.

87. Dowler, E., Turner, S. with Dobson, B. 2001, *Poverty Bites*, London: CPAG.

88. Townsend, P. 1979, 앞의 책.

89. Smith, A. 1892[1776], *An Inquiry into the Nature and Causes of the Wealth of Nations*, London: Routledge, p. 691[애덤 스미스 지음, 김수행 옮김, 『국부론 상·하』, 비봉출판사, 2007].

90. Fabian Commission on Life Chances and Child Poverty, 2005, *Life Chances. What Does the Public Really Think about Poverty?*, London: Fabian Society.

91. Bauman, Z. 1998, *Work, Consumerism and the New Poor*, Buckingham: Open University Press, p. 2[지그문트 바우만 지음, 이수영 옮김, 『새로운 빈곤 노동, 소비주의 그리고 뉴푸어』, 천지인, 2010]; Seabrook, J. 2013, *Pauperism*, London: Hurst.

92. Middleton, S., Ashworth, K. and Walker, R. (eds), 1994, *Family Fortunes*, London: CPAG, p. 5.

93. Stephenson, A. 2001, *Work and Welfare: Attitudes, Experiences and Behaviour of Nineteen Low Income Families*, London: DSS, p. 51.

94. Hamilton, K. 2012, Low–income families and coping through brands: Inclusion or stigma?, *Sociology* 46(1), pp. 84, 87.

95. 위의 글, p. 75.

96. Young, J. 1999, *The Exclusive Society*, London: Sage.

97. Wolfe, M. 1995, Globalization and social exclusion: Some paradoxes. In G. Rodgers, C. Gore, C. and J. B. Figueiredo (eds), *Social Exclusion, Rhetoric, Reality, Responses,* Geneva: ILO, pp. 90 – 91: Brandford, S. 2006, Big business sets its sights on the poor, *New Statesman,* 6 March.

98. Ringen, S. 1987, 앞의 책.

99. J. Bradshaw and R. Sainsbury (eds), 2000, 앞의 책.

100. Kincaid, J. C. 1973, *Poverty and Equality in Britain,* Harmondsworth: Pelican.

101. Veit-Wilson, J. 1986, Paradigms of poverty: A rehabilitation of B. S. Rowntree, *Journal of Social Policy* 15(1), pp. 69 – 99.

102. 위의 글, p. 69.

103. Rowntree, B. S. 1937, *The Human Needs of Labour,* London: Longmans Green, pp. 126 – 127(Veit-Wilson, J. 1986, 앞의 글, p. 85에서 재인용).

104. Daly, M. and Kelly, G. 2015, 앞의 책, p. 195.

105. Hohnen, P. 2006, Consumers without money: Consumption patterns and citizenship among low-income families in Scandinavian welfare societies. In C. Glendinning and P. A. Kemp (eds), *Cash and Care,* Bristol: Policy Press, p. 89.

106. Tirado, L. 2014, 앞의 책, p. xviii: Halpern-Meekin, S. et al, 2015, *It's Not Like I'm Poor: How Working Families Make Ends Meet in a Post-Welfare World,* Oakland: University of California Press: Hill, K. et al, 2016, *Falling Short: The Experiences of Families Living Below the Minimum Income Standard,* York: Joseph Rowntree Foundation.

107. Ringen, S. 1987, 앞의 책.

108. Townsend, P. 1979, 앞의 책, p. 50.

109. Doyal, L. and Gough, I. 1991, *A Theory of Human Need,* Basingstoke: Macmillan.

110. UNDP, 1997, 앞의 책, p. 16.

111. Sen, A. 1983, Poor, relatively speaking, *Oxford Economic Papers* 35, p. 159.

112. 위의 글, p. 161.

113. 위의 글, p. 161.

114. Sen, A. 1992, 앞의 책: Sen, A. 1999, 앞의 책.

115. Sen, A. 1983, 앞의 글, p. 161.

116. Townsend, P. 1993, 앞의 책에서 요약 인용.

117. Sen, A. 1985b, A sociological approach to the measurement of poverty: A reply to Professor Peter Townsend, *Oxford Economic Papers* 37, p. 673.

118. Sen, A. 1983, 앞의 글, p. 161.

119. Sen, A. 1985b, 앞의 글.

120. Townsend, P. 1993, 앞의 책, p. 135.

121. Doyal, L. and Gough, I. 1991, *A Theory of Human Need*, Basingstoke: Macmillan, pp. 156-159.

122. Gough, I. 1992, What are human needs? In J. Percy-Smith and I. Sanderson (eds), *Understanding Human Needs*, London: IPPR, p. 8.

123. 위의 책, p. 9.

124. 위의 책, p. 11.

125. Doyal, L. and Gough, I. 1991, 앞의 책, p. 157.

126. Parekh, B. 2000, *The Future of Multi-ethnic Britain*, London: Profile Books/ Runnymede Trust.

127. Lansley, S. and Mack, J. 2015, 앞의 책, p. 25.

128. Townsend, P. and Gordon, D. (eds), 2002, 앞의 책, p. 17에서 재인용.

129. Fitzpatrick, S, et al, 2015, *Destitution in the UK: An Interim Report*, York: Joseph Rowntree Foundation, p. 8.

130. Fitzpatrick, S., Bramley, G., Sosenko, F. and Blenkinsopp, J. 2018, *Destitution in the UK 2018*, York: Joseph Rowntree Foundation, p. 10.

131. Fitzpatrick, S, et al, 2015, 앞의 책, p. xv.

132. Walker, R. 2014b, *The Shame of Poverty*, Oxford: Oxford University Press, pp. 196-197.

133. 사회적 배제, 그리고 그것과 빈곤의 관계에 관한 더 풍부한 서술은 이 책 초판의 4장을 보라.

134. Room, G. 1999, Social exclusion, solidarity and the challenge of globalization, *International Journal of Social Welfare* 8, p. 171.

135. Berghman, J. 1997, The resurgence of poverty and the struggle against social exclusion. *International Social Security Review* 50(1), pp. 3-21.

136. Saunders, P. 2013, Reflections on the concept of social exclusion and the Australian social inclusion agenda, *Social Policy & Administration* 47(6), pp. 692-708.

137. Levitas, R. 2005, *The Inclusive Society?* 2nd edn, Basingstoke: Palgrave; Welshman, J. 2007, *From Transmitted Deprivation to Social Exclusion*, Bristol: Policy Press; Welshman, J. 2013, *Underclass: A History of the Excluded since 1880*, 2nd edn, Basingstoke: Palgrave.

138. Hick, R. 2012, The capability approach: Insights for a new poverty focus,

Journal of Social Policy 41(2), p. 299.

139. Burchardt, T., Le Grand, J. and Piachaud, D. 1999, Social exclusion in Britain 1991 – 1995, *Social Policy & Administration* 33(3), pp. 227 – 244; Hills, J. 2002, Does a focus on 'social exclusion' change the policy response? In J. Hills, J. Le Grand and D. Piachaud (eds), *Understanding Social Exclusion*, Oxford: Oxford University Press; Pantazis, C., Gordon, D. and Levitas, R. 2006, Conclusion. In C. Pantazis, D. Gordon and R. Levitas (eds), *Poverty and Social Exclusion in Britain*, Bristol: Policy Press.

140. Bramley, G. and Bailey, N. 2018, Conclusions and emerging themes. In G. Bramley and N. Bailey (eds), *Poverty and Social Exclusion in the UK* vol. 2. Bristol: Policy Press.

141. Choffé, T. 2001, Social exclusion: Definition, public debate and empirical evidence in France. In D. G. Mayes, J. Berghman and R. Salais, R. (eds), *Social Exclusion and European Policy*, Cheltenham: Edward Elgar.

142. Room, G. (ed.), 1995, *Beyond the Threshold. The Measurement and Analysis of Social Exclusion*, Bristol: Policy Press, p. 236.

143. EAPN, 2014, *Poverty and Inequality in the EU. EAPN Explainer 6*, Brussels: EAPN, p. 10.

144. Rodgers, G., Gore, C. and Figueiredo, J. B. (eds), 1995, *Social Exclusion, Rhetoric, Reality, Responses*, Geneva: ILO. 이 책의 5장도 참고하라.

145. Curtice, J., Clery, E., Perry, J., Phillips, M. and Rahim, N. (eds), 2019, *British Social Attitudes*, The 36th Report. London: National Centre for Social Research, pp. 8 – 9.

146. Dean, H. with Melrose, M. 1999, *Poverty, Riches and Social Citizenship*, Basingstoke: Macmillan, p. 36.

147. Hills, J. 2001, Poverty and social security. In A. Park, J. Curtice, K. Thomson, L. Jarvis and C. Bromley (eds), *British Social Attitudes*, The 18th Report, London: Sage, pp. 4, 8, 10.

148. Lansley, S. and Mack, J. 2015, 앞의 책.

149. Hall, S., Leary, K. and Greevy, H. 2014, *Public Attitudes to Poverty*, York: Joseph Rowntree Foundation, p. 17.

150. Fahmy, E., Sutton, E. and Pemberton, S. 2015, Are we all agreed? Consensual methods and the 'necessities of life' in the UK today, *Journal of Social Policy* 44(3), p. 601.

151. 위의 글, p. 605.

152. Dunn, A. 2017, Relative poverty, British social policy writing and public experience, *Social Policy & Society* 16(3), pp. 377－390. 던은 이 글에서 정성연구와 대중의 전반적인 빈곤 인식을 바탕으로 사회과학 분야에서 지배적인 상대적 빈곤 이해 방식에 문제를 제기한다.

153. Flaherty, J. 2008, 'I mean we're not the richest but we're not poor': Discourses of poverty and social exclusion, unpublished PhD thesis, Loughborough: Loughborough University, p. 216. 이 책의 4장도 참고하라.

154. Knight, B. 2013, Reframing poverty, *Poverty* 146, pp. 14－19: Stevens, A. (ed.), 2018, *How to Talk about Poverty in the United Kingdom*, Washington, DC: Frameworks Institute.

155. Green, D. 1998, *Benefit Dependency*, London: IEA Health & Welfare Unit, p. 12.

156. Kincaid, J. C. 1973, *Poverty and Equality in Britain*, Harmondsworth: Pelican; Veit-Wilson, J. 1986, Paradigms of poverty: A rehabilitation of B. S. Rowntree, *Journal of Social Policy* 15(1), pp. 69－99.

157. Townsend, P. 1993, 앞의 책, p. 132.

158. Green, D. 1998, 앞의 책.

159. Saunders, P., Bradshaw, J. and Hirst, M. 2002, Using household expenditure to develop an income poverty line, *Social Policy & Administration* 36(3), pp. 217－234.

160. 빈곤에 관한 다양한 설명과 관련한 더 풍부한 서술은 다음을 보라. Townsend, 1979, 앞의 책; Townsend, 1993, 앞의 책; Deacon, 2002, 앞의 책; Alcock, P. 2006, 앞의 책; Welshman, 2007, 앞의 책; Mooney, 2008, 앞의 글; Brady, D. 2009, *Rich Democracies, Poor People*, Oxford: Oxford University Press; Lepianka, D., Van Oorschot, W. and Gelissen, J. 2009, Popular explanations of poverty, *Journal of Social Policy* 38(3), pp. 421－438; Katz, M. B., 2013, 앞의 책; Lansley, S. and Mack, J. 2015, 앞의 책; JRF, 2016, 앞의 책; Spicker, 2020, 앞의 책.

2장 빈곤 측정

1. 이 장을 개선하는 데 귀중한 도움을 준 폴 도넌에게 감사를 전한다.

2. 측정 문제를 간단히 살펴보는 데에는 다음의 자료들이 유용하다. Atkinson, A. B., Cantillon, B., Marlier, E. and Nolan, B. 2002, *Social Indicators: The EU and Social Exclusion*, Oxford: Oxford University Press; Gordon, D. 2006,

The concept and measurement of poverty. In C. Pantazis, D. Gordon and R. Levitas, *Poverty and Social Exclusion in Britain*, Bristol: Policy Press; Nolan B. and Whelan, C. T. 2011, *Poverty and Deprivation in Europe*, Oxford: Clarendon Press; Atkinson, A. B. 2019, 앞의 책.

3. Atkinson, A. B. 2019, 앞의 책.

4. Bradshaw, J. and Finch, N. 2003, Overlaps in dimensions of poverty, *Journal of Social Policy* 32(4), pp. 513 - 525; Hick, R. 2014a, 앞의 글; Hick R. 2015, Three perspectives on the mismatch between measures of material poverty, *British Journal of Sociology* 66(1), pp. 153 - 172.

5. Øyen, E. 1996, 앞의 글, p. 10.

6. ATD Fourth World, 2014, *The Roles We Play*, London: ATD Fourth World, p. 55.

7. McGee, R. and Brock, K. 2001, *From Poverty Assessment to Policy Change*, Working Paper 133. Brighton: IDS, pp. 4, 35; Newman, K. S. and Massengill, R. P. 2006, The texture of hardship: Qualitative sociology of poverty, 1995 - 2005, *Annual Review of Sociology* 32, p. 427.

8. McIntosh, I and Wright, S. 2019, Exploring what the notion of 'lived experience' offers for social policy analysis, *Journal of Social Policy* 48(3), p. 458. 예를 들면 McKenzie, 2015, 앞의 책.

9. Crossley, S. 2017, *In Their Place: The Imagined Geographies of Poverty*, London: Pluto Press, pp. 67 - 68.

10. Alkire, S. 2007, The missing dimensions of poverty data, *Oxford Development Studies* 35(4), pp. 347 - 359.

11. Nolan, B. and Whelan, C. T. 1996, 앞의 책.

12. Ringen, S. 1987, 앞의 책.

13. Nolan, B. and Whelan, C. T. 1996, 앞의 책; Hick, R. 2014a, 앞의 글; Hick, R. 2016, 앞의 글; Dermott, E. and Main, G. (eds), 2018, *Poverty and Social Exclusion in the UK* vol. 1, Bristol: Policy Press.

14. Payne, S. 1991, *Women, Health and Poverty*, Hemel Hempstead: Harvester Wheatsheaf; Atkinson, A. B. 2019, 앞의 책.

15. Atkinson, A. B. 위의 책, p. 202.

16. Hick, R. 2014a, 앞의 글.

17. Social Metrics Commission, 2018, *A New Measure of Poverty for the UK*, London: Legatum Institute.

18. Saunders, P. Bradshaw, J. and Hirst, M. 2002, 앞의 글, p. 230.

주

289

19. Townsend, P. 1979, 앞의 책.

20. Ruspini, E. 2001, The study of women's deprivation, *International Journal of Social Research Methodology* 4(2), pp. 101‒118; Millar, J. 2003, Gender, poverty and social exclusion, *Social Policy and Society* 2(3), pp. 181‒188.

21. Walker, R. 1994, *Poverty Dynamics*, Aldershot: Avebury, p. 1.

22. Atkinson, A. B. 2019, 앞의 책.

23. Bradbury, B., Jenkins, S. P. and Micklewright, J. (eds), 2001, *The Dynamics of Child Poverty in Industrialized Countries*, Cambridge: Cambridge University Press.

24. Walker, R. 1994, 앞의 책, p. 13.

25. Whelan, C. T., Layte, R. and Maître, B. 2003, Persistent income poverty and deprivation in the European Union, *Journal of Social Policy* 32(1), pp. 1‒18.

26. Alkire, S. et al, P. 2015, *Multidimensional Poverty Measurement and Analysis*, OPHDI Working Paper 83, Oxford: Oxford Poverty and Human Development Initiative.

27. Atkinson, A. B. 2019, 앞의 책; Bray, R. et al, 2019, *The Hidden Dimensions of Poverty*, Pierrelaye: International Movement ATD Fourth World.

28. Atkinson, A. B. 2019, 앞의 책, p. 84; ENNHRI, 2019, *Applying a Human Rights-Based Approach to Poverty Reduction and Measurement*, Brussels: ENNHRI; Hick, R. 2016, 앞의 글.

29. DWP, 2013, *Measuring Child Poverty: A Consultation on Better Measures of Child Poverty*, London: The Stationary Office.

30. Social Metrics Commission, 2018, 앞의 책, pp. 59‒60.

31. 위의 책; Social Metrics Commission, 2020, Measuring Poverty 2020, London: Legatum Institute; *Social Policy & Society*, 2015, Themed section: Hunger, food and social policy in austerity 14(3), pp. 411‒506.

32. Osberg, L. 2002, *Trends in Poverty: The UK in International Perspective. How Rates Mislead and Intensity Matters,* Colchester: Institute for Social and Economic Research, University of Essex; Kuchler, B. and Goebel, J. 2003, Incidence and intensity of smoothed income poverty in European countries, *Journal of European Social Policy* 13(4), pp. 356‒369.

33. Atkinson, A. B. 2019, 앞의 책, p. 74.

34. Novak, T. 2001, What's in a name? Poverty, the underclass and social exclusion. In M. Lavalette and A. Pratt (eds), *Social Policy: A Conceptual and Theoretical Introduction*, 2nd edn, London: Sage; O'Connor, A. 2001, *Poverty*

Knowledge, NJ : Princeton University Press.

35. Veit-Wilson, J. 1987, Consensual approaches to poverty lines and social security, *Journal of Social Policy* 16(2), p. 188.

36. Van den Bosch, K. 2001, *Identifying the Poor*, Aldershot : Ashgate.

37. Veit-Wilson, J. 1998, *Setting Adequacy Standards*, Bristol : Policy Press.

38. Veit-Wilson, J. 1987, 앞의 글, p. 188.

39. Bradshaw, J. 1997, Why and how do we study poverty in industrialized countries? In N. Keilman, J. Lyngstad, H. Bojer and I. Thomsen (eds), *Poverty and Economic Inequality in Industrialised Western Societies*, Oslo : Scandinavian University Press, p. 51.

40. Van den Bosch, K. 2001, 앞의 책.

41. Davis, A. et al. 2015, *How Much Is Enough? Reaching Social Consensus on Minimum Household Needs*, Centre for Research in Social Policy, Loughborough University.

42. Lansley, S. and Mack, J. 2015, 앞의 책 ; Bramley, G. and Bailey, N. 2018, 앞의 글.

43. Mack, J. and Lansley, S. 1985, *Poor Britain*, London : George Allen & Unwin, p. 42.

44. Levitas, R. 2000, What is social exclusion? In D. Gordon and P. Townsend (eds), *Breadline Europe*, Bristol : Policy Press.

45. Townsend, P. 1979, 앞의 책.

46. Mack, J. and Lansley, S. 1985, 앞의 책.

47. ILO Institute for Research on Poverty, 1998, Subjective assessments of economic well-being, *Focus* 19(2), pp. 43 - 46 ; Middleton, S. 1998, Revising the breadline Britain questions. In J. Bradshaw, D. Gordon, R. Levitas, S. Middleton, C. Pantazis, S. Payne and P. Townsend, *Perceptions of Poverty and Social Exclusion*, Bristol : Townsend Centre for International Poverty Research.

48. Atkinson, A. B. et al. 2002, *Social Indicators: The EU and Social Exclusion*, Oxford : Oxford University Press.

49. Townsend, P. 1979, 앞의 책, p. 426.

50. Sen, A. 1985a, 앞의 책 ; Nussbaum, M. 2000, 앞의 책.

51. 그렇지만 영국빈곤및사회적배제조사에서는 저소득층이 텔레비전을 필수재로 보는 경우가 훨씬 더 많았다(Lansley, S. and Mack, J. 2015, 앞의 책).

52. Aldridge, J. 2015, *Participatory Research*, Bristol : Policy Press.

53. Robb, C. M. 2002, *Can the Poor Influence Policy?*, 2nd edn. Washington, DC :

IMF/World Bank. p. 104.

54. Patrick, R. 2020, Unsettling the anti-welfare common sense: The potential in participatory research with people living in poverty, *Journal of Social Policy* 49(2), p. 251.

55. 위의 글, p. 263.

56. Bennett, F., with Roberts, M. 2004, *Participatory Practice in Research and Inquiry into Poverty*, York: Joseph Rowntree Foundation; Beresford, P. and Carr, S. (eds), 2018, *Social Policy First Hand. An International Introduction to Participatory Social Welfare*, Bristol: Policy Press; Patrick, R. 2020, 앞의 글.

57. Aldridge, J. 2015, 앞의 책; Patrick, R. 2020, 앞의 글.

58. Baulch, B. 1996b, 앞의 글, p. 41.

59. Atkinson, A. B. 2019, 앞의 책, p. 35.

60. Fourth World University Research Group, 2007, *The Merging of Knowledge*, Lanham, MD: University Press of America. 이 책의 6장도 보라.

61. Bray, R. et al, 2019, 앞의 책.

62. ATD Fourth World, 2019, *Understanding Poverty in All Its Forms,* London: ATD Fourth World, p. 33.

63. Hacourt, G. 2003, *European Project on Poverty Indicators starting from the Experience of People Living in Poverty*, www.eapn.org.

64. Atkinson, A. B. 2019, 앞의 책, p. 128; Social Metrics Commission, 2018, 앞의 책; Crossley, S. 2017, 앞의 책; Vizard, P. et al, 2018, *Child Poverty and Multidimensional Disadvantages: Tackling 'Data Exclusion' and Extending the Evidence Base on 'Missing' and 'Invisible' Children, Overview Report*, London: STICERD/CASE.

65. Daly, M. 2018, Towards a theorization of the relationship between poverty and family, *Social Policy & Administration* 52(3), 565–577. 이 책의 3장도 보라.

66. Bennett, F. and Daly, M. 2014, 앞의 책.

67. Atkinson, A. B. 2019, 앞의 책, p. 212.

68. Nussbaum, M. 2000, 앞의 책.

69. Atkinson, A. B. 1989, 앞의 책; Atkinson, A. B. 1990, 앞의 글; Atkinson, A. B. et al, 2002, 앞의 책.

70. www.individualdeprivationmeasure.org.

71. Karagiannaki, E. and Burchardt, T. 2020, *Intra-household Inequality and Adult Material Deprivation in Europe*, London: CASE, p. 3.

72. Main, G. 2018, Conclusion. In E. Dermott and G. Main (eds), *Poverty and*

Social Exclusion in the UK vol. 1. Bristol: Policy Press.

73. Zaidi, A. and Burchardt, T. 2005, Comparing incomes when needs differ: Equivalization for the extra costs of disability in the UK. *Income and Wealth* 51(1), pp. 89–114; Social Metrics Commission, 2018, 앞의 책; Atkinson, A. B. 2019, 앞의 책.

74. Rainwater, L., Smeeding, T. M. and Coder, J. 2001, Poverty across states, nations, and continents. In V. Vleminckx and T. M. Smeeding (eds), 2001, *Child Well-being, Child Poverty and Child Policy in Modern Nations*, Bristol: Policy Press.

75. UNICEF, 2000, *A League Table of Child Poverty in Rich Nations*, Report Card 1. Florence: Innocenti Research Centre, p. 22; Dauderstädt M. and Keltek, C. 2018, *Poverty and Inequality in Europe*, Berlin: Friedrich-Ebert-Stiftung.

76. Atkinson, A. B. 2019, 앞의 책, pp. 57, 93.

77. Bradbury, B., Jenkins, S. P. and Micklewright, J. (eds), 2001, 앞의 책, p. 43; Micklewright, J. 2002, *Social Exclusion and Children*, CASE paper 51, London: CASE.

78. Hick, R. 2014a, 앞의 글.

79. Layte, R., Nolan, B. and Whelan, C. T. 2000, Targeting poverty, *Journal of Social Policy* 29(4), p. 571.

80. Social Metrics Commission, 2018, 앞의 책; Stewart, K. and Roberts, N. 2019, Child poverty measurement in the UK: Assessing support for the downgrading of income-based poverty measures, *Social Indicators Research* 142, pp. 523–542.

81. Bradshaw, J. and Finch, N. 2003, 앞의 글.

3장 불평등, 사회적 범주, 서로 다른 빈곤 경험

1. Lister, R. 2004, *Poverty*, 1st edn, Cambridge: Polity, p. 96; Platt, L. and Dean, H. 2016, Conclusions. In H. Dean and L. Platt (eds), *Social Advantage and Disadvantage*, Oxford: Oxford University Press.

2. Fredman, S. 2011, The potential and limits of a rights paradigm in addressing poverty, *Stellenbosch Law Review* 22(3), p. 567.

3. Bennett, F. and Daly, M. 2014, 앞의 책; Bennett, F. 2015, Poverty and gender: Links and ways forward. In EDF Research Network, *Beyond 2015. Shaping the Future of Equality, Human Rights and Social Justice*, London: EDF; Dermott, E. and Pantazis, C. 2018, Which men and women are poor? Gender, poverty and

social exclusion. In E. Dermott and G. Main (eds), *Poverty and Social Exclusion in the UK* vol. 1, Bristol: Policy Press;

4. Bassel, L. and Emejulu, A. 2018, *Minority Ethnic Women and Austerity,* Bristol: Policy Press; Dermott, E. and Main, G. (eds), 2018, 앞의 책.

5. Burchardt, T., Le Grand, J., and Piachaud, D. 2002, Introduction. In J. Hills, J. Le Grand and D. Piachaud (eds), *Understanding Social Exclusion,* Oxford: Oxford University Press.

6. Jordan, B. 1996, *A Theory of Poverty and Social Exclusion,* Cambridge: Polity.

7. Scott, J. 1994, *Poverty and Wealth,* London: Longman, p. 173.

8. 위의 책, p. 151; Dorling, D. 2015, *Injustice,* 2nd edn, Bristol: Policy Press[대니 얼 돌링 지음, 배현 옮김, 『불의란 무엇인가 - 사회 불평등을 지속시키는 다섯 가지 거짓말』, 21세기북스, 2012].

9. Scott, J. 1994, 앞의 책, p. 173.

10. Ridge, T. and Wright, S. 2008, 앞의 글; Platt, L. and Dean, H. 2016, 앞의 글.

11. Tawney, R. H. 1913, *Inaugural Lecture on Poverty as an Industrial Problem, repr. in Memorandum on the Problems of Poverty* vol. 2, London: William Morris Press.

12. Titmuss, R. 1965, Poverty vs inequality diagnosis, *The Nation* 200 (8 February), pp. 130 - 133(Shildrick, T. and Rucell, J. 2015, *Sociological Perspectives on Poverty,* York: Joseph Rowntree Foundation에서 재인용); O'Hara, M. 2020, *The Shame Game,* Bristol: Policy Press.

13. Mooney, 2008, 앞의 글.

14. Atkinson, A. B. 2015, *Inequality. What Can Be Done?,* Cambridge, MA: Harvard University Press; OECD, 2015, *In It Together. Why Less Inequality Benefits Us All,* Paris: OECD; Hills, J. et al, 2019, *Understanding the Relationship between Poverty and Inequality,* CASE paper 119. London: CASE.

15. Phillips, A. 1999, *Which Inequalities Matter?,* Cambridge: Polity; Bartels, L. M. 2008, *Unequal Democracy,* New York: Russell Sage Foundation; Toynbee, P. and Walker, D. 2008, *Unjust Rewards,* London: Granta; Lansley, S. and Mack, J. 2015, 앞의 책; Hills, J. et al, 2019, 앞의 책.

16. Mooney, G. 2000, Class and social policy. In G. Lewis, S. Gewirtz and J. Clarke (eds), *Rethinking Social Policy,* London: Sage, p. 156; Mooney, 2008, 앞의 글; Shildrick, T. 2018a, Lessons from Grenfell: Poverty propaganda, stigma and class power, *Sociological Review Monographs* 66(4), pp. 783 - 798.

17. Sayer, A. 2005b, 앞의 책, p. 161; Sayer, A. 2015, *Why We Can't Afford the Rich,* Bristol: Policy Press. 이 책의 4장도 참고하라.

18. Leisering, L. and Leibfried, S. 1999, *Time and Poverty in Western Welfare States,* Cambridge: Cambridge University Press, p. 240.

19. Wilkinson, R. and Pickett, K. 2010, *A Convenient Truth,* London: Fabian Society.

20. Atkinson, A. B. 2015, 앞의 책; OECD, 2015, 앞의 책.

21. Yeates, N. 2008, Global inequality, poverty and wealth. In T. Ridge and S. Wright (eds.), *Understanding Inequality, Poverty and Wealth,* Bristol: Policy Press, p. 95; Atkinson, A. B. 2015, 앞의 책.

22. Atkinson, A. B. 위의 책.

23. Bramley, G. and Bailey, N. 2018, 앞의 글; Dermott, E. and Main, G. (eds), 2018, 앞의 책.

24. Hooper, C-A., et al, 2007, 앞의 책; Pemberton, S., Sutton, E. and Fahmy, E. 2013, *A Review of the Qualitative Evidence Relating to the Experience of Poverty and Exclusion,* PSE Working Paper - Methods Series 22.

25. Pemberton, S., Sutton, E. and Fahmy, E. 2013, 앞의 책, pp. 16, 34.

26. Hooper, C-A., et al, 2007, 앞의 책, p. 18.

27. Bennett, F. 2015, Poverty and gender: Links and ways forward. In EDF Research Network, *Beyond 2015. Shaping the Future of Equality, Human Rights and Social Justice,* London: EDF, p. 15; Dermott, E. and Pantazis, C. 2018, 앞의 글; Reis, S. 2018, *The Female Face of Poverty,* London: Women's Budget Group.

28. Bennett, F. and Daly, M. 2014, 앞의 책, pp. 6, 7.

29. Townsend, P. 1993, 앞의 책, p. 106.

30. Buhaenko, H., Flower, C. and Smith, S. 2003, '*Fifty Voices are Better than One.' Combating Social Exclusion and Gender Stereotyping in Gellideg,* Cardiff: Gellideg Foundation Group/Oxfam GB; Ruxton, S. 2003, *Men, Masculinities and Poverty in the UK,* Oxford: Oxfam; Dermott, E. and Pantazis, C. 2014, Gender and poverty in Britain, *Journal of Poverty and Social Justice* 22(3), pp. 253-269; Dermott, E. and Pantazis, C. 2018, 앞의 글; Erhard, F. 2020, The struggle to provide: How poverty is experienced in the context of family care, *Journal of Poverty and Social Justice* 28(1), pp. 119-134.

31. Sherman, J. 2009, *Those Who Work. Those Who Don't. Poverty, Morality and Family in Rural America,* Minneapolis: University of Minnesota Press.

32. Women's Budget Group, 2005, *Women and Children's Poverty: Making the Links,* London: Women's Budget Group; Hooper, C-A., et al, 2007, 앞의 책; Bennett,

F. and Daly, M. 2014, 앞의 책; Walker, R. 2014b, 앞의 책; McKenzie, L. 2015, 앞의 책.

33. Daly, M. and Rake, K. 2003, *Gender and the Welfare State*, Cambridge: Polity; www.legalmomentum.org.

34. Kim, J. W. and Choi, Y. J. 2013, Feminisation of poverty in twelve welfare states, *International Journal of Social Welfare* 22(4), pp. 347 - 359; Bennett, F. and Daly, M. 2014, 앞의 책; Dermott, E. and Pantazis, C. 2014, 앞의 글.

35. Goldberg, G. S. (ed.), 2010, *Poor Women in Rich Countries*, Oxford: Oxford University Press; Barcena-Martin, E. and Moro-Egido, A. J. 2013, Gender and poverty risk in Europe, *Feminist Economics* 19(2), pp. 69 - 99; Bennett, F. and Daly, M. 2014, 앞의 책; Dermott, E. and Pantazis, C. 2014, 앞의 글; Dermott, E. and Pantazis, C. 2018, 앞의 글; Patsios, D. 2018, Improvement for some: Poverty and social exclusion among older people and pensioners. In E. Dermott and G. Main (eds), *Poverty and Social Exclusion in the UK* vol. 1. Bristol: Policy Press; Reis, S. 2018, 앞의 책.

36. Dermott, E. and Pantazis, C. 2014, 앞의 글.

37. Aldridge, H. and Hughes, C. 2016, *Informal Care and Poverty in the UK*, London: New Policy Institute.

38. Ruspini, E. 2001, 앞의 글.

39. Chant, S. 2010, Gendered poverty across space and time. In S. Chant (ed.), *The International Handbook of Gender and Poverty*, Cheltenham: Edward Elgar, p. 3.

40. 위의 글, p. 6; Chant, S. 2007, *Gender, Generation and Poverty*, Cheltenham: Edward Elgar.

41. Kim, J. W. and Choi, Y. J. 2013, 앞의 글.

42. Marcoux, A. 1998, The feminization of poverty, *Population and Development Review* 24(1), p. 132.

43. Walker, R. 2014b, 앞의 책, p. 26.

44. Goldberg, G. S. (ed.), 2010, 앞의 책; Sen, G. 2010, Poor households or poor women: Is there a difference? In S. Chant (ed.), *The International Handbook of Gender and Poverty*, Cheltenham: Edward Elgar; Bennett, F. and Daly, M. 2014, 앞의 책.

45. Sen, G. 2010, 앞의 책, p. 101.

46. Pahl, J. 1989, *Money and Marriage*, Basingstoke: Macmillan; Goode, J.,

Callender, C. and Lister, R. 1998, *Purse or Wallet? Gender Inequalities within Families on Benefits*, London: Policy Studies Institute; Warburton-Brown, C. 2011, *Exploring BME Maternal Poverty*, Oxford: Oxfam; Bennett, F. 2013, Researching within-household distribution, *Journal of Marriage and Family* 75(3), pp. 582‒597.

47. 그 예는 다음과 같다. Vogler, C. 1994, Money in the household. In M. Anderson, F. Bechhofer and J. Gershuny (eds), *The Social and Political Economy of the Household*, Oxford: Oxford University Press.

48. Bennett, F. and Daly, M. 2014, 앞의 책에서 재인용; Daly, M. 2018, 앞의 글.

49. Millar, J. and Glendinning, C. 1989, Gender and poverty, *Journal of Social Policy* 18(3), p. 367.

50. Dermott, E. and Pantazis, C. 2014, 앞의 글; Dermott, E. and Pantazis, C. 2018, 앞의 글.

51. Karagiannaki, E. and Burchardt, T. 2020, 앞의 책, p. 6.

52. 위의 책, p. 26.

53. 위의 책, pp. 6, 26.

54. Millar, J. 2010, The United Kingdom: The feminization of poverty? In G. S. Goldberg (ed.), *Poor Women in Rich Countries*, Oxford: Oxford University Press.

55. Bennett, F. and Daly, M. 2014, 앞의 책.

56. Millar, J. 2010, 앞의 글.

57. 요점과 근거는 다음을 참고하라. Bennett, F. and Daly, M. 2014, 앞의 책, p. 38‒39.

58. Daly, M. 2020, *Gender Inequality and Welfare States in Europe*, Cheltenham: Edward Elgar.

59. Bennett, F. and Daly, M. 2014, 앞의 책.

60. Burgoyne, C. 1990, Money in marriage, *Sociological Review* 38, pp. 634‒665; Goode, J., Callender, C. and Lister, R. 1998, 앞의 책.

61. Humphreys, C. 2007, A health inequalities perspective on violence against women, *Health and Social Care in the Community* 15(2), pp. 120‒127.

62. Warburton-Brown, C. 2011, 앞의 책, p. 8.

63. Howard, M. and Skipp, A. 2015, *Unequal, Trapped and Controlled*, London: Women's Aid/TUC; Rummery, K. 2018, Gender equality and social justice. In G. Craig (ed.), *Handbook on Global Social Justice*, Cheltenham: Edward Elgar; Women's Aid. 2019, *The Domestic Abuse Report 2019: The Economics of Abuse*, Bristol: Women's Aid; Postmus, L. et al. 2020, Economic abuse as an invisible

form of domestic violence : a multi - country review, *Trauma, Violence, Abuse* 21(2), pp. 261 - 283.

64. Graham, H. 1993, *Hardship and Health in Women's Lives*, Hemel Hempstead : Harvester Wheatsheaf : Hooper, C-A., et al, 2007, 앞의 책.

65. Purdam, K. and Prattley, J. 2020, Financial debt among older women in the United Kingdom : Shame, abuse and resilience, *Ageing & Society* [https://doi. org/10.1017/ S0144686X2000001X].

66. Vincent, D. 1991, *Poor Citizens*, Harlow : Longman.

67. Ridge, T. 2009, *Living with Poverty*, London : DWP : Warburton-Brown, C. 2011, 앞의 책 : Pemberton, S., Sutton, E. and Fahmy, E. 2013, 앞의 책 : Daly, M. and Kelly, G. 2015, 앞의 책.

68. Land, H. and Rose, H. 1985, Compulsory altruism for some or an altruistic society for all? In P. Bean, J. Ferris and D. Whynes (eds), *In Defence of Welfare*, London : Tavistock.

69. Warburton-Brown, C. 2011, 앞의 책 : Daly, M. and Kelly, G. 2015, 앞의 책.

70. Goode, J., Callender, C. and Lister, R. 1998, 앞의 책 : Women's Budget Group, 2005, 앞의 책 : Parker, S. and Pharoah, R. 2008, *Just Coping*, Maidstone : Kent County Council : Warburton-Brown, C. 2011, 앞의 책 : Harrison, E. 2013, Bouncing back? Recession, resilience and everyday lives, *Critical Social Policy* 33(1), pp. 97 - 113.

71. Toynbee, P. 2003, *Hard Work*, London : Bloomsbury, p. 34[폴리 토인비 지음, 이창신 옮김, 『거세된 희망』, 개마고원, 2004].

72. Payne, S. 1991, 앞의 책 : Merz, J. and Rathjen, T. 2009, Time and income poverty : An interdependent, multidimensional poverty approach with German time use diary data. SOEP paper, Berlin : DIWBerlin, p. 215.

73. Harvey, A. S. and Mukhopadhyay, 2007, When twenty-four hours is not enough : The time poverty of working parents, *Social Indicators Research* 82, pp. 57 - 77 : Burchardt, T. 2008a, 앞의 글 : Merz, J. and Rathjen, T. 2011, Intensity of multidimensional time and income poverty. SOEP paper, Berlin : DIWBerlin, p. 215.

74. Floro, M. S. 1995, Women's well-being, poverty, and work intensity, *Feminist Economics* 1(3), p. 18.

75. Burchardt, T. 2010, Time, income and substantive freedom, *Time and Society* 19(3), pp. 318 - 344.

76. Ruspini, E. 2001, 앞의 글 : Harvey, A. S. and Mukhopadhyay, 2007, 앞의 글 :

Merz, J. and Rathjen, T. 2011, 앞의 글.

77. Burchardt, T. 2010, 앞의 글, p. 318.

78. Douthitt, R. A. 1994, '*Time to Do the Chores?' Factoring Home-production Needs into Measures of Poverty*, Institute for Research on Poverty Discussion Paper, pp. 1030 – 1094 [www.ssc.wisc.edu/irp/pubs.htm].

79. Hamilton, K. and Jenkins, L. 2000, A gender audit for public transport: A new policy tool in the tackling of social exclusion, *Urban Studies* 37(10), pp. 1793 – 1800.

80. Turner, J. and Grieco, M. 2000, Gender and time poverty, *Time & Society* 9(1), pp. 129 – 136; Kenyon, S., Rafferty, J. and Lyons, G. 2003, Social exclusion and transport in the UK, *Journal of Social Policy* 32(3), pp. 317 – 338.

81. Bennett, F. and Daly, M. 2014, 앞의 책.

82. Jackson, C. 1998, 앞의 글; Razavi, S. 1997, From rags to riches. Looking at poverty from a gender perspective, *IDS Bulletin* 28(3), pp. 49 – 62.

83. Jenkins, S. P. 1991, Poverty measurement and the within-household distribution, *Journal of Social Policy* 20(4), pp. 457 – 483; Ruspini, E. 2001, 앞의 글.

84. Dermott, E. and Pantazis, C. 2018, 앞의 글.

85. Jackson, C. 1998, 앞의 글; Millar, J. 2003, 앞의 글.

86. Bennett, F. and Daly, M. 2014, 앞의 책; Bennett, F. 2015, Poverty and gender: Links and ways forward. In EDF Research Network, *Beyond 2015. Shaping the Future of Equality, Human Rights and Social Justice*, London: EDF; Daly, M. 2018, 앞의 글.

87. Lewis, J. 2001, *The End of Marriage?*, Cheltenham: Edward Elgar; Beck, U. and Beck-Gernsheim, E. 2002, *Individualization*, London: Sage.

88. Daly, M. and Rake, K. 2003, 앞의 책.

89. Bennett, F. and Daly, M. 2014, 앞의 책, p. 8.

90. Moosa, Z. with Woodroffe, J. 2009, *Poverty Pathways: Ethnic Minority Women's Livelihoods*, London: Fawcett Society; Warburton-Brown, C. 2011, 앞의 책; Bassel, L. and Emejulu, A. 2018, 앞의 책; www.census.org.

91. National Equality Panel, 2010, *An Anatomy of Economic Inequality in the UK*, London: Government Equalities Office; Lelkes, O. and Zólyomi, E. 2011, *Poverty and Social Exclusion of Migrants in the European Union*, Vienna: European Centre for Social Welfare Policy and Research; Allsopp, J., Sigena, N. and Phillimore, J. 2014, *Poverty among Refugees and Asylum-seekers in the*

UK, Birmingham: Institute for Research into Superdiversity; Kesler, C. 2015, Welfare states and immigrant poverty, *Acta Sociologica* 58(1), pp. 39‑61; JRF, 2014, *Reducing Poverty in the UK: A Collection of Evidence*, York: Joseph Rowntree Foundation; Hughes, C. and Kenway, P. 2016, *Foreign-Born People and Poverty in the UK*, York: Joseph Rowntree Foundation; Alston, P. 2017, *Statement on Visit to the USA by Professor Philip Alston, UN Special Rapporteur on Extreme Poverty and Human Rights*, Washington, DC: OHCHR; Karlsen, S. and Pantazis, C. 2018, Better understandings of ethnic variations: Ethnicity, poverty and social exclusion. In E. Dermott and G. Main (eds), *Poverty and Social Exclusion in the UK* vol. 1, Bristol: Policy Press; Heidegger, P. and Wiesel, K. 2020, *Pushed to the Wasteland: Environmental Racism against Roma Communities in Central and Eastern Europe*, Brussels: European Environmental Bureau; Mayblin, L., Wake, M. and Kazemi, M. 2020, Necropolitics and the slow violence of the everyday: Asylum-seeker welfare in the postcolonial present, *Sociology* 54(1), pp. 107‑123; Social Metrics Commission, 2020, *Measuring Poverty 2020*, London: Legatum Institute.

92. http://talkpoverty.org.

93. Barnard, H. 2014, *Tackling Poverty across all Ethnicities in the UK*, York: Joseph Rowntree Foundation; Khan, O. 2020, Understanding and responding to ethnic minority child poverty. In J. Tucker (ed.), *2020 Vision. Ending Child Poverty for Good*, London: CPAG.

94. World Bank, 2001, World Development Report 2000/2001, New York: Oxford University Press, p. 124; Barnard, H. 2014, 앞의 책; Bhopal, K. 2018, *White Privilege*, Bristol: Policy Press; Khan, O. 2020, 앞의 글.

95. EU Agency for Fundamental Rights, 2016, *Second European Union Minorities and Discrimination Survey. Roma – Selected Findings*, Vienna: FRA-EU Agency for Fundamental Rights; Bhopal, K. 2018, 앞의 책.

96. Wacquant, L. 2008, *Urban Outcasts*, Cambridge: Polity; Wilson, W. J. 2009, *More than Just Race: Being Black and Poor in the Inner City*, New York: W. W. Norton; Barnard, H. and Turner, C. 2011, *Poverty and Ethnicity: A Review of Evidence*, York: Joseph Rowntree Foundation; Arnade, C. 2019, 앞의 책.

97. Barnard, H. 2014, 앞의 책; Weekes-Bernard, D. 2017, *Poverty and Ethnicity in the Labour Market*, York: Joseph Rowntree Foundation; Bhopal, K. 2018, 앞의 책.

98. Bhopal, K. 위의 책.

99. Craig, G. 2007, Cunning, unprincipled, loathsome: The racist tail wags the welfare dog, *Journal of Social Policy* 36(4), pp. 605 – 623; Craig, G. 2008, The limits of compromise? Social justice, 'race' and multiculturalism. In G. Craig, T. Burchardt and D. Gordon (eds), *Social Justice and Public Policym*, Bristol: Policy Press; Law, I. 2009, Racism, ethnicity, migration and social security. In J. Millar (ed.), *Understanding Social Security*, 2nd edn, Bristol: Policy Press.

100. Gilens, M. 1999, *Why Americans Hate Welfare. Race, Media and the Politics of Antipoverty Policy*, Chicago, IL: University of Chicago Press[마틴 길렌스 지음, 엄자현 옮김, 『왜 미국인들은 복지를 싫어하는가』, 영림카디널, 2012].

101. Jennings, J. and Kushnick, L. 1999, Introduction. In L. Kushnick and J. Jennings, *A New Introduction to Poverty. The Role of Race, Power and Politics*, New York: New York University Press, p. 6.

102. Orloff, A. S. 2002, Explaining US welfare reform, *Critical Social Policy* 22(1), pp. 96 – 102.

103. Gilens, M. 1999, 앞의 책; Jennings, J. and Kushnick, L. 1999, 앞의 글.

104. Katz, M. B. 1989, *The Undeserving Poor*, New York: Pantheon Books, p. 234; Katz, M. B. 2013, *The Undeserving Poor* 2nd edn, Oxford: Oxford University Press; Wacquant, L. 2008, 앞의 책.

105. Raup, E. 1996, Politics, race and US penal strategies, *Soundings* 2, p. 164.

106. Tyler, I. 2013, 앞의 책, p. 187.

107. Skeggs, B. 2004, *Class, Self, Culture*, London: Routledge, p. 103

108. Bhopal, K. 2018, 앞의 책, p. 29.

109. Tyler, I. 2013, 앞의 책.

110. Werner, T. L. 2015, The war on poverty and the racialization of 'hillbilly' poverty: Implications for poverty research, *Journal of Poverty* 19(3), pp. 305 – 323; Isenberg, N. 2016, *White Trash*, New York: Viking[낸시 아이젠버그 지음, 강혜정 옮김, 『알려지지 않은 미국 400년 계급사 – White Trash · 미국 백인 민중사』, 살림출판사, 2019]; Vance, J. D. 2016, *Hillbilly Elegy*, London: William Collins[J. D. 밴스 지음, 김보람 옮김, 『힐빌리의 노래 — 위기의 가정과 문화에 대한 회고』, 흐름출판, 2017]; Kusenbach, M. 2020, 'Trailer trash', stigma and belonging in Florida mobile home parks, *Social Inclusion* 8(1), pp. 66 – 75.

111. Sveinsson, K. P. (ed.), 2009, *Who Cares about the White Working Class?*, London: Runneymede; Werner, T. L. 2015, 앞의 글; Isenberg, N. 2016, 앞의 책.

112. Kim, E. J., Parish, S. L., Skinner, T. 2019, The impact of gender and

disability on the economic wellbeing of disabled women in the UK. *Social Policy & Administration* [https://doi.org/10.1111/SPOL.12486].

113. MacInnes, T. et al, 2014, *Disability, Long Term Conditions and Poverty*, London: New Policy Institute; Heslop, P. and Emerson, F. 2018, A worsening picture: Poverty and social exclusion and disabled people. In E. Dermott and G. Main (eds), *Poverty and Social Exclusion in the UK* vol. 1, Bristol: Policy Press.

114. MacInnes, T. et al, 2014, 앞의 책; Social Metrics Commission, 2018, 앞의 책; JRF 2020b, *UK Poverty 2019/20*, York: Joseph Rowntree Foundation.

115. MacInnes, T. et al, 2014, 앞의 책.

116. JRF, 2020b, 앞의 책.

117. Knight, J., Heaven, C. and Christie, I. 2002, *Inclusive Citizenship: Social Equality for Disabled People*, London: Leonard Cheshire.

118. Sen, A. 1992, 앞의 책; Sen, A. 1999, 앞의 책.

119. MacInnes, T. et al, 2014, 앞의 책; Heslop, P. and Emerson, F. 2018, 앞의 글.

120. JRF, 2020b, 앞의 책.

121. MacInnes, T. et al, 2014, 앞의 책.

122. Heslop, P. and Emerson, F. 2018, 앞의 글.

123. Kim, E. J., Parish, S. L., Skinner, T. 2019, 앞의 글.

124. Leonard Cheshire, 2008, *Disability Poverty in the UK*, London: Leonard Cheshire Disability.

125. EHRC, 2011, *Hidden in Plain Sight. Inquiry into disability related harassment*, Manchester: EHRC.

126. Quarmby, K. 2008, *Getting Away with Murder. Disabled People's Experiences of Hate Crime in the UK*, London: Scope, p. 8; Baumberg, B., Bell, K. and Gaffney, D. 2012, *Benefits Stigma in Britain*, London: Turn2Us/Elizabeth Finn Care; McEnhill, L. and Bryne V. 2014, 'Beat the cheat': Portrayals of disability benefit claimants in print media, *Journal of Poverty and Social Justice* 22(2), pp. 99–110.

127. Morris, J. 2001, Social exclusion and young disabled people with high levels of support needs, *Critical Social Policy* 21(2), p. 177.

128. Hancock, R., Morciano, M. and Pudney, S. 2016, *Disability and Poverty in Later Life*, York: Joseph Rowntree Foundation.

129. Dewilde, C. 2003, A life–course perspective on social exclusion and poverty, *British Journal of Sociology* 54(1), pp. 109–128; Rigg, J. and Sefton, T. 2006, Income dynamics and the lifecycle, *Journal of Social Policy* 35(3), pp. 411–

435: Rahman, F. 2019, *The Generation of Poverty: Poverty over the Life Course*, London: Resolution Foundation.

130. Rahman, F. 2019, 앞의 책.

131. EMIN, 2014, *European Minimum Income Network Thematic Report on Older People*, Brussels: European Commission.

132. Li, Z. and Dalaker, J. 2019, *Poverty among Americans Aged 65 and Older*, Washington, DC: Congressional Research Services.

133. Jenkins, S. P. 2011, *Changing Fortunes,* Oxford: Oxford University Press; DWP, 2019, *Income Dynamics: Income Movements and the Persistence of Low Incomes*, London: Department for Work and Pensions.

134. EMIN, 2014, 앞의 책; Patsios, D. 2018, 앞의 글.

135. Purdam, K. and Prattley, J. 2020, 앞의 글.

136. 청소년기도 점점 비슷해지고 있다. 다음을 참고하라. France, A. 2008, From being to becoming: The importance of tackling youth poverty in transitions to adulthood, *Social Policy & Society* 7(4), pp. 495 – 505; Fahmy, E. 2018a, The impoverishment of youth. In E. Dermott and G. Main (eds), *Poverty and Social Exclusion in the UK* vol. 1, Bristol: Policy Press; Rahman, F. 2019, 앞의 책.

137. Adamson, P. 2013, *Child Well-being in Rich Countries,* Florence: UNICEF Office of Research; Smolinski, M. and Morabito, C. 2014, *Child Poverty and Social Exclusion in Europe. A Matter of Children's Rights*, London: Save the Children.

138. Adamson, P. 2013, 앞의 책.

139. Burd-Sharps, S. et al. 2012, Child well-being in the US. In A. Minujin and S. Nandy (eds), *Global Child Poverty and Well-being*, Bristol: Policy Press; Smolinski, M. and Morabito, C. 2014, 앞의 책; Children's Defence Fund. 2019, *Ending Child Poverty Now*, Washington, DC: Children's Defence Fund.

140. Dermott, E. and Pantazis, C. 2018, 앞의 글; Main, G. and Bradshaw, J. 2018, Improving lives? Child poverty and social exclusion. In E. Dermott and G. Main (eds), *Poverty and Social Exclusion in the UK* vol. 1. Bristol: Policy Press.

141. Lister, R. 2011b, 앞의 글; Treanor, M. C. 2020, *Child Poverty. Aspiring to Survive*, Bristol: Policy Press.

142. Bradbury, B., Jenkins, S. P. and Micklewright, J. (eds), 2001, 앞의 책.

143. Gregg, P. 2008, Childhood poverty and life chances. In J. Strelitz and R. Lister (eds), *Why Money Matters*, London: Save the Children; National Academies of Sciences, Engineering and Medicine, 2019, *A Roadmap to Reducing*

Poverty, Washington, DC. National Academies Press; Cooper, K. and Stewart, K. 2013, *Does Money Affect Children's Outcomes?*, York: Joseph Rowntree Foundation; Cooper, K. and Stewart, K. 2017, *Does Money Affect Children's Outcomes? An Update*, York: Joseph Rowntree Foundation; Children's Defence Fund, 2019, 앞의 책.

144. Bradshaw, J. 2013, The impact of child poverty on future life chances. In A. Ritchie (ed.), *The Heart of the Kingdom*, London: Children's Society, p. 10; Roelen, K. 2010, Child poverty: What's in a word? In W. Vandenhole, J. Vranken and K. de Boyser (eds), *Why Care? Children's Rights and Child Poverty.* Antwerp: Intersentia.

145. Treanor, M. C. 2020, 앞의 책, p. 2.

146. Ridge T. and Saunders, P. 2009, Introduction: Themed section on child ren's perspectives on poverty and disadvantage in rich and developing countries, *Social Policy & Society* 8(4), p. 499; Fortier, S. M. 2006, On being a poor child in America. Views of poverty from 7 – 12-year olds, *Journal of Children and Poverty* 12(2), pp. 113 – 128; Redmond, G. 2008, *Children's Perspectives on Economic Adversity: A Review of the literature*, Florence: UNICEF Research Centre; Redmond, G. 2009, Children as actors: How does the child perspectives literature treat agency in the context of poverty?, *Social Policy & Society* 8(4), pp. 541 – 550; Ridge, T. 2009, 앞의 책; Ridge, T. 2011, The everyday costs of poverty in childhood: A review of qualitative research exploring the lives and experiences of low-income children in the UK, *Children & Society* 25(1), pp. 73 – 84; Crivello, G., Camfield, L. and Potter, C. 2010, Editorial: Researching children's understanding of poverty and risk in diverse contexts, *Children & Society* 24(4), pp. 255 – 260; Main, G. 2020, 'Everyone's expecting me to fail': Children's and families' experiences of poverty. In J. Tucker (ed.), *2020 Vision. Ending Child Poverty for Good*, London: CPAG.

147. Ridge, T. 2002, *Childhood Poverty and Social Exclusion*, Bristol: Policy Press, 4장; Martin, K. and Mason, M. 2011, *'Trying to Get By': Consulting with Children and Young People on Child Poverty*, London: Office of the Children's Commissioner; Pople, L., Rodrigues, L. and Royston, S. 2013, *Through Young Eyes. The Children's Commission on Poverty*, London: Children's Society; Mahony, S. 2017, *Understanding Childhoods*, London: Children's Society.

148. Sutton, L. Smith, N., Dearden, C. and Middleton, S. 2007, *A Child's Eye View of Social Difference*, York: Joseph Rowntree Foundation; Sutton, L. 2008,

The state of play: Disadvantage, play and children's wellbeing, *Social Policy & Society* 7(4), pp. 537-549; Walker, J. Crawford, K. and Taylor, F. 2008, Listening to children: Gaining a perspective of the experiences of poverty and social exclusion from children and young people on child poverty, *Health and Social Care in the Community* 16(4), pp. 429-436.

149. Attree, P. 2006, The social costs of child poverty: A systematic review of the qualitative evidence, *Children & Society* 20(1), pp. 54-66.

150. Crossley, S. 2017, 앞의 책.

151. Philo, G., McCormick, J. and CPAG, 1995, 'Poor places' and beyond. In G. Philo (ed.), *Off the Map. The Social Geography of Poverty in the UK*, London: CPAG, p. 177; Powell, M., Boyne, G. and Ashworth, R. 2001, Towards a geography of people poverty and place poverty, *Policy and Politics* 29(3), pp. 243-258.

152. Milbourne, P. 2004a, The local geographies of poverty: A rural case study, *Geoforum* 35(3), p. 563; Milbourne, P. 2010, Putting poverty and welfare in place, *Policy & Politics* 38(1), pp. 153-169.

153. Wacquant, L. 2008, 앞의 책; Wilson, W. J. 2009, 앞의 책; Katz, M. B. 2013, 앞의 책.

154. Tomlinson, M. 2018, Devolution and North/South division: Poverty and social exclusion in the countries and regions of the UK. In E. Dermott and G. Main (eds), *Poverty and Social Exclusion in the UK* vol. 1, Bristol: Policy Press.

155. Barnard, H. and Turner, C. 2011, 앞의 책; Keiller, A. N. 2017, Pockets of inequality and poverty, *Society Now*, Autumn, pp. 10-11.

156. Phillips, C. and Platt, L. 2016, 'Race' and ethnicity. In H. Dean and L. Platt (eds), *Social Advantage and Disadvantage,* Oxford: Oxford University Press, p. 253; Byrne, D. 1999, *Social Exclusion*, Buckingham: Open University Press; Dorling, D. 2015, 앞의 책.

157. Philo, G., McCormick, J. and CPAG. 1995, 앞의 글; Ehrenreich, B. 2001, *Nickel and Dimed,* New York: Henry Holt & Co; Dorling, D. 2015, 앞의 책.

158. Toynbee, P. 2003, 앞의 책, p.19.

159. Powell, M., Boyne, G. and Ashworth, R. 2001, 앞의 글; Spicker, P. 2007, *The Idea of Poverty,* Bristol: Policy Press.

160. CRESR Research Team, 2011, *Living through Challenges in Low Income Neighbourhoods,* Sheffield: CRESR, pp. 5, 59.

161. Lupton, R. 2003b, *Neighbourhood Effects*, CASE paper 73, London: CASE.

162. Kearns, A. and Parkinson, M. 2001, The significance of neighbourhood, *Urban Studies* 38(12), pp. 2103‒2110; Richardson, L. and Mumford, K. 2002, Community, neighbourhood and social infrastructure. In J. Hills, J. Le Grand and D. Piachaud (eds), *Understanding Social Exclusion*, Oxford: Oxford University Press.

163. Power, A. 2007, *City Survivors. Bringing up Children in Disadvantaged Neighbourhoods,* Bristol: Policy Press, p. 1.

164. Lupton, R. 2003b, 앞의 책; Power, A. 2007, 앞의 책; Bramley, G. 2018, Housing and the lived environment. In G. Bramley and N. Bailey (eds), *Poverty and Social Exclusion in the UK* vol. 2, Bristol: Policy Press.

165. Bray, R. et al, 2019, 앞의 책, p. 22; Bramley, G. 2018, 앞의 글; Sarkar, S. and Barnes, S. G. (eds), 2018, *The Souls of Poor Folk,* Washington, DC: Institute for Policy Studies/Poor People's Campaign; Heidegger, P. and Wiesel, K. 2020, 앞의 책.

166. Ghate, D. and Hazel, N. 2002, *Parenting in Poor Environments,* London: Jessica Kingsley; Scharf, T. et al, 2002, *Growing Older in Socially Deprived Areas,* London: Help the Aged.

167. Wacquant, L. 2008, 앞의 책; Mumford, A. and Power, A. 2003, *East Enders. Family and Community in East London,* Bristol: Policy Press; Power, A. 2007, 앞의 책.

168. Spicker, P. 2007, 앞의 책.

169. SEU, 2001, *Preventing Social Exclusion,* London: SEU, p. 17; Bramley, G. 2018, 앞의 글.

170. Lupton, R. 2003b, 앞의 책; Fitzpatrick, S. 2004, *Poverty and Place,* York: Joseph Rowntree Foundation.

171. Atkinson, R. and Kintrea, K. 2004, 'Opportunities and despair. It's all in there.' Practitioner experiences and explanations of area effects and life chances, *Sociology* 38(3), pp. 437‒455; Spicker, P. 2007, 앞의 책; Lee, N. 2016, Social disadvantage and place. In H. Dean and L. Platt (eds), *Social Advantage and Disadvantage,* Oxford: Oxford University Press; Crossley, S. 2017, 앞의 책; Tomlinson, M. 2018, 앞의 글.

172. Byrne, D. 1999, 앞의 책.

173. Wacquant, L. 2008, 앞의 책.

174. Friedrichs, J. 1998, Do poor neighbourhoods make their residents poorer? In H. J. Andress (ed.), *Empirical Poverty Research in Comparative Perspective,*

Aldershot: Ashgate; Kleinman, M. 1999, There goes the neighbourhood, *New Economy* 6(4), pp. 188 - 192.

175. Buck, N. 2001, Identifying neighbourhood effects on social exclusion, *Urban Studies* 38(12), p. 2272.

176. Powell, M., Boyne, G. and Ashworth, R. 2001, 앞의 글.

177. Lupton, R. and Power, A. 2002, Social exclusion and neighbourhoods. In J. Hills, J. Le Grand and D. Piachaud (eds), *Understanding Social Exclusion*, Oxford: Oxford University Press.

178. Richardson, L. and Mumford, K. 2002, 앞의 글.

179. Livingston, M., Bailey, N. and Kearns, A. 2008, *The Influence of Neighbourhood Deprivation on People's Attachment to Places: Findings*, York: Joseph Rowntree Foundation, p. 1; Atkinson, R. and Kintrea, K. 2004, 앞의 글.

180. Seaman, P. et al, 2005, *Parenting and Children's Resilience in Disadvantaged Cities*, London: National Children's Bureau; Watt, P. 2006, Respectability, roughness and 'race': Neighbourhood place images and the making of workingclass social distinctions in London, *International Journal of Urban and Regional Research* 30(4), pp. 776 - 797; Power, A. 2007, 앞의 책; McKenzie, L. 2012, A narrative from the inside, studying St Ann's in Nottingham: Belonging, continuity and change, *The Sociological Review* 60(3), pp. 457 - 475; McKenzie, L. 2015, 앞의 책.

181. Mumford, A. and Power, A. 2003, 앞의 책; Grimshaw, L. 2011, Community work as women's work? The gendering of English neighbourhood partnerships, *Community Development Journal* 46(3), pp. 327 - 340; Fahmy, E. 2018a, 앞의 글. 이 책의 5장도 참고하라.

182. Spicker, P. 2007, 앞의 책.

183. Milbourne, P. 2010, 앞의 글, pp. 157 - 158.

184. Hunter, P. 2014, *Poverty in Suburbia*, London: Smith Institute; Hunter, P. 2019, *The Unspoken Decline of Outer London*, London: Smith Institute; O'Hara, M. 2015, Poverty is moving to the suburbs, *Guardian Society* 6 May; Lee, N. 2016, 앞의 글.

185. Atkinson, R. and Kintrea, K. 2004, 앞의 글; McCormack, K. 2004, Resisting the welfare mother: The power of welfare discourse and tactics of resistance, *Critical Sociology* 30(2), pp. 355 - 383; Hooper, C-A., et al, 2007, 앞의 책.

186. Milbourne, P. 2004b, *Rural Poverty, Marginalisation and Exclusion in Britain and the US*, London: Routledge, p. 172; Milbourne, P. 2006, Poverty, social

exclusion and welfare in rural Britain. In J. Midgley (ed.), *A New Rural Agenda*, London: IPPR; Milbourne, P. 2020, From agricultural poverty to social exclusion. In J. Burchardt and C. Conford (eds), *The Contested Countryside*, London: Bloomsbury.

187. Katz, M. B., 2013, 앞의 책; Werner, T. L. 2015, 앞의 글.

188. Schaefer, A., Mattingley, M. J. and Johnson, K. M. 2016, *Child Poverty Higher and More Persistent in Rural America*, Carsey Research, University of New Hampshire.

189. Shucksmith, M. 2000, *Exclusive Countryside?*, York: Joseph Rowntree Foundation; Fahmy, E. and Pemberton, S. 2012, A video testimony on rural poverty and social exclusion, *Sociological Research Online* 17(1), pp. 106‒123; Bailey, N. and Gannon, M. 2018, More similarities than differences in poverty and social exclusion in rural and urban locations. In E. Dermott and G. Main (eds), *Poverty and Social Exclusion in the UK* vol. 1, Bristol: Policy Press.

190. Fahmy, E. and Pemberton, S. 2012, 앞의 글, 5.2.

191. Cloke, P. and Little, J. 1997, *Contested Countryside Cultures*, London: Routledge.

192. McCormick, J. and Philo, C. 1995, Where is poverty? In G. Philo (ed.), *Off the Map. The Social Geography of Poverty in the UK,* London: CPAG, p. 16.

193. Simmons, M. 1997, *Landscapes of Poverty*, London: Lemos&Crane, p. 25.

194. Bailey, N. and Gannon, M. 2018, 앞의 글, p. 235.

195. Duncan, C. M. 1999, *Worlds Apart. Why Poverty Persists in Rural America*, New Haven, CT: Yale University Press, p. xiii; Isenberg, N. 2016, 앞의 책, p. 320.

196. Sherman, J. 2006, Coping with rural poverty: Economic survival and moral capital in rural America, *Social Forces* 85(2), pp. 801‒913; Sherman, J. 2009, 앞의 책. 이 책의 5장도 참고하라.

197. Skeggs, B. 2004, 앞의 책, p. 89.

198. Bourdieu, P. 1999, *The Weight of the World,* Cambridge: Polity[피에르 부르디외 지음, 김주경 옮김, 『세계의 비참 1~3』, 동문선, 2000]; Watt, P. 2006, 앞의 글; Hanley, L. 2007, *Estates: An Intimate History*, London: Granta; Tyler, I. 2013, 앞의 책; Crossley, S. 2017, 앞의 책; Smets, P. and Kusenbach, M. 2020, New research on housing and territorial stigma, *Social Inclusion* 8(1), pp. 1‒7.

199. Toynbee, P. 2003, 앞의 책, p. 149.

200. Wacquant, L. 2008, 앞의 책.

201. Hastings, A. and Dean, J. 2003, Challenging images: Tackling stigma through estate regeneration, *Policy and Politics* 31(2), pp. 171 – 184.

202. Atkinson, R. and Kintrea, K. 2001, Disentangling area effects evidence from deprived and non-deprived neighbourhoods, *Urban Studies* 38(12), pp. 2277 – 2298; MacDonald, R. and Marsh, J. 2001, Disconnected Youth?, *Journal of Youth Studies* 4(4), pp. 373 – 391.

203. Dean, J. and Hastings, A. 2000, *Challenging Images: Housing Estates, Stigma and Regeneration*, Bristol: Policy Press, p. 1.

204. Corden, A. 1996, Writing about poverty: Ethical dilemmas. In H. Dean (ed.), *Ethics and Social Policy Research*, Luton: University of Luton Press; Wood, M. and Vamplew, C. 1999, *Neighbourhood Images in Teeside*, York: Joseph Rowntree Foundation. 이 책의 3장도 참고하라.

205. McKenzie, L. 2012, 앞의 글; McKenzie, L. 2015, 앞의 책.

206. Hanley, L. 2007, 앞의 책.

207. Hanley, L. 2017, *Respectable*, London: Penguin, p. 149.

208. Ghate, D. and Hazel, N. 2002, 앞의 책; Mumford, A. and Power, A. 2003, 앞의 책; Atkinson, R. and Kintrea, K. 2004, 앞의 글; Seaman, P. et al, 2005, 앞의 책; Watt, P. 2006, 앞의 글; McKenzie, L. 2015, 앞의 책.

209. Charlesworth, S. J. 2000, *A Phenomenology of Working Class Experience*, Cambridge: Cambridge University Press; Watt, P. 2006, 앞의 글; Flaherty, J. 2008, 앞의 글; Batty, E. and Flint, J. 2010, *Self Esteem, Comparative Poverty and Neighbourhoods*, Sheffield: CRESR; Arnade, C. 2019, 앞의 책.

210. Fredman, S. 2011, 앞의 글.

211. Lupton, R. 2003b, 앞의 책.

212. Lupton, R. 2003a, *Poverty Street*, Bristol: Policy Press; Alcock, P. 2006, 앞의 책.

4장 빈곤 담론: 타자화에서 존중까지

1. Russell, H. (ed.), 1996, *Speaking from Experience,* Manchester: Church Action on Poverty, p. 4에서 재인용.

2. Galloway, K. 2002, *A Scotland Where Everyone Matters*, Manchester: Church Action on Poverty, p. 13에서 재인용.

3. Bray, R. et al, 2019, 앞의 책, p. 21에서 재인용.

4. Waxman, C. I. 1977, *The Stigma of Poverty*, New York: Pergamon Press; Walker,

R. 2014b, 앞의 책: Spicker, P. 2020, 앞의 책.

5. Bray, R. et al, 2019, 앞의 책.

6. Skeggs, B. 2005, The making of class and gender through visualizing moral subject formation, *Sociology* 39(5), pp. 965‑982.

7. Unwin, J. 2013, *Why Fight Poverty?*, London: Publishing Partnership.

8. Sayer, A. 2005b, 앞의 책, p. 58.

9. Riggins, S. H. 1997, The rhetoric of othering. In S. H. Riggins (ed.), *The Language and Politics of Exclusion*, Thousand Oaks, CA: Sage.

10. Power, E. M. 2005, The unfreedom of being other: Canadian lone mothers' experiences of poverty and 'life on the cheque', *Sociology* 39(4), pp. 643‑660.

11. Schram, S. F. 1995, *Words of Welfare*, Minneapolis: University of Minnesota Press.

12. Main, G. and Mahony, S. 2018, *Fair Shares and Families*, London: Children's Society: University of Leeds; Main, G. 2020, 앞의 글.

13. Polakow, V. 1993, *Lives on the Edge. Single Mothers and their Children in the Other America*, Chicago. IL: University of Chicago Press, p. 150.

14. Adair, V. C. 2005, US working class/poverty class divides, *Sociology* 39(5), p. 823.

15. Featherstone, B., White, S. and Morris, K. 2014, *Re-imagining Child Protection*, Bristol: Policy Press, p. 22; Gupta, A., Blumhardt, H. and ATD Fourth World, 2018, Poverty, exclusion and child protection practice: The contribution of the 'politics of recognition&respect', *European Journal of Social Work* 21(2), pp. 247‑259.

16. Perry, N. 2005, *Getting the Right Trainers*, London: ATD Fourth World; Killeen, D. 2008, *Is Poverty in the UK a Denial of Human Rights?*, York: Joseph Rowntree Foundation.

17. Riggins, S. H. 1997, The rhetoric of othering. In S. H. Riggins (ed.), *The Language and Politics of Exclusion,* Thousand Oaks, CA: Sage.

18. Pickering, M. 2001, *Stereotyping,* Basingstoke: Palgrave, p. 45.

19. 위의 책, p. 204.

20. Rancière, J. 2001, 앞의 글.

21. Savage, M. 2015, *Social Class in the Twenty-first Century,* London: Pelican, p. 402.

22. Edelman, M. 1977, *Political Language,* New York/London: Academic Press.

23. Goffman, E. 1968, *Stigma,* Upper Saddle River, NJ: Prentice‑Hall, pp. 13,

15.

24. Oliver, K. 2001, *Witnessing*, Minneapolis: University of Minnesota Press.

25. Scambler, G. 2018, Heaping blame on shame: 'Weaponising stigma' for neoliberal times, *Sociological Review* 66(4), p. 767.

26. Sibley, D. 1995, *Geographies of Exclusion*, London/New York: Routledge; Sayer, A. 2005a, 앞의 글.

27. Pickering, M. 2001, 앞의 책, p. 73; Oliver, K. 2001, 앞의 책.

28. Tyler, I. 2013, 앞의 책, p. 213; Power, E. M. 2005, 앞의 글; Snoussi, D. and Mompelat, L. 2019, *'We Are Ghosts': Race, Class and Institutional Prejudice*, London: CLASS.

29. 모레인 로버츠의 말. International Movement ATD Fourth World, 2012, *Extreme Poverty is Violence*, Pierrelaye: International Movement ATD Fourth World, p. 40에서 재인용.

30. 캐시의 말. ATD Fourth World, 2014, 앞의 책, p. 5.

31. Pickering, M. 2001, 앞의 책, p. 48; Mooney, 2008, 앞의 글.

32. Dean, H. and Melrose, M. 1999, 앞의 책, p. 48.

33. Riggins, S. H. 1997, 앞의 글; Sayer, A. 2005b, 앞의 책.

34. Krumer-Nevo, M. and Benjamin, O. 2010, Critical poverty knowledge: Contesting othering and social distancing, *Current Sociology* 58(5), pp. 693 – 714.

35. Pickering, M. 2001, 앞의 책, p. 73.

36. Riggins, S. H. 1997, 앞의 글, p. 8.

37. Silver, H. 1996, Culture, politics and national discourses of the new urban poverty. In E. Mingione (ed.), *Urban Poverty and the Underclass: A Reader*, Oxford: Blackwell, p. 135.

38. Polakow, V. 1993, 앞의 책.

39. Peel, M. 2003, *The Lowest Rung*, Cambridge: Cambridge University Press, p. 10.

40. Sidel, R. 2006, *Unsung Heroines. Single Mothers and the American Dream*, Berkeley: University of California Press.

41. Clarke, J. and Cochrane, A. 1998, The social construction of social problems. In E. Saraga (ed.), *Embodying the Social: Constructions of Difference*, London: Routledge, p. 26; Fell, B. and Hewstone, M. 2015, *Psychological Perspectives on Poverty*, York: Joseph Rowntree Foundation.

42. hooks, b. 1994, *Outlaw Culture. Resisting Representation*, New York/London:

Routledge, p. 169.

43. Tyler, I. 2013, 앞의 책, p. 178.

44. O'Hara, M. 2020, 앞의 책, p. 6.

45. Krumer-Nevo, M. and Benjamin, O. 2010, 앞의 글.

46. Veit-Wilson, J. 2004, Understanding poverty. In J. Flaherty, J. Veit-Wilson and P. Dornan, *Poverty: The Facts* 5th edn, London: CPAG.

47. Schram, S. F. 1995, 앞의 책; Saraceno, C. (ed.), 2002, *Social Assistance Dynamics in Europe*, Bristol: Policy Press.

48. Seabrook, J. 2013, 앞의 책; Welshman, 2013, 앞의 책.

49. O'Hara, M. 2020, 앞의 책.

50. Jones, C. and Novak, T. 1999, 앞의 책, p. 5.

51. Waxman, C. I. 1977, 앞의 책; Handler, J. and Hasenfeld, Y. 1997, *We the Poor People: Work, Poverty, and Welfare*, New Haven, CT: Yale University Press; Katz, M. B., 2013, 앞의 책; Isenberg, N. 2016, 앞의 책.

52. O'Connor, A. 2001, 앞의 책, p. 8; Ross, T. 1991, The rhetoric of poverty: Their immorality, our helplessness, *Georgetown Law Journal* 79(5), p. 1506; Katz, M. B. 2013, 앞의 책.

53. Waxman, C. I. 1977, 앞의 책; Welshman, J. 2013, 앞의 책.

54. Middleton, S. 1998, Revising the breadline Britain questions. In J. Bradshaw, D. Gordon, R. Levitas, S. Middleton, C. Pantazis, S. Payne and P. Townsend, *Perceptions of Poverty and Social Exclusion*, Bristol: Townsend Centre for International Poverty Research, p. 10.

55. Himmelfarb, G. 1984, *The Idea of Poverty: England in the Early Industrial Age*, London: Faber & Faber, p. 398; Eubanks, V. 2019, *Automating Inequality. How High-tech Tools Profile, Police and Punish the Poor*, New York: Picador[버지니아 유뱅크스 지음, 김영선 옮김, 홍기빈 해제, 『자동화된 불평등 - 첨단 기술은 어떻게 가난한 사람들을 분석하고, 감시하고, 처벌하는가』, 북트리거, 2018].

56. Himmelfarb, G. 1984, 앞의 책.

57. Squires, P. 1990, *Anti-Social Policy*, Hemel Hempstead: Harvester Wheatsheaf, p. 55.

58. Katz, M. B., 2013, 앞의 책, p. 6; Seabrook, J. 2013, 앞의 책.

59. Golding P. and Middleton, S. 1982, *Images of Welfare*, Oxford: Martin Robertson; Squires, P. 1990, 앞의 책.

60. Dean, M. 1992, A genealogy of the government of poverty, *Economy and Society* 21(3), pp. 237－238; Eubanks, V. 2019, 앞의 책.

61. Himmelfarb, G. 1984, 앞의 책; Fraser, N. and Gordon, L. 1994, 'Dependency' demystified, *Social Politics* 1(1), pp. 4-31.

62. Himmelfarb, G. 1995, *The De-moralization of Society*, London: IEA Health & Welfare Unit, p. 142.

63. Seabrook, J. 2013, 앞의 책, p. 32.

64. Handler, J. and Hasenfeld, Y. 1997, 앞의 책; Katz, M. B. 2013, 앞의 책; Welshman, J. 2013, 앞의 책.

65. Elwood, S. and Lawson, V. 2018, 앞의 글, p. 8; Eubanks, V. 2019, 앞의 책.

66. Squires, P. 1990, 앞의 책, p. 54.

67. Mooney, G. 1998, Remoralizing the poor? In G. Lewis (ed.), *Forming Nation, Framing Welfare*, London: Routledge; Carabine, J. 2000, Constituting welfare subjects through poverty and sexuality. In G. Lewis, S. Gewirtz and J. Clarke (eds), *Rethinking Social Policy*, London: Sage.

68. Ridge, T. 2002, 앞의 책.

69. Sibley, D. 1995, 앞의 책.

70. Himmelfarb, G. 1984, 앞의 책, p. 340. 마르크스도 사회 최하층 또는 '룸펜프롤레타리아트'를 묘사할 때 비슷한 언어를 썼다(Mann, K. 1994, *The Making of an English 'Underclass'?*, Buckingham: Open University Press; Coole, D. 1996, Is class a difference that makes a difference?, *Radical Philosophy* 77, pp. 17-25).

71. Himmelfarb, G. 1984, 앞의 책, p. 399; Mann, K. 1994, 앞의 책, p. 48.

72. Mooney, G. 1998, 앞의 글, p. 57; Seabrook, J. 2013, 앞의 책, pp. 113-114.

73. Macnicol, J. 1987, In pursuit of the underclass, *Journal of Social Policy* 16(3), pp. 293-318; Welshman, J. 2007, *From Transmitted Deprivation to Social Exclusion*, Bristol: Policy Press; Welshman, J. 2013, 앞의 책.

74. O'Connor, A. 2001, 앞의 책; Katz, M. B. 2013, 앞의 책.

75. Lewis, O. 1967, *La Vida*, London: Secker and Warburg, p. xxxix.

76. Valentine, C. 1968, *Culture and Poverty*, Chicago, IL: University of Chicago Press.

77. Lewis, O. 1967, 앞의 책, pp. xxvii, xli; Harvey, D. L. and Reed, M. H. 1996, The culture of poverty, *Sociological Perspectives* 39(4), pp. 465-495.

78. O'Connor, A. 2001, 앞의 책.

79. Waxman, C. I. 1977, 앞의 책, p. 90.

80. Katz, M. B. 2013, 앞의 책, p. 56.

81. Harvey, D. L. and Reed, M. H. 1996, 앞의 글; O'Connor, A. 2001, 앞의 책.

82. Welshman, J. 2007, 앞의 책; Welshman, J. 2013, 앞의 책.

83. Welshman, J. 2013, 위의 책.

84. Welshman, J. 2007, 앞의 책, p. 51; Welshman, J. 2013, 위의 책.

85. Lister, R. 2010, 앞의 책.

86. Gans, H. J. 1995, *The War against the Poor*, New York: Basic Books; Katz, M. B. 2013, 앞의 책.

87. Wilson, W. J. 1987, *The Truly Disadvantaged*, Chicago, IL: University of Chicago Press.

88. O'Connor, A. 2001, 앞의 책.

89. Katz, M. B. 2013, 앞의 책, p. 220.

90. Levitas, R. 2005, 앞의 책; MacDonald, R. and Marsh, J. 2005, *Disconnected Youth?*, Basingstoke: Palgrave; Smith, D. M. 2005, *On the Margins of Social Inclusion*, Bristol: Policy Press. 레비타스는 앞의 책, 2005, p. x에서 경쟁 관계에 있는 개념인 SID('사회 통합주의적'), RED('재분배주의적') 사회적 배제 담론의 반대말로 여기에 MUD, 즉 사회적 배제적 '도덕적 하층민 담론'이라는 꼬리표를 달았다.

91. Macnicol, J. 2017, Reconstructing the underclass, *Social Policy & Society* 16(1), p. 99; Lambert, M. and Crossley, S. 2017, Getting with the (troubled families) programme: A review, *Social Policy & Society* 16(1), pp 87–97; Crossley, S. 2018, *Troublemakers*, Bristol: Policy Press.

92. Tyler, I. 2013, 앞의 책.

93. 예를 들어 다음의 책을 보라. MacDonald, R. (ed.), 1997, *Youth, the 'Underclass' and Social Exclusion*, London: Routledge.

94. Murray, C. 1996, The emerging British underclass. In R. Lister (ed.), *Charles Murray and the Underclass*, The Developing Debate. London: IEA Health & Welfare Unit, p. 23.

95. Gans, H. J. 1995, 앞의 책, p. 18; Bauman, Z. 1998, 앞의 책; Tyler, I. 2013, 앞의 책.

96. Dean, H. and Taylor-Gooby, P. 1992, *Dependency Culture*, Hemel Hempstead: Harvester Wheatsheaf.

97. Morris, L. 1994, *Dangerous Classes*, London: Routledge.

98. Murray, C. 1996, 앞의 글, p. 41.

99. 영국에서 나온 수많은 증거는 Lister, R. 1996, Introduction: In search of the 'underclass'. In R. Lister (ed.), *Charles Murray and the Underclass. The Developing Debate,* London: IEA Health & Welfare Unit에 요약되어 있다. MacDonald, R. 앞의 책, 1997; Welshman, J. 2013, 앞의 책도 참고하라. 이전 연구의 방법론적

풍요의 시대, 무엇이 가난인가

단점을 극복했다고 주장하는 한 연구에서 연구자들은 '위험한 복지 의존 하층민론은 순전히, 그저 틀린 것이다'라는 결론에 다다랐다(MacDonald, R. and Marsh, J. 2005, 앞의 책, p. 198). 미국에 관한 증거는 다음 자료에서 찾아볼 수 있다. Wacquant, L. 2008, 앞의 책; Katz, M. B. 2013, 앞의 책.

100. Wacquant, L. 2008, 앞의 책, p. 89; Franklin, R. 1991, *Shadows of Race and Class*, Minneapolis: University of Minnesota Press.

101. Tyler, I. 2013, 앞의 책, p. 187. 이 책의 3장도 참고하라.

102. Wacquant, L. 2008, 앞의 책; Tyler, I. 2013, 앞의 책.

103. Wacquant, 위의 책; Katz, M. B. 2013, 앞의 책.

104. Shildrick, T. 2018a, 앞의 글, p. 794; Shildrick, T. 2018b, *Poverty Propaganda*, Bristol: Policy Press.

105. Dean, H. and Taylor-Gooby, P. 1992, 앞의 책.

106. 이 점을 고찰하도록 자극을 준 프랜 배넷에게 감사하다.

107. Fraser, N. and Gordon, L. 1994, 앞의 글.

108. Misra, J., Moller, S. and Karides, M. 2003, Envisioning dependency: Changing media depictions of welfare in the 20th century, *Social Problems* 50(4), pp. 482 – 504; Katz, M. B. 2013, 앞의 책.

109. 다음의 사례들이 그 예다. Schram, S. F. 1995, 앞의 책; Handler, J. and Hasenfeld, Y. 1997, 앞의 책; O'Connor, A. 2001, 앞의 책.

110. Novak, M. 1987, *The New Consensus on Family and Welfare*, Washington, DC: American Enterprise Institute, p. 88.

111. Lister, R. 2010, 앞의 책; Lister, R. 2016, Putting the security back into social security. In L. Nandy, C. Lucas and C. Bowes (eds), *The Alternative*, London: Biteback.

112. Scambler, G. 2018, 앞의 글, p. 777.

113. Patrick, R. 2014, Working on welfare, *Journal of Social Policy* 43(4), pp. 705 – 725.

114. Centre for Social Justice, 2013, *Signed On, Written Off*, London: Centre for Social Justice.

115. Dean, H. and Taylor-Gooby, P. 1992, 앞의 책; Shildrick, T. et al, 2012a, *Are 'Cultures of Worklessness' Passed Down Generations?*, York: Joseph Rowntree Foundation; Shildrick, T. et al, 2012b, *Poverty and Insecurity*, Bristol: Policy Press; Pemberton, S., Sutton, E. and Fahmy, E. 2013, 앞의 책; MacDonald, R., Shildrick, T. and Furlong, A. 2014, In search of 'intergenerational cultures of worklessness', *Critical Social Policy* 34(2), pp. 199 – 220; Patrick, R. 2014,

앞의 글을 보라. 이용자들이 보이는 '의존 문화'에 대한 '취업 촉진 담당자'들의 인식에 담긴 의미에 관한 논쟁이 있었다. 여기에 대해서는 다음을 보라. Shildrick, T. et al, 2012a, 앞의 책; Dunn, A. 2013, Activation workers' perceptions of their long-term unemployed clients' attitudes towards employment, *Journal of Social Policy* 42(4), pp. 799-817; Dunn, A. 2014, *Rethinking Unemployment and the Work Ethic*, Basingstoke: Palgrave; Marston, G. 2013, On 'Activation workers' perceptions'. A reply to Dunn (1), *Journal of Social Policy* 42(4), pp. 810-827; Wright, S. 2013, On 'Activation workers' perceptions'. A reply to Dunn (2), *Journal of Social Policy* 42(4), pp. 829-837.

116. Golding P. and Middleton, S. 1982, 앞의 책의 분석이다.

117. Cook, D. 1997, *Poverty, Crime and Punishment*, London: CPAG; Baumberg, B., Bell, K. and Gaffney, D. 2012, 앞의 책; Morrison, J. 2019, *Scroungers: Moral Panics and Media Myths*, London: Zed.

118. Welshman, J. 2013, 앞의 책.

119. Macnicol, J. 1987, 앞의 글; Katz, M. B. 2013, 앞의 책.

120. Murray, C. 1996, 앞의 글.

121. Isenberg, N. 2016, 앞의 책.

121. Kolehmainen, M. 2017, The material politics of stereotyping white trash: Flexible class-making, *Sociological Review* 65(2), pp. 251-266.

123. Himmelfarb, G. 1984, 앞의 책, p. 358.

124. Skeggs, B. 2004, 앞의 책, p. 103.

125. Tyler, I. 2013, 앞의 책, p. 154; Gillies, V. 2007, *Marginalised Mothers*, London: Routledge.

126. Tyler, I. 2013, 앞의 책, p. 163.

127. Jones, O. 2011, *Chavs*, London: Verso, p. 112[오언 존스 지음, 이세영, 안병률 옮김, 『차브 — 영국식 잉여 유발사건』, 북인더갭, 2014]; Tyler, I. 2013, 앞의 책.

128. Hayward, K. and Yar, M. 2006, The 'chav' phenomenon: Consumption, media and the construction of a new underclass, *Crime, Media, Culture* 2(1), p. 14.

129. Kolehmainen, M. 2017, 앞의 글.

130. Murray, C. 1996, 앞의 글, p. 23.

131. 위의 글.

132. Dahrendorf, R. 1987, The erosion of citizenship and its consequences for us all, *New Statesman* 12 June, pp. 12-15.

133. Jones, O. 2011, 앞의 책; Tyler, I. 2013, 앞의 책.

풍요의 시대, 무엇이 가난인가

134. Isenberg, N. 2016, 앞의 책, pp. 313 – 314.

135. Kushnick, L. 1999, 앞의 글, p. 160 ; Kingfisher, C. P. (ed.), 2002, *Western Welfare in Decline*, Philadelphia : University of Pennsylvania Press, p. 22.

136. Sibley, D. 1995, 앞의 책 ; Oliver, K. 2001, 앞의 책.

137. Beresford, P. et al, 1999, *Poverty First Hand*, London : CPAG.

138. Wacquant, L. 2008, 앞의 책, p. 48.

139. Wacquant, L. 2009, *Punishing the Poor*, Durham, NC : Duke University Press.

140. Gans, H. J. 1995, 앞의 책, p. 12.

141. Katz, M. B. 1989, 앞의 책, p. 5.

142. Polakow, V. 1993, 앞의 책 ; Flaherty, J. 2008, 앞의 글.

143. Gans, H. J. 1995, 앞의 책, p. 21.

144. Beresford, P. et al, 1999, 앞의 책, p. 64 – 65.

145. CoPPP. 2000, 앞의 책.

146. Dean, H. and Melrose, M. 1999, 앞의 책 ; Castell, S. and Thompson, J. 2007, *Understanding Attitudes to Poverty in the UK*, York : Joseph Rowntree Foundation ; O'Connell, R., Knight, A. and Brannen, J. 2019, 앞의 책.

147. Flaherty, J. 2008, 앞의 글, p. 209.

148. Shildrick, T. and MacDonald, R. 2013, Poverty talk : How people experiencing poverty deny their poverty and why they blame 'the poor', *Sociological Review* 61(2), pp. 288 – 299 ; Shildrick, T. et al, 2012b, 앞의 책.

149. Dean, H. and Melrose, M. 1999, 앞의 책도 보라.

150. 이에 관한 일반 대중의 태도에 대해서는 Hall, S., Leary, K. and Greevy, H. 2014, 앞의 책을 보라.

151. Flaherty, J. 2008, 앞의 글, p. 128.

152. Shildrick, T. and MacDonald, R. 2013, 앞의 글, p. 289.

153. 위의 글, p. 293.

154. 위의 글, p. 291.

155. Savage, M. 2015, 앞의 책 ; Shildrick, T. 2018b, 앞의 책.

156. Sutton, L. et al, 2007, 앞의 책, p. 35.

157. Patrick, R. 2017, *For Whose Benefit?*, Bristol : Policy Press, p. 168.

158. Chase, E. and Walker, R. 2013, The co-construction of shame in the context of poverty, *Sociology* 47(4), pp. 752 – 753 ; Patrick, R. 2016, Living with and responding to the 'scrounger' narrative in the UK: Exploring everyday strategies of acceptance, resistance and deflection, *Journal of Poverty and Social Justice*

24(3), pp. 245 – 259 : Patrick, R. 2017, 앞의 책 ; Pemberton, S. et al. 2016, Navigating the stigmatised identities of poverty in austere times, *Critical Social Policy* 36(1), pp. 21 – 37.

159. Shildrick, T. and MacDonald, R. 2013, 앞의 글, p. 299.

160. Runciman, W. G. 1966, *Relative Deprivation and Social Justice*, London : Routledge & Kegan Paul.

161. Dean, H. and Melrose, M. 1999, 앞의 책도 보라.

162. Beresford, P. et al, 1999, 앞의 책.

163. Savage, M. 2015, 앞의 책.

164. hooks, b. 1994, 앞의 책, p. 169.

165. Brent, J. 2009, *Searching for Community*, Bristol : Policy Press.

166. Corden, A. 1996, Writing about poverty : Ethical dilemmas. In H. Dean (ed.), *Ethics and Social Policy Research*, Luton : University of Luton Press, p. 18.

167. Knight, B. 2017, *Rethinking Poverty. What Makes a Good Society?*, Bristol : Policy Press, p. 13.

168. Hall, S., Leary, K. and Greevy, H. 2014, 앞의 책.

169. Castell, S. and Thompson, J. 2007, 앞의 책 ; Hall, S., Leary, K. and Greevy, H. 2014, 앞의 책.

170. Beresford, P. et al, 1999, 앞의 책.

171. Dean, M. 1992, 앞의 글.

172. Dundee Anti-Poverty Forum, 2003, *No Room for Dreams*, Dundee : DAPF, p. 11.

173. Flaherty, J. 2008, 앞의 글.

174. Dagdeviren, H., Donoghue, M. and Meier, L. 2017, The narratives of hardship : The new and the old poor in the aftermath of the 2008 crisis in Europe, *Sociological Review* 65(2), pp. 369 – 385.

175. O'Connor, A. 2001, 앞의 책, p. 293.

176. Katz, M. B. 1989, 앞의 책, p. 236.

177. Tyler, I. 2013, 앞의 책, p. 26.

178. Katz, M. B. 1989, 앞의 책, p. 7.

179. Peel, M. 2003, 앞의 책, p. 16 ; Seymour, D. 2009, *Reporting Poverty in the UK*, York : Joseph Rowntree Foundation, p. 8 ; Crossley, S. 2017, 앞의 책, p. 27 ; Lugo-Ocando, J. 2015, *Blaming the Victim*, London : Pluto Press.

180. Brent, J. 2009, 앞의 책, pp. 37 – 38.

181. Harrington, M. 1962, *The Other America*, New York : Macmillan,

pp. 2, 17; Rimstead, R. 1997, Subverting poor me: Negative construction of identity in poor and working-class women's biographies. In S. H. Riggins (ed.), *The Language and Politics of Exclusion. Others in Discourse*, Thousand Oaks, CA: Sage.

182. Davies, N. 1998, *Dark Heart. The Shocking Truth about Hidden Britain*, London: Vintage, p. 305; Brent, J. 2009, 앞의 책.

183. Hodgetts, D., Cullen, A., Radley, A. 2005, Television characterizations of homeless people in the United Kingdom, *Analysis of Social Issues and Public Policy* 5(1), p. 38.

184. Lugo-Ocando, J. 2015, 앞의 책.

185. Fabian Commission on Life Chances, 2006, *Narrowing the Gap*, London: Fabian Society; Stevens, A. (ed.), 2018, 앞의 책.

186. Lens, V. 2002, Welfare reform, personal narratives and the media, *Journal of Poverty* 6(2), pp. 1 – 20; McKendrick, J. H. et al, 2008, *The Media, Poverty and Public Opinion in the UK*, York: Joseph Rowntree Foundation; Walker, R. 2014b, 앞의 책; Lugo-Ocando, J. 2015, 앞의 책; Reeves, A. and de Vries, R. 2016, Does media coverage influence public attitudes towards welfare recipients? The impact of the 2011 riots, *British Journal of Sociology* 67(2), pp. 76 – 96; O'Hara, M. 2020, 앞의 책.

187. Lugo-Ocando, J. 2015, 앞의 책, p. 68; McKendrick, J. H. et al, 2008, 앞의 책; Baumberg, B., Bell, K. and Gaffney, D. 2012, 앞의 책; Chase, E. and Bantebya-Kyomuhendo, G. (eds) 2015a, 앞의 책; Morrison, J. 2019, 앞의 책.

188. Albrekt Larsen, C. and Dejgaard, T. E. 2013, The institutional logic of images of the poor and welfare recipients, *Journal of European Social Policy* 23(3), pp. 287 – 299; Albrekt Larsen, C. 2014, The poor of the media, *Poverty* 148, pp. 14 – 187.

189. O'Hara, M. 2020, 앞의 책, p. 290.

190. deMause, N. and Randall, S. 2007, *The Poor Will Always Be With Us – Just Not on the TV News*, New York: FAIR; McKendrick, J. H. et al, 2008, 앞의 책; Seymour, D. 2009, 앞의 책; Lepianka, D. 2015, Images of poverty in a selection of the Polish daily press, *Current Sociology* 63(7), pp. 999 – 1016.

191. Fohrbeck, A., Hirseland, A. and Ramos Lobato, R. 2014, How benefits recipients perceive themselves through the lens of the mass media: Some observations from Germany, *Sociological Research Online* 19(4), pp. 1 – 9. 이 글에 따르면 독일이 그렇다.

192. Hanley, T. 2009. *Engaging Public Support for Eradicating UK Poverty*. York: Joseph Rowntree Foundation, p. 7: Jones, O. 2011, 앞의 책: O'Hara, M. 2020, 앞의 책.

193. Jensen, T. 2014, Welfare common sense, poverty porn and doxosophy. *Sociological Research Online* 19(3), p. 4.

194. Volmert, A., Gerstein Pineau, M. and Kendall-Taylor, N. 2016, *Talking about Poverty: How Experts and the Public Understand Poverty in the United Kingdom*. Washington, DC: Frameworks Institute.

195. Unwin, J. 2013, 앞의 책: Hudson, J., Patrick, R., and Wincup, E. 2016, Introduction to themed special issue: Exploring 'welfare' attitudes and experiences. *Journal of Poverty and Social Justice* 24(3), pp. 215 – 226: Morrison, J. 2019, 앞의 책: O'Hara, M. 2020, 앞의 책.

196. Skeggs, B. 2005, 앞의 글: Kelly, M. 2010, Regulating the reproduction and mothering of poor women: The controlling image of the welfare mother in television news coverage of welfare reform. *Journal of Poverty* 14(1), pp. 76 – 96.

197. Gilens, M. 1999, 앞의 책: Misra, J., Moller, S. and Karides, M. 2003, 앞의 글.

198. De Goede, M. 1996, Ideology in the US welfare debate: Neoliberal representations of povert, *Discourse and Society* 7(3), pp. 317 – 357: Baumberg, B., Bell, K. and Gaffney, D. 2012, 앞의 책: Albrekt Larsen, C. and Dejgaard, T. E. 2013, 앞의 글: Lugo-Ocando, J. 2015, 앞의 책: Reeves, A. and de Vries, R. 2016, 앞의 글: Curtice, J. et al, 2019, 앞의 책.

199. Baumberg, B., Bell, K. and Gaffney, D. 2012, 앞의 책, p. 37: Walker, R. and Chase, E. 2014a, Adding to the shame of poverty: The public, politicians and the media, *Poverty*, 148, pp. 9 – 13: Chase, E. and Walker, R. 2015, Constructing reality? The 'discursive truth' of poverty in Britain and how it frames the experience of shame. In E. Chase and G. Bantebya-Kyomuhendo (eds), *Poverty and Shame*, Oxford: Oxford University Press.

200. Seymour, D. 2009, 앞의 책: Lepianka, D. 2015, 앞의 글.

201. Beresford, P. et al, 1999, 앞의 책, p. 16.

202. Lugo-Ocando, J. 2015, 앞의 책.

203. Devereux, E. 1998, *Devils and Angels. Television, Ideology and the Coverage of Poverty*, Luton: University of Luton Press: Peel, M. 2003, 앞의 책: Lugo-Ocando, J. 2015, 앞의 책.

204. Lens, V. 2002, 앞의 글: deMause, N. and Randall, S. 2007, 앞의 책.

205. Hodgetts, D., Cullen, A., Radley, A. 2005, 앞의 글, p. 40.

206. Devereux, E. 1998, 앞의 책; Bullock, H. E., Wyche, K. F. and Williams, W. R. 2001, Media images of the poor, *Journal of Social Issues* 57(2), pp. 229 – 246; Lugo-Ocando, J. 2015, 앞의 책; O'Hara, M. 2020, 앞의 책.

207. McKendrick, J. H. et al, 2008, 앞의 책.

208. Soss, J. 1999, Lessons of welfare, *American Political Science Review* 93(2), pp. 363 – 380; Brent, J. 2009, 앞의 책; Chase, E. and Walker, R. 2013, 앞의 글; Fohrbeck, A., Hirseland, A. and Ramos Lobato, R. 2014, 앞의 글; Walker, R. 2014b, 앞의 책; Garthwaite, K. 2016a, *Hunger Pains. Life inside Foodbank Britain*, Bristol: Policy Press; Garthwaite, K. 2016b, Stigma, shame and 'people like us': An ethnographic study of foodbank use in the UK, *Journal of Poverty and Social Justice* 24(3), pp. 277 – 289; O'Hara, M. 2020, 앞의 책.

209. Pemberton, S. et al, 2016, 앞의 글; Pemberton, S. et al, 2017, Endless pressure: Life on a low income in austere times, *Social Policy and Administration* 51(7), pp. 1156 – 1173.

210. Baumberg, B., Bell, K. and Gaffney, D. 2012, 앞의 책; Walker, R. 2014b, 앞의 책.

211. Waxman, C. I. 1977, 앞의 책; Baumberg, B., Bell, K. and Gaffney, D. 2012, 앞의 책; Walker, R. 2014b, 앞의 책.

212. Wacquant, L. 2008, 앞의 책; Snoussi, D. and Mompelat, L. 2019, 앞의 책. Arnade, C. 2019, 앞의 책도 참고하라.

213. Gubrium, E. K. and Lødemel, I. 2014, Towards global principles for dignity-based anti-poverty policies. In E. K. Gubrium, S. Pellissery and I. Lødemel, *The Shame of It*, Bristol: Policy Press; Hudson, J., Patrick, R., and Wincup, E. 2016, 앞의 글.

214. Gilliom, J. 2001, *Overseers of the Poor*, Chicago, IL: University of Chicago Press; Darab, S. and Hartmann, Y. 2011, Psychic wounds and the social structure: An empirical investigation, *Current Sociology* 59(6), pp. 787 – 804; Baumberg, B., Bell, K. and Gaffney, D. 2012, 앞의 책; Pemberton, S., Sutton, E. and Fahmy, E. 2013, 앞의 책; Walker, R. and Chase, E. 2014b, Separating the sheep from the goats. In E. K. Gubrium, S. Pellissery and I. Lødemel (eds), *The Shame of It*, Bristol: Policy Press; Daly, M. and Kelly, G. 2015, 앞의 책; Patrick, R. and Simpson, M. 2020, Conceptualising dignity in the context of social security, *Social Policy and Administration* 54(3), pp. 475 – 490.

215. Chase, E. and Walker, R. 2013, 앞의 글; Patrick, R. 2017, 앞의 책.

216. Bartley, M. 2006, *Capabilities and Resilience: Beating the Odds*, London: UCL Department of Epidemiology and Public Health, p. 22. 그리고 다음의 문헌들도 참고하라. Peel, M. 2003, 앞의 책; Gubrium, E. K. and Lødemel, I. 2014, 앞의 글; Chase, E. and Bantebya-Kyomuhendo, G. 2015b, Poverty and shame: The future. In E. Chase and G. Bantebya-Kyomuhendo (eds), *Poverty and Shame*, Oxford: Oxford University Press; Gupta, A., Blumhardt, H. and ATD Fourth World, 2018, 앞의 글.

217. Perry, N. 2005, 앞의 책; Davies, M. 2008, Stigma, shame and sense of worth. In J. Strelitz and R. Lister (eds), *Why Money Matters*, London: Save the Children; Killeen, D. 2008, 앞의 책.

218. Canvin, K., Jones, C., Marttila, A., Burstrom, B. and Whitehead, M. 2007, Can I risk using public services? Perceived consequences of seeking help and health care among households living in poverty, *Journal of Epidemiology and Community Health* 61, pp. 984-989; Snoussi, D. and Mompelat, L. 2019, 앞의 책.

219. Halpern-Meekin, S. et al, 2015, 앞의 책, p. 7.

220. Perry, J. et al, 2014, *Emergency Use Only. Understanding and Reducing the Use of Food Banks in the UK*, London: CPAG/Church of England/Oxfam GB/Trussell Trust; Van der Horst, H., Pascucci, S. and Bol, W. 2014, The 'dark side' of food banks? Exploring emotional responses of food bank receivers in the Netherlands, *British Food Journal* 116(9), pp. 1506-1520; Garthwaite, K. 2016a, 앞의 책; Garthwaite, K. 2016b, 앞의 글; Purdam, K., Garratt, E. A. and Esmail, A. 2016, 앞의 글.

221. Gubrium, E. K., Pellissery, S. and Lødemel, I. (eds), 2014, *The Shame of It*, Bristol: Policy Press; Sutton, E., Pemberton, S., Fahmy, E. and Tamoya, Y. 2014, Stigma, shame and the experience of poverty in Japan and the United Kingdom, *Social Policy & Society* 13(1), pp. 143-154; Chase, E. and Bantebya-Kyomuhendo, G. (eds), 2015a, 앞의 책.

222. Walker, R. 2014b, 앞의 책, p. 149; Bray, R. et al, 2019, 앞의 책도 참고하라.

223. McKenzie, L. 2015, 앞의 책, pp. 192, 51. Arnade, C. 2019, 앞의 책도 참고하라.

224. Crossley, S. 2017, 앞의 책, pp. 6-7; Wacquant, L. 2008, 앞의 책; Jones, D., Lowe, P., West, K. 2019, Austerity in a disadvantaged West Midlands neighbourhood, *Critical Social Policy*[https://doi.org/10.1177/0261018319840923].

225. Rogers-Dillon, R. 1995, The dynamics of welfare stigma, *Qualitative Sociology* 18(4), pp. 439-456; *Journal of Social Issues,* 2001, 57(1), pp. 1-14, 73-92; McCormack, K. 2004, 앞의 글; Barretty, M. and Ellemers, N. 2010, Current issues in the study of social stigma, *Journal of Social Issues* 66(3), pp. 431-445; Kusenbach, M. 2020, 앞의 글; Smets, P. and Kusenbach, M. 2020, 앞의 글.

226. Daly, M. and Kelly, G. 2015, 앞의 책.

227. Rimstead, R. 1997, 앞의 글.

228. Sayer, A. 2005b, 앞의 책; Daly, M. and Kelly, G. 2015, 앞의 책.

229. Hamilton, K. 2012, 앞의 글.

230. Tirado, L. 2014, 앞의 책, pp. 164-165, 167.

231. Chase, E. and Walker, R. 2013, 앞의 글; Fohrbeck, A., Hirseland, A. and Ramos Lobato, R. 2014, 앞의 글; Patrick, R. 2016, 앞의 글; Patrick, R. 2017, 앞의 책; Pemberton, S. et al. 2016, 앞의 글; Peterie, M. et al. 2019a, Social isolation as stigma-management: Explaining long-term unemployed people's 'failure' to network, *Sociology* 53(6), pp. 1043-1060; Peterie, M., et al. 2019b, Emotional compliance and emotion as resistance: Shame and anger among the long term unemployed, *Work, Employment & Society* 33(5), pp. 794-811.

232. McKenzie, L. 2015, 앞의 책.

233. Peel, M. 2003, 앞의 책, pp. 13, 42; McKenzie, L. 2015, 앞의 책.

234. Wilkinson, R. and Pickett, K. 2010, *The Spirit Level,* London: Penguin[케이트 피킷, 리처드 윌킨슨 지음, 전재웅 옮김, 『평등이 답이다 ― 왜 평등한 사회는 늘 바람직한가?』, 이후, 2012]; Tyler, I. 2013, 앞의 책.

235. Goffman, E. 1968, 앞의 책; Walker, R. 2014b, 앞의 책; Pemberton, S. et al, 2016, 앞의 글; Patrick, R. 2017, 앞의 책; ATD Fourth World, 2019, 앞의 책.

236. Walker, R. 2014b, 앞의 책, p. 65; Chase, E. and Walker, R. 2013, 앞의 글; Chase, E. and Bantebya-Kyomuhendo, G. (eds), 2015a, 앞의 책.

237. Walker, R. 2014b, 앞의 책, p. 197. 그리고 O'Hara, M. 2020, 앞의 책도 참고하라.

238. Fourth World University Research Group, 2007, 앞의 책, p. 53.

239. Sayer, A. 2005b, 앞의 책, p. 161.

240. Sayer, A. 2005b, 앞의 책; Wilkinson, R. and Pickett, K. 2010, 앞의 책; Hamilton, K. 2012, 앞의 글; Peacock, M., Bissell, P. and Owen, J. 2014, Shaming encounters, *Sociology* 48(2), pp. 387-402.

241. Williams, C. C. 2002, Social exclusion in a consumer society, *Social Policy*

and Society 1(3), pp. 203-211; Hamilton, K. 2012, 앞의 글.

242. Ridge, T. 2002, 앞의 책; Ridge, T. 2009, 앞의 책.

243. Middleton, S., Ashworth, K. and Walker, R. (eds), 1994, 앞의 책.

244. Ridge, T. 2009, 앞의 책, p. 29; O'Connell, R., Knight, A. and Brannen, J. 2019, 앞의 책.

245. Women's Budget Group, 2005, 앞의 책.

246. Fodor, E. 2006, A different type of gender gap: How women and men experience poverty, *East European Politics and Societies* 20, pp. 114-139; Walker, R., et al, 2013, Poverty in global perspective: Is shame a common denominator?, *Journal of Social Policy* 42(2), pp. 215-233; McKenzie, L. 2015, 앞의 책.

247. Scheff, T. J. 2003, Shame in self and society, *Symbolic Interaction* 26(2), p. 239; Walker, R., et al, 2013, 앞의 글, p. 216; Sayer, A. 2005a, 앞의 글.

248. Roelen, K. 2017, *Shame, Poverty and Social Protection*, IDS Working Paper 489. Brighton: IDS, p. 15.

249. Pemberton, S., Pantazis, C. and Hillgard, P. 2018, Poverty and social harm. In G. Bramley and N. Bailey (eds), *Poverty and Social Exclusion in the UK*, vol. 2. Bristol: Policy Press, p. 257; Darab, S. and Hartmann, Y. 2011, 앞의 글, pp. 788, 794; Walker, R., et al, 2013, 앞의 글, p. 230. 또한 다음의 문헌들도 참고하라. Peacock, M., Bissell, P. and Owen, J. 2014, 앞의 글; McGrath, L., Griffin, V. and Mundy, E. 2015, *The Psychological Impact of Poverty*, London: Psychologists against Austerity; Dolezal, L. and Lyons, B. 2017, Health-related shame: An affective determinant of health?, *Medical Humanities* 43(4), pp. 257-263; Arnade, C. 2019, 앞의 책.

250. Rawls, J. 1973, *A Theory of Justice*, Oxford: Oxford University Press[존 롤스 지음, 황경식 옮김, 『정의론』, 이학사, 2003]; Honneth, A. 1995, *The Struggle for Recognition*, Cambridge: Cambridge University Press[악셀 호네트 지음, 문성훈, 이현재 옮김, 『인정투쟁 — 사회적 갈등의 도덕적 형식론』, 사월의책, 2011].

251. Sayer, A. 2005a, 앞의 글, p. 954; Sayer, A. 2005b, 앞의 책.

252. Chase, E. and Walker, R. 2013, 앞의 글; Baumberg, B., Bell, K. and Gaffney, D. 2012, 앞의 책.

253. UKCAP. 1997, *Poverty & Participation*, London: UKCAP, p. 12.

254. Jenkins, R. 1996, 앞의 책, p. 74.

255. 위의 책, p. 57.

256. Chase, E. and Walker, R. 2013, 앞의 글.

257. Honneth, A. 2007, *Disrespect*, Cambridge: Polity, p. xii.

258. Taylor, C. 1992, The politics of recognition. In A. Gutmann (ed.), *Multiculturalism and the Politics of Recognition*, Princeton, NJ: Princeton University Press, p. 26; Sayer, A. 2005a, 앞의 글; Sayer, A. 2005b, 앞의 책.

259. Vasilachis de Gialdino, I. 2006, 앞의 글; McCrudden, C. 2013, In pursuit of human dignity. In C. McCrudden (ed.), *Understanding Human Dignity*, Oxford: Oxford University Press/British Academy.

260. Sennett, R. 2003, *Respect*, London: Allen Lane, p. 3[리처드 세넷 지음, 유강은 옮김, 『불평등 사회의 인간존중』, 문예출판사, 2004].

261. Sedmak, C. 2013, Human dignity, interiority and poverty. In C. McCrudden (ed.), *Understanding Human Dignity*, Oxford: British Academy/Oxford University Press, pp. 559–560, 569.

262. Charlesworth, S. J. 2005, Understanding social suffering, *Journal of Community and Applied Social Psychology* 15, pp. 304–305; McKenzie, L. 2015, 앞의 책.

263. Fourth World University Research Group, 2007, 앞의 책, p. 451.

264. Narayan, D. et al, 2000, *Crying Out for Change*, New York: Oxford University Press/World Bank, p. 260

265. Wood, A. 2013, Winning at Walmart, *Red Pepper* June/July, pp. 45–47을 보라.

266. Peel, M. 2003, 앞의 책; McKenzie, L. 2015, 앞의 책.

267. Peel, M. 위의 책, p. 111.

268. Arnade, C. 2019, 앞의 책, pp. 17, 284.

269. Beresford, P. et al, 1999, 앞의 책, p. 90.

270. Russell, H. (ed.), 1996, 앞의 책, p. 10.

271. CoPPP, 2000, 앞의 책, p. 3.

272. ATD Fourth World, 2014, 앞의 책, p. 7.

273. Rawls, J. 1973, 앞의 책, p. 440.

274. Sen, A. 1999, 앞의 책.

275. Nussbaum, M. 2000, 앞의 책, p. 79.

276. Veit-Wilson, J. 1998, 앞의 책, p. 86.

277. Sayer, A. 2005b, 앞의 책; Honneth, A. 2007, 앞의 책.

278. Phillips, A. 1999, 앞의 책, p. 131.

279. Sennett, R. 2003, 앞의 책, p. 23.

280. Sennett, R. and Cobb, J. 1972, *The Hidden Injuries of Class*, Cambridge:

Cambridge University Press, p. 118; Sayer, A. 2005a, 앞의 글; Sayer, A. 2005b, 앞의 책; Honneth, A. 2007, 앞의 책.

281. Sennett, R. and Cobb, J. 1972, 앞의 책, p. 183.
282. Murray, C. 1988, *In Pursuit of Happiness and Good Government*, New York: Simon & Schuster, pp. 123, 130 – 131.
283. Kaus, M. 1992, *The End of Equality*, New York: Basic Books, p. 139.
284. Ehrenreich, B. 2001, 앞의 책, pp. 208 – 209.
285. Sayer, A. 2005a, 앞의 글; Sayer, A. 2005b, 앞의 책.
286. Taylor, C. 1992, 앞의 글.
287. Sayer, A. 2005b, 앞의 책. p. 225.
288. Lister, R. 2007, (Mis)recognition, social inequality and social justice: A critical social policy perspective. In T. Lovell (ed.), *(Mis)recognition, Social Inequality and Social Justice*, Abingdon: Routledge.
289. hooks, b. 1994, 앞의 책, pp. 170 – 172.
290. Pakulski, J. 1997, Cultural citizenship, *Citizenship Studies* 1(1), p. 80.
291. 위의 글, p. 83.
292. Ridge, T. 2002, 앞의 책; Ridge, T. 2009, 앞의 책; Sutton, L. et al, 2007, 앞의 책.
293. McNay, L. 2008, *Against Recognition*, Cambridge: Polity; Lawson, V. and Elwood, S. (eds), 2018, *Relational Poverty Politics*, Athens: University of Georgia Press; Krumer-Nevo, M. 2020, *Radical Hope. Poverty Aware Practice for Social Workers*, Bristol: Policy Press.
294. Schram, S. F. 1995, 앞의 책, p. 22.
295. hooks, b. 1994, 앞의 책.
296. Krumer-Nevo, M. and Benjamin, O. 2010, 앞의 글.

5장 빈곤과 행위주체성: 견뎌내기에서 조직화까지

1. Krumer-Nevo, M. and Benjamin, O. 2010, 앞의 글.
2. Schirmer, W., Weidenstedt, L. and Reich, W. 2012, Respect and agency: An empirical exploration, *Current Sociology* 61(1), pp. 57 – 75.
3. Anderson, D. n.d., *The Unmentionable Face of Poverty in the Nineties*, London: Social Affairs Unit, pp. 5, 27.
4. Sheehy-Skeffington, J. and Rea, J. 2017, *How Poverty affects People's Decision-making Processe*, York: Joseph Rowntree Foundation, pp. 1, 3.

5. Fell, B. and Hewstone, M. 2015, 앞의 책, p. 32.

6. Mullainathan, S. and Shafir, E. 2014, *Scarcity*, London: Penguin, pp. 41–42, 47, 60[센딜 멀레이너선, 엘다 샤퍼 지음, 이경식 옮김, 『결핍의 경제학 — 왜 부족할수록 마음은 더 끌리는가?』, 알에이치코리아, 2014].

7. Shildrick, T. 2018b, 앞의 책, p. 6.

8. Mahony, S. and Pople, L. 2018, 앞의 책, p. 127; Hoggett, P. 2001, Agency, rationality and social policy, *Journal of Social Policy* 30(1), pp. 37–56; Hunter, S. 2003, A critical analysis of approaches to the concept of social identity in social policy, *Critical Social Policy* 22(3), pp. 322–344.

9. Wilkinson, R. and Pickett, K. 2014, 앞의 책, p. 20.

10. Greener, I. 2002, Agency, social theory and social policy, *Critical Social Policy* 22(4), pp. 688–705. 이와 연관된 개념인 회복력에도 동일하게 적용된다. Daly, M. and Kelly, G. 2015, 앞의 책; Dagdeviren, H., Donoghue, M. and Promberger, M. 2016, Resilience, hardship and social conditions, *Journal of Social Policy* 45(1), pp. 1–20; Pemberton, S., Pantazis, C. and Hillgard, P. 2018, 앞의 글; Donoghue, M. and Edmiston, D. 2020, Gritty citizens? Exploring the logic and limits of resilience in UK social policy during times of socio-material insecurity, *Critical Social Policy* 40(1), pp. 7–29.

11. Walker, R. 2014b, 앞의 책, p. 65; Wright, S. 2016, Conceptualising the active welfare subject, *Policy and Politics* 44(2), pp. 235–252; McGrath, L., Walker, C. and Jones, C. 2016, Psychologists against austerity, *Critical & Radical Social Work* 4(3), pp. 409–413; Dolezal, L. and Lyons, B. 2017, 앞의 글.

12. Hoggett, P. 2001, 앞의 글, p. 47; Friedl, L. 2009, *Mental Health, Resilience and Inequalities*, Geneva: WHO.

13. Payne, S. 2006, Mental health, poverty and social exclusion, In C. Pantazis, D. Gordon and R. Levitas (eds), *Poverty and Social Exclusion in Britain*, Bristol: Policy Press; Peacock, M., Bissell, P. and Owen, J. 2014, 앞의 글; Fell, B. and Hewstone, M. 2015, 앞의 책; Mental Health Foundation, 2017, *Surviving or Thriving?*, London: Mental Health Foundation.

14. Solomon, A. 2001, *The Noonday Demon. An Anatomy of Depression*, London: Chatto & Windus, p. 340.

15. Beck, U. and Beck-Gernsheim, E. 2002, 앞의 책.

16. Leisering, L. and Leibfried, S. 1999, 앞의 책.

17. Giddens, A. 1991, *Modernity and Self-Identity*, Cambridge: Polity[앤서니 기든스 지음, 『현대성과 자아정체성 – 후기 현대의 자아와 사회』, 새물결, 2010]; Kabeer, N. 2000, Resources, agency, achievement. In S. Razavi (ed.), *Gendered Poverty and Wellbeing*, Oxford: Blackwell; Crossley, S. 2017, 앞의 책; Shildrick, T. 2018b, 앞의 책.

18. Desmond, M. 2017, *Evicted*, UK: Penguin Books, p. 305[매튜 데스몬드 지음, 황성원 옮김, 『쫓겨난 사람들 – 도시의 빈곤에 관한 생생한 기록』, 동녘, 2016].

19. Wolff, J., Lambe E. and Szpiro, E. 2015, 앞의 책, p. 46.

20. Deacon, A. 2004, Different interpretations of agency within welfare debates, *Social Policy & Society* 3(4), pp. 447–455.

21. Holman, R. 1978, *Poverty. Explanations of Social Deprivation*, London: Martin Robertson; George, V. and Howards, I. 1991, *Poverty Amidst Affluence*, Aldershot: Edward Elgar.

22. Deacon, A. and Mann, K. 1999, Agency, modernity and social policy, *Journal of Social Policy* 28(3), pp. 413–435; Deacon, A. 2002, 앞의 책; Welshman, J. 2007, 앞의 책.

23. O'Connor, A. 2001, 앞의 책.

24. Deacon, A. 2004, 앞의 글, p. 448; Wright, S. 2012, Welfare-to-work agency and personal responsibility, *Journal of Social Policy* 41(2), pp. 309–328.

25 Williams, F., Popay, J. and Oakley, A. (eds), 1999, *Welfare Research: A Critical Review*, London: UCL Press, p. 2.

26. 위의 책, p. 179.

27. Shildrick, T. and Rucell, J. 2015, 앞의 책, p. 24; Orton, M. 2009, Understanding the exercise of agency within structural inequality: The case of personal debt, *Social Policy & Society* 8(4), p. 496.

28. ATD Fourth World, 2019, 앞의 책, p. 23.

29. Carraway, C. 2019, 앞의 책.

30. Dagdeviren, H., Donoghue, M. and Promberger, M. 2016, 앞의 글, p. 14; Dagdeviren, H. and Donoghue, M. 2019, Resilience, agency and coping with hardship: Evidence from Europe during the great recession, *Journal of Social Policy* 48(3), pp. 547–567; Donoghue, M. and Edmiston, D. 2020, 앞의 글.

31. Dagdeviren, H. and Donoghue, M. 2019, 앞의 글, pp. 562–564.

32. Gandy, K. et al, 2016, *Poverty and Decision-making: Behavioural Insights*, York: Joseph Rowntree Foundation; Sheehy-Skeffington, J. and Rea, J. 2017, *How Poverty affects People's Decision-making Processe*, York: Joseph Rowntree

Foundation.

33. Van der Hoek, T. 2005, *Through Children's Eyes*, Florence: UNICEF Research Centre; Redmond, G. 2008, 앞의 책; Redmond, G. 2009, 앞의 글.

34. Deacon, A. 2004, 앞의 글, p. 450.

35. Jordan, B. 1996, 앞의 책, p. 78.

36. Burns, T. R. 1994, Two conceptions of human agency. In P. Sztompka (ed.), *Agency and Structure*, Reading: Gordon and Breach, pp. 198, 227.

37. Taylor-Gooby, P. 1998, Choice and the new paradigm in policy. In P. Taylor-Gooby (ed.), *Choice and Public Policy*, Basingstoke: Macmillan, p. 222; Wright, S. 2012, 앞의 글.

38. Holloway, S. D. et al, 1997, *Through My Own Eyes. Single Mothers and the Cultures of Poverty*, Cambridge, MA: Harvard University Press, p. 12.

39. Duncan, S. and Edwards, R. 1999, *Lone Mothers, Paid Work and Gendered Moral Rationalities*, Basingstoke: Macmillan, p. 3.

40. Duncan, S. and Irwin, S. 2004, The social patterning of values and rationalities: Mothers' choices in combining caring and employment, *Social Policy & Society* 3(4), p. 397.

41. Taylor, D. 2011, 앞의 글, p. 787; Wright, S. 2012, 앞의 글; Emmel, N. 2017, Empowerment in the relational longitudinal space of vulnerability, *Social Policy & Society* 16(3), pp. 457–463.

42. Leisering, L. and Leibfried, S. 1999, 앞의 책.

43. Gangas, S. 2016, From agency to capabilities: Sen and sociological theory, *Current Sociology* 64(1), pp. 22–40.

44. Sen, A. 1999, 앞의 책, p. 199.

45. 예를 들어 Hoggett, P. 2001, 앞의 글을 보라.

46. Kabeer, N. 2000, 앞의 글.

47. Leisering, L. and Leibfried, S. 1999, 앞의 책.

48. Lister, R. 2003, *Citizenship: Feminist Perspectives* 2nd edn, Basingstoke: Palgrave.

49. Williams, F. and Churchill, H. 2006, *Empowering Parents in Sure Start Local Programmes*, London: Department for Education and Skills, pp. 30, 32.

50. Bray, R. et al, 2019, 앞의 책, pp. 17–18.

51. O'Leary, D. and Salter, J. 2014, *Ties that Bind*, London: Demos, p. 37.

52. ATD Fourth World, 1991, *The Wresinski Approach: The Poorest – Partners in Democracy*, Paris: Fourth World Publications, p. 43.

53. Williams, F., Popay, J. and Oakley, A. (eds), 1999, 앞의 책.

54. Titterton, M. 1992, Managing threats to welfare: The search for a new paradigm of welfare, *Journal of Social Policy* 21(1), pp. 1, 19.

55. Perry, J. et al, 2014, 앞의 책, p. 72; Underlid, K. 2007, Poverty and experiences of insecurity, *International Journal of Social Welfare* 16(1), pp. 65 – 74.

56. Rogaly, B. and Taylor, B. 2009, *Moving Histories of Class and Community*, Basingstoke: Palgrave, p. 97; O'Hara, M. 2020, 앞의 책.

57. Daly, M. and Kelly, G. 2015, 앞의 책, p. 75.

58. Gillies, V. 2007, 앞의 책, p. 128.

59. Daly, M. 2018, 앞의 글, p. 571.

60. Sherman, J. 2009, 앞의 책, pp. 13, 72.

61. McKenzie, L. 2015, 앞의 책, p. 176.

62. Duncan, C. M. 1999, 앞의 책.

63. McKenzie, L. 2015, 앞의 책.

64. Bloodworth, J. 2018, *Hired: Six Months Undercover in Low-Wage Britain*, London: Atlantic Books, p. 67.

65. Burchardt, T. 2008b, *Time and Income Poverty: Findings*, York: Joseph Rowntree Foundation; Burchardt, T. 2010, 앞의 글.

66. ATD Fourth World, 2019, 앞의 책.

67. Williams, F. and Popay, J. 1999, 앞의 글.

68. Chambers, R. and Conway, G. 1992, *Sustainable Rural Livelihoods*, IDS Discussion Paper 296. Brighton: IDS, p. 7.

69. Beall, J. 2002, Living in the present, investing in the future. In C. Rakodi, with T. Lloyd-Jones, T. (eds), *Urban Livelihoods*, London: Earthscan, p. 83.

70. Moser, C. 1998, The asset vulnerability framework, *World Development* 26(1), p. 1; Narayan, D. 2000, 앞의 책, pp. 49, 64.

71. Bebbington, A. 1999, Capitals and capabilities, *World Development* 27(12), pp. 2021 – 2044(Beall, J. 2002, 앞의 글, p. 72에서 재인용. 강조는 Beall).

72. Rakodi, C. with Lloyd-Jones, T. (eds), 2002, *Urban Livelihoods*, London: Earthscan.

73. Brill, L. and Haddad, M. 2011, The sustainable livelihoods approach. In E. Cox (ed.), *Community Assets First*, Newcastle-upon-Tyne: IPPR North, p. 9; Orr, S. et al, 2006, *When Ends Don't Meet*, Manchester: Church Action on Poverty.

74. Perry, J. et al, 2014, 앞의 책, p. 19.

75. 위의 책, pp. 20, 29.

76. *Social Policy & Society*, 2015, Themed section: Hunger, food and social policy in austerity, 14(3), pp. 411-506; Davis, O. and Baumberg Geiger, B. 2017, Did food insecurity rise across Europe after the 2008 crisis?, *Social Policy & Society* 16(3), pp. 343-360; Lambie-Mumford, H. 2017, *Hungry Britain*, Bristol: Policy Press; Loopstra, R. and Lalor, D. 2017, *Financial Insecurity, Food Insecurity and Disability*, Salisbury: Trussell Trust; Eurofound, 2018, *Social Insecurities and Resilience*, Luxembourg: Publications Office of the EU.

77. Goode, J. 2012, 앞의 글; Hanson, K. L. et al, 2016, Household instability and unpredictable earnings hinder coping in households with food insecure children, *Journal of Poverty* 20(4), pp. 464-483; Carraway, C. 2019, 앞의 책; O'Connell, R., Knight, A. and Brannen, J. 2019, 앞의 책.

78. Parker, S. and Pharoah, R. 2008, 앞의 책, p. 38; Pemberton, S. et al, 2017, 앞의 글, p. 1164; Savage, M. 2015, 앞의 책, pp. 344-345.

79. Desmond, M. 2017, 앞의 책; Ridge, T. 2009, 앞의 책; Schweid, R. 2016, *Invisible Nation: Homeless Families in America,* Oakland: University of California Press; Mahony, S. 2017, 앞의 책.

80. Halpern-Meekin, S. et al, 2015, 앞의 책, p. 31.

81. Lister, R. 2006, Poverty, material insecurity and income vulnerability. In S. Sodha and R. Lister, *The Savings Gateway,* London: IPPR; Ben-Galim, D. and Lanning, T. 2010, *Strength against Shocks, Low-income Families and Debt,* London: IPPR; Keohane, N. and Shorthouse, R. 2012, *Sink or Swim?,* London: Social Market Foundation.

82. Mitchell, E. 2020, Negotiating vulnerability: The experience of long-term social security recipients, *Sociological Review* 68(1), p. 238.

83. Hills, J., Smithies, R. and McKnight, A. 2006, *Tracking Income: How Working Families' Incomes Vary through the Year*, London: CASE.

84. CRESR Research Team, 2011, 앞의 책, p. 44.

85. ATD Fourth World, 2005, What are the daily realities of people living in poverty in the UK? Contribution to International Movement ATD Fourth World seminar, *The Poorest: Key Participants in the Fight against Poverty and for Universal Access to Fundamental Rights*. Pierrelaye, 23-25 September.

86. Underlid, K. 2007, 앞의 글, p. 73.

87. Orton, M. 2015, 앞의 책; Kalleberg, A. 2018, *Precarious Lives: Job Insecurity*

and Wellbeing in Rich Democracies, Cambridge: Polity: Hacker, J. 2019, 앞의 책.

88. Pemberton, S. et al, 2017, 앞의 글, p. 1170: Pemberton, S., Pantazis, C. and Hillgard, P. 2018, 앞의 글.

89. Donoghue, M. and Edmiston, D. 2020, 앞의 글.

90. Leisering, L. and Leibfried, S. 1999, 앞의 책, p. 40.

91. Wrapson, W., Mewse, A. J. and Lea, S. E. G. 2008, The psychology of poverty. In J. Strelitz and R. Lister (eds), *Why Money Matters*, London: Save the Children.

92. Daly, M. and Kelly, G. 2015, 앞의 책, p. 64: Shipler, D. K. 2005, *The Working Poor*, New York: Vintage[데이비드 K. 쉬플러 지음, 나일등 옮김, 『워킹 푸어 ― 빈곤의 경계에서 말하다』, 후마니타스, 2009]: Shildrick, T. et al, 2012a, 앞의 책: Patrick, R. 2017, 앞의 책: Dagdeviren, H. and Donoghue, M. 2019, 앞의 글.

93. Karlsen, S. and Pantazis, C. 2018, 앞의 글.

94. Mahony, S. and Pople, L. 2018, 앞의 책: Gregory, R. 2019, *Left Destitute to Debt*, Bradford: Christians against Poverty.

95. Edin, K. and Shaefer, H. L. 2015, *$2.00 a Day. Living on Almost Nothing in America*, Boston, MA: Houghton Mifflin Harcourt.

96. Desmond, M. 2017, 앞의 책.

97. Redmond, G. 2008, 앞의 책, p. i: Ridge, T. 2002, 앞의 책: Ridge, T. 2009, 앞의 책: Van der Hoek, T. 2005, 앞의 책: Popkin, S. J., Scott, M. M. and Galvez, M. 2016, *Impossible Choices: Teens and Food Insecurity in America*, Washington, DC: Urban Institute: Mahony, S. 2017, 앞의 책: Mahony, S. and Pople, L. 2018, 앞의 책: Main, G. and Mahony, S. 2018, 앞의 책: O'Connell, R., Knight, A. and Brannen, J. 2019, 앞의 책: Main, G. 2020, 앞의 글.

98. Gilliat, S. 2001, *How the Poor Adapt to Poverty in Capitalism*. New York: Edwin Mellen Press, p. 1.

99. 위의 책, p. 139.

100. Flint, J. 2010, *Coping Strategies*, Sheffield: CRESR, p. 13: Daly, M. and Kelly, G. 2015, 앞의 책.

101. Gilliat, S. 2001, 앞의 책, p. 65.

102. 위의 책, p. 99.

103. 예를 들어 다음을 보라. Vaitilingam, R. 2002, Executive summary. In ESRC, *How People on Low Incomes Manage Their Finances*, Swindon: ESRC.

104. Keohane, N. and Shorthouse, R. 2012, 앞의 책, pp. 55–56: Hohnen, P.

2007, 앞의 글.

105. McCrone, D. 1994, Getting by and making out in Kirkcaldy. In M. Anderson, F. Bechhofer and J. Gershuny (eds), *The Social and Political Economy of the Household*, Oxford: Oxford University Press, pp. 70, 80.

106. Mullainathan, S. and Shafir, E. 2014, 앞의 책; Sheehy-Skeffington, J. and Rea, J. 2017, 앞의 책.

107. Mitchell, E. 2020, 앞의 글, p. 230.

108. Dagdeviren, H. and Donoghue, M. 2019, 앞의 글, p. 552.

109. Rakodi, C. 2002, A livelihoods approach: Conceptual issues and definitions. In C. Rakodi with T. Lloyd-Jones (eds), *Urban Livelihoods*, London: Earthscan, p. 8; Eroglu, S. 2011, *Beyond the Resources of Poverty*, Aldershot: Ashgate.

110. Dewilde, C. 2003, 앞의 글; Dowler, E. and Lambie-Mumford, H. 2015, 앞의 글.

111. Flint, J. 2010, 앞의 책; Duck, W. 2015, *No Way Out: Precarious Living in the Shadow of Poverty and Drug Dealing*, Chicago, IL: University of Chicago Press; Daly, M. 2017, Money-related meanings and practices in low-paid and poor families, *Sociology* 51(2), pp. 450–465.

112. Vincent, D. 1991, 앞의 책, p. vii.

113. Parker, S. and Pharoah, R. 2008, 앞의 책; Hill, K. et al. 2016, 앞의 책; Shildrick, T. 2018b, 앞의 책.

114. Kempson, E., Bryson, A. and Rowlingson, K. 1994, *Hard Times?*, London: Policy Studies Institute, pp. 280, 282, 286, 293.

115. Goode, J. 2012, 앞의 글, p. 26.

116. Daly, M. and Kelly, G. 2015, 앞의 책, p. 60.

117. Tirado, L. 2014, 앞의 책, p. xviii.

118. Walker, R. et al, 2013, 앞의 글; Walker, R. 2014b, 앞의 책.

119. Skeggs, B. 2005, 앞의 글; Flaherty, J. 2008, 앞의 글; Shildrick, T. and MacDonald, R. 2013, 앞의 글.

120. Reutter, L. et al, 2009, 'Who do they think we are anyway?': Perceptions of and responses to poverty stigma, *Qualitative Health Research* 19(3), p. 309; Rayburn, R. and Guittar, N. A. 2013, 'This is where you are supposed to be'. How homeless individuals cope with stigma, *Sociological Spectrum* 33(2), pp. 159–174; Gonyea, J. G. and Melekis, K. 2017, Older homeless women's identity negotiations: Agency, resistance and the construction of a valued self, *Sociological Review* 65(1), pp. 67–82; Peterie, M. et al, 2019a, 앞의 글.

121. Taylor, D. 2011, 앞의 글, p. 788.

122. Flaherty, J. 2008, 앞의 글.

123. Hamilton, K. 2012, 앞의 글, pp. 74, 75.

124. Walker, R. 2014b, 앞의 책; Pemberton, S., Pantazis, C. and Hillgard, P. 2018, 앞의 글.

125. Schweid, R. 2016, 앞의 책, p. xiv.

126. Holman, B. 1998, *Faith in the Poor*, Oxford: Lion Publishing.

127. Hooper, C-A. et al, 2007, 앞의 책, p. 43.

128. Leisering, L. and Leibfried, S. 1999, 앞의 책.

129. Ghate, D. and Hazel, N. 2002, 앞의 책; Katz, I. et al, 2007, *The Relationship between Parenting and Poverty*, York: Joseph Rowntree Foundation; Clarke, B., Younas, F. and Project Team, 2017, *Helping Parents to Parent*, London: Social Mobility Commission; Gupta, A. 2017, Poverty and child neglect: The elephant in the room, *Families, Relationships and Societies* 6(1), pp. 21-36.

130. Wilson, H. and Herbert, G. W. 1978, *Parents and Children in the Inner City*, London: Routledge & Kegan Paul, p. 186; Hooper, C-A. et al, 2007, 앞의 책.

131. Daly, M. and Kelly, G. 2015, 앞의 책; Hill, K. et al, 2016, 앞의 책; Daly, M. 2018, 앞의 글.

132. Gillies, V. 2007, 앞의 책, pp. 145, 153, 154.

133. 위의 책, p. 146.

134. Exley, D. 2019, *The End of Aspiration?*, Bristol: Policy Press, p. 237.

135. Sherman, J. 2009, 앞의 책.

136. Jarrett, R. L. and Jefferson, S. R. 2003, A 'good mother got to fight for her kids'. Maternal management strategies in a high-risk African American neighbourhood, *Journal of Children & Poverty* 9(1), p. 21; Seaman, P. et al, 2005, 앞의 책.

137. Mullainathan, S. and Shafir, E. 2014, 앞의 책.

138. Narayan, D. 2000, 앞의 책; Bartley, M. 2006, 앞의 책; Orr, S. et al, 2006, 앞의 책; Sidel, R. 2006, 앞의 책; Gillies, V. 2007, 앞의 책; Canvin, K. et al, 2009, Tales of the unexpected? Hidden resilience and poor households in Britain, *Social Science and Medicine* 69, pp. 358-345; Hill, K., Sutton, L. and Hirsch, D. 2010, *Living on a Low Income in Later Life: An Overview*, London: Age UK; Shildrick, T. and MacDonald, R. 2013, 앞의 글.

139. CRESR Research Team, 2011, 앞의 책, pp. 41-42.

140. Keohane, N. and Shorthouse, R. 2012, 앞의 책; Jarrett, R. L., Bahar, O.

S. and Odoms-Young, A. 2014, 'You just have to build a bridge and get over it'. Low-income African American caregivers' coping strategies to manage inadequate food supplies, *Journal of Poverty* 18(2), pp. 188–219: Halpern-Meekin, S. et al, 2015, 앞의 책.

141. Hooper, C-A. et al, 2007, 앞의 책; Hill, K. et al, 2016, 앞의 책.

142. Beresford, P. et al, 1999, 앞의 책, p. 94에 인용된 여성의 발언 재인용.

143. Holloway, S. D. et al, 1997, 앞의 책; Goode, J., Callender, C. and Lister, R. 1998, 앞의 책; Shildrick, T. and MacDonald, R. 2013, 앞의 글.

144. Williams, F. and Churchill, H. 2006, 앞의 책, p. 32.

145. Daly, M. 2017, 앞의 글, p. 460.

146. Sherman, J. 2009, 앞의 책.

147. Patrick, R. 2017, 앞의 책, p. 73.

148. Kempson, E. 1996, *Life on a Low Income*, York: Joseph Rowntree Foundation, p. 24; Mahony, S. and Pople, L. 2018, 앞의 책.

149. Harrison, E. 2013, 앞의 글, p. 109.

150. Ghate, D. and Hazel, N. 2002, 앞의 책; Gillies, V. 2007, 앞의 책; Pemberton, S. et al, 2017, 앞의 글; Pemberton, S., Pantazis, C. and Hillgard, P. 2018, Poverty and social harm. In G. Bramley and N. Bailey (eds), *Poverty and Social Exclusion in the UK,* vol. 2, Bristol: Policy Press; Carraway, C. 2019, 앞의 책.

151. McGarvey, D. 2017, 앞의 책, p. 80. 그리고 Tirado, L. 2014, 앞의 책을 보라.

152. Marmot, M. 2010, *Fair Society, Healthy Lives*, London: UCL; Benzeval, M. et al, 2014, *How Does Money Influence Health?*, York: Joseph Rowntree Foundation; Mental Health Foundation, 2018, *Stress: Are We Coping?*, London: Mental Health Foundation; Prior, L. and Manley, D. 2018, Poverty and health: Thirty years of progress?. In G. Bramley and N. Bailey (eds), *Poverty and Social Exclusion in the UK,* vol. 2, Bristol: Policy Press.

153. Harrison, E. 2013, 앞의 글; Tirado, L. 2014, 앞의 책.

154. Ridge, T. 2009, 앞의 책, p. 92; Popkin, S. J., Scott, M. M. and Galvez, M. 2016, 앞의 책.

155. Ghate, D. and Hazel, N. 2002, 앞의 책; Orr, S. et al, 2006, 앞의 책; Crisp, R. and Robinson, D. 2010, *Family, Friends and Neighbours: Social Relations and Support in Six Low Income Neighbourhoods*, Sheffield: CRESR; O'Leary, D. and Salter, J. 2014, 앞의 책.

156. Ghate, D. and Hazel, N. 2002, 앞의 책; Gallie, D. and Paugaum, S. 2002,

Social Precarity and Social Integration, Brussels: CEC; Gazso, A., McDaniel, S. and Waldron, I. 2016, Networks of social support to manage poverty: More changeable than durable, *Journal of Poverty* 20(4), pp. 441–463.

157. Burns, D., Williams, C. C. and Windebank, J. 2004, *Community Self-Help*, Basingstoke: Palgrave; Warr, D. J. 2005, Social networks in a 'discredited' neighbourhood, *Journal of Sociology* 41(3), pp. 285–308; Daly, M. and Kelly, G. 2015, 앞의 책.

158. Jarrett, R. L., Bahar, O. S. and Odoms-Young, A. 2014, 앞의 글, p. 210.

159. Ghate, D. and Hazel, N. 2002, 앞의 책; Orr, S. et al, 2006, 앞의 책; Sidel, R. 2006, 앞의 책; Crisp, R. and Robinson, D. 2010, 앞의 책; O'Leary, D. and Salter, J. 2014, 앞의 책; Daly, M. 2018, 앞의 글.

160. Boyce, I. 2006, Neighbourliness and privacy on a low-income estate, *Sociological Research Online* 11(3); Crisp, R. and Robinson, D. 2010, 앞의 책.

161. McKenzie, L. 2012, 앞의 글; McKenzie, L. 2015, 앞의 책.

162. Bourdieu, P. 1999, 앞의 책; Perry, J. et al, 2014, 앞의 책; Halpern-Meekin, S. et al, 2015, 앞의 책; Bramley, G. and Besemer, K. 2018, Financial inclusion, financial stress and debt. In G. Bramley and N. Bailey (eds), *Poverty and Social Exclusion in the UK*, vol. 2, Bristol: Policy Press.

163. Holloway, S. D. et al, 1997, 앞의 책; CRESR Research Team, 2011, 앞의 책; Williams, C. C. 2011, Socio-spatial variations in community self-help, *Social Policy & Society* 10(3), pp. 365–378; O'Leary, D. and Salter, J. 2014, 앞의 책; Halpern-Meekin, S. et al, 2015, 앞의 책.

164. Hooper, C-A. et al, 2007, 앞의 책; Parker, S. and Pharoah, R. 2008, 앞의 책; Perry, J. et al, 2014, 앞의 책; Matthews, P. and Besemer, K. 2015, Social networks, social capital and poverty: Panacea or placebo?, *Journal of Poverty and Social Justice* 23(3), pp. 187–201; Stone, E. 2015, Relationships and poverty. In D. Marjoribanks and C. Sherwood (eds), *What's Love Got to do with It?*, London: Relate.

165. Mazelis, J. M. 2015, 'I got to try to give back': How reciprocity norms in a poor people's organization influence members' social capital, *Journal of Poverty* 19(1), p. 110.

166. Jarrett, R. L. et al, 2014, 앞의 글, pp. 188–219.

167. Warr, D. J. 2005, 앞의 글; Hooper, C-A. et al, 2007, 앞의 책; Offer, S. 2012, The burden of reciprocity: Processes of exclusion and withdrawal from personal networks among low-income families, *Current Sociology* 60(6), pp.

788－805; Perry, J. et al. 2014, 앞의 책; Stone, E. 2015, 앞의 글.

168. Wilson, L., Fahmy, E. and Bailey, N. 2018, Social participation and social support. In G. Bramley and N. Bailey (eds), *Poverty and Social Exclusion in the UK*, vol. 2, Bristol: Policy Press, p. 153.

169. Donoghue, M. and Edmiston, D. 2020, 앞의 글.

170. Gregory, R. 2019, 앞의 책.

171. Desmond, M. 2017, 앞의 책, p. 162.

172. 위의 책, p. 369.

173. Williams, C. C. 2011, 앞의 글, p. 374; Burns, D., Williams, C. C. and Windebank, J. 2004, 앞의 책.

174. Seaman, P. et al. 2005, 앞의 책; McKenzie, 2015, 앞의 책.

175. Sherman, J. 2009, 앞의 책, p. 188.

176. O'Leary, D. and Salter, J. 2014, 앞의 책; Crisp, R. and Robinson, D. 2010, 앞의 책; Cook, K. E. 2012, Social support in single parents' transition from welfare to work, *Journal of Social Welfare* 21(4), pp. 338－350.

177. Cook, K. E. 2012, 앞의 글, p. 344; Millar, J. and Ridge, T. 2017, *Work and Relationships over Time in Lone-Mother Families*, York: Joseph Rowntree Foundation

178. Shildrick, T. et al. 2012a, 앞의 책; Canduela, J. et al. 2015, Employability, poverty and the spheres of sociability, *Social Policy & Administration* 49(5), pp. 571－592; Matthews, P. and Besemer, K. 2015, 앞의 글.

179. Peterie, M. et al. 2019a, 앞의 글, p. 794.

180. Smith, D. M. 2005, 앞의 책; McCabe, A. et al. 2013, *Making the Links: Poverty, Ethnicity and Social Networks*, York: Joseph Rowntree Foundation; Barnard, H. 2014, 앞의 책.

181. Cook, K. E. 2012, 앞의 글; MacDonald, R. and Marsh, J. 2005, 앞의 책; Hanley, L. 2017, 앞의 책.

182. Gilliat, S. 2001, 앞의 책.

183. Kempson, E., Bryson, A. and Rowlingson, K. 1994, 앞의 책, p. 275. 구걸에 관한 자료집에 계속 등장하는 주제는, 생존 전략 위계의 제일 아래쪽에 있으며 상당한 위험을 동반하는 '일종의 일자리' 또는 '비공식 경제 활동'을 어떻게 표현하는가 다(Dean, H. (ed.), 1999, *Begging Questions*, Bristol: Policy Press). 궁핍에 관해서는 1장에서 논의했다.

184. Fitzpatrick, S. et al. 2016, *Destitution in the UK*, York: Joseph Rowntree Foundation; Dore, E. and Gray, D. 2019, *Street Begging in Edinburgh*,

Edinburgh: Shelter Scotland.

185. Gerrard, J. 2019, The economy of smiles: Affect, labour and the contemporary deserving poor, *British Journal of Sociology* 70(2), pp. 425, 432.

186. Edin, K. and Shaefer, H. L. 2015, 앞의 책, p. 173.

187. 위의 책, p. 171.

188. Dagdeviren, H. and Donoghue, M. 2019, 앞의 글, p. 557.

189. Edin, K. and Lein, L. 1996, Work, welfare and single mothers' economic survival strategies, *American Sociological Review* 61 (Feb), p. 258.

190. Halpern-Meekin, S. et al, 2015, 앞의 책, p. 122.

191. Smith, D. M. 2005, 앞의 책.

192. Katungi, D., Neale, E. and Barbour, A. 2006, *People in Low-Paid Informal Work. 'Need not greed'*, York: Joseph Rowntree Foundation, pp. 7, xii; Gillies, V. 2007, 앞의 책.

193. Smith, D. M. 2005, 앞의 책, p. 156.

194. Fletcher, D. R. 2010, The workless class? Economic transformation, informal work and male working-class identity, *Social Policy & Society* 9(3), p. 334.

195. Main, G. and Mahony, S. 2018, 앞의 책, p. 43.

196. Katungi, D., Neale, E. and Barbour, A. 2006, 앞의 책, p. 13.

197. MacDonald, R. 1994, Fiddly jobs, undeclared working and the something for nothing society, *Work, Employment and Society* 8(4), pp. 507 – 530; 위의 책.

198. Smith, D. M. 2005, 앞의 책, p. 201.

199. Patrick, R. 2017, 앞의 책, p. 70.

200. Edin, K. and Shaefer, H. L. 2015, 앞의 책. Work and Pensions Committee, 2019, *Universal Credit: 'Survival Sex'*, HC 83. London: House of Commons도 보라.

201. Kempson, E., Bryson, A. and Rowlingson, K. 1994, 앞의 책; Fitzpatrick, S. et al, 2015, 앞의 책; Patrick, R. 2017, 앞의 책.

202. Smith, D. M. 2005, 앞의 책.

203. Jarrett, R. L. 2003, Worlds of development: The experience of low income, African American youth, *Journal of Children & Poverty* 9(2), pp. 157 – 188; Wacquant, L. 2008, 앞의 책; Duck, W. 2015, 앞의 책.

204. MacDonald, R. and Marsh, J. 2005, 앞의 책; McKenzie, L. 2015, 앞의 책.

205. Duck, W. 2015, 앞의 책, p. 139; May, T. et al, 2005, *Understanding Drug Selling in Local Communities*, York: Joseph Rowntree Foundation; Wacquant, L. 2008, 앞의 책.

206. Smith, D. M. 2005, 앞의 책.

207. Mumford, A. and Power, A. 2003, 앞의 책, p. 212; Seaman, P. et al, 2005, 앞의 책; McKenzie, L. 2015, 앞의 책.

208. Goffman, A. 2014, *On the Run: Fugitive Life in an American City*, New York: Picador; McKenzie, L. 2015, 앞의 책.

209. Duck, W. 2015, 앞의 책, p. 17; Arnade, C. 2019, 앞의 책.

210. Popkin, S. J., Scott, M. M. and Galvez, M. 2016, 앞의 책, p. vi; Katungi, D., Neale, E. and Barbour, A. 2006, 앞의 책; Wacquant, L. 2008, 앞의 책; Rogaly, B. and Taylor, B. 2009, 앞의 책.

211. Duck, W. 2015, 앞의 책, p. 50.

212. Rogaly, B. and Taylor, B. 2009, 앞의 책, p. 106.

213. McKenzie, L. 2015, 앞의 책, p. 170; Peel, M. 2003, 앞의 책.

214. McGarvey, D. 2017, 앞의 책, p. 94.

215. Gillies, V. 2007, 앞의 책, p. 103.

216. McGarvey, D. 2017, 앞의 책, p. 156.

217. Frost, L. and Hoggett, P. 2008, 앞의 글, p. 455.

218. ATD Fourth World, 1991, 앞의 책; Davies, N. 1998, 앞의 책; Peel, M. 2003, 앞의 책; McKenzie, L. 2015, 앞의 책.

219. Tyler, I. 2013, 앞의 책, p. 41.

220. 위의 책, p. 204; McKenzie, L. 2015, 앞의 책.

221. Lightowlers, C. L. 2015, Let's get real about the 'riots': Exploring the relationship between deprivation and the English summer disturbances of 2011, *Critical Social Policy* 35(1), p. 101.

222. Walker, R. 2014b, 앞의 책, pp. 217, 218; McGarvey, D. 2017, 앞의 책; Edmiston, D. 2018, *Welfare, Inequality and Social Citizenship*, Bristol: Policy Press.

223. MacDonald, R. and Marsh, J. 2002, Crossing the rubicon: Youth transitions, poverty, drugs and social exclusion, *International Journal of Drugs Policy* 13, p. 36; Arnade, C. 2019, 앞의 책, pp. 82, 235; Sherman, J. 2006, Coping with rural poverty: Economic survival and moral capital in rural America, *Social Forces* 85(2), pp. 801 – 913; Desmond, M. 2017, 앞의 책; McGarvey, D. 2017, 앞의 책. 그렇지만 영국에서는 빈곤층이 비빈곤층보다 불법 마약 복용 또는 과음을 신고하는 경향이 적다는 것을 보여 주는 증거가 있음을 언급해 둘 필요가 있다 (Social Metrics Commission, 2018, 앞의 책 참고).

224. Buchanan, J. and Young, L. 2000, Examining the relationship between

material conditions, long-term problematic drug misuse and social exclusion. In J. Bradshaw and R. Sainsbury (eds), *Experiencing Poverty*, Aldershot: Ashgate.

225. Scott, J. C. 1985, *Weapons of the Weak*, New Haven, CT: Yale University Press, p. 29.

226. 위의 책, p. 33.

227. 위의 책, p. 301.

228. 위의 책, p. 295.

229. 위의 책, p. 300.

230. Kingfisher, C. P. 1996, *Women in the American Welfare Trap*, Philadelphia: University of Pennsylvania Press.

231. Gilliom, J. 2001, 앞의 책.

232. Kingfisher, C. P. 1996, *Women in the American Welfare Trap*, Philadelphia: University of Pennsylvania Press, p. 38.

233. Dodson, H. and Schmalzbauer, L. 2005, Poor mothers and habits of hiding: Participatory methods in poverty research, *Journal of Marriage & Family* 67 (November), pp. 949–959.

234. Kingfisher, C. P. 1996, 앞의 책, p. 40.

235. Gilliom, J. 2001, 앞의 책, pp. 100, 112.

236. Edmiston, D. and Humpage, L. 2018, Resistance or resignation to welfare reform? The activist politics for and against social citizenship, *Policy and Politics* 46(3), pp. 475, 476, 478; Edmiston, D. 2018, 앞의 책.

237. Baker, T. and Davis, C. 2018, Everyday resistance to workfare: Welfare beneficiaries advocacy in Auckland, New Zealand, *Social Policy & Society* 17(4), pp. 540, 544.

238. Dwyer, P. (ed.), 2019, *Dealing with Conditionality*, Bristol: Policy Press; Donoghue, M. and Edmiston, D. 2020, 앞의 글.

239. Jordan, B. 1996, 앞의 책, p. 157.

240. Jordan, B. and Redley, M. 1994, Polarisation, underclass and the welfare state, *Work, Employment and Society* 8(2), p. 172.

241. Jordan, B. 1993, Framing claims and the weapons of the weak. In G. Drover and P. Kerans (eds), *New Approaches to Welfare Theory*, Aldershot: Edward Elgar, p. 213; Jordan, B. et al, 1992, *Trapped in Poverty*, London: Routledge.

242. Jordan, B. 1993, 앞의 글, p. 216.

243. Dean, H. and Melrose, M. 1997, Manageable discord: Fraud and resistance in the social security system, *Social Policy & Administration* 31(2), p. 108.

244. Dean, H. and Melrose, M. 1996, Unravelling citizenship: The significance of social security benefit fraud, *Critical Social Policy* 16(3), pp. 3-31; Dean, H. 1998, Benefit fraud and citizenship. In P. Taylor-Gooby (ed.), *Choice and Public Policy*, Basingstoke: Macmillan.

245. Dean, H. 2002, *Welfare Rights and Social Policy*, Harlow: Prentice Hall, p. 216.

246. 위의 책, p. 216.

247. Scott, J. C. 1985, 앞의 책.

248. Rowlingson, K. et al, 1997, *Social Security Fraud*, London: The Stationery Office; Smith, D. M. 2005, 앞의 책.

249. Katungi, D., Neale, E. and Barbour, A. 2006, 앞의 책, pp. xii, 27.

250. Rogers, R. 2002, Discourses of resistance and the 'hostile jobseeker', *Benefits* 10(1), pp. 19-23; Pulkingham, J., Fuller, S. and Kershaw, P. 2010, Lone motherhood, welfare reform and active citizen subjectivities, *Critical Social Policy* 30(2), pp. 267-291; SUWN. 2016, *Righting Welfare Wrongs. Dispatches and Analysis from the Front Line of the Fight against Austerity*, Glasgow: Common Print; Edmiston, D. and Humpage, L. 2018, 앞의 글.

251. Dean, H. and Melrose, M. 1997, 앞의 글.

252. Gilliat, S. 2001, 앞의 책.

253. Handler, J. 1992, Postmodernism, protest and the new social movements, *Law and Society Review* 20(4), p. 724; McCann, M. and March, T. 1996, Law and everyday forms of resistance. In C. Roulston and C. Davies (eds), *Studies in Law, Politics and Society* 15, Greenwich, CT: JAI Press, p. 223.

254. McCann, M. and March, T. 1996, 앞의 글, p. 227.

255. Mann, P. S. 1997, Musing as a feminist in a postfeminist era. In J. Dean (ed.), *Feminism and the New Democracy*, London: Sage, pp. 234-236; Leonard, P. 1997, *Postmodern Welfare*, London: Sage, p. 95; Hemmings, C. and Treacher, A. 2006, Everyday struggles. *Feminist Review* 82, p. 1.

256. Scott, J. C. 1985, 앞의 책.

257. Luna, Y. M. 2009, Single welfare mothers' resistance, *Journal of Poverty* 13, p. 441.

258. 위의 글, p. 456. 그리고 McCormack, K. 2004, 앞의 글도 참고하라.

259. Kelly, E. B. 2009, Leaving and losing jobs: Resistance of rural low-income mothers, *Journal of Poverty* 9(1), p. 9.

260. Peterie, M. et al, 2019b, 앞의 글, pp. 796, 807.

261. 위의 글, p. 804.

262. Scott, J. C. 1989, Everyday forms of resistance, *The Copenhagen Journal of Asian Studies* 4(1), p. 56.

263. Peterie, M. et al, 2019b, 앞의 글, p. 799.

264. Bleiker, R. 2003, Discourse and human agency, *Contemporary Political Theory* 2, p. 43; Vasilachis de Gialdino, I. 2006, 앞의 글, p. 485; Edmiston, D. and Humpage, L. 2018, 앞의 글, p. 473.

265. Stonebridge, L. 2017, Words of fire, *Open Democracy* 24 July, p. 2.

266. Tarkiaien, L. 2017, Long-term unemployed Finnish interviewees address deservingness: Separating, declining and enriching as means of resisting, *Journal of Poverty and Social Justice* 25(3), p. 219.

267. Vasilachis de Gialdino, I. 2006, 앞의 글; Gonyea, J. G. and Melekis, K. 2017, 앞의 글.

268. Leach, C. W. and Livingstone, A. G. 2015, Contesting the meaning of intergroup disadvantage: towards a psychology of resistance, *Journal of Social Issues* 71(3), p. 616.

269. Meriluoto, T. 2019, The will to not be empowered (according to your rules): Resistance to Finnish participatory social policy, *Critical Social Policy* 39(1), p. 103.

270. McCormack, K. 2004, 앞의 글.

271. Peacock, M., Bissell, P. and Owen, J. 2014, 앞의 글, p. 396.

272. Kent, G. 2016, Shattering the silence: The power of purposeful storytelling in challenging social security policy discourses of 'blame and shame' in Northern Ireland, *Critical Social Policy* 36(1), p. 124.

273. McIntyre, L. Officer, S. and Robinson, L. M. 2003, Feeling poor: The felt experience of low-income lone mothers, *Affilia* 18, pp. 316–331; Flaherty, J. 2008, 앞의 글; Pulkingham, J., Fuller, S. and Kershaw, P. 2010, 앞의 글.

274. Vasilachis de Gialdino, I. 2006, 앞의 글; Daly, M. and Kelly, G. 2015, 앞의 책; Mitchell, E. 2020, 앞의 글, p. 236.

275. Vasilachis de Gialdino, I. 2006, 앞의 글; McKenzie, L. 2015, 앞의 책; Patrick, R. 2016, 앞의 글.

276. Prest, L. (ed.), 2000, *Out of the Shadows. A Collection of Poems from the Fourth World*, London: ATD Fourth World.

277. 영국에서 긴축 정책으로 부정적 영향을 받은 주변화된 사람들이 자기 언어로 이 야기할 수 있게 하는 또 다른 사진집의 서문에서, 폴 승은 자기가 본 것이 '저항의 최

전선'이었다고 말한다(Sng, P. (ed.), 2018, *Invisible Britain. Portraits of Hope and Resilience*, Bristol: Policy Press).

278. ATD Fourth World, 2019, 앞의 책.

279. ATD Fourth World, 2014, 앞의 책, p. 2: ATD Fourth World, 2018, Resistance to stigmatisation in the UK[https://atd‑uk.org/2018/11/21/resistance‑to‑stigmatisation‑in‑the‑united‑kingdom‑the‑roles‑we‑play/].

280. Bray, R. et al, 2019, 앞의 책, p. 22: ATD Fourth World, 2019, 앞의 책.

281. Tirado, L. 2014, 앞의 책, p. 6.

282. McGarvey, D. 2017, 앞의 책, p. 16.

283. Carraway, C. 2019, 앞의 책, p. xix.

284. Broughton, C. 2003, Reforming poor women, *Qualitative Sociology* 26(1), pp. 35‑51: Sayer, A. 2005b, 앞의 책; Patrick, R. 2016, 앞의 글: McGarvey, D. 2017, 앞의 책: Tarkiaien, L. 2017, 앞의 글; Edmiston, D. 2018, 앞의 책: Edmiston, D. and Humpage, L. 2018, 앞의 글.

285. Millar, J. 2007, The dynamics of poverty and employment: The contribution of qualitative longitudinal research to understanding transitions, adaptations and trajectories, *Social Policy & Society* 6(4), pp. 533‑544.

286. Hennessy, J. 2009, Morality and work‑family conflict in the lives of poor and low‑income women, *Sociological Quarterly* 50, pp. 557‑580: Pulkingham, J., Fuller, S. and Kershaw, P. 2010, 앞의 글.

287. Kingfisher, C. P. 1996, 앞의 책, p. 27.

288. Leisering, L. and Leibfried, S. 1999, 앞의 책.

289. Rigg, J. and Sefton, T. 2006, 앞의 글: Jenkins, S. P. 2011, 앞의 책: Bennett, F. and Daly, M. 2014, 앞의 책: Marsh, A. 2017, *Poverty: The Facts*, 6th edn, London: CPAG: Hacker, J. 2019, 앞의 책.

290. McKnight, A. and Rucci, M. 2020, *The Financial Resilience of Households: 22 Country Study*, London: CASE, p. 55.

291. Jenkins, S. P. 2011, 앞의 책: Hick, R. and Lanau, A. 2018, Moving in and out of in‑work poverty in the UK, *Journal of Social Policy* 47(4), pp. 661‑687.

292. Jenkins, S. P. 위의 책, p. 361: Goulden, C. 2010, *Cycles of Poverty, Unemployment and Low Pay*, York: Joseph Rowntree Foundation: Hills, J. 2017, *Good Times, Bad Times*, 2nd edn, Bristol: Policy Press.

293. Ruspini, E. 1998, Women and poverty dynamics, *Journal of European Social Policy* 8(4), pp. 291‑316: Bennett, F. and Daly, M. 2014, 앞의 책.

주

294. Marsh, A. 2017, 앞의 책; Social Metrics Commission, 2018, 앞의 책; DWP, 2019, 앞의 책.

295. Alcock, P. 2004, The influence of dynamic perspectives on poverty analysis and anti-poverty policy in the UK, *Journal of Social Policy* 33(3), p. 400; Vobruba, G. 2000, Actors in processes of inclusion and exclusion, *Social Policy & Administration* 34(5), pp. 601 – 613.

296. Millar, J. 2007, 앞의 글; Wright, S. and Patrick, R. 2019, Welfare conditionality in lived experience: Aggregating qualitative longitudinal research, *Social Policy and Society* 18(4), pp. 597 – 613.

297. Friedman, S. and Laurison, D. 2019, *The Class Ceiling*, Bristol: Policy Press, p. 200; Seaman, P. et al, 2005, 앞의 책; St Clair, R., Kintrea, K. and Houston, M. 2011, *The Influence of Parents, Place and Poverty on Educational Attitudes and Aspirations*, York: Joseph Rowntree Foundation; Elliot-Major, L. and Machin, S. 2018, *Social Mobility and Its Enemies*, London: Pelican; Pemberton, S. and Humphris, R. 2018, *Invisible Rules. Social Mobility, Low Income and the Role of Further and Higher Education*, Birmingham: University of Birmingham; Exley, D. 2019, 앞의 책; Arnade, C. 2019, 앞의 책.

298. Boon, B. and Farnsworth, J. 2011, Social exclusion and poverty. Translating social capital into accessible resources, *Social Policy & Administration* 45(5), pp. 507 – 524; Vance, J. D. 2016, 앞의 책; Hanley, L. 2017, 앞의 책; Arnade, C. 2019, 앞의 책.

299. Exley, D. 2019, 앞의 책, p. 201.

300. Treanor, M. C. 2020, 앞의 책, p. 199.

301. Hooper, C-A. et al, 2007, 앞의 책; St Clair, R., Kintrea, K. and Houston, M. 2011, 앞의 책; Pemberton, S. and Humphris, R. 2018, 앞의 책; O'Connell, R., Knight, A. and Brannen, J. 2019, 앞의 글.

302. Seaman, P. et al, 2005, 앞의 책; Millar, J. and Ridge, T. 2017, 앞의 책; Exley, D. 2019, 앞의 책.

303. Shipler, D. K. 2005, 앞의 책; Shildrick, T. et al, 2012a, 앞의 책; Halpern-Meekin, S. et al, 2015, 앞의 책; Lucio, J., Jefferson, A. and Peck, L. 2016, Dreaming the impossible dream: Low-income families and their hopes for the future, *Journal of Poverty* 20(4), pp. 359 – 379.

304. Lupton, R. and Kintrea, K. 2011, Can community-based interventions on aspirations raise young people's attainment?, *Social Policy & Society* 10(3), pp. 321 – 335.

305. Shildrick, T. et al, 2012a, 앞의 책; Wright, S. 2016, 앞의 글; Desmond, M. 2017, 앞의 책; Exley, D. 2019, 앞의 책.

306. Lupton, R. and Kintrea, K. 2011, 앞의 글; Treanor, M. C. 2020, 앞의 책.

307. ATD Fourth World, 2019, 앞의 책, p. 14.

308. Elliot-Major, L. and Machin, S. 2018, 앞의 책.

309. Gillies, V. 2007, 앞의 책.

310. CRESR Research Team, 2011, 앞의 책; McKenzie, L. 2015, 앞의 책; Vance, J. D. 2016, 앞의 책; Hanley, L. 2017, 앞의 책; Miles, A. and Leguina, A. 2018, Socio-spatial mobilities and narratives of class identity in Britain, *British Journal of Sociology* 69(4), pp. 1063–1095.

311. Friedman, S. and Laurison, D. 2019, 앞의 책, pp. 174, 182.

312. Elliot-Major, L. and Machin, S. 2018, 앞의 책; Roberts, C. and Kibasi, T. 2018, 'Introduction', In *Move On Up? Social Mobility, Opportunity and Equality in the 21st Century*, London: IPPR.

313. Hudson, K. 2019, 앞의 책, pp. 2, 4.

314. Shildrick, T. et al, 2010, *The Low-Pay, No-Pay Cycle: Understanding Recurrent Poverty*, York: Joseph Rowntree Foundation; Shildrick, T. et al, 2012a, 앞의 책; Shildrick, T. et al, 2012b, 앞의 책.

315. Shildrick, T. 2018b, 앞의 책.

316. Sidel, R. 2006, 앞의 책; Shildrick, T. et al, 2012b, 앞의 책; Katz, S. M. 2013, 'Give us a chance to get an education': Single mothers' survival narratives and strategies for pursuing higher education on welfare, *Journal of Poverty* 17(3), pp. 273–304; Daly, M. and Kelly, G. 2015, 앞의 책.

317. Toynbee, P. 2003, 앞의 책, p. 97.

318. Gallie, D., Paugaum, S. and Jacobs, S. 2003, Unemployment, poverty and social isolation, *European Societies* 5(1), p. 28.

319. Marsh, A. and Rowlingson, K. 2002, *Low- and Moderate- Income Families in Britain*, Leeds: DWP/Corporate Document Services; Gallie, D., Paugaum, S. and Jacobs, S. 2003, 앞의 글.

320. Hacker, J. 2019, 앞의 책.

321. Wright, S. 2016, 앞의 글; Patrick, R. 2017, 앞의 책; Shildrick, T. 2018b, 앞의 책; Wright, S. and Patrick, R. 2019, 앞의 글.

322. Daly, M. and Leonard, M. 2002, *Against All Odds: Family Life on a Low Income in Ireland*, Dublin: Institute of Public Administration/Combat Poverty Agency, p. 117; Summers, K. E. 2018, *Money and Meaning: How Working-Age*

Social Security Benefit Recipients Understand and Use their Money, CASE paper 35. London: CASE; Donoghue, M. and Edmiston, D. 2020, 앞의 글.

323. Tirado, L. 2014, 앞의 책, p. xviii; Desmond, M. 2017, 앞의 책; Exley, D. 2019, 앞의 책.

324. Mullainathan, S. and Shafir, E. 2014, 앞의 책.

325. Halpern-Meekin, S. et al, 2015, 앞의 책, p. 202.

326. Pemberton, S. 2015, 앞의 책, p. 116.

327. Shildrick, T. et al, 2012b, 앞의 책; Schrecker, T. and Bambra, C. 2015, *How Politics Makes Us Sick*, Bristol: Policy Press.

328. Dean, H. 2003, Re-conceptualising welfare-to-work for people with multiple problems and needs, *Journal of Social Policy* 32(3), p. 441; Hooper, C-A. et al, 2007, 앞의 책; Duck, W. 2015, 앞의 책; Popkin, S. J., Scott, M. M. and Galvez, M. 2016, 앞의 책.

329. Tolman, R. M. and Raphael, J. 2000, A review of research on welfare and domestic violence, *Journal of Social Issues* 56(4), pp. 655–682; Howard, M. and Skipp, A. 2015, 앞의 책; Women's Aid, 2019, 앞의 책.

330. Millar, J. 2007, 앞의 글; CRESR Research Team, 2011, 앞의 책.

331. Duncan, S. and Edwards, R. 1999, 앞의 책; Hennessy, J. 2009, 앞의 글; Shildrick, T. et al, 2012a, 앞의 책.

332. Hall, S. M. et al, 2017, *The Impact of Austerity on Black and Minority Ethnic Women in the UK*, London: Women's Budget Group/Runneymede Trust.

333. Goulden, C. 2010, 앞의 책.

334. Hick, R. and Lanau, A. 2018, 앞의 글; Judge, L. and Slaughter, H. 2020, *Working Hard(ship)*, London: Resolution Foundation.

335. Standing, G. 2011, 앞의 책; Orton, M. 2015, 앞의 책; Shildrick, T. 2018b, 앞의 책; Judge, L. and Slaughter, H. 2020, 앞의 책.

336. Bloodworth, J. 2018, 앞의 책, pp. 258, 258; Hudson, K. 2019, 앞의 책, pp. 183–184.

337. Bloodworth, J. 2018, 앞의 책, p. 51.

338. Eubanks, V. 2019, 앞의 책, p. 205.

339. Shildrick, T. et al, 2010, 앞의 책, p. 14.

340. Goulden, C. 2010, 앞의 책; Thompson, S. 2015, *The Low-Pay, No-Pay Cycle*, York: Joseph Rowntree Foundation; Shildrick, T. 2018b, 앞의 책; Judge, L. and Slaughter, H. 2020, 앞의 책.

341. Shildrick, T. et al, 2012b, 앞의 책.

342. D'Arcy, C. and Finch, D. 2017, *The Great Escape? Low Pay and Progression in the UK Labour Market*, London: Social Mobility Commission, p. 4; Shipler, D. K. 2005, 앞의 책; Shildrick, T. et al, 2012b, 앞의 책.

343. Goulden, C. 2010, 앞의 책; McCollum, D. 2012, 'Back on the brew [benefits] again': Why so many transitions from welfare to work are not sustained, *Journal of Poverty and Social Justice* 20(2), pp. 207–218; Halpern-Meekin, S. et al, 2015, 앞의 책.

344. Sidel, R. 2006, 앞의 책; Handler, J. and Hasenfeld, Y. 1997, 앞의 책; Cook, K. E. 2012, 앞의 글.

345. Ridge, T. and Millar, J. 2011, Following families: Working lone mothers and their children, *Social Policy & Administration* 45(1), p. 95; Millar, J. and Ridge, T. 2017, 앞의 책; Millar, J. and Ridge, T. 2020, No margin for error: Fifteen years in the working lives of lone mothers and their children, *Journal of Social Policy* 49(1), pp. 1–17.

346. Millar, J. and Ridge, T. 2008, Relationships of care: Working lone mothers, their children and employment sustainability, *Journal of Social Policy* 38(1), p. 118; Millar, J. 2007, 앞의 글, p. 540.

347. Millar, J. and Ridge, T. 2017, 앞의 책, pp. 4, 3.

348. Millar, J. and Ridge, T. 2020, 앞의 글.

349. Ridge, T. 2007, It's a family affair: Low-income children's perspectives on maternal work, *Journal of Social Policy* 36(3), pp. 399–416; Ridge, T. 2009, 앞의 책; Millar, J. and Ridge, T. 2008, 앞의 글.

350. Standing, K. 1999, Lone mothers and 'parental' involvement, *Journal of Social Policy* 28(3), pp. 479–495; Newman, K. S. and Chin, M. M. 2003, High stakes: Time poverty, testing and the children of the working poor, *Qualitative Sociology* 26(1), pp. 3–34; Handler, J. and Hasenfeld, Y. 1997, 앞의 책; Vincent, C., Ball, S. J. and Braun, A. 2010, Between the estate and the state: Struggling to be a 'good mother', *British Journal of Sociology of Education* 31(2), pp. 123–138.

351. Vincent, C., Ball, S. J. and Braun, A. 2010, 앞의 글, p. 134.

352. Dalton, R. J. 2017, *The Participation Gap*, Oxford: Oxford University Press, p. 57; Fahmy, E. 2018b, Poverty, social exclusion and civic engagement. In G. Bramley and N. Bailey (eds), *Poverty and Social Exclusion in the UK*, vol. 2, Bristol: Policy Press.

353. Goode, J. and Maskovsky, J. 2001, Introduction. In J. Goode and J.

Maskovsky (eds), *The New Poverty Studies*, New York: New York University Press, p. 14.

354. Williams, F. and Popay, J. 1999, 앞의 글, p. 179.

355. Taylor, D. 1998, Social identity and social policy, *Journal of Social Policy* 27(3), pp. 329-350.

356. 위의 글, p. 340.

357. Lister, R. 2010, 앞의 책.

358. Taylor, D. 1998, 앞의 글.

359. Hunter, S. 2003, 앞의 글.

360. Boone, K., Roets, G. and Roose, R. 2019a, Learning to play chess: How to make sense of a politics of representation with people in poverty, *Social Policy & Administration* 53(7), pp. 1030-1044.

361. James, S. 1992, The good-enough citizen. In G. Brock and S. James (eds), *Beyond Equality and Difference*, London: Routledge, p. 60.

362. Desmond, M. 2017, 앞의 책, p. 180.

363. Lyon-Callo, V. 2001, Homelessness, employment, and structural violence, In J. Goode and J. Maskovsky (eds), *The New Poverty Studies*, New York: New York University Press; Batty, E. and Flint, J. 2010, 앞의 책; Halpern-Meekin, S. et al, 2015, 앞의 책; Pemberton, S. et al, 2016, 앞의 글; Patrick, R. 2017, 앞의 책; Edmiston, D. 2018, 앞의 책; Peterie, M. et al, 2019b, 앞의 글.

364. McGarvey, D. 2017, 앞의 책, p. 55; Gilliat, S. 2001, 앞의 책.

365. Dalton, R. J. 2017, 앞의 책; Edmiston, D. 2018, 앞의 책; Fahmy, E. 2018b, 앞의 글.

366. Soss, J. 1999, 앞의 글.

367. Bruch, S. K., Ferree, M. M. and Soss, J. 2010, From policy to polity: Democratic paternalism and the incorporation of disadvantaged citizens', *American Sociological Review* 75(2), p. 219.

368. Flaherty, J. 2008, 앞의 글; Shildrick, T. and MacDonald, R. 2013, 앞의 글.

369. Beresford, P. and Croft, S. 1995, 'It's our problem too.' Challenging the exclusion of poor people from poverty discourse, *Critical Social Policy* 44/45, pp. 75-95; Taylor, D. 1998, 앞의 글.

370. ATD Fourth World, 1996, '*Talk with Us, Not at Us*', London: ATD Fourth World, p. 60.

371. Cohen, J. R. 1997, Poverty: Talk, identity and action, *Qualitative Inquiry* 3(1), pp. 71-92.

372. Jenkins, R. 1996, 앞의 책.

373. Jenkins, S. P. 2011, *Changing Fortunes*, Oxford: Oxford University Press.

374. Ravensbergen, F. and VanderPlaat, M. 2010, Barriers to citizen participation: The missing voices of people living with low income, *Community Development Journal* 45(4), p. 392.

375. Coole, D. 1996, 앞의 글, p. 21.

376. Young, I. M. 2000, *Inclusion and Democracy*, Oxford: Oxford University Press, p. 100[아이리스 매리언 영 지음, 김희강, 나상원 옮김, 『포용과 민주주의』, 박영사, 2020]; Young, I. M. 1994, Gender as seriality, *Signs* 19(3), pp. 713-738.

377. Beresford, P. et al, 1999, 앞의 책.

378. Thekaekara, S. and Thekaekara, M. 1994, *Across the Geographical Divide*, London: Centre for Innovation in Voluntary Action, p. 21.

379. Young, I. M. 1990, *Justice and the Politics of Difference*, Oxford: Princeton University Press[아이리스 매리언 영 지음, 김도균, 조국 옮김, 『차이의 정치와 정의』, 모티브북, 2017].

380. Chase, E. and Walker, R. 2013, 앞의 글, p. 752; Walker, R. 2014b, 앞의 책, p. 131; Kent, G. 2016, 앞의 글; Pemberton, S. et al, 2016, 앞의 글.

381. Chase, E. and Walker, R. 2013, 앞의 글.

382. Naples, N. 1998, *Grassroots Warriors. Activist Mothering, Community Work, and the War on Poverty*, New York/London: Routledge; Tyler, I. 2013, 앞의 책.

383. Beresford, P. et al, 1999, 앞의 책.

384. Ravensbergen, F. and VanderPlaat, M. 2010, Barriers to citizen participation: The missing voices of people living with low income, *Community Development Journal* 45(4), p. 392.

385. Maskovsky, J. 2018, Staying alive: AIDS activism as US relational poverty politics. In V. Lawson and S. Elwood (eds), *Relational Poverty Politics*, Athens: University of Georgia Press.

386. Beard, J. 2014, Redecorate, repopulate: What next for the E15 mums?, *Open Democracy* 10 October.

387. Jensen, T. 2014, 앞의 글, p. 2.

388. Parry, G., Moyser, G. and Day, N. 1992, *Political Participation and Democracy in Britain*, Cambridge: Cambridge University Press, p. 64; Dalton, R. J. 2017, 앞의 책.

389. Chanan, G. 1992, *Out of the Shadows. Local Community Action and the European Community*, Dublin: European Foundation for the Improvement of

Living and Working Conditions, p. 85; Blakely, G. and Evans, B. 2008, 'It' s like maintaining a hedge': Constraints on citizen engagement in community regeneration in East Manchester, *Public Policy & Administration* 23(1), pp. 100 – 113.

390. CoPPP, 2000, 앞의 책; Ravensbergen, F. and VanderPlaat, M. 2010, 앞의 글; Desmond, M. 2017, 앞의 책; Bassel, L. and Emejulu, A. 2018, 앞의 책.

391. Ravensbergen, F. and VanderPlaat, M. 2010, 앞의 글, p. 400.

392. McGarvey, D. 2017, 앞의 책; McKenzie, L. 2017, The class politics of prejudice: Brexit and the land of no-hope and glory, *British Journal of Sociology* 68(S1), pp. S265 – S280; Fahmy, E. 2018b, 앞의 글.

393. Tobis, D. 2013, *From Pariahs to Partners*, New York: Oxford University Press; McGarvey, D. 2017, 앞의 책.

394. Shantz, J. 2011, Poverty, social movements and community health: The campaign for the Special Diet Allowance in Ontario, *Journal of Poverty and Social Justice* 19(2), pp. 145 – 158; Tobis, D. 2013, 앞의 책; Kent, G. 2016, 앞의 글; Mortimer, J. 2018, Austerity is still crushing Britain – and the community is speaking up, *Left Foot Forward* 24 August; Patrick, R. 2020, 앞의 글.

395. Maskovsky, J. 2018, 앞의 글, p. 91.

396. Eubanks, V. 2019, 앞의 책, p. 207.

397. Tobis, D. 2013, 앞의 책, p. 113; Ling, C. and Dale, A. 2013, Agency and social capital, *Community Development Journal* 49(1), pp. 4 – 20; McGarvey, D. 2017, 앞의 책.

398. Kent, G. 2016, 앞의 글, p. 136.

399. Peacock, M., Bissell, P. and Owen, J. 2014, 앞의 글.

400. Chanan, G. 1992, 앞의 책, p. 3.

401. 위의 책, p. 140.

402. Piacentini, T. 2014, Missing from the picture? Migrant and refugee community organisations' responses to poverty and destitution in Glasgow, *Community Development Journal* 50(3), p. 438.

403. Bassel, L. and Emejulu, A. 2018, 앞의 책, p. 85.

404. Lupton, R. 2003a, 앞의 책; Mumford, A. and Power, A. 2003, 앞의 책.

405. Williams, F. and Churchill, H. 2006, 앞의 책; Batty, E. and Flint, J. 2010, 앞의 책; Daly, M. and Kelly, G. 2015, 앞의 책.

406. Tobis, D. 2013, 앞의 책, p. 113; ATD Fourth World, 2019, 앞의 책.

407. Kingfisher, C. P. 1996, 앞의 책.

408. Baptist, W. and Bricker-Jenkins, M. 2002, A view from the bottom: Poor people and their allies respond to welfare reform. In R. Albelda. and A. Withorn (eds), *Lost Ground*, Cambridge, MA: South End Press, p. 204.

409. Mazelis, J. M. 2015, 앞의 글, p. 115.

410. Freeman-Woolpert, S. 2018, A renewed poor people's campaign revives King's dream of challenging class divides, *Open Democracy* 18 January; Eubanks, V. 2019, 앞의 책.

411. O'Hara, M. 2020, 앞의 책.

412. Wills, J. 2009, The living wage, *Soundings* 42, pp. 33–46; Katz, M. B. 2013, 앞의 책; Wood, A. 2013, 앞의 글; Shalmy, S. 2018, Solidarity forever, *Red Pepper* Winter, pp. 16–21; Shenker, J. 2019, The new resistance, *Guardian Review* 31 August, pp. 7–11.

413. Herbst, A. 2013, Welfare mom as warrior mom: Discourse in the 2003 single mothers' protest in Israel, *Journal of Social Policy* 42(1), pp. 129–145; SUWN, 2016, 앞의 책; Katz, S. M. 2017, Welfare mothers' grassroots activism for economic justice, *Contemporary Social Science* 12(1–2), pp. 96–109; McGarvey, D. 2017, 앞의 책; Mortimer, J. 2018, 앞의 글.

414. Barbero, I. 2015, When rights need to be (re)claimed: Austerity measures, neoliberal housing policies and antieviction activism in Spain, *Critical Social Policy* 35(2), pp. 270–280; Koksal, I. 2017, Housing activists stand up to dodgy landlords and council bullies, *Open Democracy* 22 November; Radical Housing Network, Hudson, B. and Tucker, P. 2019, Struggle for social housing justice. In D. Bulley, J. Edkins and N. El-Enany (eds), *After Grenfell, Violence, Resistance and Response*, London: Pluto Press.

415. Wynne-Jones, R. 2018, Real Britain, *Daily Mirror* 19 October; Patrick, R. 2020, 앞의 글; Herrington, T., Patrick, R. and Watson, S. 2020, Poverty2solutions: Reflections from collaborative research rooted in the expertise of experience on poverty, *Journal of Poverty and Social Justice* 28(1), pp. 135–146.

416. Katz, S. M. 2017, 앞의 글, p. 99.

417. 위의 글, p. 107.

418. Lawless, J. L. and Fox, R. L. 2001, Political participation of the urban poor, *Social Problems* 48(3), p. 372.

419. Honneth, A. 1995, 앞의 책, pp. 138–139; Honneth, A. 2003, Redistribution as recognition. In N. Fraser and A. Honneth, *Redistribution or*

Recognition?, London : Verso[낸시 프레이저, 악셀 호네트 지음, 김원식, 문성훈 옮김, 『분배냐, 인정이냐?―정치철학적 논쟁』, 사월의책, 2014] : Bassel, L. and Emejulu, A. 2018, 앞의 책.

420. Tyler, I. 2013, 앞의 책, p. 178 : CoPPP, 2000, 앞의 책 : Dugan, E. 2014, All are on benefit : But they refuse to be stigmatised, *Independent* 22 July : ATD Fourth World, 2018, 앞의 글 : Kent, G. 2016, 앞의 글 : O'Hara, M. 2020, 앞의 책.

421. Naples, N. 1998, 앞의 책 : Katz, M. B. 2013, 앞의 책.

422. Chanan, G. 1992, 앞의 책 : Dominelli, L. 2006, *Women and Community Action*, rev. 2nd edn. Bristol : Policy Press.

423. Chanan, G. 1992, 앞의 책, p. 86 : Dominelli, L. 2006, 앞의 책 : Grimshaw, L. 2011, 앞의 글 : Bassel, L. and Emejulu, A. 2018, 앞의 책.

424. Naples, N. 1998, 앞의 책, p. 3 : Herbst, A. 2013, 앞의 글 : Warr, D. J. 2006, Gender, class and the art and craft of social capital, *Sociological Quarterly* 47, pp. 497 - 520 : Katz, M. B. 2013, 앞의 책.

425. Bassel, L. and Emejulu, A. 2018, 앞의 책, p. 94.

426. Chrisafis, A. 2019, 'We're stronger than the men'. The women aiming to redirect criminal gains to the people, *Guardian* 11 November.

427. Hyatt, S. B. 1992, Accidental activists, *Crosscurrents* 5, p. 95.

428. Lister, R. 2013, 'Power not pity' : Poverty and human rights, *Ethics and Social Welfare* 7(2), pp. 109 - 123.

429. Hills, J. 2017, 앞의 책.

430. Leisering, L. and Leibfried, S. 1999, 앞의 책 : Alcock, P. 2006, 앞의 책 : Jenkins, S. P. 2011, 앞의 책.

431. Shildrick, T. 2018b, 앞의 책.

6장 빈곤, 인권, 시민권

1. OHCHR, 1999, *Human Rights and Extreme Poverty. Report of the Independent Expert on Human Rights Submitted to Commission on Human Rights*, 55th Session, New York : UN Economic and Social Council, 9항.

2. Sepúlveda, M. 2013, *Report of the UN Special Rapporteur on Extreme Poverty and Human Rights*, Geneva : UN.

3. Sng, P. (ed.), 2018, 앞의 책에서 재인용.

4. Russell, H. (ed.), 1996, 앞의 책, p. 4에서 재인용.

5. Gearty, C. 2011, Putting the lawyers in their place: The role of human rights in the struggle against poverty. In A. Walker, A. Sinfield and C. Walker (eds), *Fighting Poverty, Inequality and Injustice*, Bristol: Policy Press, p. 242.
6. Walsh, J. 2006, Reflection document: Rights as relationships. Unpublished note. 다음도 참고하라. McCrudden, C. 2013, 앞의 글, p. 1; Featherstone, B. et al, 2018, *Protecting Children. A Social Model*, Bristol: Policy Press, p. 20; Spicker, P. 2020, 앞의 책.
7. ATD Fourth World, 2001, Access to art is a human right. In *Focus* Spring 1, p. 1.
8. Klug, F. 2015, A magna carta for all humanity: Homing in on human rights,*Soundings* 60, p. 136; Klug, F. 2019, The Universal Declaration of Human Rights at seventy: Rejuvenate or retire?, *Political Quarterly* 90(3), pp. 356 – 367.
9. Wresinski, J. 2017, The right to be human. Repr. In *Rethinking Our World from the Perspective of Poverty Reference Texts*, Pierrelaye: ATD Fourth World, p. 8; Tardieu, B. and Tonglet, J. (eds), 2020, *Rethinking our World from the Perspective of Poverty – with Joseph Wresinski*, Paris: Editions Hermann.
10. Spicker, P. 2020, 앞의 책.
11. Dean, H. 2015, *Social Rights and Human Welfare*, London: Routledge; Brownlee, K. 2020, *Being Sure of Each Other*, Oxford: Oxford University Press.
12. O'Brien, N. 2018, Administrative justice in the wake of I, Daniel Blake, *Political Quarterly* 89(1), p. 90.
13. Donald, A. and Mottershaw, E. 2009, *Poverty, Inequality and Human Rights,* York: Joseph Rowntree Foundation, p. 5; Cox, L. and Thomas, D. Q. 2004, *Close to Home: Case Studies of Human Rights Work in the United States*, New York: Ford Foundation.
14. Lister, R. 2013, 앞의 글.
15. ATD Fourth World, 1991, 앞의 책.
16. 위의 책, p. 13에서 재인용.
17. UNDP, 2000, *Human Development Report 2000*, Oxford: Oxford University Press, p. 19; Vizard, P. 2001, 앞의 책; Vizard, P. 2006, *Poverty and Human Rights,* Oxford: Oxford University Press; Dean, H. 2007, Social policy and human rights: Re-thinking the engagement, *Social Policy and Society* 7(1), pp. 1 – 12.
18. Sen, A. 1999, 앞의 책, p. 229; Lister, R. 2013, 앞의 글.
19. UNDP, 2000, 앞의 책, p. 20.

20. Sen, A. 1999, 앞의 책, p. 74.

21. Vizard, P. and Burchardt, T. 2007, 앞의 책, pp. 11, 68; Vizard, P., Fukuda-Parr, S. and Elson, D., 2011, 앞의 글.

22. OHCHR, 2004, *Human Rights and Poverty Reduction*, Geneva: OHCHR.

23. CESCR, 2001, *Poverty and the International Covenant on Economic, Social and Cultural Rights*, New York: UN Economic and Social Council, 1항.

24. www.unhchr.ch/development/pov-02.html

25. OHCHR, 2002, *Draft Guidelines: A Human Rights Approach to Poverty Reduction Strategies*, Geneva: OHCHR, p. 42; McCrudden, C. 2013, 앞의 글; Klug, F. 2015, 앞의 글; Klug, F. 2015, 앞의 글.

26. Duflo, E. and Banerjee, A. 2019, If we're serious about changing the world we need a better kind of economics, *Guardian* 30 October, p. 2.

27. Cox, L. and Thomas, D. Q. 2004, 앞의 책, p. 11.

28. www.kwru.org/educat/orgmod2.html

29. OHCHR, 2002, 앞의 책, p. 2; Vizard, P. 2006, 앞의 책.

30. Nyamu-Musembi, C. 2002, *Towards an Actor-Oriented Perspective on Human Rights*, IDS Working Paper 169. Brighton: IDS.

31. Khan, I. 2009, *The Unheard Truth: Poverty and Human Rights*, New York: W. W. Norton, pp. 103–104; Alston, P. 2016, *Report of the Special Rapporteur on Extreme Poverty and Human Rights to the Human Rights Council*, Geneva: UNHRC, 9항; Killeen, D. 2008, 앞의 책; Hunt, P. 2017, *Social Rights as Human Rights*, Sheffield: Centre for Welfare Reform; Hunt, P. 2019, How to advance social rights without jeopardising the Human Rights Act 1998, *Political Quarterly* 90(3), pp. 393–3401.

32. Lister, R. 2013, 앞의 글도 보라.

33. Sen, A. 1999, 앞의 책, p. 229; Pogge, T. 2002, 앞의 책, p. 46; Khan, I. 2009, 앞의 책, p. 13.

34. Donald, A. and Mottershaw, E. 2009, 앞의 책, p. 43.

35. UNDP, 1997, 앞의 책, p. 96; OHCHR, 2004, 앞의 책; Nevile, A. 2010, Values, rights and concepts of citizenship. In A. Neville (ed.), *Human Rights and Social Policy*, Cheltenham: Edward Elgar.

36. Ferguson, C. 1999, *Global Social Policy Principles: Human Rights and Social Justice*, London: DfID.

37. Moser, C. and Norton, A. 2001, *To Claim Our Rights*, London: Overseas Development Institute.

38. Atkinson, A. B. 2019, 앞의 책. 이 책의 3장도 보라.

39. Sepúlveda, M. 2011b, *Report of the Independent Expert on the Question of Human Rights and Extreme Poverty to the Human Rights Council*, Geneva: UNHRC.

40. Nyamu-Musembi, C. 2002, 앞의 책, p. 1.

41. Donald, A. and Mottershaw, E. 2009, 앞의 책, p. 43; Cox, L. and Thomas, D. Q. 2004, 앞의 책.

42. Dean, H. 2010, 앞의 책, p. 156.

43. Amh Consulting 2011, *Evaluation of BIHR Poverty and Human Rights Project. Final Report: Executive Summary*, London: British Institute of Human Rights, pp. 11, 15.

44. Cox, L. and Thomas, D. Q. 2004, 앞의 책, p. 8.

45. Dean, H. 2010, 앞의 책, p. 156; Lister, R. 2013, 앞의 글; Vizard, P. 2016, The human rights and equalities agenda. In H. Dean and L. Platt (eds), *Social Advantage and Disadvantage*, Oxford: Oxford University Press.

46. www.eapn.org.

47. ENNHRI, 2019, 앞의 책.

48. Ruxton, S. and Bennett, F. 2002, *Including Children?*, Brussels: Euronet.

49. Crossley, S. and Shildrick, T. 2012, Ending child poverty: A right or a responsibility?, *Poverty* 142, pp. 14-17. 유럽평의회에 관해서는 다음을 참고하라. Nolan, A. 2019, *Protecting the Child from Poverty: The role of rights in the Council of Europe*, Strasbourg: Council of Europe.

50. Eurochild, 2007, *A Child Rights Approach to Child Poverty*, Brussels: Eurochild; Eurochild, 2011, *Child Poverty, Family Poverty: Are They One and the Same? A Rights-based Approach to Fighting Child Poverty*, Brussels: Eurochild; Atkinson, A. B. 2019, 앞의 책.

51. Cox, L. and Thomas, D. Q. 2004, 앞의 책; Lister, R. 2013, 앞의 글.

52. Cox, L. and Thomas, D. Q. 위의 책, p. 53.

53. www.kwru.org/ehrc/ehrcfaq.html; Baptist, W. and Bricker-Jenkins, M. 2002, 앞의 글; Eubanks, V. 2019, 앞의 책.

54. Zoelle, D. and Josephson, J. 2006, Promoting freedom from poverty: Political mobilisation and the role of the Kensington Welfare Rights Union, *Feminist Review* 82, pp. 6-26

55. Donald, A. and Mottershaw, E. 2009, 앞의 책, p. 15.

56. Riches, G. 2002, Food banks and food security: Welfare reform, human rights

and social policy. Lessons from Canada?, *Social Policy & Administration* 38(6), pp. 648-663; Riches, G. 2011, Thinking and acting outside the charitable food box: hunger and the right to food in rich societies, *Development in Practice* 21(4-5), pp. 768-775; Lambie-Mumford, H. 2017, 앞의 책; Human Rights Watch, 2019, *Nothing Left in the Cupboards: Austerity, Welfare Cuts and the Right to Food in the UK*, London: Human Rights Watch.

57. Ferguson, C. 1999, 앞의 책; Moser, C. and Norton, A. 2001, 앞의 책.

58. Donald, A. and Mottershaw, E. 2009, 앞의 책, p. 6; Choffé, T. 2001, 앞의 글; Dean, H. 2002, 앞의 책.

59. Nolan, A. 2015, Not fit for purpose? Human rights in times of financial and economic crisis, *European Human Rights Law Review* 4, pp. 358-369.

60. Pogge, T. 2002, 앞의 책, p. 91; Townsend, P. and Gordon, D. (eds), 2002, *World Poverty*, Bristol: Policy Press.

61. Baptist, W. and Bricker-Jenkins, M. 2002, 앞의 글, p. 153; Zoelle, D. and Josephson, J. 2006, 앞의 글.

62. Marshall, T. H. 1950, *Citizenship and Social Class*, Cambridge: Cambridge University Press.

63. Lister, R. 1990, *The Exclusive Society. Citizenship and the Poor*, London: CPAG.

64. Wheeler, J. S. 2004, New forms of citizenship: Democracy, family and community in Rio de Janeiro, Brazil. In C. Sweetman (ed.), *Gender, Development and Citizenship*, Oxford: Oxfam, p. 41.

65. Honneth, A. 1995, 앞의 책; Honneth, A. 2003, 앞의 글.

66. Edmiston, D. 2018, 앞의 책, p. 111.

67. Lister, R. 2011a, The age of responsibility: Social policy and citizenship in the early 21st century. In C. Holden, M. Kilkey and G. Ramin (eds), *Social Policy Review* 23, Bristol: Policy Press.

68. Bloodworth, J. 2018, 앞의 책, p. 8. 그리고 Toynbee, P. 2003, 앞의 책.

69. https://united4respect.org/campaigns/walmart.

70. Shalmy, S. 2018, 앞의 글, pp. 17-18.

71. Pakulski, J. 1997, 앞의 글, p. 80.

72. Edmiston, D. and Humpage, L. 2018, 앞의 글, p. 477; Edmiston, D., Patrick, R. and Garthwaite, K. 2017, Introduction: Austerity, welfare and social citizenship, *Social Policy & Society* 16(2), pp. 253-259.

73. Halpern-Meekin, S. et al, 2015, 앞의 책, pp. 112, 114.

74. Mik-Meyer, N. and Silverman, D. 2019, Agency and clientship in public

encounters, *British Journal of Sociology* 70(5), pp. 1640 – 1660.

75. Ehrenreich, B. 2001, 앞의 책, pp. 208 – 209.

76. 위의 책, p. 67; Power, E. M. 2005, 앞의 글. 하지만 사생활을 보호받을 권리가 위태로운 상태였음에도 이 여성 집단에서는 분노를 표현하는 데 일반적으로 권리 담론을 사용하지 않았다. 결과적으로 길리엄은 복지 수급자에게 있어서 권리 담론의 가치에 대해 회의적 입장을 취한다. 권리 기반 접근법에 대한 일부 논쟁에 관해서는 Dean, H. 2002, 앞의 책을 보라.

77. Peel, M. 2003, 앞의 책, p. 95.

78. Manji, K. 2017, Social security reform and the surveillance state: Exploring the operation of 'hidden conditionality' in the reform of disability benefits since 2010, *Social Policy & Society* 16(2), p. 310; Henman, P. and Marston, G. 2008, The social division of welfare surveillance, *Journal of Social Policy* 37(2), pp. 187 – 205; Fletcher, D. R. and Wright, S. 2018, A hand up or a slap down? Criminalising benefit claimants in Britain via strategies of surveillance, sanctions and deterrence, *Critical Social Policy* 38(2), pp. 323 – 344; 아일랜드의 관점은 다음을 참고하라. Whelan, J. 2020, We have our dignity, yeah? Scrutiny under suspicion: Experiences of welfare conditionality in the Irish social protection system, *Social Policy & Administration* [https://doi.org/10.1111/spol.12610].

79. Alston, P. 2019, *Report of the Special Rapporteur on Extreme Poverty and Human Rights to the UN General Assembly*, Geneva: United Nations, 63항.

80. Eubanks, V. 2019, 앞의 책, pp. 168, 223, 224.

81. Gilliom, J. 2001, 앞의 책, p. 14.

82. O'Brien, N. 2018, 앞의 글, p. 83에서 재인용.

83. Coote, A. 1992, Introduction. In A. Coote (ed.), *The Welfare of Citizens*, London: Rivers Oram Press, p. 9.

84. OECD, 2000, *Literacy in the Age of Information,* Paris: OECD.

85. Warschauer, M. 2003, *Technology and Social Inclusion*, Cambridge, MA: MIT Press; Alston, P. 2019, 앞의 책; Schou, J. and Pors, A. S. 2019, Digital by default? A qualitative study of exclusion in digitalised welfare, *Social Policy & Administration* 53(3), pp. 464 – 477.

86. EAPN, 2003, Becoming full 'citizens', *Network News* 101, p. 4. 하지만 이것을 협소하게 배타적인 법률 개념으로 이해할 경우, 인권 담론에 더 적절한 대상인 망명 신청자와 난민 같은 주변화된 집단이 겪는 침해에는 해당되지 않는다. Lister, R. 2003, 앞의 책을 보라.

87. Fraser, N. 2008, *Scales of Justice*, Cambridge: Polity, p. 60. 이 책의 결론 장도

보라.

88. www.socialquality.nl/declaration.htm.

89. Lister, R. 2011a, 앞의 글.

90. ATD Fourth World, 1991, 앞의 책; Ravensbergen, F. and VanderPlaat, M. 2010, 앞의 글.

91. Knight, J., Heaven, C. and Christie, I. 2002, 앞의 책. p. 10.

92. Gould, C. 1988, *Rethinking Democracy*, Cambridge: Cambridge University Press, p. 212; Janoski, T. 1998, *Citizenship and Civil Society*, Cambridge: Cambridge University Press.

93. Donald, A. and Mottershaw, E. 2009, 앞의 책, p. 14.

94. OHCHR, 2004, 앞의 책, pp. 18-19.

95. Sepúlveda, M. 2013, 앞의 책, 20-1항.

96. Gould, C. 1988, 앞의 책.

97. CoPPP, 2000, 앞의 책; Narayan, D. et al, 2000, *Crying Out for Change*, New York: Oxford University Press/World Bank; Sepúlveda, M. 2013, 앞의 책.

98. ATD Fourth World, 2014, 앞의 책, p. 82.

99. ATD Fourth World, 2000, *Participation Works*, London: ATD Fourth World, p. 32.

100. Porter, E. 2000, Participatory democracy and the challenge of dialogue across difference, In C. Roulston and C. Davies (eds), *Gender, Democracy and Inclusion in Northern Ireland*, Basingstoke: Palgrave.

101. Tomlin, G. 2019, *The Social Legacy of Grenfell: An Agenda for Change*, London: Diocese of London/Resurge Trust, p. 5; Wainwright, H. 2018, *A New Politics for the Left*, Cambridge: Polity, p. 105; Beresford, P. and Carr, S. (eds), 2018, 앞의 책, p. 427.

102. Narayan, D. 2000, 앞의 책; Peel, M. 2003, 앞의 책; Carraway, C. 2019, 앞의 책.

103. www.eapn.org/wdocs/summitp_en.doc.

104. *A Different Take* London Panel 2019, *Pushing Back. Our Take on Life in Poverty in London*, London: CPAG/University of Leeds, p. 9.

105. Young, I. M. 1990, 앞의 책, p. 184.

106. Green, D. 2008, *From Poverty to Power*, Oxford: Oxfam International[던컨 그린 지음, 김장생 옮김, 『빈곤과 권력 ― 능동적 시민과 효과적 국가는 세계를 어떻게 변화시킬 수 있는가』, 한국문화사, 2018].

107. Shahrokh, T. and Wheeler, J. (eds), 2014, *Knowledge from the Margins. An*

Anthology from a Global Network on Participatory Practice and Policy Influences, Brighton: IDS.

108. Sepúlveda, M. 2013, 앞의 책, 16항.

109. EAPN, 2007, Network *News* 123, p. 31.

110. ATD Fourth World, 2000, 앞의 책; Women's Budget Group 2008, *Engaging and Empowering Women in Poverty*, York: Joseph Rowntree Foundation.

111. ATD Fourth World, 2019, *Understanding Poverty in All Its Forms*, London: ATD Fourth World, p. 38.

112. Soss, J. 1999, 앞의 글, p. 374.

113. Donald, A. and Mottershaw, E. 2009, 앞의 책, p. 44.

114. Young, I. M. 2000, 앞의 책.

115. Sepúlveda, M. 2013, 앞의 책.

116. 이 요구는 "공공 정책에서 … 누구의 지식이 중요하고, 공공 정책 수립에 있어서 어떤 류의 사고, 견해, 믿음, 감정 교환, 기술 행사가 전문성 및 지식으로 인정받으며, 왜 … 정치 권력을 행사하는 일과 얽히는가"라는 질문을 제기하는 전반적인 '지식의 정치'에 기여한다(Wainwright, H. 2018, 앞의 책, pp. 4–5).

117. Krumer-Nevo, M. 2020, 앞의 책.

118. Mohanty, S. P. 2018, Social justice and culture: On identity intersectionality and epistemic privilege. In G. Craig (ed.), *Handbook on Global Social Justice*, Cheltenham: Edward Elgar; Beresford, P. and Carr, S. (eds) 2018, 앞의 책.

119. Tirado, L. 2014, 앞의 책.

120. McGarvey, D. 2017, 앞의 책.

121. Carraway, C. 2019, 앞의 책.

122. Hudson, K. 2019, 앞의 책.

123. www.eapn.org/wdocs/summitp_en.doc.

124. Bennett, F. 1999, *Influencing Policy in Partnership with the Poorest*, London: ATD Fourth World, p. 16.

125. Peel, M. 2003, 앞의 책, pp. 168, 179.

126. McGee, R. 2002, The self in participatory poverty research. In K. Brock and R. McGee, *Knowing Poverty. Critical Reflections on Participatory Research and Policy*, London: Earthscan, p. 17.

127. ATD Fourth World, 1996, 앞의 책, p. 12; ATD Fourth World, 2000, 앞의 책.

128. Fourth World University Research Group, 2007, 앞의 책, p. 4; Tardieu, B. and Tonglet, J. (eds), 2020, 앞의 책.

129. Brun, P. 2007, Initial evaluation of the project. In Fourth World University

Research Group, *The Merging of Knowledge*. Lanham, MD: University Press of America, p. 466.

130. Bray, R. et al, 2019, 앞의 책, pp. 44, 12.

131. Herrington, T., Patrick, R. and Watson, S. 2020, 앞의 글.

132. Del Tufo, S. and Gaster, L. 2002, 앞의 책, pp. 6, 7.

133. O'Connor, A. 2001, 앞의 책, pp. 293 – 294; Lawson, V. and Elwood, S. (eds), 2018, 앞의 책.

134. Swerts, T. 2018, Check your privilege: The micropolitics of cross-status alliances in the DREAM movement. In V. Lawson and S. Elwood (eds), *Relational Poverty Politics. Athens*, GA: University of Georgia Press, p. 180; Shahrokh, T. and Wheeler, J. (eds), 2014, 앞의 책, pp. 14 – 15; International Movement ATD Fourth World, 2012, *Extreme Poverty is Violence*, Pierrelaye: International Movement ATD Fourth World, pp. 9 – 10; Patrick, R. 2020, 앞의 글, p. 264.

135. Shahrokh, T. and Wheeler, J. (eds), 2014, 앞의 책; Beresford, P. and Carr, S. (eds), 2018, 앞의 책; McIntosh, I and Wright, S. 2019, 앞의 글; atrick, R. 2020, 앞의 글.

136. Robb, C. M. 2002, 앞의 책, p. 1.

137. Godinot, X. and Wodon, Q. (eds), 2006, *Participatory Approaches to Attacking Extreme Poverty*, Washington, DC: World Bank, p. 2.

138. Roets, G. et al, 2012, Pawns or pioneers? The logic of user participation in anti-poverty policy-making in public policy units in Belgium, *Social Policy and Administration* 46(7), pp. 807 – 822; De Corte, J. et al, 2018, Service users with experience of poverty as institutional entrepreneurs in public services in Belgium, *Social Policy and Administration* 52(1), pp. 197 – 215; Boone, K. et al, 2019b, Raising critical consciousness in the struggle against poverty, *Critical Social Policy* 39(3), pp. 434 – 454.

139. Gaventa, J. 2002, Exploring citizenship, participation and accountability, *IDS Bulletin* 33(2), p. 2; Roets, G. et al, 2012, 앞의 글; Boone, K. et al, 2019a, Learning to play chess: How to make sense of a politics of representation with people in poverty, *Social Policy & Administration* 53(7), pp. 1030 – 1044; Boone, K. et al, 2019b, 앞의 글.

140. Khan, I. 2009, 앞의 책, p. 42; Sepúlveda, M. 2013, 앞의 책.

141. Simpson, M., McKeever, G. and Gray, A. M. 2017, *Social Security Systems Based on Dignity and Respect*, Manchester: EHRC, p. 47.

142. Cornwall, A. and Gaventa, G. 2000, From users to choosers to makers and shapers, *IDS Bulletin* 31(4), pp. 50, 59.

143. ATD Fourth World, 2019, 앞의 책, p. 38; Shahrokh, T. and Wheeler, J. (eds), 2014, 앞의 책, p. 57.

144. Jensen, T. et al, 2019, Welfare imaginaries at the interregnum, *Soundings* 72, p. 86.

145. Sepúlveda, M. 2013, 앞의 책, 17항.

146. Cornwall, A. 2000, *Beneficiary, Consumer, Citizen: Perspectives on Participation for Poverty Reduction*, Stockholm: Swedish International Development Cooperation Agency; Beresford, P. 2002, Participation and social policy. In R. Sykes, C. Bochel and N. Ellison (eds), *Social Policy Review* 14, Bristol: Policy Press.

147. Rademacher, A. and Patel, R. 2002, Retelling worlds of poverty. In K. Brock and R. McGee, *Knowing Poverty. Critical Reflections on Participatory Research and Policy*, London: Earthscan, p. 180; Shahrokh, T. and Wheeler, J. (eds), 2014, 앞의 책; Wright, S. 2016, 앞의 글; Beresford, P. and Carr, S. (eds), 2018, 앞의 책; Meriluoto, T. 2019, 앞의 글; Tomlin, G. 2019, 앞의 책.

148. Peel, M. 2003, 앞의 책, p. 110.

149. McGarvey, D. 2017, 앞의 책, p. 77.

150. CoPPP, 2000, 앞의 책, p. 18.

151. Cook, D. 2002, Consultation, for a change?, *Social Policy & Administration* 36(5), pp. 516 – 531.

152. ATD Fourth World, 2000, 앞의 책; McGarvey, D. 2017, 앞의 책.

153. CoPPP, 2000, 앞의 책, p. 29.

154. Young, I. M. 2000, 앞의 책, p. 56; Charlesworth, S. J. 2000, 앞의 책.

155. Tomlin, G. 2019, 앞의 책, p. 5; Sepúlveda, M. 2013, 앞의 책; Simpson, M., McKeever, G. and Gray, A. M. 2017, 앞의 책.

156. ATD Fourth World, 2000, 앞의 책; Shahrokh, T. and Wheeler, J. (eds), 2014, 앞의 책; Leeds Poverty Truth, 2019, *From Poverty to Participation*, Leeds: Poverty Truth/University of Leeds.

157. CoPPP, 2000, 앞의 책; Simpson, M., McKeever, G. and Gray, A. M. 2017, 앞의 책.

158. Cook, D. 2002, 앞의 글.

159. Ravensbergen, F. and VanderPlaat, M. 2010, 앞의 글, p. 400.

160. Toynbee, P. 2003, 앞의 책.

161. Sepúlveda, M. 2013, 앞의 책, 44항.

162. 이 문구는 켄싱턴복지권연합과 빈민경제인권운동의 윌리 바티스트를 인용한 것 이다(www.kwru.org/educat/orgmod2.html).

163. Hocking, G. 2003, Oxfam Great Britain and sustainable livelihoods in the UK, *Community Development Journal* 38(3), p. 236; Green, D. 2008, 앞의 책; ATD Fourth World, 2019, 앞의 책; Bray, R. et al, 2019, 앞의 책.

164. Lawson, V. and Elwood, S. (eds), 2018, 앞의 책.

165. UNDP, 2002, *Human Development Report 2002*, Oxford: Oxford University Press.

166. Narayan, D. et al, 2000, 앞의 책; Gaventa, J. and Martorano, B. 2016, Inequality, power and participation, *IDS Bulletin* 47(5), pp. 11-30.

167. Sepúlveda, M. 2013, 앞의 책; Shahrokh, T. and Wheeler, J. (eds), 2014, 앞의 책.

168. Beresford, P. 2002, 앞의 글; OHCHR, 2002, 앞의 책; Roets, G. et al, 2012, 앞의 글; Boone, K., Roets, G. and Roose, R. 2019a, 앞의 글; Boone, K., Roets, G. and Roose, R. 2019b, 앞의 글.

169. Bachrach, P. and Baratz, M. S. 1970, *Power and Poverty*, New York: Oxford University Press; CoPPP, 2000, 앞의 책; Sepúlveda, M. 2013, 앞의 책.

170. Stammers, N. 1999, Social movements and the social construction of human rights, *Human Rights Quarterly* 21(4), pp. 980-1008; Cornwall, A. 2002, Locating citizen participation, *IDS Bulletin* 33(2), pp. 49-58.

171. CESCR, 2001, 앞의 책, 6항.

172. OHCHR, 2004, 앞의 책; Green, D. 2008, 앞의 책; Donald, A. and Mottershaw, E. 2009, 앞의 책.

173. Watts, B. 2014, Homelessness, empowerment and selfreliance in Scotland and Ireland: The impact of legal rights for housing for homeless people, *Journal of Social Policy* 43(4), p. 805.

174. Narayan, D. 2000, 앞의 책; Mumford, A. and Power, A. 2003, 앞의 책; ATD Fourth World, 2019, 앞의 책; Bray, R. et al, 2019, 앞의 책.

175. Kincaid, J. C. 1973, 앞의 책, p. 171.

176. Kabeer, N. 2000, 앞의 글, pp. 29-30; Green, D. 2008, 앞의 책.

177. Giddens, A. 1991, 앞의 책, pp. 211-214; Wainwright, H. 2018, 앞의 책, p. 13.

178. Bachrach, P. and Baratz, M. S. 1970, *Power and Poverty*, New York: Oxford University Press, p. 44; Lukes, S. 1974, *Power. A Radical View*, Basingstoke:

Macmillan; Gaventa, J. and Martorano, B. 2016, 앞의 글; Scott-Villiers, P. and Oosterom, M. 2016, Introduction to power, poverty and inequality, *IDS Bulletin* 47(5), pp. 1 - 10.

179. Stammers, N. 1999, 앞의 글.

180. Narayan, D. et al, 2000, 앞의 책; ATD Fourth World, 2019, 앞의 책; Bray, R. et al, 2019, 앞의 책.

181. Lukes, S. 1974, 앞의 책; Hoggett, P. 2001, 앞의 글.

182. Mayo, M. and Craig, G. 1995, Community participation and empowerment. In G. Craig and M. Mayo (eds), *Community Empowerment*. London: Zed Books.

183. Cornwall, A. 2000, 앞의 책, p. 73.

184. Mayo, M. 2004, Exclusion, inclusion and empowerment. In J. Anderson and B. Siim (eds), *Politics of Inclusion and Empowerment*. Basingstoke: Palgrave.

185. McGee, R. 2016, Poverty and empowerment meet resistance: A critical action-oriented review of the literature, *IDS Bulletin* 47(5), p. 112.

186. 위의 글, p. 112에서 재인용.

187. Kabeer, N. 2003, *Making Rights Work for the Poor*. IDS Working Paper 200. Brighton: IDS, p. 3.

188. Cornwall, A. 2000, 앞의 책, p. 33; Mayo, M. 2004, 앞의 글.

189. Nevile, A. 2008, Human rights, poverty and welfare conditionality, *Australian Journal of Human Rights* 14(1), pp. 1 - 20; Sepúlveda, M. 2013, 앞의 책; Aldridge, J. 2015, 앞의 책; Dornan, P. and Skelton, D. 2020, Harnessing all the expert knowledge to understand poverty in all its forms and to identify what must change. In J. Tucker (ed.), *2020 Vision. Ending Child Poverty for Good*. London: CPAG.

190. Shahrokh, T. and Wheeler, J. (eds), 2014, 앞의 책, p. 17; Patrick, R. 2020, 앞의 글.

191. Shahrokh, T. and Wheeler, J. (eds), 위의 책, p. 46.

192. Leeds Poverty Truth, 2019, 앞의 책.

나가며: 개념에서 정치로

1. Van Oorschot, W. and Halman, L. 2000, Blame or fate, individual or society? An international comparison of popular explanations of poverty, *European Societies* 2(1), pp. 1 - 28; Brady, D. 2009, 앞의 책; Lepianka, D., Van

Oorschot, W. and Gelissen, J. 2009, 앞의 글; Hall, S., Leary, K. and Greevy, H. 2014, 앞의 책; Da Costa, L. P. and Dias, J. G. 2015, What do Europeans believe to be the causes of poverty?, *Social Indicators Review* 122(1), pp. 1–20; Edmiston, D. 2018, 앞의 책.

2. Hills, J. et al, 2019, 앞의 책, p. vii.

3. Crossley, S. 2017, 앞의 책.

4. Krumer-Nevo, M. and Benjamin, O. 2010, 앞의 글.

5. Wresinski, J. 2017, 앞의 글, p. 8; Klug, F. 2015, 앞의 글; Klug, F. 2019, 앞의 글.

6. ATD Fourth World, 2014, 앞의 책; Sng, P. (ed.), 2018, 앞의 책; Arnade, C. 2019, 앞의 책; JRF, 2020b, 앞의 책.

7. Bennett, F., with Roberts, M. 2004, 앞의 책; Patrick, R. 2020, 앞의 글.

8. Robb, C. M. 2002, 앞의 책; Patrick, R. 2020, 앞의 글.

9. Dodson, H. and Schmalzbauer, L. 2005, 앞의 글, p. 957; Bennett, F., with Roberts, M. 2004, 앞의 책.

10. ATD Fourth World, 2019, 앞의 책, p. 30; Bray, R. et al, 2019, 앞의 책; Fourth World University Research Group, 2007, 앞의 책도 보라.

11. Patrick, R. 2020, 앞의 글.

12. Dodson, H. and Schmalzbauer, L. 2005, 앞의 글; Fourth World University Research Group, 2007, 앞의 책. 그리고 Lister, R. and Beresford, P. 2000, Where are 'the poor' in the future of poverty research?. In J. Bradshaw and R. Sainsbury (eds), *Researching Poverty*, Aldershot: Ashgate; Patrick, R. 2020, 앞의 글.

13. Aldridge, J. 2015, 앞의 책, p. 140; Fourth World University Research Group, 2007, 앞의 책.

14. Corden, A. 1996, Writing about poverty: Ethical dilemmas. In H. Dean (ed.), *Ethics and Social Policy Research*, Luton: University of Luton Press.

15. Patrick, R. 2020, 앞의 글, p. 261.

16. Hacourt, G. 2003, 앞의 글.

17. Brill, L. and Haddad, M. 2011, 앞의 글, p. 15; Orr, S. et al, 2006, 앞의 책; Perry, J. et al, 2014, 앞의 책.

18. Crossley, S. 2017, 앞의 책, pp. 113, 123, 124; Toynbee, P. and Walker, D. 2008, 앞의 책; Platt, L. and Dean, H. 2016, 앞의 글; Edmiston, D. 2018, 앞의 책; O'Hara, M. 2020, 앞의 책; Treanor, M. C. 2020, 앞의 책.

19. ILO, 2019, *General Survey Concerning the Social Protection Floors Recommendation, 2012* (No. 202), Geneva: ILO; Lister, R. 2016, 앞의 글.

20. Walker, R. and Chase, E. 2014b, 앞의 글, p. 152; Roelen, K. 2017, 앞의 책.

21. Gubrium, E. K. and Lødemel, I. 2014, 앞의 글, p. 212.

22. Skelton, D. 2010, *Artisans of Peace Overcoming Poverty*, Vol. 2: Defending Human Rights. Pierrelaye: ATD Fourth World. 더 자세한 정보는 다음을 보라. https://fr.wikipedia.org/wiki/Discrimination_pour_précarité_sociale.

23. Pellissery, S. Lødemel, I. and Gubrium, E. K. 2014, Shame and shaming in policy processes. In E. K. Gubrium, S. Pellissery and I. Lødemel (eds), *The Shame of It*, Bristol: Policy Press, p. 197.

24. Unwin, J. 2013, 앞의 책; Knight, B. 2017, 앞의 책; Main, G. and Mahony, S. 2018, 앞의 책; Stevens, A. (ed.), 2018, 앞의 책; Eubanks, V. 2019, 앞의 책; O'Hara, M. 2020, 앞의 책; Patrick, R. 2020, 앞의 글. 영국에서 조지프라운트리재단과 협력해 진행한 연구를 바탕으로, 프레임워크연구소Frameworks Institute는 연민과 정의의 가치를 중시하며 "빈곤을 재구성하는 도덕의 렌즈'를 권고했다. 이것은 '동정 … 또는 온정적 자선"이 아니라 "모든 사람의 인간성, 그리고 우리를 서로, 우리 사회에, 우리 세계에 연결하는 도덕적 유대에" 기반할 것이다(Stevens, 앞의 책, p. 3).

25. Krumer-Nevo, M. and Benjamin, O. 2010, 앞의 글.

26. O'Hara, M. 2020, 앞의 책, pp. 6, 222.

27. Eubanks, V. 2019, 앞의 책.

28. Herrington, T., Patrick, R. and Watson, S. 2020, 앞의 글, p. 144.

29. Sepúlveda, M. 2011a, *Extreme Poverty and Human Rights: Report to the General Assembly*, Geneva: UN, 82항.

30. O'Hara, M. 2020, 앞의 책.

31. Morrison, J. 2019, 앞의 책.

32. 빈곤에 대해 낙인찍는 형상화에 공동으로 도전한 사례 중 하나로 빈곤동맹Poverty Alliance이 개시하고 스코틀랜드의 모든 주요 정치 지도자가 지지한 2011년 '나의 꼬리표를 달자!Stick Your Labels!' 캠페인을 들 수 있다.

33. Walker, R. 2014b, 앞의 책, p. xi; Pellissery, S. Lødemel, I. and Gubrium, E. K. 2014, 앞의 글, p. 179.

34. Gubrium, E. K. and Lødemel, I. 2014, 앞의 글, p. 202; Atkinson, A. B. 2015, 앞의 책.

35. Wolff, J. and de-Shalit, A. 2007, 앞의 책, p. 171.

36. Horton, T. and Gregory, J. 2009, *The Solidarity Society*, London: Fabian Society, p. 135.

37. Rothstein, B. 1998, *Just Institutions Matter*, Cambridge: Cambridge University

Press, p. 157.

38. Horton, T. and Gregory, J. 2009, 앞의 책; Sinfield, A. 2012, Strengthening the prevention of insecurity, *International Social Security Review* 65(4), pp. 89 - 106; Sinfield, A. 2014, How can we reduce child poverty without improving its prevention?, *Poverty* 147, pp. 14 - 17; Sinfield, A. 2020, Preventing poverty. In B. Greve (ed.), *Routledge International Handbook of Poverty*, London: Routledge.

39. Lansley, S. 2020, *Meeting the Economic and Livelihood Crisis: From a Recovery Basic Income to a Permanent Income Floor*, London: Compass; Standing, G. 2020, *Battling Eight Giants: Basic Income Now*, London: Bloomsbury.

40. O'Connor, D. 2018, Food poverty and the policy context in Ireland. In P. Beresford and S. Carr (eds), *Social Policy First Hand. An International Introduction to Participatory Social Welfare*, Bristol: Policy Press, pp. 198 - 199; Sinfield, A. 2012, 앞의 글, p. 101; Sinfield, A. 2014, 앞의 글; Sinfield, A. 2020, 앞의 글; Horwitz, W. 2014, *Secure and Ready: Towards an Early Action Social Security System*, London: Community Links, p. 5.

41. Sinfield, A. 2007, Poverty prevention in the EU, *European Journal of Social Security* 9(1), p. 20.

42. 위의 글, p. 20.

43. Mullainathan, S. and Shafir, E. 2014, 앞의 책, p. 131; Hacker, J. 2019, 앞의 책.

44. Wright, S. 2016, 앞의 글, p. 13; Wright, S. and Patrick, R. 2019, 앞의 글.

45. Hocking, G. 2003, 앞의 글, p. 242.

46. Vizard, P., Fukuda-Parr, S. and Elson, D., 2011, 앞의 글.

47. CESCR, 2008, *The Right to Social Security (art. 9), General Comment No 19*, New York: UN Economic and Social Council, 1항.

48. ILO, 2012, *Text of the Recommendation Concerning National Floors of Social Protection*, Geneva: ILO, 3(f)항; Walker, R., Chase, E., and Lødemel, I. 2012, The indignity of the Welfare Reform Act, *Poverty* 143, pp. 9 - 12.

49. Social Security (Scotland) Act 2018, sec 1. 다음을 보라. O'Cinneide, C. 2019, The Social Security (Scotland) Act 2018: A rights-based approach to social security?, *Edinburgh Law Review* 23, pp. 117 - 123; Simpson, M., McKeever, G. and Gray, A. M. 2019, From principle to practice in the Scottish laboratory of democracy, *Journal of Social Security Law* 26(1), pp. 13 - 31.

50. Patrick, R. and Simpson, M. 2020, 앞의 글.

51. ILO, 2012, 앞의 책, 8항; Simpson, M., McKeever, G. and Gray, A. M. 2017, 앞의 책.

52. Gubrium, E. K. and Lødemel, I. 2014, 앞의 글.

53. EHRC, 2009, *Human Rights Inquiry: Executive Summary*, Manchester: EHRC, p. 14; Simpson, M., McKeever, G. and Gray, A. M. 2017, 앞의 책; Wildebore, H. 2019, Human rights in the public sector, *Political Quarterly* 90(3), pp. 402 – 407; Krumer-Nevo, M. 2020, 앞의 책.

54. Perry, N. 2005, 앞의 책; Scullion, L. et al, 2017, *Evaluation of DWP and Oxfam Livelihoods Training Project. Executive Summary*, Salford: Sustainable Housing and Urban Studies Unit; Gupta, A., Blumhardt, H. and ATD Fourth World, 2018, 앞의 글; Quinn, L. 2019, *Interim Evaluation of Oxfam–DWP Sustainable Livelihoods Approach Project*, Bristol: Social Effectiveness Research Centre.

55. Krumer-Nevo, M. 2016, Poverty-aware social work: A paradigm for social work practice with people in poverty, *British Journal of Social Work* 46(6), pp. 1793 – 1808; Krumer-Nevo, M. 2020, 앞의 책.

56. Patrick, R. and Simpson, M. 2020, 앞의 글, p. 485.

57. Sepúlveda, M. 2013, 앞의 책, p. 21.

58. Scottish Government, 2019, *Developing the Scottish Social Security Charter: Co-design in Action*, Edinburgh: ScottishGovernment.

59. Simpson, M., McKeever, G. and Gray, A. M. 2017, 앞의 책.

60. Simpson, M., McKeever, G. and Gray, A. M. 2019, 앞의 글, p. 22.

61. Knight, B. 2017, 앞의 책의 4장; O'Hara, M. 2020, 앞의 책; Lister, R. 2020, *Towards a Good Society*, London: Compass.

62. Sinfield, A. 2014, 앞의 글; Sinfield, A. 2020, 앞의 글; Atkinson, A. B. 2015, 앞의 책.

63. Fredman, S. 2011, 앞의 글.

64. Wilkinson, R. and Pickett, K. 2010, 앞의 책; Rojas, M. 2019, The climate crisis plus inequality is a recipe for chaos, *Guardian Journal*, 9 December.

65. Stern, N. 2019, Afterword: Poverty and climate change. In A. B. Atkinson, *Measuring Poverty around the World*, Princeton: Princeton University Press, p. 237; Bray, R. et al, 2019, 앞의 책.

66. Held, D. 1987, *Models of Democracy*, Cambridge: Polity, pp. 275, 277[데이비드 헬드 지음, 박찬표 옮김, 『민주주의의 모델들』, 후마니타스, 2010].

67. Lister, R. 2007, 앞의 글도 보라.

68. Sennett, R. 2003, 앞의 책, p. xvi.

69. Honneth, A. 2007, 앞의 책, p. 93.

70. Atkinson, A. B. 2015, 앞의 책.

71. Sayer, A. 2005b, 앞의 책, p. 232.

72. Brady, D. 2009, 앞의 책.

73. Atkinson, A. B. 2015, 앞의 책.

74. Fraser, N. 1997, 앞의 책, p. 14.

75. Phillips, A. 2003, Recognition and the struggle for political voice. In B. Hobson (ed.), *Recognition Struggles and Social Movements*, Cambridge : Cambridge University Press.

76. 프레이저의 서술은 찰스 테일러와 악셀 호네트 같은 인정 이론가들이 제시한 대안적 '정체성 모델'(Taylor, C. 1992, 앞의 글; Honneth, A. 1995, 앞의 책; Honneth, A. 2007, 앞의 책)을 거부한다. 정체성 모델이 빈곤층에게는 적합하지 않다고 하더라도, 테일러와 호네트가 오인정으로 인한 심리적 상처를 강조한 점은 간과해서는 안 된다 (이 책의 4장과 Lister, 2007, 앞의 글을 보라). 덧붙여, 호네트는 존중에 대한 요구가 재분배에 대한 요구에 필수적이라고 주장한다(Honneth, A. 2003, 앞의 글).

77. Fraser, N. 2003, Social justice in the age of identity politics. In N. Fraser and A. Honneth, *Redistribution or Recognition?*, London : Verso, p. 46.

78. Fraser, N. 2000, Rethinking recognition, *New Left Review* 3 (May/June), p. 113.

79. Fraser, N. 2008, 앞의 책, p. 60 ; Fraser, N. 2003, 앞의 글.

80. Thompson, S. 2006, *The Political Theory of Recognition*, Cambridge : Polity ; Fraser, N. 2008, 위의 책.

81. Peel, M. 2003, 앞의 책, pp. 167, 178 - 179.

82. Fraser, N. 2003, 앞의 글.

83. Thompson, S. 2006, 앞의 책 ; McNay, L. 2008, 앞의 책.

찾아보기

ㄱ

가구   25, 79~78
   가구 내 불평등   79~80,
   92~93, 93~95
   복합 가구   81, 93
   소득   80
   여성 주도   91, 92, 95
가정 폭력   95, 99, 177, 204
가치 판단   28, 119, 137
감정 노동   195, 202
감정 자본   168
거리두기 전략   138~139, 147,
   176
건강   55, 56, 89, 96, 110, 149,
   169, 177, 180, 204, 213, 244
견뎌내기   157, 166, 167~187,

253, 254, 259, 263
경제적 안정   56, 234
경제적 의존   31, 93~95, 98,
   125
고립   30, 181
곤란, 용납할 수 없는   24, 268
관계적 평등   22, 27
교육   23, 56, 198, 202, 207,
   213, 217
구빈 대상   125, 131
구빈법   125
국가 간 연구   66, 82, 87, 148,
   188, 260
굴욕   22, 24, 30, 49, 87, 118,
   120, 139, 148~151, 153, 159,
   178, 188
권력   26, 86, 117, 245~249

권력강화 165, 196,
245~246, 247~248
돈 (그리고) 38
목소리 (그리고) 245~249
[무언가를] 향한 권력 246
[무언가에] 대한 권력 246
비의사결정 과정 246
위계적, 암묵적 과정 161,
246
권력 부재 22, 24, 26, 30, 172,
180, 221, 223, 236, 237,
245~249, 252, 271
권력강화 165, 196, 246,
247~249
권리
(그리고) 책임 235
상호의존성 226, 230
시민권 31, 230~235
절차적 233~234
극빈(궁핍) 38, 173, 183~184,
218
기능화 33, 36, 38, 53, 55, 81,
153, 172

ㄴ

낙인[찍기] 16, 22, 49, 67, 77,
90, 112, 113, 115, 121, 137,
145~150, 161, 181, 255

감정적 반응 147~148
낙인을 무기로 만들기 133
내면화 147, 148
사회보장 청구자(복지 급여 수
급자) 114, 146, 154
어린이 (그리고) 48~49, 90,
108, 176
영토적 113~114, 147
제도적 낙인 146
난민 107, 215, 354
노년기 빈곤 106~107
노동
노동 상태에서의 빈곤 99,
133~134, 205
노동 윤리 185, 192
노동시장 불안정 32, 104,
205
대물림되는 무노동 상태 134
무급 94, 264
복지 수급자의 비보고 노동
184, 191
비공식 임금 노동 182, 184,
185, 193
여성 (그리고) 163~164,
198~199, 204, 206
유급(임금노동) 204, 230,
263, 268
저임금 154, 169, 185, 198,
231, 232, 271
조건부 존중 (그리고)

풍요의 시대, 무엇이 가난인가

154~155
지하 노동　184, 186
노동 상태에서의 빈곤　99,
133~134
노숙인　80, 143, 171, 184, 216,
226, 229, 232, 245~246, 261
능력주의 사회　154

ㄷ

대처　158, 167~187
'견뎌내기'　157, 165,
167~187, 253, 254, 259, 263
기력 소진　203~204, 213
나날이 닥쳐오는 부담　174,
203
적응　77~78, 162, 193
전략　68, 173~178, 179,
189~190
대처 전략　68, 173~178, 180,
193, 206
거리두기 전략　138, 147,
176, 253
건강하지 않은　179~180,
18~189
생계 전략　174~175
생존 전략　175, 177, 180,
182, 185, 186, 190, 192
예산 수립 전략　175, 179

'좋은' 양육자로서 [자아를]
드러내기　176
대항(대갚음)하기　158, 166,
187~198, 253
도덕경제　168, 179, 182
도덕자본　51
도덕적 판단　46, 125~126
도시 빈곤　102, 109~114
디지털
치밀 감시, 첨단　233

ㅁ

마약
거래　184, 186~187
대처 전략　188~189
망명 신청자　80, 100, 101, 107,
215, 354
매춘　186
목소리　26, 235~244, 254
무관심　147, 198, 213
'문제 가족'　127, 128
문화적 자본　201~202
미국
도시 내 공간 분리　109~110
복지 정치　132, 231~232,
233
'빈곤 문화'　127
어린이 빈곤　107, 119~120

인권 및 사회정의 운동의 부상 228

'하층민' 담론 129~130, 132, 133, 134, 135

ㅂ

박탈 31, 48, 68, 87, 88
역량 박탈 37~38
물질적/사회적 41
상대적 40~41, 139
지표 20, 68~69, 259
환경적 110, 169
반빈곤 정책 262~217
재분배 정치 156, 267~269, 270, 271
정책 논쟁 전반에 포함/삽입하기 265~268
[반빈곤] 운동 211, 216~217, 223
'백인 쓰레기' 102, 113, 134, 135
'백인 특권' 101
범죄 126, 131
생존 범죄 183, 186~187
복지제도
감시 기술 232
개혁 191
(그리고) 권리 박탈 231

대對 사회보장 133~134
복잡한 절차, 제대로 청구하기 어려움 234
복지의 병리화 133
'부정 및 남용' 담론 134
비보고 노동 (그리고) 184~186, 189
사회보장 삭감 217
삭감 73
새로운 복지 패러다임 162, 167
수치를 유발하는 264
이용자 참여 78
자유주의 복지국가 143, 146
저항 189~193
제도적 낙인 146
조건부 노동복지 정책 191
부와 불평등 87~88, 101
부채 171, 173, 175, 179, 181, 199
불안정 9, 17, 31, 89, 159, 172, 177, 206, 268
노동 시장 32, 103~104, 205
식품 47, 171, 229
재정적 199, 203
존재론적 172
주거 161, 171, 173
불이익 22, 33, 100, 103, 104, 110, 128, 168, 195, 213, 234
불평등 63, 87~115, 252

풍요의 시대, 무엇이 가난인가

구조적   86, 252
사회 간   43
사회경제적   86, 87~88,
102~103, 122, 153, 266
연령   106~108
전 지구적   43, 88
비빈민   73, 117~119, 123,
141, 199, 201, 220, 254, 255,
268, 271, 273
　빈곤층과의 관계   117, 119
비인간화(인간성 파괴)   9, 23,
121, 122, 127, 146, 222, 228,
246, 255, 256, 271
비존중   22, 30, 118, 150~155,
159, 218, 255, 256, 269
비행(반사회적 행동)   132, 134
빈곤
　농촌   112, 168, 178, 182
　도시   109~114, 134
　시간   96~97, 108, 169, 179
　예방   262~263, 268~269
　음식   46~47
　지속빈곤   17, 70, 253~254
　지표   68~71, 79, 259
　피해자 비난   103, 125,
126~127, 128, 142~143,
158, 161, 209, 258
빈곤 격차   73, 91
빈곤 경험   22, 24, 62~63, 67,
88~89, 116, 255

경험에 기반한 전문
　가   14~15, 78~79, 196,
238~241, 242, 248, 255~256,
257, 261
　(그리고) 정책 수립 과정에의 참
　여   238~241
　능동적인 행위주체성   85,
157~220
　'빈민'으로 식별되는 데 대한 저
　항감   61, 77, 137
　지리적 차원   109~114
빈곤 담론   17~18, 22,
116~156, 255
　병리학적   127, 129
　빈곤의 언어   22, 123,
136~141, 145
　역사적 뿌리   124~129
　이름 붙이기와 꼬리표 달기
23, 123, 129~136
　재구성   261~262
　'p' 단어, 관련 문제
136~141, 255
빈곤 문화   127
빈곤 수레바퀴   24, 25, 44, 117,
222, 250, 267, 268, 269
빈곤 지식   66, 241
빈곤 지표   68~74, 78~79, 259
빈곤 측정   65~84, 258
　공식적 측정   20
　다차원적 측정   71, 84

민주적 결정 방법 75~78

빈곤 경곗값 73, 74, 77

빈곤선 67, 71, 72, 75, 77, 78

생활수준으로서 20, 30, 68~69, 71

예산 기준 결정 방법 74~75

정량적 측정 66~67

참여적 결정 방법 78~89

빈곤에 담긴 도덕명령 13, 16, 62, 267

빈곤에 대한 대중적 인식 60~63, 75~76, 140, 144, 261

빈곤에서 벗어나기 158, 159, 166, 198~207, 253, 254, 259~260, 263

　빈곤에 빠져들고 벗어나는 움직임 199, 205, 220, 254

빈곤을 [여분의 범주로] 가두기 35, 64

빈곤을 측정하기 위한 예산 기준 74~75

빈곤의 개념[들] 16~18, 28, 250~251

빈곤의 고무줄 모델 200

빈곤의 비물질적 징후 21~22, 30

빈곤의 언어 25, 123, 136~141, 144

빈곤의 여성화 90~92

빈곤의 역동 198~199, 206, 220, 253~254

빈곤의 인종화 25, 99~103, 107, 109, 129~130, 132, 144

빈곤의 정의[들] 17~20, 25, 28~64, 250

　가치 판단 28

　기능화/역량 접근법 32~39, 53~54, 164, 224~225

　생활수준 (그리고) 30

　자원 기반 정의 29, 30~32, 34, 35, 37, 38

　저소득 (그리고) 30~31, 37~38

　절대/상대 이분법 19, 33, 39~57, 60~63, 251

　정치적 함의 28, 62, 64

　좁은/넓은 29~30

　직접적, 간접적 정의 30, 68

　필요 (그리고) 41, 43~49, 55~57

빈곤의 지리적 차원 82, 109~114, 260

빈곤층에 대한 대상화 158, 237, 256

'빈민' 26, 64, 117, 119

'빈민'을 수동적 [존재로] 특징짓기 14, 26, 145, 157, 202, 254

'빈민'이라는 이름 붙이기와 꼬리

풍요의 시대, 무엇이 가난인가

표 달기   23, 122, 129~136

ㅅ

사회경제적 불평등   86, 103, 122, 153, 266
사회경제적 양극화   25, 88, 268
사회 관 계 망   111, 177, 180~183, 215
　상호부조   182
　호혜의 어려움   181
사회보장
　대對 복지   133~134
　이용자 참여   265
　인간 존엄 (그리고)   264
사회복지사   127
사회적 계층   86, 87, 121
사회적 배제   9, 22, 25, 57~60, 85, 109, 111, 130, 148, 228, 237, 262
사회적 범주   59, 85, 86, 89, 99, 106, 109, 115, 208, 251, 252, 258, 272
사회적 포용   58
삶의 질   35, 36, 62, 64, 89, 111, 266
삶에서의 충격과 대처   170, 171, 199, 206
상대적 빈곤   19, 39~43,

52~54, 60~61, 63
상징적 부정의   23, 267~269
생애적 관점   86, 94~95, 98, 106, 252
　(그리고) 빈곤의 역
　동   198~199, 206, 220, 253~254, 259
생활수준   20, 61
　빈곤 측정 수단으로서   20, 30, 68~69, 71
　소득 (그리고)   41, 71
　향상   42
성별화된 빈곤 경험   25, 80, 86, 90~99
　노동 분업   94, 98
　빈곤 위험   94, 99
　빈곤의 여성화   90~92
　수치심과 낙인   149
　숨겨진 빈곤   92~93
　유형화   98, 115
세계은행   72, 100, 223, 241
소득   20
　가구 내 불평등   80, 92
　(그리고) 생활수준   41, 71
　보편적인 기본 소득   263, 264
　불평등   88
　빈곤 측정 수단으로서   20, 23, 30~32, 68~71, 83
　생활임금   217
　역량으로 변환   33~34, 104

소비
　　과시적 소비　49, 147, 176
　　구매 문화　48~49
　　사회적 정체성 (그리고)　48
　　선택, 비판　46
　　성별화된　93
　　'소소한 기쁨'과 구매　51,
　　176, 205
　　천박한　135
수완　174, 178
수치(망신)　16, 22, 45, 49, 53,
　　55, 67, 90, 113, 120, 139,
　　148, 159, 182, 211, 256, 260
　　빈곤–수치심 결합체　148
　　성별화된 경험　149
　　수치를 방지할 방안 (정책)
　　262
　　어린이의 경험　49, 148~149
　　[자존감을] 떨어뜨리는 효과
　　149~150, 159
숨겨진 빈곤　73, 167, 259
　　농촌 빈곤　112~113
　　여성　92~93, 95, 98
시간 빈곤　96~97, 108, 169,
　　179
시민권　26, 219, 230~234
　　권리　30, 31, 230~234
　　노동 의무　235
　　문화적　155, 230~232
　　반대자로서 행사하기　231

사회부조 (그리고)　231
인권 (그리고)　230
장애인　235
절차적 권리　233~234
참여　234~235, 237, 242
책임　235
축소　22
행위주체성 (그리고)　165,
207~219, 235
식품 불안정　47, 171, 229

ㅇ

약물 남용　133, 188
어린이 빈곤　80, 107~108, 115
　　낙인　49, 90, 108, 149, 176
　　대처 전략　173, 180
　　미래에 누릴 기회에 미치는 영
　　향　108
　　양육 방식　51, 176~177,
　　178~179, 182
　　어린이의 행위주체성　173,
　　185
　　의복과 정체성　148
　　인권 (그리고)　228
　　인종적 유형화　107
　　측정　82~83
　　타자화 (그리고)　119~120
　　필요 (그리고)　42, 45~46

언론 매체
  (그리고) '하층민' 102,
  129~130, 131, 135
  낙인찍는 이미지와 언어 113,
  116, 133~134, 142~145,
  145~146, 262
  '빈민'에 대한 수동적 표상
  145, 254
  언론 차원의 타자화 142
여성과 빈곤 31, 74, 80
  개인 자원 178~179
  경제적 의존 93~94, 95, 98
  경제적 학대 95, 204
  나이 든 여성 95, 107
  복지 수급자 144, 189~190,
  198~199
  빈곤 취약성 31~32
  시간 부족 70, 96~97,
  206~207
  양육 방식 93~94, 176~177,
  178, 182
  어머니 활동가 219
  여성 주도 가구 91, 92, 95
  여성주의적 빈곤 개념 31
  일상 저항 189~190
  자기희생 93~94, 95~96
  장애 여성 103, 105
  전략적 행위주체성 93~94,
  176~177, 204
  정치적 행동 218~219

피치 못할 이타주의 96
흑인 여성 94, 99, 101, 178,
  218
역량 33, 53, 55, 82, 97, 164,
  172, 220, 264
  역량 박탈 37, 38
  역량 상실 34, 36
  인권 접근법 35, 71
연금 수령자 212
연대 143, 150, 212, 214, 215,
  262
연령 25, 106~108
  노년기 106~107
  유년기 107~108
연민(동정) 119, 141, 143, 249
영국
  빈곤의 인종적 정형화 100,
  102
  '하층민' 담론 128,
  130~131
오스트레일리아 58, 80, 123,
  147
우울증 159
유형화 98, 99, 101, 107,
  120~122, 196
음식과 영양 (섭취) 20, 39,
  40~41, 52~53, 55, 56
  사회적, 문화적 맥락 53
의복
  빈곤의 기표 148

소비문화 48~49
의사결정과 배제 29~30, 237
이주민(이주자) 100, 101
인간 개발 35, 224
인간 번영(인류 번영) 27, 35,
  61, 64, 111, 251, 266
인권 9, 26, 221, 224~230,
  254, 255, 264
  부정 19~20, 22, 31, 225,
  226
  시민 인권 (그리고)
  230~231
  역량 35
  침해로서의 빈곤 225, 229
인정
  오인정 152, 270, 364
  욕구 150~151, 218
인정의 정치 138, 156, 267,
  268~270

ㅈ

'자격 없는 빈민' 102, 119,
  121, 125, 126, 133, 134,
  138, 139, 144, 262
'자격 있는 빈민' 121, 126,
  262
자긍심 22, 30, 149, 154, 160,
  194, 209, 228, 248, 262

자기 비난 208~209, 216
자기희생 93~94, 95~95, 174
자선단체, 비하적이고 피해자화하
  는 이미지 144
자신(자기 신뢰) 178, 209
자신감 152, 185, 203, 265
자원 167~173, 246, 263~264
  감정 자본 168
  늘리기(증대) 173, 183~187
  도덕자본 168, 179, 182
  문화적 168~169
  사회관계망 180~183,
  215~216
  유머 168
  자산[자원] 관리 169, 172,
  173, 259
  접근권 169
  필요에 기반한 요구 227
자율성 23, 160, 185, 192
  손상 204
  약화 161
자조 124, 181, 207, 214,
  215~217
자존감 149, 151, 153, 154,
  159, 214, 265
장애 25, 30, 78, 103~105
  관련 비용 34, 81, 103, 104
  돌봄 제공자가 받는 영향 104
  빈곤에 처할 위험 (그리고)
  103~104, 200

시민권 235
역량/기능화 34
집단적인 정체성 208
재분배의 정치 26~27, 156,
267~268, 270, 271
저항 147~148, 151~152, 184,
187~198
감정적 반대 195
관여하지 않는 이유 211
미시 저항 194
사회보장 사기 189~193
심리적, 담화적 193~198
일상 저항 184, 189, 191,
193, 194, 195
조직화하기 207~219
타자화에 대한 123, 156,
157, 196, 228, 255, 259, 261
폭력 행동(폭동) 188
절대/상대 이분법 19, 33,
39~57, 60~63, 251
절대적 빈곤 39, 49, 51, 53
정치적 입장 62
보편적 절대성 53
상대성 요소 51, 52
최저수준 개념 53, 60
정성적 빈곤 연구 방법 20,
66~67, 77, 88~89, 200, 258,
259
정체성[들] 137, 150, 158,
185, 195

'빈민'으로 식별되는 데 대한 저
항감 61, 77, 137
소비문화 (그리고) 48, 148
연속성 211
주관 (그리고) 208~212
집단적 208, 210~211, 213
정치적 행동 207~219, 227
[반빈곤] 운동 211,
216~217, 223, 228
참여 격차 207
풀뿌리 반빈곤 조직 217
조직화하기 159, 166,
207~219, 253, 259
장벽 213, 259
주관과 정체성 208~213,
214
집단적 자조 215~216, 217
존엄 23, 150~155, 228, 230,
232, 260~261, 262, 264
권리 238
부정(침해) 19~20, 22, 30,
118, 154, 195
존중 150~155, 168, 228, 233
결여 22, 30, 118, 150~152,
159, 218, 255, 269
무조건적 155
자존감 149, 153, 154, 265
조건부 154~155
주거 56, 212
불안정 161, 171, 173

주관   208~212
지출을 통한 빈곤 측정   69
집시   80, 100, 107

ㅊ

차별적 관행   16, 86, 98
　인종적   100
　장애 차별   105
　제도적   105
　타자화 (그리고)   120
'차브'   102, 118, 130, 135
참여
　경험에 기반한 전문가   14,
　78, 196, 238~241, 242, 248,
　255~256, 261
　시민권 (그리고)   234~235,
　238, 242
　역량 구축   244
　정치적/시민적 행위주체성
　26, 165, 207~219, 227, 235
참여형 사회정책   196

ㅋ

코로나19 대유행   9, 15, 32, 42,
　45, 172, 199, 251, 263, 268

ㅌ

타자화   23, 25, 66, 116, 117,
　118~124, 141, 155~156,
　159, 228, 237, 246, 252, 254,
　259, 269, 271
　권력관계   122, 155~156
　대항 서사(담화적 저항)   123,
　156, 157, 196, 223, 255, 261
　방어적 타자화(2차 타자화)
　139, 147, 176, 211
　비존중(존중 부족)   22, 24,
　118, 150~153, 159, 218, 255,
　269
　상징적 배제 전략   122
　어린이   119
　역사적 뿌리   124~129
　이름 붙이기와 꼬리표 달기
　122~124
　혐오의 역할   118~119,
　126~127, 135~136
'트레일러 쓰레기'   102, 120,
　134
특권   87, 101, 122, 170

ㅍ

폭력   159
　가정 폭력   95, 99, 177, 204

민감성 30
저항 (그리고) 188
폭동 148, 188
푸드뱅크 47, 146, 170
프랑스 58, 59, 148, 153, 188,
215, 224, 229, 231, 240, 261
필요
다층적 개념화 56
보편적 필요 45, 55, 56, 64
빈곤의 정의 (그리고) 41,
43~49, 55~57
사회적, 문화적으로 조건 지어
지는 45, 47~49, 60
상대주의적 이해 45, 46, 48,
60
심리사회적 47, 51
전문가의 판단 74~75

ㅎ

'하층민' 102, 103, 118, 124,
129~136, 139, 154, 161,
163, 254, 255
비인간화 136
질병과 오염의 은유
134~135
행복 35, 36, 37, 64, 68, 70,
80, 96, 97, 108, 110, 114,
179, 180, 202, 224, 251, 266,
281
행위주체성 26, 35, 55,
85, 152, 156, 157~220,
251~253, 259~260, 263
개인적 165
구조 160~163, 169, 198,
200, 219, 251~253
권력강화 (그리고)
165~166, 196, 245~247,
247~249
유형 164~166
일상적 165, 167, 189
전략적 166, 188, 200, 203
정치적/시민적 26, 165,
207~219, 228, 235
행위주체성에 기반한 빈곤 설명
158, 162, 252
헤쳐나가기 157~158, 159,
165, 166, 176, 253, 264
홀로 양육하는 어머니 91, 95,
102, 163, 198
대처 전략 177~178
시간 빈곤 96, 108
회복력 128, 162, 178, 179,
187, 214, 325
재정적 199
'힐빌리들' 102, 113

풍요의 시대, 무엇이 가난인가
숫자가 말해 주지 않는 가난의 정의

1판 1쇄 발행 2022년 7월 4일
1판 3쇄 발행 2022년 8월 17일

지은이 루스 리스터 | 옮긴이 장상미
책임편집 김지은 | 편집부 김지하
교정교열 박서운 | 표지 디자인 studio-brn

펴낸이 임병삼 | 펴낸곳 갈라파고스
등록 2002년 10월 29일 제2003-000147호
주소 03938 서울시 마포구 월드컵로 196 대명비첸시티오피스텔 801호
전화 02-3142-3797 | 전송 02-3142-2408
전자우편 books.galapagos@gmail.com
ISBN 979-11-87038-88-7 (93300)

갈라파고스
자연과 인간, 인간과 인간의 공존을 희망하며, 함께 읽으면 좋은 책들을 만듭니다.